LEÇONS
D'HISTOIRE
ECCLÉSIASTIQUE

Par M. l'abbé DOUBLET, chanoine d'Arras

ANCIEN PROFESSEUR D'ÉCRITURE SAINTE
ET D'HISTOIRE ECCLÉSIASTIQUE AU GRAND SÉMINAIRE D'ARRAS
Auteur de *Saint Paul*,
Jésus-Christ, les *Psaumes*, *étudiés en vue de la prédication*, etc., etc.

DEUXIÈME ÉDITION
Revue par l'Auteur et enrichie de nombreuses annotations

TOME TROISIÈME

L'ÉGLISE
DE SAINT GRÉGOIRE VII A LA RÉVOLTE RELIGIEUSE
DU XVIe SIÈCLE

PARIS
BERCHE ET TRALIN, ÉDITEURS
69, RUE DE RENNES, 69
1888
PROPRIÉTÉ DES ÉDITEURS

LEÇONS

D'HISTOIRE ECCLÉSIASTIQUE

III

Librairie BERCHÉ ET TRALIN, 69, rue de Rennes, Paris.

DU MÊME AUTEUR

CENT QUATRE-VINGT-QUATRE MÉDITATIONS
A L'USAGE DES PRÉDICATEURS

3 beaux volumes in-12. Prix, *franco*...... **10 fr. 50**

Solidité de doctrine, piété, onction, force, éclat, on y trouvera tout ce qui aide à une bonne méditation. Tous les sujets de la vie chrétienne y apparaissent tour à tour, et la profonde connaissance que M. le chanoine DOUBLET possède de la société contemporaine, rend ses enseignements toujours saisissants et éminemment pratiques.

Les prières et exercices de piété qui terminent chaque volume, en font, même pour l'Eglise, un excellent *vade mecum*.

ŒUVRES COMPLÈTES DE J.-B. BOSSUET
Précédées de son Histoire par le Cardinal de BAUSSET

Edition la plus récente, comprenant tous les ouvrages déjà publiés

Enrichie de notes critiques et augmentée de plusieurs écrits inédits
retrouvés dans les Bibliothèques de Paris, Bruxelles, etc., et d'une Table générale

Revue avec soin par M. l'abbé GUILLAUME
Chanoine honoraire, Professeur au Grand Séminaire de Verdun

10 forts vol. in-4°. — Prix, **100** fr. Net, *franco*... **60** fr.

Le même ouvrage, d.-rel. dos chag., plats toile, tr. jasp.; net, *franco*. **80** fr.

TOUT BOSSUET, RIEN QUE BOSSUET : Voilà, dans une *édition complète de ses Œuvres*, le programme que tout le monde désire.

De nos jours, MM. l'abbé Vaillant, Floquet, Lachat, Gandar, Ch. Guérin, le R. P. Gazeau, etc., en ont poursuivi la réalisation, soit par des études critiques, soit par le rétablissement du texte, soit par la publication d'œuvres ignorées ou du moins inédites.

C'est en profitant de leurs travaux et en marchant sur leurs traces que M. l'abbé Guillaume a préparé cette nouvelle édition, plus complète qu'aucune des précédentes. A tous les écrits publiés jusqu'à ce jour, elle en ajoute *plusieurs inédits*, tirés de la Bibliothèque nationale de France et de la Bibliothèque royale de Bruxelles.

La CORRESPONDANCE est enrichie de près de CENT lettres nouvelles et authentiques de Bossuet.

Le nombre des œuvres relatives à l'EDUCATION DU DAUPHIN est notamment augmenté.

Le format et le nombre des volumes ont permis de faire une classification exacte, qui facilite l'étude et les recherches. Les ŒUVRES ORATOIRES sont disposées dans l'ordre chronologique, établi d'après des renseignements positifs ou, à leur défaut, d'après les conjectures les plus vraisemblables. Les Notices placées en tête des discours, les Avertissements de chaque tome, les notes disséminées dans toute l'édition, lui donnent la valeur d'une édition critique.

Les éditeurs se sont fait un devoir de compléter le mérite de cette publication par la correction typographique, la bonne qualité du papier et la netteté des caractères. En même temps ils ont tenu, par la modicité du prix, à la mettre à la portée de toutes les bourses, de sorte qu'elle soit une publication vraiment utile, en même temps qu'une œuvre de luxe.

LEÇONS
D'HISTOIRE
ECCLÉSIASTIQUE

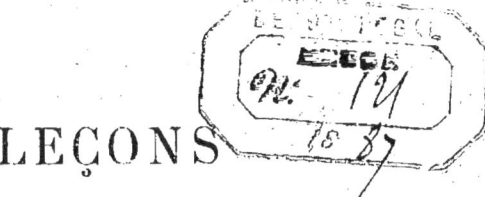

Par M. l'abbé **DOUBLET**, chanoine d'Arras

ANCIEN PROFESSEUR D'ÉCRITURE SAINTE
ET D'HISTOIRE ECCLÉSIASTIQUE AU GRAND SÉMINAIRE D'ARRAS

Auteur de *Saint Paul*,
Jésus-Christ, les *Psaumes*, étudiés en vue de la prédication, etc., etc.

DEUXIÈME ÉDITION

Revue par l'Auteur et enrichie de nombreuses annotations

TOME TROISIÈME

L'ÉGLISE
DE SAINT GRÉGOIRE VII A LA RÉVOLTE RELIGIEUSE
DU XVIᵉ SIÈCLE

PARIS
BERCHE ET TRALIN, ÉDITEURS
69, RUE DE RENNES, 69
1888
Propriété des Éditeurs

IMPRIMATUR.

Atreb., die 7 Januarii 1887.

† DESIDERATUS, JOSEPHUS,

Episc. Atreb. Bol. et Audomar.

BAR-LE-DUC, IMPRIMERIE CONTANT-LAGUERRE.

L'ÉGLISE

DE SAINT GRÉGOIRE VII

A LA RÉVOLTE RELIGIEUSE

DU XVIe SIÈCLE.

VINGT-ET-UNIÈME LEÇON.
L'ŒUVRE DE SAINT GRÉGOIRE VII.

Revenu au centre de l'histoire ecclésiastique, à Rome et à l'Empire, au Pape et à l'empereur, nous voici placé devant l'immense question que nous avons vu poindre tout à l'heure, et dont nous devons affronter maintenant le tumultueux exposé. A cette époque (XIe siècle) et depuis près de cent ans l'Eglise court son danger le plus terrible, la Papauté qui en est l'âme et la vie court ses chances les plus formidables. — La Papauté sera-t-elle la vassale désarmée et impuissante des empereurs Allemands? — Problème qui à lui seul renferme toutes les destinées de l'Europe et du monde, et décidera seul du sort réservé aux siècles qui vont surgir.

Si la puissance séculière triomphe dans son œuvre d'asservissement et de ruine, si la Papauté vaincue devient son esclave, tout l'édifice chrétien croule par la base et jonche de ses ruines un sol à jamais désolé. Les élections pontificales tyrannisées ne sont plus que la proie de toutes les ambitions, jusqu'aux plus vicieuses et aux plus sacrilèges; aux mauvais Papes s'ajouteront comme une conséquence fatale les mauvais évêques, le mauvais clergé; les consciences chrétiennes interdites ne connaîtront plus leurs voies, les vices des grands n'auront plus de frein, la violence d'une féodalité indomptable, ne se brisant plus à aucune résistance, jaillira sur le peuple comme un torrent dévastateur, la société entière n'offrira bientôt plus que l'aspect d'une ruine dans le sang. La preuve que cette peinture de l'avenir n'est pas chargée, nous la trouvons invincible dans les maux déjà causés par les premiers essais de domination et de tyrannie de la force civile sur la Papauté. La féodalité Italienne et l'empire Allemand n'ont asservi la Papauté qu'un siècle et déjà la confusion remplit l'Eglise, un malaise profond, des crises sociales sans cesse renaissantes, des abus de toute sorte, des crimes de tout nom, désolent une société que la vérité et la vertu cessent de protéger.

Si au contraire, les deux puissances conservent l'harmonie de leurs rapports et la justice de leur rang, si la puissance séculière, tout en restant maîtresse dans sa sphère d'action, accepte, dans toutes les questions où elle est légitime et nécessaire, la domination de l'Eglise, si elle laisse l'Eglise aux nécessaires et précieuses libertés de sa mission sur la terre, si elle la secourt dans cette tâche que l'Eglise remplit pour le double bien temporel et éternel des hommes, si elle l'y aide au lieu de l'entraver par un inique abus de la force, si, fille de la terre, la société civile reconnaît dans l'Eglise fille du ciel, une sœur aînée, une dominatrice, une conseillère et une reine, si elle réclame d'un pouvoir divin la consécration et l'onction sainte qui rendent vénérable et sacrée une puissance purement terrestre et séculière : les peuples seront heureux et tranquilles, les trônes resteront solides, l'Eglise sera florissante, tout ira bien pour la gloire de Dieu et le bonheur de la terre.

La vaste question de saint Grégoire VII est là toute entière.

Ceux qui n'ont pas les notions larges et hautes que nous venons de retracer ne peuvent rien entendre au drame historique dont nous allons dérouler les péripéties; et, de fait, aux incohérentes injures vomies contre *le fougueux Hildebrand*, il est facile de voir combien nos historiens modernes se sont lourdement mépris sur le fond de la fameuse question des *Investitures*. Pour eux, ces démêlés sont un simple duel d'ambitions rivales qui fatalement devaient se rencontrer et qui se mesurèrent en champ clos. Le Pape est un ambitieux qui veut dominer le monde, l'empereur un autre ambitieux qui veut dominer le monde et le Pape : voilà pour les historiens les plus équitables la question des *Investitures*. Pour les insulteurs de l'Eglise comme de la vérité historique, leur procédé est plus simple : le Pape est un orgueilleux qui veut absorber la puissance séculière : l'empereur, champion de la bonne cause, combat contre le Pape pour échapper à son inique et insupportable tyrannie. — Il est difficile de plus méconnaître une époque, de dénaturer plus cyniquement les faits et de fausser plus complètement les situations. Ces hommes qui jugent avec tant d'assurance le Pape de l'empereur, en réalité ne connaissent ni l'empereur ni le Pape. Que voulait l'empereur? Que voulurent un Henri IV, un Frédéric Barberousse? Nous ne disons pas : qu'étaient-ils? La thèse serait trop belle si nous tenions compte de leurs crimes et de l'abominable tyrannie dont ils écrasaient les peuples. Mais que voulaient-ils? Une chose unique et monstrueuse : absorber sous un même despotisme, les âmes comme les corps, les consciences comme les vies, ressusciter le Césarisme païen, redonner au monde, pour sa honte et sa ruine, des maîtres qui eussent écrasé à la fois sous un même joug ignominieux et cruel la dignité morale et la dignité d'homme libre et de citoyen. Quand les Henri d'Allemagne et les Frédéric cherchaient à dominer ou plutôt à faire disparaître le Pape, ils ne défendaient pas leur couronne, ils entreprenaient, contre la plus précieuse des libertés humaines, la plus effroyable des guerres. Sans les Papes, l'Europe aurait subi le Césarisme antique aggravé par la violence d'une barbarie trop récente pour être encore adoucie.

Pour juger le Pape, il faut à la fois jeter un triple regard sur le passé, le présent et l'avenir.

Quel était le passé? La Papauté et elle seule avait fait l'Europe. L'Europe était sa fille et sa création. Sans l'action de la Papauté, l'Europe, lors de l'effondrement de l'Empire Romain et des invasions barbares, n'eût été qu'un chaos. Si ce chaos s'illumina et s'organisa, si de son sein informe des nations civilisées jaillirent, c'est à l'influence de la Papauté que cette création splendide est due. Supposez un Léon le Grand, un Grégoire le Grand et tant d'autres Papes, esclaves de quelque César, impuissants sous quelque tyrannie, c'en était fait du monde nouveau : les Barbares, après avoir dévoré l'ancien monde, se seraient dévorés entre eux, et le sol de l'Europe n'eût plus été qu'un désert sans lumière et sans vie.

Ainsi dans le passé, l'indépendance et l'action de la Papauté apparaissent comme les seuls agents efficaces du grand œuvre qui vient de s'y accomplir. Dans le présent, c'est-à-dire à l'époque où nous sommes parvenu, aux xe et xie siècles, la démonstration n'est pas moins victorieuse. La disparition subite de la puissance carlovingienne, la féodalité qui s'éparpille et partout fait régner la violence et l'abus de la force, l'Église et le peuple chrétien privés de ministres saints et dignes, à cause de la simonie qui envahit les sièges, les maux innombrables qui par suite inondent la société, l'ignorance, les vices, les crimes sans répression ni remède, tout nous révèle dans ce triste temps l'impuissance de la Papauté (1). Chose bien remarquable ! dès que

---

(1) « Pendant qu'on détrônait les Carlovingiens et que des royaumes et des principautés nouvelles se formaient, ces pays furent en proie à des désordres et à des convulsions effroyables. On voyait déjà paraître une sorte de droit du plus fort auquel rien n'était plus sacré : plus d'obéissance à l'autorité, plus de discipline ecclésiastique; les choses saintes sont foulées aux pieds; le sens moral est éteint. La plupart des princes qui avaient accaparé les élections épiscopales en firent un si criant abus à la fin du neuvième siècle et dans le cours du dixième, qu'on est tenté de croire qu'ils avaient conspiré la ruine complète de l'Église. Nous avons des exemples d'enfants de cinq ans nommés évêques et archevêques. Des princes redevenus Barbares et privés de tout sentiment religieux portaient sur les sièges épiscopaux les enfants de leurs concubines ou de leurs proches, dans le seul but d'ajouter à leurs revenus les revenus d'un évêché. Ceux qui ne disposaient pas des évêchés en faveur de leurs enfants les donnaient à leurs favoris, la plupart hommes pervers et ignorants. Il y avait aussi des hommes grossiers qui achetaient l'épiscopat : de là les progrès chaque jour croissants de la simonie. Les diocèses étaient fort mal administrés et l'ordre devait terriblement souffrir. Telle était alors la situation religieuse de l'Italie et du royaume des Francs Occidentaux. — A cette calamité s'en joignait une autre plus terrible encore : les princes du voisinage de Rome s'emparèrent du Siège de Pierre, et y placèrent leurs créatures, qu'ils asservirent de la façon la plus odieuse. Ce qui existait partout, on voulait aussi l'établir à Rome. — Ce qui était vrai du Pape et des évêques l'était également des curés. Eux aussi étaient placés sous la domination des barons et des comtes investis du droit de patronage. » — Mœlher, *Hist. de l'Église*, traduct. Bélet.

De quelle manière et sous quel prétexte les seigneurs purent-ils envahir le sanctuaire et se rendre maîtres dans une mesure si complète des ordinations ? Le mal eut ses racines dans les obligations et les droits féodaux. L'*Investiture* prise dans son sens général, était la mise en possession d'un fief ou d'un bien-fonds donné par un suzerain à un vassal. Un rite symbolique quelconque marquait cette donation ou investiture. Comme les princes avaient doté les évêchés et les abbayes de fiefs et biens-fonds, ils avaient le droit d'investir de ces fiefs les titulaires des évêchés et des abbayes, et les fiefs ecclésiastiques suivirent la loi féodale des fiefs séculiers. — De là à l'abus il n'y eut qu'un pas : du fief les seigneurs conclurent à l'évêché lui-même et à l'abbaye, de l'évêché et de l'abbaye ils conclurent à l'élection de l'évêque ou de l'abbé. A la mort d'un titulaire, ils se faisaient rela Papauté redevient libre, dès qu'elle échappe un instant aux factions italiennes ou à la pression impériale, le ciel de l'Église s'éclaircit et la société civile retrouve la sécurité et la force; dès que la Papauté retombe dans l'esclavage, tout se trouble, s'altère, se désorganise, la société comme l'Église se remplit d'abus. Quant donc saint Grégoire VII entrera en lutte contre l'Empire, il le fera pour dégager la Papauté des entraves qui la paralyse, il luttera pour la liberté des âmes, la prospérité de l'Église, la sécurité des peuples, la double défense du clergé et des nations.

Bien plus, Grégoire VII luttera pour l'avenir. L'œuvre de l'Église est loin d'être faite. Les nations chrétiennes sont créées mais elles doivent vivre, elles doivent agir, une vaste et glorieuse carrière s'ouvre devant elles qu'elles doivent parcourir d'un pas ferme et sûr. Quelles grandes choses s'annoncent! Quel éclat point déjà à l'horizon! Quels trésors de vitalité et d'énergie vont se manifester aux XIIe et XIIIe siècles! Dans l'ordre séculier comme dans l'ordre ecclésiastique, dans la tranquille fécondité de la paix, comme dans les glorieux tumultes des entreprises guerrières, dans le développement de la fortune publique et des intérêts matériels du peuple comme dans le plus sublime épanouissement de l'esprit humain et les plus fécondes spéculations de la

---

mettre la crosse et l'anneau, et les donnaient ensuite eux-mêmes, sans consulter qui que ce fût, à des hommes de leur choix. Une fois la crosse et l'anneau donnés, le clergé, les métropolitains, le Pape lui-même avaient la main forcée, il fallait sacrer l'élu du prince, et quand cet élu était, comme il arrivait trop souvent, une créature et un indigne, le loup entrait ainsi dans la bergerie. Telle est l'ampleur de la lutte que nous allons retracer. « Il ne s'agissait de rien moins, dit M. Gosselin, que de la liberté essentielle à l'Église dans son gouvernement, et particulièrement dans le choix de ses ministres, il s'agissait de la religion toute entière dont le sort dépend principalement de ce choix, d'où il suit que les Papes, en sauvant les droits de l'Église, dans la querelle des Investitures, ont sauvé la religion elle-même, comme ils l'auraient infailliblement perdue, en fléchissant sur un point si essentiel. »

philosophie et de la théologie catholiques, quelles merveilles vont surgir! Quelles conquêtes prépare cette période du Moyen-âge, la plus généreuse et la plus grande que les nations aient jamais vue! Or, la Papauté seule entraînera l'Europe chrétienne dans ces multiples entreprises, lui fera remporter tant et de si diverses victoires, et la maintiendra dans de si riches conquêtes. Qui ne voit dès lors que la situation même de la Papauté, à l'époque qui nous occupe, fait tout le problème, est pour l'Europe la question entière de son avenir? Que la Papauté soit écrasée par un Henri IV d'Allemagne, l'Europe, manquant de tête, de direction et d'impulsion restera stationnaire dans sa barbarie à demi vaincue. Que la Papauté triomphe du grossier et brutal despotisme Allemand, la Papauté achèvera son œuvre aussi puissamment qu'elle l'a commencée, et conduira l'Europe aux grandes entreprises qui marquent si glorieusement le treizième siècle.

Ne pas donner à la question des *Investitures* cette importance et cette ampleur, c'est ne la pas comprendre et en rester aux déclamations misérables de nos universitaires sans science ou sans bonne foi.

La longue lutte que nous allons suivre, parcourt trois phases différentes. — Dans la première Hildebrand, qui n'occupe pas encore le Siège souverain, en est cependant déjà l'âme et la force. Il organise la résistance, soutient et dirige la Papauté dans les difficultés terribles et parfois les détresses que cette résistance magnanime suscite déjà de toutes parts. — Dans la seconde phase Hildebrand, devenu Grégoire VII, concentre en lui toute la guerre sainte, porte seul l'écrasant fardeau d'un ministère qui embrasse le monde, brise les forts, soutient les faibles, venge la cause des peuples, abat les orgueilleuses prétentions des despotes de la Féodalité et de l'Empire. Il meurt dans la douleur mais survit dans le triomphe. — Après lui, ses successeurs continuent son œuvre régénératrice, et achèvent la victoire. La tyrannie impériale est détruite et la liberté de l'Église et des âmes est sauvée.

I.

Les prédécesseurs de saint Grégoire VII.

En 1049, *Léon IX* (Brunon de Toul) (1) monte sur le trône pontifical, et l'espérance y monte avec lui. Hildebrand, la colonne de l'Église, est déjà dans sa pleine force, et la lutte contre la tyrannie allemande et les désordres qui désolent l'Église est commencée.

L'époque dans laquelle nous entrons devient toute différente de la précédente. Les ennemis sont les mêmes sans doute, ils deviendront même plus agressifs et plus terribles, le mal arrivera à son comble, mais maintenant on lutte, on résiste, on se dégage, on fait pressentir la victoire. — La période entière peut se résumer en trois mots : dangers immenses, lutte acharnée, complet triomphe. Un ébranlement universel se remarque dans toute l'Europe, c'est le premier réveil. Le clergé, frappé sans relâche par les foudres pontificales, détaché de ses protecteurs, abandonné des masses, se renouvelle et s'épure. La puissance séculière, cause en grande partie des maux qui désolent la société chrétienne, se voit arracher ses armes contre l'Église en perdant les ordinations; et le fait qui domine tout le reste et caractérise

---

(1) Voir Wibert, *Vita S. Léon. IX*, Patr. lat., CXLIII, col. 49.

l'époque c'est l'élévation de la Papauté. Désormais et durant trois siècles la Papauté va nous apparaître la plus haute puissance sociale et politique de l'Europe. Nous la verrons présider à tout ce qui se fera de vaste et de grand. Les royaumes se donnent à elle; dans leurs différends les princes la prennent comme arbitre, le Pape est reconnu par tous comme le chef de la grande famille des peuples Européens. Plusieurs princes pourront rugir; Henri d'Allemagne soulèvera contre cette importune puissance les plus effroyables tempêtes, mais toutes ces tempêtes finissent par expirer à Canossa. Dieu permet que le droit du Christ « *sur toutes les nations de la terre* » arrive à son plein et actif exercice, l'Europe entière reconnaît ce droit et s'y soumet filialement. Le Pape est le conseiller, le juge, le punisseur de tous ses enfants, fussent-ils princes, rois, empereurs. Il est l'arbitre, le réconciliateur universel; il réconcilie les rois avec les rois, les rois avec les peuples, les peuples avec les rois. Libre de rejeter, de critiquer, de maudire cette organisation et cette époque : impossible de la nier. — Or autant la Papauté domine tout le XIe siècle, autant un homme domine la Papauté, homme extraordinaire, qui étend à la fois son influence sur ses devanciers, ses contemporains et ses successeurs, et qui semble à la fois doté d'une triple vie.

1. Léon IX comprenant que Rome était trop éloignée des coupables se condamna à une sorte de tournée épiscopale dans les pays les plus malades. A Reims il réunit un Concile où se présentèrent les accusateurs des évêques et des clercs simoniaques et scandaleux. Un premier coup terrible fut porté au mal et une puissante initiation donnée à la réforme. De là le Pape se rendit à Mayence, et expurgea, comme il l'avait fait à Reims, les souillures du sanctuaire allemand moins envahi par la féodalité ainsi que nous l'avons vu plus haut (1). — Aux soins de la réformation s'ajoutèrent les angoisses et les détresses des invasions barbares : les Normands envahissaient le territoire de l'Église et Léon IX dut entreprendre contre eux une guerre pleine de difficultés et de dangers. Aux propositions astucieuses de ses ennemis de leur céder, moyennant un tribut, le patrimoine de l'Église, Léon IX répondit par un noble refus, et préféra la souffrance à la trahison du devoir. Vaincu par les Normands à la bataille de Dragonara (1053), le Pontife arrêta par sa majestueuse apparition les vainqueurs exaspérés et furieux, pleura sur le champ de bataille des larmes magnanimes, puis mourut de fatigue et de douleur (1053) (2).

A la mort de Léon IX Hildebrand, désormais l'âme de la Papauté, fut chargé par les Romains de demander à l'Allemagne un pape saint et fort comme ce Brunon de Toul qu'elle leur avait précédemment envoyé. L'évêque d'Eichstædt Gebhard brillait entre tous les prélats allemands par sa vertu, sa science, sa haute capacité dans le maniement des affaires. Tous le désignaient aux honneurs du Siège souverain, mais Henri III se refusait obstinément à se priver du plus ferme appui de l'Église Allemande et du trône. Gebhard de son côté n'était pas facile à vaincre; outre son humilité profonde, une divergence de vue semblait le peu désigner au choix d'Hildebrand; Gebhard était conseiller intime de Henri III et ne semblait pas devoir entreprendre avec énergie la lutte des Investitures. Mais ses mœurs étaient saintes autant que ses capacités étaient grandes, Hildebrand entrevit en lui un grand Pape, triompha des résistances, aplanit les difficul-

---

(1) Voir Duhamel, *Le pape Léon IX et les monastères de Lorraine*.

(2) Le récit de sa mort (Watterich, Wibert, Moroni) est l'une des plus belles pages de l'histoire ecclésiastique. Ce grand pape mérita pleinement cette glorieuse épitaphe :

Victrix Roma dolet Nono viduata Leone
Ex multis talem non habitura papam.

tés, et Gebhard fut donné à l'Église sous le nom de *Victor II* (1055). Son discours à l'empereur laisse voir la résistance que la Papauté ne cessera plus d'opposer à la tyrannie désastreuse des Césars Allemands. « Vois, je me livre corps et âme à saint Pierre, j'obéis à ton ordre, mais c'est à la condition que toi aussi tu rendras à saint Pierre ce que tu lui dois. » Ce nouveau règne fut réparateur comme le précédent. Outre que Victor II parvint à récupérer un grand nombre de possessions du Saint-Siège aliénées par la violence, il s'occupa avec une tenacité victorieuse à la réforme des abus et à celle des mœurs. Pendant qu'au Concile de Florence il exposait les vrais principes du gouvernement de l'Église; pendant que, dans un voyage en Allemagne, il rétablissait partout la paix publique, éteignait les divisions entre les princes et les discordes qui désolaient la famille impériale elle-même, recevait le dernier soupir de Henri III, posait sur son jeune fils et sa veuve une main déjà efficacement protectrice, révélait enfin à la diète de Ratisbonne quelle puissance serait désormais la puissance papale, l'infatigable Hildebrand, prenant pour sa part la correction des abus et le déracinement des vices, remplissait de toutes parts des légations victorieuses, réunissait des Conciles, frappait avec une énergie indomptable les clercs obstinés dans la simonie et les mauvaises mœurs. La France plus malade jouit plus largement de sa vivifiante influence. Au Concile de Lyon (1055), six évêques simoniaques sont déjà déposés, l'archevêque de Lyon, coupable lui-même, croit échapper à la rigueur du légat en subornant de faux témoins, un miracle l'abat aux pieds de Hildebrand et avec lui quarante-cinq évêques et vingt-sept prélats. — L'hérésie avait à trembler autant que le vice, Béranger dont nous étudierons plus loin les erreurs en détail, fut frappé de plusieurs coups terribles aux Conciles de Florence et de Tours. Léger et bel esprit, épris des ouvrages de Scot Erigène, il en était arrivé à nier la réalité divine de l'Eucharistie, et quand on lui opposait la croyance universelle de l'Église et l'écrasant témoignage de tous les docteurs, lui ne voyait là « qu'une immense assemblée d'ignorants. »

Quand une mort prématurée enleva Victor II (1057), l'Église se trouva rejetée dans les cupidités et les violences de la féodalité. Godefroy de Lorraine s'empara des biens ecclésiastiques, tyrannisa Rome, et c'est son frère Frédéric qui monta sur le trône pontifical sous le nom d'*Etienne IX* (1057). Mais désormais le poids des affaires était porté par Hildebrand qui, durant ce court pontificat, continua en Allemagne et en France l'œuvre de la réformation et l'affranchissement de l'Église. Étienne IX savait si bien d'où venait désormais la sécurité et l'espérance qu'il déclara en mourant (1058) (1) que sa volonté expresse était qu'aucun choix ne serait arrêté sans Hildebrand. Un acte qui eut à la mort d'Étienne IX une importance considérable avait été l'élévation de Pierre Damien au cardinalat.

2. A peine mort Étienne IX fut désobéi par les Romains qui redoutaient plus qu'ils ne l'aimaient la puissance que recouvrait la Papauté. Ils profitèrent de l'absence d'Hildebrand occupé à Constantinople, et élurent, d'après l'impulsion de la maison de Tusculum, Jean de Velletri, qui prit le nom de Benoît X. Pierre Damien sauva la situation en se retirant, lui et les autres cardinaux. Jean fut abandonné, son élection fut examinée dans une assemblée de Florence, on la déclara simoniaque, et un prélat Bourguignon, sujet de l'empereur d'Allemagne, et évêque de Florence, Gérard, fut élu et intronisé sous le nom de *Nicolas II* (1059). Nicolas avait été

---

(1) Etienne IX fut un très saint pape. La Chronique du mont Cassin affirme que, après sa mort, des miracles attestèrent sa sainteté.

l'ami de Léon IX et l'était de Hildebrand. Les derniers troubles n'avaient que trop bien éclairé la Papauté sur le danger dont l'enveloppait la puissance séculière, et l'urgence d'une rénovation. A partir de Nicolas II, cette rénovation eut lieu. Le Pape déclara solennellement et du haut de sa suprême puissance que désormais, *l'élection des papes se ferait par les seuls cardinaux*. Ce canon resté fameux est un chef-d'œuvre de sagesse, il brisait l'omnipotence des anciens rois Goths, des empereurs de Byzance, et à l'heure présente des princes Allemands, il la brisait à la veille de la terrible lutte que l'ambition et la tyrannie de Henri IV allaient susciter à la Papauté. Ainsi était par avance annulée l'intrusion allemande, et était blessée à mort toute intrigue simoniaque. Nicolas décrétait que « tout sujet intronisé par argent, par brigue, par faveur humaine, par émeute populaire, sans le choix unanime et régulier des cardinaux, » serait regardé comme intrus et repoussé du Siège souverain. — Ce règne puissant vit encore s'accroître et se consolider le domaine temporel de l'Église. Les Normands, relevés de l'excommunication que leur avaient valu leurs précédentes agressions, reçurent du pape l'Apulie et la Calabre et donnèrent en retour au Saint-Siège l'appui de leur épée, la première et la plus forte désormais de l'Europe chrétienne. Les Normands, qui venaient de conquérir l'Angleterre et la Sicile et de rendre à une prospérité toute-puissante l'une des plus belles provinces de la France commencèrent à devenir au Saint-Siège dans des jours difficiles de vigoureux soutiens. — D'ailleurs l'œuvre de la réforme du clergé continuait et les deux infatigables promoteurs de cette œuvre étaient Hildebrand et Pierre Damien. A Milan Pierre eut à essuyer une véritable tempête suscitée par les mauvais prêtres, l'archevêque à leur tête. Son intrépide zèle supporta et vainquit tout, les coupables implorèrent la pénitence canonique, les bons se sentirent appuyés, et le peuple vit son indignation contre le clergé simoniaque justifiée et ses souffrances vengées (1). A Pavie, à Testi, à Verceil, à Plaisance des émeutes populaires surgissaient de même contre le clergé concubinaire : Hildebrand les calmait, en instruisant les causes, en frappant les coupables obstinés, et surtout en provoquant les repentirs.

3. Un orage qui planait sur la haute Italie éclata à la mort de Nicolas II (1061) et fit ressortir la sagesse du décret de ce pape sur les élections pontificales. Ce décret, comme nous l'avons vu, écartait l'émeute populaire, la brigue, la faveur, l'oppression allemande aussi bien que celle de la féodalité. Ce décret devait froisser et irriter deux coupables : le mauvais clergé et les princes Allemands. Quand les cardinaux eurent élu *Alexandre II* (1061), ces deux forces iniques s'unirent ensemble et firent un anti-pape, Cadaloüs (2), évêque de Parme sous le nom d'Honorius III, et le sang recommença à couler. Cadaloüs, escorté des troupes Allemandes, s'empara de Rome à deux reprises, et soutint de sanglants combats contre Béatrix de Toscane et les Normands armés pour la défense d'Alexandre II. Dieu envoya à la bonne cause un secours inespéré dans Hannon, archevêque de Cologne, qui ramena l'Allemagne au pape véritable. Le clergé simoniaque de la haute Italie soutint plus opiniatrément la lutte, qui à Milan fut longtemps brûlante. Pierre Damien (3) et Hildebrand tentaient les efforts les plus multipliés et les plus énergiques pour le triomphe d'Alexandre II. Ils firent plus : ils assurèrent le triomphe même de la papauté. Les prétentions allemandes étaient vaincues par la doctrine catholique, Pierre Damien établissait ainsi, dans

---

(1) Voy. Pierre Damien, *Opuscul. V.* Patr. lat., CXLV, col. 89-91 ; 92-98.
(2) Watterich, *Prolégom.*, I, p. LXXII.
(3) Pierre Dam., *Epist.* Patr. lat., CXLIV, col. 228.

un écrit adressé à l'assemblée d'Osbor, les vrais rapports de l'Église et de l'État : « De même que dans les mystérieux desseins de Dieu l'Empire et le Sacerdoce ont été rapprochés par le Médiateur unique entre Dieu et les hommes, de même ces deux suprêmes dignitaires doivent s'unir par la charité, *sans que rien puisse d'ailleurs nuire à l'imminente prérogative accordée au Pape et que nul ne peut s'attribuer.* » — Le salut de l'Europe chrétienne était de plus en plus dans la puissance papale. Henri IV commençait la triste série de ses débordements, et ne faisait que trop pressentir le futur tyran. Fatigué de Berthe, sa légitime épouse, il la voulait rejeter; les princes Saxons élevaient contre son despotisme des plaintes déjà aussi amères qu'universelles; les évêques faiblissaient; les conseillers du prince trahissaient la justice au profit de leur fortune. Alexandre II fut inflexible, excommunia ces courtisans, menaça Henri, et la mort l'enleva au moment où il appelait ce prince à Rome afin qu'il s'y justifiât (1073).

Cet acte de vigueur apostolique annonçait Grégoire VII : Grégoire VII va paraître. Rien de beau et de solennel comme l'élection d'Hildebrand. Le monde catholique a conscience de la gravité des dangers qui le menacent, Rome se recueille, un jeûne de trente jours est ordonné et les prières ne cessent de monter au ciel pour le futur Pontife. Puis tous les yeux se portent sur Hildebrand, toutes les bouches l'acclament, les cardinaux sont unanimes : Hildebrand, qui refuse, supplie Henri IV de refuser de même son agrément, et les motifs qu'il met en avant auprès du prince présagent tout son pontificat : « Prenez garde, car une fois Hildebrand élu pape, il vengera les sacrés canons outragés. » Beaucoup d'évêques de cour ou simoniaques et concubinaires espéraient dans Henri un obstacle à une élection dont ils avaient peur : Henri, meilleur ici que son entourage, passa outre et *Grégoire VII* fut intronisé le 22 avril 1073.

II.

Saint Grégoire VII (1).

Une scène sanglante marqua les débuts de son pontificat et montra au monde avec la profondeur du mal l'urgence du remède. Le clergé simoniaque et gangrené de vices s'unit à un préfet de Rome, Cencius, et tous ensemble tramèrent la mort du Pape dont ils connaissaient l'énergie et redoutaient les coups. Durant la nuit de Noël de l'année 1075, Cencius avec une troupe armée envahit l'église de Sainte-Marie-Majeure, où Grégoire VII célébrait la messe, s'empara du Pape, le maltraita horriblement et l'enferma dans une tour. Rome entière s'indigna et se rua sur la tour pour délivrer le Pontife dont elle espérait son salut. Elle le délivra et le ramena en triomphe à Sainte-Marie; Cencius fut magnanimement pardonné, et le Pape ne sortit pas un moment de son calme doux et intrépide. Telle fut cette scène, tel sera son pontificat tout entier. « Au milieu des assauts que les passions humaines lui livrèrent, il ne perdit pas un seul moment de vue son idée dominante. Il n'avait qu'un objet devant les yeux : rendre à l'Église sa beauté première. Il

---

(1) Ouvrages à consulter sur ce grand et magnanime Pontife, son œuvre, son triomphe, l'empreinte ineffaçable laissée par lui dans l'histoire de l'Église. Alf. Muzarelli; *Grégoire VII*, 1789, traduct. franç., Avignon, 1826, — Voigt, *Hist. de Grégoire VII*. — Gregorii Collect., *Epistolar.*, Mansi. Coll. conc., t. XX. — Migne, Patr. lat., t. CXLVIII. — De Marca, *De Concord. Sacerd. et imperii*. — Voy. aussi : *Apolog. pro. decretis Gregorii VII*, apud Migne, t. CXLVIII.

A côté de ces sources authentiques et de ces travaux consciencieux signalons une œuvre misérable de M. Villemain, *Histoire de Grégoire VII*, qui n'est qu'une perpétuelle trahison de la vérité.

embrassa cette pensée avec enthousiasme, la poursuivit avec zèle et mourut en la répétant. »

Or, cette pensée et ce but uniques, impliquaient deux grands efforts et renfermaient deux vastes œuvres qui remplirent le pontificat entier de Grégoire VII : la réforme et la protection du clergé, puis l'affranchissement des ordinations et le définitif triomphe de la liberté de l'Église sur la puissance séculière qui la prétendait écraser. — Quand nous aurons parcouru les détails de ce beau règne, nous devrons un instant nous appesantir sur l'exercice de cette puissance pontificale, si pleine, si vaste, si universelle, parfois si implacable, que notre époque ne peut plus comprendre, et que la plupart de nos historiens injurient. — Ainsi se partagera ce paragraphe.

I. Pontificat de S. Grégoire VII. Force, universalité, sainteté et légitimité : tels sont les trois grands caractères de l'action de Grégoire VII durant un pontificat de douze années, l'un des plus illustres et des plus féconds de l'histoire entière de l'Église.

1. Les maux étaient innombrables et désespérés, l'énergie de saint Grégoire VII ne se laissa ni surpendre ni abattre un seul instant. Au synode pascal de 1074 apparut une loi qui jeta le monde dans un étonnement profond, puis immédiatement suscita d'indicibles colères. Cette loi regardait l'incontinence des clercs. Tout en y continuant l'œuvre de ses prédécesseurs, saint Grégoire VII adoptait une marche bien autrement puissante. Tandis que les autres Papes s'adressaient aux coupables, Grégoire s'adresse surtout aux fidèles que les mauvais prêtres scandalisaient. C'est le peuple que l'ordonnance pontificale de 1074 prend surtout à partie, c'est par le peuple que les clercs obstinés dans leurs désordres vont être réduits à demander grâce et à changer de vie. Le Pape prononce excommunication contre tout laïc qui assiste à la messe d'un clerc concubinaire ou marié, qui reçoit de sa main un sacrement, qui entre avec les prêtres de cette sorte dans quelque relation spirituelle que ce soit. Aux censures le Pape joignait les exhortations : « Nous vous conjurons, écrivait-il aux ducs de Souabe et de Carinthie, de ne point assister aux offices célébrés par les prêtres notoirement concubinaires et simoniaques. Au contraire, usez de votre puissance, employez la force à empêcher de pareils prêtres d'exercer leurs fonctions spirituelles; si la persuasion ne vous réussit pas, si l'on murmure, répondez que c'est notre volonté formelle. Il nous semble bien plus convenable d'employer des moyens nouveaux que de laisser les mœurs périr dans les ordonnances anciennes. » Cette marche eut une portée immense; les clercs, qui jusque-là s'étaient ri des censures, quand les décrets pontificaux ne leur enlevaient ni leurs bénéfices, ni leurs revenus, ni leurs dîmes, se trouvaient maintenant en face de populations forcées de les abandonner et de les poursuivre. La conscience publique était désormais le grand exécuteur; dans un siècle où la foi du peuple était si vive, c'était le plus vigilant et le plus incorruptible gardien des lois. Il devait advenir que le clergé simoniaque et incontinent serait méprisé et abandonné de la foule, réduit à un ministère impossible et par suite frappé dans ses biens même temporels dont l'avarice de ces malheureux faisait la plus importante affaire. On en vint là, mais ce ne fut pas sans des luttes terribles (1). Sur des points nombreux il y eut de véritables émeutes cléricales : partout on vomissait contre le Pape les plus violentes injures, on

---

(1) Voy. Sigebert, *Chronic.* Patr. lat., CLX, col. 217. — Lambert, *Hersfeld.* Patr. lat., t. CXLVI, col. 1170. — Grégoire VII, *Epist.*, 48, 30, 39.

l'accusait de manichéisme, on le traitait d'hérétique, de possédé et de fou. A Erfurt, les prêtres réunis en synode faillirent massacrer leurs évêques; à Passau, mêmes incroyables violences; dans un Concile de Paris Grégoire VII est publiquement traité d'insensé, et, quand un membre veut prendre sa défense, on l'assomme de coups; dans un synode de Cambrai, un moine est massacré pour avoir approuvé la loi contre l'incontinence des clercs.

2. Grégoire restait impassible au milieu de cet affreux orage; seulement, voyant mieux encore que le mal dont le clergé était rongé vif avait sa racine dans la tyrannie féodale qui pesait sur les ordinations, il s'apprêta à frapper un second coup. Il assembla un nouveau Concile à Rome et rendit un décret qui « défendait sous peine d'anathème à toute personne séculière, quelle que fût sa dignité, empereur, marquis, duc, comte, etc., de donner, ainsi qu'à tout évêque, prêtre, etc., d'en recevoir l'investiture d'un évêché ou de toute autre dignité ecclésiastique. » Pour comprendre la magnanimité de cet acte, l'un des plus prodigieux qui soit sorti d'une énergie humaine, il faut se rendre bien compte que, s'il sauvait l'Église, il jetait le Pape seul, sans ressources, sans appui, sans défense, au milieu des princes, des rois, des empereurs, des seigneurs innombrables, d'une féodalité toute puissante, d'un clergé vicieux, tous décidés à se ruer sur lui.

Philippe I, roi de France, ajoutait à ses débauches scandaleuses, le trafic plus scandaleux encore des dignités ecclésiastiques, Henri IV d'Allemagne se révélait déjà comme un Tibère et un Néron, le Normand Robert Guiscard, duc de la Pouille, le cardinal Hugues le Blanc, Cencius, préfet de Rome, une foule d'autres personnages dans le plein exercice de leur puissance féodale, avaient déjà été frappés d'excommunication, et étaient pour Grégoire VII de mortels ennemis. Au milieu de cette troupe frémissante, Dieu avait réservé à son Pontife une sainte et héroïque protectrice, Mathilde, duchesse de Toscane, puissante par ses armes, énergique dans sa volonté, magnanime dans sa foi, que nous trouvons toujours dévouée à saint Grégoire, toujours l'épée à la main pour le défendre, toujours sagace au milieu des complots, intrépide dans les luttes soutenues pour l'Église, inébranlable dans les revers. Grande figure politique autant que suave et pure vision de la sainteté.

3. Tel était Grégoire VII, et telle sa situation dans l'Europe quand il engagea pour sa conscience et le bien de l'Église la plus gigantesque des luttes contre la puissance séculière. — La France fut le théâtre du premier combat. Philippe y était un permanent scandale, un tyran aussi insupportable à ses sujets qu'à l'Église, aussi dur au peuple que cruel au clergé, simoniaque effronté, rempli de vices, poussant l'impiété jusqu'à piller les églises, la violence jusqu'à ruiner ses vassaux, la lubricité jusqu'à s'unir au mépris des plus saintes lois du mariage avec Bertrade qu'il fit enlever de l'Église même une veille de Pentecôte, après avoir rejeté Berthe, sa légitime épouse indignement maltraitée. Une seule voix puissante s'éleva pour défendre Berthe opprimée et insultée, ce fut celle de saint Grégoire VII. Philippe I, longtemps menacé et longtemps rebelle, finit par se soumettre dans un Concile de Paris.

4. Une seconde lutte plus terrible s'engagea alors contre Henri IV d'Allemagne. Qu'était ce prince? Les auteurs les plus sûrs font de lui, dans un accord implacable, la plus sombre et la plus repoussante peinture. Il désolait l'Église et l'Empire de ses crimes, de ses violences, de sa tyrannie insupportable, de ses hideuses débauches. Tous les contemporains, sans exception, s'accordent à voir dans Henri IV le plus malfaisant des princes comme le plus méprisable des hommes. « Henri, dit le protestant Voigt, ne connaissait pas d'obstacle à ses désirs; aucune instruction solide, aucune éducation convenable à son rang ne lui avaient appris ce qu'étaient la vertu et le devoir d'un prince, et tout ce qu'il montrait à l'extérieur c'était des passions désordonnées. » Il faisait endurer à sa femme les plus ignobles cruautés, apostait lui-même les libertins qui devaient lui faire violence, traitait de même sa seconde épouse et sa sœur, excitait par toute sorte d'autres crimes l'indignation et le dégoût universels et n'était plus pour ses peuples qu'un insupportable fardeau. Déjà, nous l'avons vu, tant de crimes avaient forcé Alexandre II à le citer au tribunal souverain de l'Église. Alexandre cédait aux plaintes désespérées qui s'élevaient de tous les points de l'Allemagne, car Henri IV ne tyrannisait pas seulement le clergé et ne faisait pas seulement des investitures le plus abominable abus, mais il écrasait le peuple, appesantissait sur les paysans et les campagnes le plus intolérable joug, ruinant, pillant, brûlant tout sur le passage de ses hommes d'armes, réduisant les nobles en servitude, déshonorant les femmes et les filles des seigneurs et les livrant à la brutalité de ses valets et de ses soldats. Tous les yeux se tournaient vers le Pape, et c'est de lui seul que les peuples attendaient leur délivrance dans le châtiment et la répression du coupable. Les seigneurs de la Saxe écrivirent en ces termes à Grégoire VII. « Le nombre et le genre des crimes de l'empereur ne se peuvent plus exprimer. Un tel prince n'est plus digne de régner. L'Empire est un fief de Rome. Ainsi le Pape et le peuple Romain doivent aviser et choisir pour roi, dans l'assemblée des princes, un homme qui puisse plus dignement porter la couronne. » Saint Grégoire attendait, prenait patience, ne pouvait se résoudre à user contre l'indigne empereur des pouvoirs que l'Europe entière lui reconnaissait et dont l'Allemagne le conjurait de se servir, et ce Pontife que l'histoire contemporaine travestit si complaisamment en un despote altier et arrogant, n'usait auprès de Henri IV que de larmes et de supplications touchantes. La menace ne vint que longtemps après la mansuétude, et encore était-elle une miséricorde de plus. Que Grégoire eût la garde de l'Europe entière, fille du Saint-Siège et qui se donnait à lui, que l'Église tienne de son fondateur la puissance sur les royaumes, que Henri dût être chassé du Saint-Empire dont il se rendait indigne, ces questions n'embarrassent que l'ignorance : néanmoins le saint Pape temporisait. Quand il menaça, l'empereur rugit. Il chassa ignominieusement les légats, fit, dans deux assemblées successives, celle de Worms et celle de Pavie, déclarer Grégoire anti-pape et intrus, et lui notifia lui-même cette décision plus insensée encore qu'impie dans une lettre remplie des plus grossières injures. Son messager, Roland, clerc vicieux et apte à toutes les vilenies, fut plus grossier et plus insultant encore que la lettre impériale. Grégoire eut beaucoup de peine à l'arracher des mains de la foule indignée.

Le silence eût été la trahison : Grégoire VII, le lendemain du message de Henri IV, dans une assemblée de cent dix évêques, prononça contre ce grand coupable la sentence d'excommunication et délia ses sujets du serment de fidélité (1076). Cependant ce terrible coup de foudre ne devait briser qu'un obstiné et un impénitent, car la déposition ne devait avoir son effet que si Henri passait tout un an sans satisfaire l'Église. Ainsi l'entendirent les contemporains et les seigneurs Saxons réunis à Fribur avec les légats du Pape, s'arrêtant devant la volonté de Grégoire, ne procédant pas de suite à un autre choix. Mais si Henri était roi encore il n'était plus qu'un fantôme de roi, la sentence d'excommunication avait détaché de lui le respect, comme ses crimes avaient déjà détaché l'estime et l'amour. Henri comprit que c'en était fait de lui s'il ne simulait pas le repentir : il le simula, et comme les plus arrogants sont toujours les plus lâches, aux supplications basses dont il usa avec les seigneurs, il ajouta l'exagération de la pénitence, et, plus courbé, plus rampant qu'un pénitent et qu'un repentant véritables, il courut à Canosse chercher son pardon. Quand les historiens représentent Grégoire triomphant de l'humiliation de Henri IV, le laissant à dessein transi de froid dans la neige durant trois jours, ils méconnaissent les temps, les hommes et les choses : Henri IV rampait comme tout ambitieux qui médite sa revanche, Grégoire VII usait avec d'extrêmes ménagements de sa suprême puissance, et, pour des crimes qui avaient soulevé une universelle indignation, il imposait au coupable trois jours de jeûne, de prière et d'attente. C'était peu.

Ici commencent les perfidies de Henri IV égales à ses précédents forfaits. Sorti de Canosse il se fit des Lombards des alliés, reprit le pouvoir, administra l'Empire; les seigneurs Allemands, poussés à bout, élirent précipitamment et sans la participation du Pape, un nouvel empereur dans la personne de Rodolphe de Souabe. Grégoire blâma cette précipitation de la noblesse Allemande qui, de fait, coûta bien du sang. Henri, furieux jusqu'à la rage et le désespoir, prit les armes contre Rodolphe, créa un antipape (Clément III), et, quand la mort de son compétiteur l'eut délivré de toute crainte, marcha sur Rome, lui livra des assauts effroyables, y porta la dévastation, fit reconnaître son passage en Italie à des flots de sang et des monceaux de ruines. — Grégoire VII, réduit à la dernière extrémité, trahi souvent par les siens, assailli par les troupes de Henri ivres de fureur et de vengeance, demeurait calme au milieu d'une si affreuse tempête. Enfermé au château Saint-Ange pendant que Henri se faisait couronner empereur par son anti-pape il continuait à s'occuper de l'administration de l'Église et à prendre des mesures efficaces pour son entière réformation. Dieu bientôt, au défaut de la bonne et intrépide princesse Mathilde, dont les troupes battues par les Lombards étaient réduites à l'impuissance, lui envoya pour sauveurs les Normands. Robert Guiscard, leur chef, qui s'était soumis à l'Église, s'en vint avec une armée et battit les Allemands qu'il força à la retraite. Grégoire plus libre put enfin venger l'Europe indignée, sauver l'Église et faire triompher le droit. Dans un nouveau Concile il renouvela toutes les sentences d'excommunication et de déposition contre Henri IV et son anti-pape. Henri était retourné en Allemagne où les seigneurs avaient choisi Herman pour succéder à Rodolphe de Souabe. En Italie, l'héroïque Mathilde rétablissait les affaires du Pape autant que ses forces le lui permettaient (1). Toutefois n'étant plus à Rome assez en sûreté, Grégoire se retira sous la garde des Normands, d'abord au mont Cassin, puis à Salerne (1085). Douze années d'un semblable pontificat l'avaient, en le brisant sur la terre, mûri pour le ciel. Tombé gravement malade, pour répondre au désir des cardinaux qui l'entouraient, il désigna trois sujets, les plus aptes selon lui à reprendre l'écrasant fardeau du gouvernement de l'Église : Didier, abbé du mont Cassin; Othon, évêque d'Ostie; Hugues, archevêque de Lyon. Son dernier acte fut un acte de clémence, il déchargea de leurs censures tous les excommuniés, sauf deux, Henri IV et l'anti-pape Guibert de Ravenne, puis il mourut en exhalant, dans cette dernière parole, les pensées, les sentiments et la vo-

---

(1) Peu de figures aussi pures et aussi nobles apparaissent dans l'histoire. La postérité a ratifié cette touchante épitaphe :
   Hæc consolatrix inopum, piætatis amatrix.
   Gazis dispersis, pauper sibi, dives egems.

lonté de toute sa vie : « J'ai aimé la justice et haï l'iniquité : voilà pourquoi je meurs en exil » (1085). — Il n'est pas temps encore de prodiguer à ce grand Pape les éloges et les actions de reconnaissance dans la même mesure que la tourbe des historiens sans bonne foi ou sans science lui a prodigué l'insulte : nous devons revenir sur nos pas, recueillir sur toute une longue route tant de grandes choses que l'unité du récit nous a fait négliger.

5. Une tradition raconte que, tout jeune enfant, s'amusant avec des lettres, il en forma, par un jeu providentiel, ces mots du Psaume : *Dominabitur a mari usque ad mare.* On peut tout aussi justement lui appliquer cette autre parole sacrée : *Attingit a fine usque ad finem fortiter et disponit omnia suaviter.* D'une extrémité à l'autre du monde, le saint et illustre Grégoire VII étendait son influence à la fois forte et douce, invincible et suave. A peine a-t-il vu se lever sur l'Espagne, écrasée par les Maures, une lueur d'espérance, qu'il excite à la guerre sainte en donnant d'avance aux seigneurs les terres qu'ils sauront conquérir et en renouant avec les monarchies chrétiennes de la Péninsule des relations interrompues. De toutes parts les peuples, frappés de cette influence qui jaillit sur eux de Rome, élèvent vers Rome leurs espérances et leurs vœux. La Dalmatie se donne à Grégoire en hommage filial ; Michel, duc des Serviens, fait de même ; la Corse se place sous la même suzeraineté. Des profondeurs glacées de la Russie des princes accourent, ne voulant tenir leurs États que du Siège souverain.

Mais le regard de Grégoire et sa vitale influence passaient par-dessus l'Europe pour s'arrêter sur l'Orient tout entier. Sa magnanime ambition ne rêvait pas moins que le retour de cette immense Église schismatique à l'unité et à l'orthodoxie. Or il fallait avant tout la débarrasser de ses tyrannies écrasantes, de cette avilissante domination Musulmane sous laquelle elle achevait de mourir : voilà les *croisades*, Grégoire VII en a la sublime intuition. Il les eût entreprises si l'indigne Henri IV n'eût ici rendu inutiles tout son courage et tout son génie. — Et le Pontife, dont l'âme s'élevait à de si gigantesques choses, s'insinuait dans les plus minutieux détails de son gouvernement. Lui qui embrassait l'Occident et l'Orient dans sa puissante étreinte donnait au plus menu peuple sa même sollicitude et sa même protection. Ses quatre cents lettres sont admirables à parcourir. À Thérouanne on pille l'église, on mutile l'évêque : sa miséricorde ou son excommunication volent sur le théâtre de ces violences et se donnent à choisir. A Carthage, à Raguse, à Beauvais, des scènes semblables suscitent en Grégoire la même énergie. La féodalité le trouve sur tous les points où elle exerce ses iniques vexations. Où un Euzelius pille et massacre les clercs et les moines, où un Hugon dépouille les églises, où un Arnould et tant d'autres veulent imposer aux évêques l'amnistie de leurs cruautés et de leurs débauches, Grégoire fait sentir, d'abord la longanimité de sa tendresse, puis l'invincible force de ses anathèmes.

S'il défend les seigneurs contre les mutineries souvent sanglantes du peuple, s'il protège le clergé contre la tyrannie des seigneurs, il protège plus énergiquement encore les clercs contre leurs propres vices. Et ici, hélas! quel champ aussi vaste que désolé à sa vigilance et à son zèle! Un tiers de ses lettres a pour objet les désordres des évêques. C'est Hubert de Thérouanne convaincu d'hérésie, c'est le simoniaque Godefroy de Milan, c'est l'évêque de Poitiers qui trouble toute sa province et se rit des menaces du Pape, c'est Denys de Plaisance, scandaleux et sacrilège, c'est Herman de Bamberg qui à tous ses autres vices joint la plus sordide avarice, c'est Régnier d'Orléans chargé de tous les crimes, ce sont les clercs de Luc en révolte contre leur évêque..... Comment les nommer tous? Grégoire VII avec la plus touchante patience les exhorte, les presse, les supplie, et ne les frappe que quand sa bonté paternelle deviendrait la faiblesse et la connivence. — L'hérésie le trouva inflexible comme le vice. Toujours perfide, toujours relaps (1), Béranger avait longtemps abusé de la confiance du Pape, mais enfin il dut signer une dernière profession de foi au concile de Bordeaux (1080) et se retira dans une solitude dans les environs de Tours. Comme après cette rétractation, Grégoire VII put écrire que la foi de Béranger était pure, les ennemis de ce Pape n'ont pas manqué l'occasion de l'accuser lui-même d'hérésie.

Tel fut l'admirable pape saint Grégoire VII. Il ne vécut, ne travailla, ne lutta, ne souffrit que pour la sainteté de l'Église : il la trouva, avec une douleur inexprimable, tombée entre les mains souillées d'une féodalité toute-puissante, esclave d'hommes vicieux qui la violaient audacieusement et avec une impunité qui redoublait leur audace : Grégoire se leva pour combattre et mourut pour triompher. Quand on le transforme en ambitieux de génie, on méconnaît cette grande âme, et on fausse l'histoire. Saint Grégoire est bien ce que le protestant Voigt dit qu'il fut : « La sainteté et l'indépendance de l'Église, tel fut le point où vinrent se grouper toutes les pensées de Grégoire VII, tous ses écrits et toutes ses actions, comme autant de rayons lumineux. C'est ce qui lui donna cette activité prodigieuse, c'est à quoi il a

---

(1) Le malheureux en était arrivé à rejeter toute autorité et à insulter toute puissance. Les outrages à Léon IX n'ont été dépassés que par les formules grossières et impies de Luther. — Voir Bernaldus, *De Berangarii multiplici condemnatione*, Patr. lat., t. CXLVIII, col. 1456. — Noël Alex., *Hist. eccles.*, t. XV. p, 3. — Deoduin, *Contr. Berangar.* — Bruno, Patr. lat., t. CXLVI, col. 1440. — Hugo Lingonens, *Contr. Berangar.*, Patr. lat., t. CXLII, col. 1326.

sacrifié toute sa vie, et ce fut l'âme de toutes ses opérations (1). »

II. Étude sur la puissance des Papes au Moyen-âge.

Dans l'histoire que nous venons de faire du pontificat de saint Grégoire VII, un fait domine tous les autres, fait simple pour les contemporains et qui a paru depuis exorbitant et monstrueux : ce fait c'est la déposition par le Pape de l'empereur Henri IV. Nous ne nous arrêterons pas à redire les clameurs haineuses et violentes de l'histoire protestante et universitaire contre ce fait.

Notre thèse est de montrer dans ce fait le plus complet *naturel*. Les historiens légers ou de mauvaise foi crient que c'est là l'un des faits les plus monstrueux de *ces siècles d'ignorance* : nous disons nous que, dans un siècle de foi et de vigueur chrétiennes, c'est le fait du monde le plus simple et le plus normal.

1. Nous pourrions, nous devrions même, rappeler tout d'abord avec une liberté et une franchise qui ne sont pas sans courage (2), que l'Église catholique, fille de Dieu, héritière des nations, reine des peuples, compte les rois eux-mêmes parmi ses sujets. Que ces rois elle les domine, elle

---

(1) Ne croyons pas que ce saint et magnanime Pape, si odieusement attaqué par l'ignorance, les préjugés, les passions, n'ait pas aussi recueilli largement la reconnaissance et l'admiration. Guillaume d'Apulie (*De rebus Normanorum*, Patr. lat., t. CXLIX, col. 1079) était l'écho de la Chrétienté quand il s'écriait : « Le voilà donc parti pour le ciel ce Pontife qui personnifiait ici-bas la justice, la religion, la vérité. Jamais son grand cœur ne se laissait détourner.... Il fut la terreur des méchants et le bouclier des bons. Sa vie était un miroir de toutes les vertus. »

(2) A cause des erreurs et des négations que le libéralisme contemporain, après le Gallicanisme du dernier siècle, accumule sur ce point ; et, — disons-le aussi, — à cause de la pusillanimité de trop d'historiens catholiques.

les régit, elle les instruit, elle les corrige ; s'ils sont rebelles, elle les châtie. Comment? Évidemment en leur infligeant une peine. Quelle peine? Évidemment encore toute peine qui les peut atteindre et remplir le but de l'Église dans leur correction : peine temporelle, quand la peine spirituelle est méprisée et devient dérisoire. C'est là, *vi clavium*, un droit primordial de l'Église sur ses sujets et ses enfants.

2. Mais dans la question historique qui nous occupe, nous trouvons tant d'autres preuves justificatives, que nous pouvons laisser dans l'ombre la doctrine qui précède, et qui renferme néanmoins les arguments décisifs et les raisons profondes. — Libre au dix-neuvième siècle de ne rien entendre à une Église divine et omnipotente, de ne rien admettre des choses de Dieu; mais nous sommes au onzième siècle, dans une société qui n'a pas joui des bienfaits de 89, et qui n'entend pas subir les pressions de l'absolutisme des empereurs et des rois, également ennemie de nos démocraties révolutionnaires et de nos dictatures césariennes. — Or cette société est l'œuvre de la Papauté, l'Europe du onzième siècle est fille des papes qui l'ont enfantée dans la douleur et élevée au prix de mille peines et de mille dangers. Ils règnent dans cette Europe qu'ils ont créée. La foi y règne avec eux, notre *indifférentisme* religieux y est inconnu, toute atteinte portée à l'unité de croyance est un crime qui rend un roi indigne de régner. De plus il est admis que les rois ne règnent que pour le bien des peuples : faiblissent-ils à ce devoir sacré, le Pape qui est leur père à tous devient leur juge et venge le peuple dans la punition des rois. En Orient on les étrangle, chez nous, à l'heure qu'il est, on les fait monter à l'échafaud ou on les fusille. Au onzième siècle, le pape les aimait, les instruisait, les corrigeait, et rois et peuples étaient contents.

Ce pouvoir d'*origine* n'était pas le seul titre qu'eut le

Pape au onzième siècle et dans les suivants de juger la cause des princes, de punir leurs crimes, et d'en délivrer leurs sujets; il régnait sur le temporel des États par titre de *donation*. L'Europe, dans ses différents États, France, Espagne, Angleterre, Allemagne, Souabe, Hongrie, Servie, etc., s'était *donnée* aux Papes. Les chartes, les coutumiers, plus encore l'usage avéré, universel de l'époque en font foi. Et il faut avoir la vue bien courte ou le cœur bien peu large pour ne comprendre pas tout ce que cette organisation à la fois douce et forte, efficace et paternelle, renfermait de sécurité, de lumière et de paix pour les peuples et pour les rois. Il a fallu des protestants pour le comprendre et faire à nos tristes écrivains universitaires une leçon trop méritée. « Le pouvoir papal en disposant des couronnes, empêchait le despotisme de devenir atroce; aussi dans ces temps de ténèbres ne voyons-nous aucun exemple de tyrannie comparable à celle de Domitien. Un Tibère était impossible, Rome l'eût écrasé. » « La férocité et la sauvagerie universelles tendaient à une universelle désorganisation; la puissance morale de la Papauté faisait tout revivre. Rien de barbare dans cette royauté pontificale : vous vous récriez parce que les Papes, comme vous le dites, insultaient aux diadèmes des rois, posaient sur le front des monarques un pied superbe? Mais c'était là un bienfait immense! L'esprit contraignait la force brute à plier. » « Les Papes, dit un écrivain, ont forcé les rois a être justes, ils ont combattu les deux choses qu'on déteste le plus dans notre siècle : l'autorité arbitraire et la vénalité des charges. » Leibnitz disait : « Le tribunal du pape élevé au-dessus des princes pour les diriger et les juger, nous ramènerait au siècle d'or. »

Mais entrons plus au vif de la question. Henri IV était l'empereur. Or qu'était l'Empire? De l'aveu absolument forcé de tous, l'Empire était un fief du Saint-Siège. Le Pape seul, après le choix des seigneurs ou sa propre désignation donnait la couronne impériale. S'il est un fait avéré, patent, indiscutable, c'est assurément celui-là. Le Pape pouvait donc défaire ce qu'il avait fait. Le suzerain déposait le feudataire quand celui-ci lui avait désobéi en quoi il lui devait l'obéissance. De plus, ne l'oublions pas, la couronne impériale était élective, les cas où l'empereur était indigne de la porter étaient très nettement prévus dans le droit public de l'époque. La seule question qui reste à poser et à résoudre est donc celle-ci : Henri IV méritait-il la déposition ? Poser cette question c'est la résoudre. La difficulté n'est pas, quant à cet abominable prince, d'énumérer les crimes dont il était coupable, la difficulté serait d'en trouver un seul qu'il n'eût point commis.

Ainsi, à tous égards, la disposition de l'empereur Henri IV d'Allemagne est un fait inattaquable : le droit du Pape est absolument certain. Les seigneurs d'Allemagne viennent eux-mêmes rappeler ce droit à Grégoire VII. Pascal II prononcera cette parole aussi solennelle que décisive, et qui ne soulèvera en Europe ni protestation ni surprise, tellement le fait et le droit sont acquis : « C'est nous qui avons donné l'Empire. » Arnould de Lizieux, auteur du onzième siècle, constate que « d'après les anciennes histoires, les élus n'ont d'autre titre à l'Empire que la grâce de la sainte Église Romaine. » Ludolphe de Bamberg, jurisconsulte qu'on n'accusera pas de partialité, établit le droit du Pape reconnu de l'Europe entière, « d'élire et de consacrer l'empereur, et de le déposer pour certains crimes énormes. » Voici plus fort : les empereurs eux-mêmes reconnaissent ce droit. Henri IV avoue que, l'année d'excommunication expirée, il doit perdre son titre d'empereur. Frédéric 1er prêta si bien serment à Adrien IV comme feudataire à suzerain qu'Adrien le menaça de lui enlever, s'il persistait dans ses crimes, « le bienfait accordé. »

Inutile de pousser plus loin ces preuves plus que suffisantes. Reste pour nos adversaires à incriminer Grégoire VII d'avoir usé de son droit : examinons sa conduite. Remarquons d'abord qu'il est injuste de particulariser à Grégoire VII cette intervention de la Papauté dans le temporel des princes. C'est le fait de la société toute entière ; si c'est un crime, une foule de Papes en sont coupables. Saint Grégoire II, saint Zacharie, saint Grégoire III, Étienne II, Léon III, Grégoire IV, etc., interviennent dans le temporel des princes d'une façon aussi directe et aussi absolue. Puis, remarquons-le encore, saint Grégoire VII ne frappe ni vite ni seul. Longtemps il gémit, il supplie, il conjure ; il faut l'invincible opiniâtreté du coupable pour le décider à frapper. Et c'est souvent d'une réunion, mieux encore d'une réunion mixte, où les laïcs abondent, que partent les foudres pontificales. Quand après les peintures fantaisistes que l'on fait du *fougueux Hildebrand,* on en vient à l'étude sérieuse, d'après les documents authentiques, de cette belle et puissante figure, on reste stupéfait de tant de charité et de mansuétude, d'une si invincible patience, de si continuelles et si tendres supplications. N'est-ce pas ce *haineux* et *violent* Grégoire VII, qui au plus fort de la lutte et des crimes de Henri IV, suppliait pour lui la noblesse allemande exaspérée et pressée d'en finir ? — Enfin notons bien aussi que tous les contemporains sont pour le Pape, et tous sont accablants contre l'empereur. Saint Anselme de Cantorbéry, saint Anselme de Lucques, Marianus Scotto, Gebhard de Salzbourg, etc. (1). Terminons par ces généreuses paroles du

---

(1) Le comte César Balbo s'exprime ainsi sur saint Grégoire VII, dans son *Histoire d'Italie.* « Au bout de peu d'années on voit s'accomplir tout ce qu'il avait commencé ou inspiré : le célibat ecclésiastique établi, (lisez : rétabli,) la simonie et les investitures disparues, la confirmation même du souverain Pontife par l'empereur abandonnée, la puissance du Saint-Siège accrue, les croisades, auxquelles il avait, dès la première année de son pontificat, encouragé inutilement Henri effectuées. »

protestant Voigt : « Il est difficile de donner à Grégoire VII des éloges exagérés, car il a jeté partout les fondements d'une gloire solide. Chacun doit vouloir qu'on rende justice à qui justice est due; qu'on ne jette point la pierre à qui est innocent, qu'on respecte et qu'on honore un homme qui a travaillé pour son siècle selon des vues si grandes et si généreuses, et que celui qui se sent coupable de l'avoir calomnié rentre dans sa propre conscience. »

III.

Les successeurs de Grégoire VII. Triomphe définitif de son œuvre.

1. Saint Grégoire VII était mort le 25 mai 1085, mais son œuvre allait, au travers de péripéties souvent douloureuses, finir par triompher. Son successeur fut l'abbé du mont Cassin Didier (1), qui prit le nom de *Victor III* (24 (2) mai 1086), et ne fit que passer sur le trône pontifical. Il put néanmoins contre les Investitures montrer l'énergie de son prédécesseur, en renouvelant les censures portées contre elles et en anathématisant l'anti-pape Guibert. Sa dernière bénédiction fut pour une armée italienne qui s'en allait combattre les Sarrazins d'Afrique et inaugurait ainsi l'ère des croisades. — A Victor III qui mourut en septembre 1087,

---

(1) Vid., *Vita Victoris III,* apud Mabillon, sæc. vi, II, p. 583. — Tosti, *Storia della Badia di monte Cassino.* Napl., 1842.

(2) Desiderius (Victor III) hésita, près d'un an à accepter le souverain Pontificat; durant cet intervalle l'hérésiarque Wibert jouait sacrilégement à l'anti-pape dans un conciliabule tenu à Ravenne (février 1086).

succéda après plusieurs mois de vacance, le Pape *Urbain II* (1), précédemment évêque d'Ostie (mars 1088).

Quant à Henri IV, blessé à mort par son excommunication, il ne fait plus malgré les efforts d'une rage furieuse que s'affaiblir et s'éteindre misérablement. Les châtiments s'accumulent sur sa tête. L'héroïque Mathilde reprend la lutte, triomphe et chasse les Allemands. Conrad son fils aîné l'abandonne, et les premières armées des croisés en remettant Urbain II en possession de Rome, portent le dernier coup à la puissance de l'excommunié. Bientôt de nouvelles douleurs l'atteignent implacablement. Son second fils, Henri V, pousse à outrance une guerre parricide, remporte de décisifs succès, s'empare de la personne de son père par trahison, lui arrache un acte d'abdication, et le laisse mourir à Liège dans la plus ignominieuse misère (1106) (2). Ainsi finit, brisé par les foudres de l'Église, ce despote allemand devant lequel tant de peuples avaient tremblé.

Son triomphe et sa force Urbain les employa à la défense de la civilisation chrétienne et des droits sacrés de l'Église. Après avoir déployé les rigueurs apostoliques contre l'adultère Philippe de France (3), contre l'ambitieux et spoliateur Guillaume d'Angleterre, contre l'anti-pape Guibert, il les déploya aux Conciles de Plaisance et de Clermont (4)

---

(1) *Vita Urbani II apud Mabillon*, VI, 2, p. 902. — Lambert, *Vita Urbani II*. — Adrien de Brimont, *Urbain II*, Paris, 1862.

(2) Sur la fin de Henri IV on trouvera des détails circonstanciés dans Giesebrecht, *Kaiser Heinrich IV*, t. III.

(3) Philippe avait chassé son épouse légitime Berthe et avait enlevé Bertrade, le tout avec la lâche complaisance de plusieurs évêques et malgré les magnanimes remontrances de Ives de Chartres.

(4) Ce Concile doit être tenu pour l'un des plus célèbres. Urbain II le présida en personne, et à l'incalculable importance de ses canons disciplinaires, l'enthousiasme des croisades vint joindre ses plus grandioses résolutions. Pierre l'Hermite avait soulevé l'Europe chrétienne et le torrent des invasions musulmanes allait être arrêté pour longtemps. — Nous ne

contre les investitures laïques. Il renouvela tous les décrets, toutes les condamnations, tous les anathèmes dont saint Grégoire VII et Victor III les avaient frappés. Il mourut au milieu de la joie immense dont le monde catholique était inondé, quand retentit la nouvelle que Jérusalem venait d'être reconquise par les armes victorieuses des croisés.

A Urbain II, mort en juillet 1099, succéda *Pascal II* au mois d'août de la même année. Droit et bon, il manquait au nouveau Pape le coup d'œil du génie et la force de la résolution, qualités indispensables à un souverain dans une époque tourmentée et difficile. L'Empire était occupé par un nouvel Henri IV. Aussi violent, aussi rusé, aussi tyrannique que son père, Henri V, après une courte hypocrisie, avait jeté le masque et revendiquait les Investitures. Son grand argument était que les évêques de l'Empire étant tous possesseurs de fiefs, leur élection lui appartenait. Il embrouillait traîtreusement deux choses faciles à distinguer : la possession du fief que l'évêque pouvait tenir de l'empereur, l'ordination et l'investiture ecclésiastiques qu'il ne pouvait tenir que de l'Église. Pascal II crut donner au conflit renouvelé par un tyran de la pire espèce une issue heureuse en entreprenant, par un héroïsme impossible, de détacher de leurs fiefs temporels tous les prélats de l'Empire. C'était se jeter dans d'inextricables embarras et se heurter à tout un ordre de choses trop solidement établi. Il fallut reculer, mais Pascal II ne recula que pour se laisser glisser dans une concession malheureuse. Lui et seize cardinaux avaient été saisis violemment, emprisonnés et maltraités le jour même destiné au couronnement de l'empereur. Les Romains indignés se révoltèrent et chassèrent les Allemands ; mais Henri V, dans sa retraite, garda le Pape et les cardinaux prisonniers.

---

faisons ici qu'une allusion aux croisades, devant plus loin y consacrer une étude entière.

Ce fut le moment de la faiblesse. A neuf siècles de distance nous assistons à la scène de Pie VII et de Napoléon à Fontainebleau. « Les plus terribles menaces et les plus cruels traitements furent employés pour fléchir la constance de Pascal II et le déterminer à reconnaître le droit d'investiture. Les évêques d'Italie venaient lui présenter la misère des prisonniers que Henri V retenait dans les fers, la désolation de l'Église, la fuite ou l'exil des cardinaux, le péril du schisme. Vaincu par leurs larmes et pleurant lui-même le malheureux Pape signa l'abandon des Investitures. L'œuvre de Grégoire VII était détruite, l'Église retombait dans la servitude, l'Europe catholique allait rentrer dans la barbarie. » Mais déjà l'esprit de saint Grégoire pénétrait le monde catholique : une opposition formidable se dressa contre la concession de Pascal II, qui avec une humilité touchante et à la fois grande et magnanime se rétracta. Il avait promis de ne pas excommunier Henri V : Henri V fut excommunié. Il avait livré les Investitures : au Concile de Latran de 1112 que Pascal présidait ce droit fut rejeté et annulé. L'Église triomphait, mais elle triomphait dans la douleur et dans le sang : Henri revint furieux en Italie pour s'y faire couronner par un anti-pape, les factions italiennes recommencèrent leurs coups de main, Pascal dut sortir de Rome et n'y rentra que pour y mourir, après un pontificat de dix-huit années remplies de secousses et de souffrances (1118).

Après Pascal II, *Gélase II* fut élu au milieu des plus sanguinaires tumultes des factions italiennes (1118). Pris par elles, accablé de mauvais traitements, un instant délivré par les partis opposés, assailli par Henri V, sauvé des mains de l'empereur pour retomber dans celles des Frangipani, toujours à la veille d'être sacrifié ou à la féodalité italienne, ou aux haines allemandes, le malheureux pape Gélase II subit, comme dernière infortune, l'intrusion d'un anti-pape (Grégoire VIII), pendant qu'il errait en Italie, en Corse, en France, et venait mourir à Cluny le 29 janvier 1119.

C'est de Cluny qu'était sorti l'héroïque pape Grégoire VII qui avait entrepris la gigantesque guerre de l'affranchissement de l'Église, c'est de Cluny que sortira l'heureux Pape Callixte II (1) qui la terminera victorieusement. *Callixte II* fut élu le 1ᵉʳ février 1119. Son mérite personnel, son illustre naissance, ses relations puissantes, sa haute pratique des affaires, tout le désignait aux triomphes. Le premier fut le fameux Concile de Reims où la Papauté se montra déjà dans toute la splendeur de son règne temporel et social. Callixte II s'y occupa en maître et en roi de toutes les grandes affaires de la chrétienté. Il y apaisa les guerres des princes, vengea les droits des évêques chassés de leurs sièges et des princesses abandonnées par leurs maris. La Trêve de Dieu fut de nouveau promulguée, les Investitures condamnées, l'anti-pape frappé de censures, Henri V solennellement puni de déposition, sauf repentir et pénitence. Le voyage du Pape, de France à Rome, fut un perpétuel triomphe, l'Europe entière était à ses pieds, et si à Rome l'anti-pape essaya quelque temps de troubler sa sécurité, il fut bientôt vaincu et enfermé pour la fin de ses jours.

Restait la fameuse question des Investitures : sa solution fut le dernier triomphe de ce beau et puissant pontificat. Le *Concordat de Worms* restera l'un des grands souvenirs de l'histoire comme il fut le fait le plus important du douzième siècle. La solution qui fut donnée à la question des *Investitures* montre à la fois la condescendance et l'inflexible force de l'Eglise catholique. Tout ce qu'elle peut concéder, elle le concède, tout ce qu'elle doit retenir on ne le lui arracherait pas au prix de tout son sang. L'évêque est à la fois *pontife* et il est *seigneur temporel*. Pontife, il n'a qu'un maître possible qui est le Pape; seigneur, il tient son fief du roi ou

---

(1) Vid., *Callixti II Annales*.

de l'empereur, il devient ce que sont les autres seigneurs : mêmes droits, mêmes avantages, mais aussi mêmes devoirs. Le Concordat de Worms contient donc deux parties distinctes : l'une qui sauvegarde les droits de l'Eglise, l'autre qui respecte les droits du prince. — 1° L'empereur s'engage à rendre à l'Eglise les biens usurpés, à laisser aux chapitres l'élection des évêques, aux moines celle des abbés, à ne plus donner aux élus l'investiture par la mitre et la crosse, symboles de leur autorité divine. 2° Le Saint-Siège concède à l'empereur le droit d'investir par le sceptre, symbole de la puissance séculière les évêques et les abbés qui possèdent des fiefs du royaume, le droit d'assister en personne ou par ses délégués aux élections épiscopales, le droit, en cas de litige, de donner son avis aux évêques et au métropolitain. « Avec les travaux et la vie de Callixte II s'achève la première période de la lutte des Papes contre les empereurs. L'indépendance spirituelle du Saint-Siège est reconquise, il reste à la maintenir en affermissant son indépendance temporelle. Ce sera l'œuvre de l'âge suivant. »

2. Cet âge suivant s'ouvrira par de grandioses et féconds spectacles : l'Eglise soutiendra sans doute encore de formidables luttes, mais son règne temporel est un fait désormais établi. L'Eglise règne dans cette Europe qu'elle a fait naître.

Avant d'entrer dans ces temps nouveaux, jetons derrière nous un rapide regard sur plusieurs événements qui se sont passés durant la grande lutte des Investitures dont le récit nous a presque exclusivement absorbé.

Le plus considérable de ces événements est la première *croisade*. Nous ne faisons que le signaler, nous réservant de nous étendre plus tard sur ces grandioses entreprises de l'Europe chrétienne parvenue à sa virilité. Tels avaient été les progrès de la puissance musulmane, qu'elle avait envahi l'Orient et touchait par la Propontide aux portes de Constantinople. L'Empire Grec poussa un cri d'alarme, auquel répondit, aux Conciles de Plaisance et de Clermont, un cri de compassion et de guerre de l'Occident tout entier. Les pèlerinages vers la Terre-Sainte, continuels durant cette période, entretenaient l'amour ardent de la chrétienté pour le berceau des plus sacrés mystères, et un homme visiblement prédestiné pour cette mission, Pierre l'Hermite, répandait à torrents dans toute l'Europe le feu de la croisade contre les Turcs profanateurs des Lieux saints et persécuteurs des fidèles. Aux cris : *Dieu le veut! Dieu le veut!* tout s'ébranla. Du trône à la chaumière, tous prirent les armes, roi, princes, ducs, barons, vilains, hommes des villes, paysans des campagnes; d'innombrables multitudes prirent la croix (1096) et la plus brillante armée qui se fût jamais vue se forma de l'élite de l'Europe féodale. Nous n'entrons ici dans aucun détail. Urbain II avait été l'âme de cette vaste entreprise, le but était noble, le terme grandiose, les résultats précieux à recueillir : les fautes de l'homme gâtèrent l'œuvre de Dieu. Néanmoins ces fautes ne purent d'abord arrêter les succès et l'Occident, ivre de joie, reçut la grande nouvelle que Jérusalem était tombée au pouvoir des chrétiens (1099).

En Occident s'organisaient les pacifiques croisades de la pénitence contre le vice, de la mortification chrétienne contre le luxe et la corruption du siècle. Des multitudes de personnes laïques des deux sexes formaient des associations pieuses sous la direction des prêtres et des religieux. Dans les campagnes on voyait des villages entiers se consacrer à cette vie semi-laïque, semi-religieuse que le pape Urbain II approuva formellement. Cîteaux avec ses moines blancs, Cluny avec ses moines noirs continuaient à donner le spectacle de la grande et héroïque vie religieuse.

Les spéculations philosophiques absorbaient aussi une

foule d'esprits éminents. A côté des disputes souvent assez oiseuses quoique toujours passionnées, à côté des hardiesses qui commençaient à inquiéter l'orthodoxie, la profonde philosophie catholique trouvait dans Anselme de Cantorbéry (1060) un organe illustre autant que saint. Anselme né en Savoie vers 1033, devint moine à l'abbaye du Bec en Normandie où brillait Lanfranc, puis prieur de la même abbaye. Nommé archevêque de Cantorbéry, dont la rapacité tyrannique de Guillaume le Roux avait tenu le siège longtemps vacant, Anselme se consacra tout entier à la défense de la foi par ses écrits, à la réforme de l'Église par sa forte et énergique administration. Il fut encore l'un des plus intrépides défenseurs d'Urbain II contre les entreprises de l'anti-pape Guibert. Obligé de quitter l'Angleterre, il y revint sous le roi Henri Ier (1100).

Pendant qu'en Allemagne, en France, en Angleterre les princes scandalisaient les peuples et désolaient l'Église, la vie monastique, dont l'extension commençait à devenir prodigieuse, conservait dans la société chrétienne la sève de la sainteté. Robert d'Arbrissel, Bernard de Menthon fondaient leurs admirables familles religieuses. Le pontificat de Pascal II (1113) vit se former l'ordre si longtemps célèbre des chevaliers de Saint-Jean de Jérusalem, que fit naître le B. Gérard, et dont Raymond du Puy fut le premier grand-maître. En Terre-Sainte Godefroy de Bouillon établissait les chanoines de Saint-Augustin pour la garde du saint Sépulcre (1114). En Europe Hugues des Payens, Geoffroy de Saint-Omer donnaient naissance au plus illustre des ordres militaires, l'ordre des Templiers (1119). Mais le plus beau présent que Dieu faisait à son Église était un jeune homme qu'il enlevait aux gloires et aux délices du monde pour le renfermer dans la solitude de Cîteaux. Ce jeune gentilhomme devait devenir la gloire de son siècle : nous avons nommé saint Bernard (1113). — Les écoles étaient florissantes : Guillaume de Champaux professait dans celle de Paris avec une grande réputation, mais comme le mal doit perpétuellement semer l'ivraie où la vérité sème la bonne semence, à saint Bernard se joint Abailard (1079).

Pendant que dans les pays catholiques l'Église avait à lutter contre la force séculière pour la liberté de ses ordinations, l'Espagne continuait contre la tyrannie musulmane une lutte à laquelle les croisades donnaient désormais un encouragement et un soutien (1154). — Dans le même temps l'Angleterre entrait dans une période de troubles et de commotions intestines, tandis que la France reprenait sous la sage tutelle de l'abbé Suger son ancienne prospérité.

APPENDICE.

Avant de passer plus loin, il faut nous arrêter un instant sur la vie intime de l'Église durant la période que nous venons de parcourir, sur ses lois, ses usages, ses coutumes, ses institutions, les modifications survenues dans sa discipline. — Il importe aussi de suivre le mouvement de l'esprit monastique. — Puis il ne saurait être superflu de jeter sur la société civile elle-même, si pénétrée de la vie religieuse, si mêlée à la société ecclésiastique, un rapide coup d'œil. — Ainsi 1° choses religieuses : 2° Choses monastiques : 3° Choses séculières.

I. Choses religieuses. 1. *Du clergé.* Nous avons vu souvent et longuement quelles vicissitudes suivirent les élections ecclésiastiques, et quels efforts dut faire l'Église pour en maintenir la liberté. Une remarque est à faire. Dans l'époque si bouleversée que nous venons de parcourir les troubles des églises forcèrent souvent les Papes à choisir eux-mêmes directement les titulaires. C'est le point de départ du droit général, d'après lequel l'institution directe des métropolitains sera donnée aux Papes dès le milieu du Moyen-âge, puis ensuite des simples évêques aux époques qui suivront. — La vie du clergé, la régularité de ses mœurs, son assiduité à la prière, la répression de son luxe, de ses instincts guerriers, de ses habitudes séculières, de son ignorance, fut l'objet de nombreux efforts de la Papauté, ainsi que d'un grand nombre de Conciles dans leurs canons disciplinaires. La féodalité entamait profondément la vie sacerdotale et apportait jusqu'en plein cœur du sanctuaire le limon de ses vices et le trouble de ses passions. On ordonne aux prêtres de la campagne un peu de travail manuel. On continue à exiger d'eux qu'ils forment de jeunes clercs à la science et à la vertu. Des conférences ecclésiastiques apparaissent çà et là pour le maintien de la science et la répression de la paresse. Nous trouvons aussi l'institution des doyens chargés d'inspecter les paroisses groupées sous leur juridiction.

2. *Du culte et des dévotions.* Les églises qui s'élevaient et dont plusieurs annonçaient déjà la splendeur du siècle qui va suivre avaient encore pour architectes des ecclésiastiques ou des frères laïcs. Charlemagne avait peu à peu substitué la liturgie grégorienne à la vieille liturgie des Gaules. — De nouvelles fêtes s'ajoutaient de temps en temps aux anciennes : ainsi les fêtes de l'Annonciation, de la Présentation, de l'Assomption, de la Nativité. Un miracle arrivé à Rome fit naître la fête de saint Michel. Dès la fin du xe siècle c'est le Pape qui institue les nouvelles fêtes dans l'Église. Jean X en 993 inaugure les canonisations. — Le centre et la vie du culte étaient toujours dans l'Eucharistie. La dévotion envers la très sainte Vierge comptait au premier rang parmi les dévotions chères aux fidèles, et après le xe siècle, elle reçut encore de magnifiques accroissements. On consacra à Marie le samedi; au Concile de Clermont Urbain II institua l'usage du « Petit office. » « L'Ave Maria » (non encore terminé) était universellement récité. — L'une des pratiques les plus en honneur était celle des pèlerinages. Celui de Jérusalem tenait le premier rang et poussait vers la Ville-Sainte les fidèles par milliers. Il ne faisait pas néanmoins oublier le pèlerinage de Rome et celui de Saint-Jacques de Compostelle. L'approche de l'an 1000 et la terreur qu'inspira la crainte de la fin du monde donnèrent à toutes les pratiques pieuses une extraordinaire extension, et multiplièrent presque à l'infini l'érection des sanctuaires.

3. *Des sacrements.* Le baptême par infusion se vulgarisa à partir du neuvième siècle. — La messe quotidienne fut fortement et persévéramment recommandée aux prêtres par les Conciles. Au huitième siècle on avait permis, le dimanche, la multiplication des messes dites par un seul prêtre, quand il avait charge de plusieurs paroisses. Au neuvième siècle cette multiplication était devenue de dévotion et pour n'importe quel jour. Au dixième on défendit d'en dire plus de trois. — L'indifférence à recevoir les sacrements provoqua de pressantes exhortations des Conciles. Les prêtres négligeaient d'administrer l'extrême-onction, Jonas d'Orléans fit aux fidèles un devoir rigoureux de la demander. — Les empêchements de parenté étaient plus multipliés et très sévères : le Concile de Latran (1215) restreignit l'empêchement au quatrième degré. — La pénitence publique subsistait encore et devenait parfois une peine imposée par la puissance civile. Pourtant cette pénitence publique tendait à être commuée, des adoucissements y étaient apportés, on voit poindre l'*indulgence*. Les indulgences et les bonnes œuvres furent admises comme compensations ; mais parallèlement à cette tendance, une autre se fit jour, rigoureuse autant que l'autre était bénigne. Les flagellations volontaires se propagèrent rapidement, et, en attendant les abus auxquels elles donnèrent bientôt lieu, elles servirent de frein puissant aux passions désordonnées de cette époque. — Quant aux peines ecclésiastiques, elles restaient les mêmes : l'excommunication, l'anathème, l'interdit.

II. Choses monastiques. L'ordre monastique trouva dans Charlemagne et dans Louis le Débonnaire de précieux appuis et des secours efficaces de réformation. — Les chanoines et les chanoinesses étaient soumis à une règle copiée en partie sur celle de saint Chrodegang. Dans une grande assemblée des abbés d'Allemagne, de France, d'Italie, une réforme d'après la règle de saint Benoît d'Aniane fut imposée à tous les monastères de l'empire Carlovingien. — Parmi ces monastères, les uns devaient aux princes des subsides de guerre, d'autres, de simples redevances, les troisièmes, des prières. — La réforme de saint Benoît d'Aniane fut pour l'ordre monastique le signal d'une grande prospérité. Du Rhône à la Loire, des Pyrénées à la Garonne, de la Méditerranée aux Vosges, la vie monastique reprit sa vigueur et poussa des rameaux nouveaux de toutes parts. Fulde jetait un vif éclat; fondée sur le Weser, la Nouvelle-Corbie (822) envoyait une foule de missionnaires à la conversion des peuples du Nord et de l'Est; Jumiège, détruite par les Normands, se relevait par eux, pendant qu'en Angleterre Turquetul reconstruisait Croyland.

A cette ère de prospérité, succéda, lors de la dislocation de l'empire de Charlemagne, une époque de désastreuse décadence, due avant tout à l'intrusion des laïcs. — Dieu envoya dans la congrégation de *Cluny* un précieux secours à l'ordre monastique en détresse. Saint Odon, l'initiateur du système de *congrégations*, augmenta la vitalité religieuse en reliant ainsi les monastères auparavant détachés (926). Nous avons parlé, dans le tissu même de l'histoire, des autres instituts religieux, fondés par Bernard de Menton, Jean Gualbert, etc.

III. Choses séculières. Formée de peuplades barbares qui s'agitent en tumulte, et, avant de se fixer, accumulent les dévastations et les ruines, l'Europe nouvelle prend ensuite peu à peu un aspect plus régulier, et offre un spectacle moins désolant. Les peuples barbares convertis, s'assouplissent à la civilisation dont le Christianisme se fait parmi eux l'infatigable propagateur. — Charlemagne donne à cette civilisation une impulsion considérable, et comme c'est là la mission spéciale de son vaste empire, tout est coordonné en vue de cette mission. — Après Charlemagne, l'Église continue son œuvre, s'insinue de plus en plus dans la société séculière pour la dépouiller de sa barbarie native et la façonner à la civilisation de l'Évangile. Elle réforme tous les abus, elle lutte contre toutes les rudesses, elle fixe le sort de l'esclave, elle défend le menu peuple, elle arme les *chevaliers* pour user à la protection des faibles une fougue que les seigneurs n'employaient qu'à les opprimer. En revendiquant une large part dans l'administration civile le clergé obéit à un besoin pressant et devient le vrai créateur de l'Europe chrétienne.

Cette Europe passe, de Charlemagne à saint Grégoire VII, par des phases très diverses. — Après l'éclat et la prospérité de l'époque de Charlemagne la confusion politique s'ajoute aux désastres des invasions étrangères et à une misère affreuse du peuple. La nuit se fait, nuit tumultueuse et pleine de douleurs. L'Église est opprimée et réduite à l'impuissance, la féodalité remplit tout de ses agitations sanglantes, l'an 1000 approche, et les calamités qui s'accumulent font croire à la destruction prochaine du monde. — Mais l'an 1000 passe, au lieu de la destruction la résurrection se montre. L'Église, en rompant le filet où la puissance séculière la retenait, émancipe avec elle la société toute entière. Avec la liberté et l'action de l'Église tout renaît, tout refleurit dans le monde civil lui-même. En même temps que les mœurs s'épurent, qu'une nouvelle floraison de saints se montre partout à la fois, les grandes pensées, les résolutions grandioses, un besoin mystérieux d'accomplir de vastes et fructueux exploits naissent dans les âmes régénérées. La féodalité se porte aux croisades avec un inexprimable élan, pendant que en Europe, de multiples dévouements créent leurs œuvres spéciales, et que la piété jonche le sol d'une multitude de sanctuaires. Le génie inventif prend l'essor avec Gerbert et Gui d'Arrezzo.

La littérature s'épanouit sous la même influence. A côté de la langue latine, langue de l'Église et patrimoine du clergé, les idiomes nationaux inaugurent leurs rudes et informes essais. En Allemagne c'est le Tudesque, dans la Péninsule c'est l'Italien, en France c'est le Roman. Le Roman est un produit du Gallo-Romain que les Barbares ont employé et plié à leur génie propre, souvent à leur ignorance. Le fond en est le Latin, mais le mécanisme trop délicat du Latin a reçu, dans l'introduction des articles, des pronoms, des verbes auxiliaires, d'assez profondes modifications. Bientôt ce fond commun se divise. Le Roman du Nord ou langue d'oïl, Wallon, Welche, est moins gracieux, moins musical, mais plus précis, plus logique, plus ferme; les victoires austrasiennes en feront la langue française. Le Roman du Midi ou la langue d'oc, le Provençal reflétera le ciel charmant sous lequel on le parle, mais ne triomphera pas et ne deviendra pas l'idiome national. — Pendant qu'au fond des monastères la langue latine sert à une foule de travaux philosophiques, théologiques, historiques, les langues vulgaires se prêtent aux chants héroïques, puis bientôt aux compositions rieuses, mordantes, libres, trop souvent obscènes des Trouvères et des Troubadours.

VINGT-DEUXIÈME LEÇON.

PUISSANCE ET ŒUVRES DE L'ÉGLISE AU XIIE SIÈCLE.

Nous touchons à l'apogée du règne de l'Église dans l'Europe chrétienne.

Quand nous parlons d'« Apogée » comme lorsque nous parlons de Triomphe, ces mots dans l'histoire de l'Église ont toujours une portée relative, un sens spécial qui demande explication. Jamais l'Église ne vit sans lutte, jamais elle ne triomphe qu'en ayant l'apparence d'une vaincue. Nous touchons à la plus brillante période de son règne dans cette Europe qu'elle a créée et élevée, et cette période est remplie par deux nouvelles et terribles luttes contre le despotisme Allemand, luttes qui font suite à la première soutenue contre Henri IV et Henri V. Le miracle de l'Église, comme le miracle du Christ, son Fondateur et son soutien invisible, est de *dominer au milieu même de ses ennemis*.

Nous disons « Apogée du règne temporel. » Telle est en effet la situation que les événements ont faite à l'Église. Sans parler ici du pouvoir que l'Église tient de Dieu et qui s'étend, par un prolongement nécessaire, jusqu'au temporel de ses sujets, nous entendons ici ce règne tout particulier, règne grandiose, puissance vaste et absolue qu'elle obtient en Europe, sans les désirer, bien moins encore en les usurpant, mais dont elle use pour sa sauvegarde et son indépendance, et qu'elle met magnifiquement au service des plus belles causes et des plus chers intérêts des peuples Européens. Elle peut parfaitement se passer de ce règne qui profite plus encore qu'à elle-même aux nations qui en recueillent les multiples bienfaits ; elle l'abandonnera quand l'Europe fatiguée de sa tutelle voudra courir les chances d'une émancipation. En attendant, elle rendra ce règne temporel fécond et glorieux sous toutes sortes de rapports. — Armée de sa puissance, assise sur son trône temporel, elle pousse l'Europe aux plus nobles entreprises, elle réfrène la violence et refoule sans cesse le flot débordant des passions. Elle suscite par milliers des héros et des saints, elle fait fleurir les ordres monastiques, jamais l'esprit humain ne s'éleva si haut ni ne fit d'aussi brillantes conquêtes dans les domaines de la vérité. Jamais enfin elle ne causa mieux le bonheur du peuple et la prospérité des petits.

S'il nous faut, avant tout, donner une idée générale de la période que nous allons parcourir, période de près d'un siècle, de Callixte II à Innocent III, de 1124 à 1192, voici ce que nous en pourrons dire. L'Église est victorieuse dans la vitale question des Investitures, elle ouvre l'ère de sa délivrance, en confirmant cette délivrance dans un Concile œcuménique. Puis les événements se pressent, le mouvement des croisades se développe, l'activité intellectuelle reprend à travers les spéculations une course toujours puissante, parfois dangereuse et immodérée. La chaire de Pierre est presque constamment occupée par de dignes et énergiques Pontifes, l'Église a désormais tout ce qu'il lui faut pour triompher dans la lutte. Cette lutte est terrible sous Frédéric Barberousse, c'est une lutte à mort, dont l'Europe chrétienne est l'enjeu, où l'Église avec la liberté, le Césarisme Allemand avec l'esclavage sont les deux lutteurs. L'Église triomphe, et ce n'est pas seulement l'Italie délivrée qui triomphe avec elle, c'est l'Europe entière, ce sont les âmes, c'est la noble et précieuse liberté des consciences qui bénéficient le plus largement des victoires gagnées et du terrain conquis. Durant les débats de cette époque une grande figure se montre. Un homme, un saint, domine tout ce siècle, et semble en résumer les grandeurs : c'est *saint Bernard*. Nous nous arrêterons un instant à contempler cette suave et grande figure. Saint Bernard, du haut de son génie et de sa vertu, étend dans l'Europe entière son irrésistible influence, et, après la Papauté ou plutôt avec elle, fait mouvoir les grandes choses que nous voyons se dérouler. Telle sera la première partie de cette leçon.

Comme l'ordre monastique prend dans ce beau siècle douzième une extension extraordinaire, nous consacrerons à ces familles diverses une étude à part : ce sera la seconde partie.

I.

Suite de l'histoire, de Callixte II à Innocent III. Saint Bernard et son siècle.

Nous avons terminé avec Callixte II la première phase de la grande lutte de l'Église contre les entreprises du despotisme séculier : nous la reprendrons aux glorieux pontificats d'Adrien IV et d'Alexandre III, ces admirables Pontifes qui ont arraché les éloges d'un Voltaire. — Entre ces deux époques, entre Callixte II et ces deux grands Pontifes, six Papes et d'importants événements se placent que nous devons tout d'abord mentionner.

I. L'Église de Callixte II à Adrien IV. — S. Bernard.

1. Après le concordat, le second événement important du pontificat de Callixte II est le premier concile de Latran, neuvième :

Concile œcuménique (1123).

Dans ce Concile, composé de près de mille prélats, dont trois cents évêques et six cents abbés, Callixte II promulgua le concordat de *Worms*, conclu l'année précédente et qui assurait à l'Église son triomphe sur la pression séculière et l'indépendance de ses ordinations. Puis les Pères font vingt-deux canons contre les vices qui travaillent le clergé simoniaque, contre les ravisseurs des biens d'Église, contre ceux qui pillent les domaines des croisés partis pour la Terre-Sainte, ou qui inquiètent les pèlerins en marche vers Rome et vers les autres lieux de dévotion. En somme, le neuvième Concile œcuménique, presque tout entier disciplinaire, dirige ses coups sur le clergé vicieux, la féodalité violente, le peuple qui, à la faveur du trouble universel, se livre à des excès de brigandage ou à de capricieuses mutineries.

A la mort de Callixte II (1124) l'élection d'*Honorius II* (décembre 1124) faillit être entravée par un schisme, mais le magnanime désintéressement du nouveau Pape coupa court à l'intrigue, et un pontificat puissant et fécond s'ouvrit pour l'Église, Honorius travailla de tous côtés, par lui-même et par ses légats, à la réforme des abus et au rétablissement de la discipline ecclésiastique.

Après quatre années de travaux il mourut (février 1130) et laissa le trône pontifical à *Innocent II* (février 1130). Un schisme désola cette élection. L'anti-pape Anaclet, nommé par quelques cardinaux dissidents, eut comme toujours la force matérielle pour lui, et il en usa contre la paix de l'Église. Innocent II, chassé de Rome, errant de forteresse en forteresse, devenu un instant l'hôte vénéré de la France, inaugurait son pontificat par le martyre : Dieu suscita dans saint Bernard un libérateur à son Église : le saint dont l'Europe entière subissait l'influence, se prononça pour Innocent II et ramena à cette obédience tous les pays qui étaient encore hésitants. La mort d'Anaclet confirma ce triomphe, mais ce triomphe lui-même fut mêlé de tribulations. La Sicile s'était mal soumise, son duc Roger surprit le Pape, le fit prisonnier et ne le relâcha qu'aux plus dures conditions. — Tout cela se passait pendant la convocation du :

Dixième Concile œcuménique, le deuxième de *Latran* (1139).

Interrompu un instant par ces péripéties et ces troubles, le Concile fut repris quand le Normand Roger de Sicile se fut soumis et que tout fut rentré dans l'ordre par la pénitence de l'anti-pape Victor IV, successeur de l'autre anti-pape Anaclet. Mille prélats se trouvaient réunis à Latran. On cassa tout ce qu'avait fait Anaclet, on annula les ordinations des schismatiques, on excommunia Roger de Sicile retourné à sa rébellion contre le Pape véritable. De pernicieuses erreurs circulaient dans la chrétienté, des principes révolutionnaires commençaient à y fermenter, les auteurs des unes et des autres, Pierre de Bruges véritable manichéen, Arnauld de Brescia adversaire acharné de la puissance temporelle de l'Église et des biens du clergé, furent condamnés. Trente canons furent composés pour le rétablissement de la discipline ecclésiastique (1139).

Pendant que le zèle et la fermeté d'Innocent II sauvaient la dignité et l'intégrité des mœurs sacerdotales, des événements importants se passaient en Espagne, en Angleterre et en France. En Espagne la lutte contre l'Islamisme devenait de plus en plus héroïque et de plus en plus victorieuse. En Angleterre, la tyrannie ombrageuse d'Henri Ier, en isolant l'Église de son centre et en repoussant les légats, introduisait les germes d'une irrémédiable décadence. C'est vers ce temps (1154) que des successions désastreuses pour la France livraient aux princes Anglais, avec les possessions d'Éléonore d'Aquitaine, près d'un tiers du sol Français. En France, la révolution pacifique des *communes* modifiait la physionomie du pays sans menacer sa sécurité et sa force. La féodalité pouvait perdre à cette extension du Tiers-État, la Royauté y gagnait un allié et l'Église un précieux contre-poids à une noblesse trop tyrannique et trop puissante.

2. Après le court pontificat de *Célestin II* (1143) qui ne fit que passer, *Lucius II* (1144) recueillit moins l'honneur du souverain Siège que les persécutions et le martyre. Rome était en feu, livrée toute entière aux excitations démagogiques d'Arnaud de Brescia. Voici ce qui s'était passé. Condamné au Concile de Latran par Innocent II, le fameux *socialiste* du douzième siècle s'était réfugié en Suisse où il semait ses erreurs et révolutionnait le peuple. La parole ardente et le cri d'alarme de saint Bernard l'y suivirent et l'en chassèrent. Arnaud vint à Rome, et, en dépit des nouveaux cris d'alarmes de l'infatigable abbé de Clairvaux, le démagogue, mêlant à ses propos de haine les glorieux souvenirs de la Rome républicaine, émut la population et la poussa à secouer le « honteux esclavage des prêtres. » En 1142, malgré l'exil du meneur, la foule, fanatisée par ses partisans envahit le Capitole, abolit la charge de préfet et proclama en tumulte la souveraineté du peuple. Comme les démagogues de tous les temps, ces hommes si forts contre le Pape s'abaissaient honteusement devant le Césarisme et appelaient l'empereur Conrad à leur secours. C'est au sein de ces troubles qu'était mort Innocent II, qu'avait passé Célestin II, et c'est eux dont Lucius II essuyait à son tour toute la fureur. Les factieux exigeaient que le Pape livrât l'administration de la ville et leur donnât pour chef un patrice. Lucius périt victime de son énergie : au moment où il s'occupait de réprimer l'émeute, il fut atteint d'une pierre et mourut le 25 février 1145. L'émeute était triomphante, Arnaud de Brescia, rappelé de l'exil, acheva d'égarer les grands de Rome en leur promettant les charges et les dignités, le peuple en lui persuadant qu'il brisait ses chaînes et se rendait libre. La grande voix de saint Bernard se perdait dans le bruit, et Dieu sait pourtant si cette voix était tonnante! « Êtes-vous donc assez insensés pour déshonorer votre chef et le chef de toute l'Église? Vous voulez donc faire de Rome la fable de l'univers, vous dont les ancêtres en ont fait la maîtresse du monde? Peuple insensé, colombe séduite et sans bon sens! Qui fait de toi un peuple, n'est-ce pas le Pape qui est la tête, les cardinaux qui en sont comme les yeux? Qu'est Rome aujourd'hui, cadavre mutilé, corps sans tête, sans membres, sans lumière? »

C'est au milieu de ces agitations démagogiques que s'inaugura le pontificat d'*Eugène III* (1145.) Saint Bernard l'avait eu pour disciple à Clairvaux, et le grand homme qui domine tous les événements de ce siècle et les dirige, a maintenant la gloire de soutenir sur la Chaire apostolique le moine doux et timide qui vient d'y être élevé. Il ne cessait de le fortifier de ses conseils et de l'envelopper de sa paternelle sollicitude. Rien n'est beau comme de suivre dans ses lettres, les terreurs de son âme pour les dangers qui assaillent Eugène III, les cris de détresse qu'il pousse sur les formidables assauts que l'esprit d'indépendance et les audaces croissantes des sectaires ne cessent de livrer à la Papauté. Et vraiment la position d'Eugène III et de l'Église était critique comme elle l'avait été rarement; Dieu, avant de donner au monde catholique un Innocent III dans la pleine force du règne temporel, voulait montrer par les désastres d'un Eugène III que cette grande œuvre est de lui.

La société Européenne entrait dans une phase de troubles, dans une étrange fièvre de libéralisme et d'indépendance. Abailard avait brisé le lien d'autorité qui retient l'intelligence dans les paisibles et heureuses limites de la croyance, Arnaud de Brescia donnant à ce libéralisme spéculatif sa conséquence sociale et politique, déchaînait les passions démagogiques et les appétits de la foule, après que son maître Abailard eut déchaîné les esprits. Durant la longue éclipse que la sainteté sacerdotale venait de subir, les sectes perverses avaient eu libre carrière, aussi surgissaient-elles de toutes parts. Pierre de Bruys révolutionnait la Provence et le Languedoc sous la protection du comte de Toulouse. Son disciple Henri de Lausanne opérait dans la Suisse et l'Ouest de la France la même œuvre de perversion sociale. A Anvers un fanatique du nom de Tanquelin, profitant du triste état où était la ville sous le rapport religieux, déclamait contre le clergé, la hiérarchie ecclésiastique, la grâce, les sacrements. Sous le nom « d'Apostoliques » et se prétendant les seuls successeurs légitimes des apôtres, les sectaires disciples de Tanquelin couvraient de leurs austères dehors les abominations de leur doctrine et de leur vie. Abailard troublait plus profondément encore les intelligences et les cœurs en mettant au service de ses pernicieuses hardiesses plus de sentiment que de savoir, surtout des malheurs habilement mis en relief et savamment exploités.

Saint Bernard faisait face à tout, combattait une à une toutes ces impiétés et démasquait d'une main impitoyable toutes les hypocrisies. Rome plus que tout le reste excitait son zèle et faisait jaillir de sa plume les plus mordantes peintures de ces turbulentes factions Italiennes, cause perpétuelle des troubles de la Péninsule et des désastres de la Papauté. « Qui ne connaît la vanité et l'arrogance de ce peuple? Nourris dans la sédition, cruels, intraitables, ils méprisent toute obéissance dès qu'ils se sentent assez forts pour résister. S'ils promettent d'obéir, ils n'aspirent qu'à commander, s'ils jurent obéissance, c'est dans l'espoir de se révolter bientôt. Ennemis de tout joug, ils sont néanmoins incapables de se gouverner. » Eugène III n'avait déjà que trop éprouvé la vérité de ce portrait. Chassé de Rome par l'émeute au moment même de son élection et obligé de fuir à Viterbe, il rentra un instant dans sa ville par les armes protectrices des Tiburtins, puis fut obligé de se retirer définitivement et de se réfugier en France. Ainsi Dieu préparait mystérieusement ses Papes à leurs grands triomphes; et ces triomphes se montraient déjà. Exilés et chancelants ils dominaient le monde; leurs fuites d'exilés ressemblaient à des marches de triomphateurs, Eugène III en France recevait plus d'hommages qu'aucun souverain n'en eût conquis au sein de sa plus haute gloire. Et ces courses à travers la France étaient aussi fécondes que triomphales. Eugène III assemblait et présidait des Conciles où les erreurs étaient condamnées, la réforme de l'Eglise était soutenue, et où les grandes entreprises d'outre-mer recevaient un nouvel élan. Au Concile de Reims (1148), où l'on comptait plus de mille prélats, évêques et abbés, le Pape dressa dix-huit canons de discipline et condamna les erreurs de Gilbert de la Porée, évêque de Poitiers, qui, à force de se permettre sur les dogmes des élucubrations fantaisistes, devenait inintelligible quand il n'était pas erroné (1). A Trèves où Eugène III s'était rendu précédemment il étudia la question de sainte Hildegarde, autorisa la sainte à écrire ses révélations et à fonder le monastère du mont Saint-Rupert près de Mayence. Le Pape se rendit à Clairvaux son ancien

---

(1) Nous ne faisons que signaler ici ces insanités et leurs auteurs, réservant les détails pour une étude suivante.

monastère qu'il édifia par ses vertus, et présida lui-même le chapitre général de Cîteaux.

Mais l'événement le plus considérable de l'exil d'Eugène III fut la prédication de la deuxième croisade. Dès 1144 Edesse retombait au pouvoir des Musulmans et Antioche était menacée, l'Orient chrétien faisait un appel pressant aux armes de l'Europe, Eugène III se mit à l'œuvre et son mandataire ne pouvait être que saint Bernard, dont l'Europe entière vénérait la vertu et écoutait la voix. Quand cette voix retentit, appelant tous les rois, les seigneurs, les peuples à la guerre sainte, l'ébranlement fut universel, Louis VII roi de France, l'empereur Conrad III, partirent successivement (1147), chacun à la tête d'une nombreuse armée. Les Grecs de Constantinople n'avaient pas changé; toujours intéressés et perfides, ils avaient peur des croisés qu'ils appelaient contre les Musulmans, et ne voulaient de leur sang que ce dont leur intérêt particulier pouvait profiter. Trahis par Manuel Comnène, Louis VII et Conrad III perdirent leurs troupes dans l'Asie-Mineure, et, après avoir échoué devant Damas revinrent en Europe sans armée et sans honneur. Cette issue, dont l'Occident fut aigri et dont saint Bernard eut une douleur poignante, ne fut cependant pas funeste entièrement. Un corps de quatorze mille Français, Anglais et Allemands, aidèrent les chrétiens d'Espagne dans leur guerre héroïque contre les Maures, et Lisbonne fut enlevée à ces derniers. D'autres consolations adoucirent pour Eugène III l'amertume de l'exil et de la défaite : la foi prospérait dans le Nord, les Finlandais recevaient l'Evangile d'Eric roi de Suède et d'Henri évêque d'Upsal, qui devint le premier martyr de cette conquête.

Cependant Rome, où Arnaud de Brescia commençait à se rendre impopulaire, allait devenir accessible au Pape exilé. Il séjourna d'abord à Tusculum, laissant s'apaiser les derniers troubles, et rentra enfin dans sa capitale et la capitale du monde chrétien en 1152. Il mourut l'année suivante (1153), laissant après lui le souvenir de ses vertus, la fécondité de ses œuvres et le parfum de sa sainteté. Cette mort frappa au cœur l'illustre saint Bernard, qui voyait approcher la sienne et finissait dans la sainteté la plus héroïque une héroïque carrière de sainteté. Les vides douloureux se faisaient autour de lui : Suger son ami, le grand ministre de France sous Louis VII, était mort en 1151. Prieur de Saint-Denys, Suger devint par sa haute capacité des affaires, sa sagesse consommée, son dévouement sans bornes, « la providence de nos rois, » et, comme le proclama Louis VII, le *père de la patrie.* Dévoué à toutes les grandes et saintes causes, si Suger, pour de pressantes raisons d'Etat, fut défavorable au départ de Louis VII pour la croisade, il n'en montra pas moins son zèle pour ces saintes entreprises, jusqu'à vouloir lui-même former une armée pour y concourir. Saint Bernard comptait un autre ami dans Pierre le Vénérable qui le suivit dans la tombe ou plutôt dans la gloire trois ans après lui. Pierre déploya son zèle contre les disciples de Pierre de Bruys, les Mahométans et les Juifs. Il fut l'une des plus pures et des plus solides gloires de Cluny, rétablit la discipline altérée, et quand lui et saint Bernard luttèrent ensemble, c'étaient deux saints qui combattaient pour la discipline sans altérer la charité. Telle est durant le douzième siècle la triade des grands hommes : Pierre de Cluny comme écrivain, saint Bernard comme orateur, Suger comme homme d'Etat.

3. Mais le plus illustre, le plus universel, le plus mêlé aux grandes choses de son temps, celui qui fut l'âme, la vie, la gloire du douzième siècle, c'est incontestablement saint Bernard. Telle est cette personnalité puissante qu'elle nous force, en passant brièvement sur les autres, à nous appesantir sur celle-ci. — Saint Bernard remplit à lui seul les quatre pontificats qui précèdent. Il semble la seule lumière, le seul génie, le seul bras de la société civile comme de l'Église. Tout relève de ce moine aux traits amaigris et à la bure grossière. Soutien des Papes, il leur écrit en père unissant à l'humilité la plus profonde la plus énergique franchise. Mêlé à toutes les grandes affaires de l'époque, nous le trouvons à la cour des plus puissants princes, triomphant là où tous les autres ont échoué. Et du même regard dont il suit les révolutions politiques, il démêle les plus astucieuses démarches des hérétiques et des sectaires démagogues qui infestent l'Europe du douzième siècle. Le premier il les dénonce, pour les terrasser ensuite sous la puissance de sa parole et de ses écrits. Enfin, comme s'il eût fallu un couronnement à cette vie déjà si illustre et si féconde, c'est lui que nous voyons pousser l'Europe entière à une nouvelle croisade.

Déjà arbitre entre le peuple et l'évêque de Reims, pacificateur de cette grande métropole, réformateur du clergé, une crise suprême grandit encore son influence, en 1130, lors du schisme de Pierre de Léon (Anaclet II). Dans le trouble et l'angoisse du clergé de France réuni en Concile saint Bernard, parle, se prononce, rallie toutes les volontés à la sienne et Innocent II est reconnu. Partout son intervention était réclamée et toute-puissante. Il réconcilia les Génois et les Milanais avec le Saint-Siège; il pacifia dans toute l'Allemagne les divisions des princes; il rendit la sécurité aux Églises d'Aquitaine en domptant leur duc le fougueux et tyrannique Guillaume VIII. Il fit tomber la haine injuste du roi de France contre Étienne de Senlis, évêque de Paris. Après la France, l'Italie recevait le bienfait de sa parole, et la puissance de ses interventions. Le trône pontifical, continuellement ébranlé par les entreprises de sectaires remuants et audacieux, trouvait en lui son plus solide soutien et son plus infatigable entremetteur. Bientôt, l'influence du Saint grandissant toujours, ce ne furent plus des affaires particulières qui le firent sortir de sa chère et regrettée solitude, mais l'ébranlement de l'Europe entière, l'organisation et la direction d'une vaste et puissante croisade.

Et quelque immense que fût déjà ce fardeau des choses publiques supporté par l'illustre moine, une autre mission lui fut confiée, une autre croisade contre d'autres infidèles absorbèrent son zèle et mirent en relief tout un côté nouveau de son génie. Sous le rapport intellectuel comme sous les autres, le douzième siècle est une époque à part; la société entière se sent prise d'une fièvre, généreuse sans doute, mais souvent désordonnée d'agitation et de mouvement. La témérité fait le fond de cette époque, où tous les esprits s'agitent souvent avec plus de fracas que de mesure. Pendant que le chevalier guerroie et court les aventures, le savant se jette à corps perdu dans le monde infini de la spéculation. La vigueur ne manque pas dans cette société jeune et frémissante, mais quand la direction fait défaut à ces esprits chercheurs et téméraires, la vigueur elle-même leur devient un danger. Un double courant se forme, une double société intellectuelle s'établit. Parmi ces savants du douzième siècle, les uns, tout en parcourant d'un pas hardi les immensités de la philosophie, restent fidèles aux enseignements de la foi, et, ajoutant aux lumières naturelles et aux ressources vénérables de la science les données plus sublimes et aussi plus sûres de la révélation, fondent à la suite de saint Anselme, et en attendant saint Thomas d'Aquin, cette puissante philosophie chrétienne du Moyen-âge, dont nous n'atteignons certainement plus la hauteur ni n'embrassons l'étendue. Les autres, subtils et orgueilleux, chercheurs entêtés et insoumis de vérités nouvelles, ne rencontrent, en poursuivant des conquêtes en pays inconnus, que l'ancienne vulgarité de l'erreur. Nos historiens contemporains,

Guizot en tête, dans leur désir enfantin de faire pièce à l'Église, ont exalté outre toute mesure les révoltés du douzième siècle, les transformant en des insurgés héroïques que la raison appelait à ses gloires et que le dogme révélé retenait traîtreusement dans son étreinte égoïste. La vérité est que l'Église ne condamnait aucune étude, n'interdisait aucune méthode, n'entravait aucun élan, mais que l'Église surveillait un mouvement tumultueux, où perçait la révolte, et réprimait ce qui n'était plus la conquête du génie mais le culte impuissant de l'erreur. « Les idées abondaient en Europe. Grâce à l'enseignement incessant du Christianisme les véritables notions sur Dieu, sur l'homme et sur la société se trouvaient déjà répandues de tous côtés. Malgré de si grands avantages, l'esprit, par un effet de l'ignorance qui avait suivi d'immenses bouleversements sociaux, se trouvait désorienté, bouleversé, au milieu d'un chaos d'érudition et de philosophie. Le discernement et le jugement manquaient pour faire d'une manière avantageuse l'étude simultanée de la Bible, des écrits des saints Pères, du droit civil et canonique, des ouvrages d'Aristote, des commentaires des Arabes. On étudiait tout cela à la fois, on disputait sur tout avec ardeur. A côté des erreurs, des extravagances inévitables en pareil cas, se trouvait la présomption, inséparable compagne de l'ignorance. Un riche fonds d'érudition, éclairé du flambeau de la critique était nécessaire. Or, tout cela manquait et ne pouvait être acquis qu'à travers un long cours de temps. L'étude de la dialectique et de la métaphysique fut embrassée avec une ardeur telle, que ces connaissances, en peu de temps, éclipsèrent toutes les autres. Il en résulta un très grave dommage pour l'esprit; toute l'attention fut absorbée par cet objet de prédilection, on n'eut qu'un regard indifférent pour la partie solide des sciences, l'esprit ne se développa qu'à moitié. Le champ resta à l'intelligence, non point à la partie utile de l'intelligence, à la perception claire, au jugement mûr, au raisonnement solide et exact, mais à la partie subtile, artificieuse, extravagante de l'esprit (1). »

Tels furent les adversaires du dogme et de l'enseignement catholiques au douzième siècle, Roscelin, Tanquelin, Abailard (2), Gilbert de la Porée, etc. Or, c'est ce défaut de solidité et de droiture dans leur intelligence qui donna contre eux une si grande puissance à saint Bernard, esprit éminemment solide et droit. Aussi puissant dialecticien qu'eux tous, le grand docteur du douzième siècle manie à la fois toutes les armes, et sait combattre sur tous les terrains. A leurs subtilités insaisissables il oppose le raisonnement toujours simple, vaste et droit. A leurs minuties, il oppose ses larges doctrines ; pour dévoiler leurs conclusions extravagantes il se montre lui-même comme le type complet du bon sens, aussi loyal qu'ils sont fuyants et perfides, aussi véhément dans le sentiment qu'ils y demeurent secs et arides, aussi prêt à exposer clairement le vrai, qu'ils le sont à jouer avec le paradoxe, aussi lucide qu'ils sont obscurs et entortillés. Qui ne porte pas ce jugement sur la grande lutte que le saint docteur soutint contre les sectaires et les hérétiques, notamment contre Abailard, il n'a assurément jamais lu leurs écrits. « Un savoir faux prétend usurper la place du vrai savoir, saint Bernard connaît cette vaine science, il la méprise. Ainsi ce grand homme, s'élevant au-dessus des opinions de son temps, parvient à éviter le mal que produit

---

(1) Balmès.
(2) Henri Martin, dans son *Histoire populaire*, et les universitaires qui montrent à calomnier l'Église une rare impudence, ont transformé Abailard en une victime de l'intolérance du clergé : profond penseur écrasé sous d'imbéciles anathèmes. Il est bon de voir le même Abailard jugé par d'autres rationalistes (Jules Simon, *Revue des Deux-Mondes*, 1er janvier 1846, p. 66). — Frédéric Morin : « Le système d'Abailard aurait détruit la philosophie elle-même s'il avait triomphé » (*Dictionnaire de scholastique*, t. I; p. 420).

dans les esprits la méthode dominante. Il explique la doctrine avec liberté et lucidité, il argumente avec une logique irrésistible, il se défend avec une agilité surprenante, ses réponses sont nettes, vives, pénétrantes ; sans s'être formé aux subtilités de l'école, il dégage admirablement la vérité de l'erreur, la raison solide de l'artifice trompeur (1). »

Tel est dans saint Bernard l'homme de la saine et vigoureuse polémique. Que dirons-nous de l'ascète, du contemplatif, du pieux et suave docteur de la piété et de l'amour? A la fleur de l'âge le jeune et brillant fils de Tecelin et d'Alix quitte sa famille, où il s'était épanoui comme une belle fleur sous le regard maternel, et entre à Cîteaux comme une bénédiction venue de Dieu. Le plus jeune des religieux, il en est de suite le plus humble, le plus mortifié, le plus silencieux, le plus austère. Il préserve par d'étranges martyres sa pureté angélique ; son zèle brûlant que sa famille veut éteindre, porte dans cette famille même l'incendie du saint amour, ses frères le suivent dans le cloître, sa sœur prend le voile à Dijon, Tecelin son père vient le rejoindre et mourir à Clairvaux. Lui est leur règle et leur modèle à tous, et tout jeune encore est plein de jours et de vertus. Cîteaux devint bientôt tellement célèbre que les foules y accoururent, et que les *filles de Cîteaux,* quatre angéliques fondations, reçurent toutes ces âmes qu'attirait le parfum d'une si haute et si divine sainteté. Quant au saint, c'est à Clairvaux qu'il fixa sa résidence habituelle ; c'est de Clairvaux que son influence rayonnait sur le monde, c'est à Clairvaux que jaillissaient de son âme les flots de cette doctrine qui l'a fait si justement nommer *Doctor mellifluus* (2). Tout se

---

(1) P. Ratisbonne, *Vie de S. Bernard.*
(2) Voici les différentes éditions des œuvres de saint Bernard, *Opera omnia* ex curis J. Mabillon, Paris, 1690. — *Opera omnia,* Mediolani, 1851. — Les éditeurs Gaume en ont donné une belle et correcte édition, Paris, 1839. — Migne, dans sa *Patrologie Latine,* t. CLXXXII-CLXXXV.

trouve réuni dans ces écrits dont ses sept cents religieux de Clairvaux avaient les prémices, dont ses milliers d'autres enfants, ses contemporains et les âmes pieuses de toutes les générations et de tous les siècles ont savouré les vivifiantes beautés : ses *douze degrés d'humilité*, son traité *sur l'amour de Dieu*, ses cinq admirables livres *De la considération* écrits à la demande du pape Eugène III, son livre *De la conversion des clercs*, ses œuvres dogmatiques et polémiques *De la grâce et du libre arbitre*, tout ce qu'il a composé contre Abailard et les autres hérétiques de son temps, un traité sur *les devoirs des évêques*, un recueil d'admirables *Lettres*, un recueil d'aussi admirables *Sermons*. « Lisez les ouvrages du saint abbé de Clairvaux, vous remarquerez que toutes les facultés chez lui sont développées au même degré et agissent de concert. Vous trouverez dans ces ouvrages des peintures fidèles, des tableaux magnifiques. Habile à manier les sentiments, saint Bernard s'insinue dans le cœur, l'enchante, le subjugue. Il frappe d'une terreur salutaire le pécheur obstiné. Il console et soutient l'homme qu'abattent les adversités, que tourmentent les assauts des passions. Écoutez ses colloques avec Jésus et Marie : lorsqu'il parle de la Sainte Vierge, c'est avec une douceur enchanteresse, il semble épuiser tout ce que l'espérance et l'amour peuvent suggérer de plus aimable et de plus délicat... Exempt d'ambition, il exerce cependant sur les grandes affaires de l'Europe, une influence extraordinaire, amant de la solitude et de la retraite, il se voit obligé à chaque instant de quitter le cloître pour assister aux conseils des princes et des Papes. Jamais il n'adule, jamais il ne dissimule l'ardeur sacrée qui brûle dans son cœur, et cependant il est écouté avec un respect profond, sa voix sévère résonne dans la chaumière et dans le palais, elle avertit avec une austérité terrible le moine le plus obscur et le souverain Pontife. » Le Révérend Père Ratisbonne, dans sa belle *Histoire de saint Bernard et de son siècle* (1), dit de son côté : « Tel est notre saint Docteur : la loi de feu est dans sa bouche, elle déborde avec plénitude. Dans ses lettres, dans ses entretiens, dans ses écrits et ses discours, il cherche des cœurs pour les enflammer, les associer à sa vie et les élever à Dieu, l'éternel foyer de l'amour. »

Dieu qui avait couronné son serviteur de grâce, le couronna de gloire dès cette vie. Car autant saint Bernard se rendait illustre par sa doctrine et sa puissante influence sur son siècle, autant le nombre et l'éclat de ses miracles le firent étinceler à tous les regards. Vingt ans après sa mort il était solennellement mis au nombre des saints, et Pie VIII l'a depuis décoré du titre de *Docteur de l'Église universelle.* — Saint Bernard mourut à Clairvaux dans la soixante-troisième année de son âge et la quarantième de sa profession religieuse (1153).

II. Triomphe définitif de l'Église sur le Césarisme Allemand.

1. Quand en 1153 nous retournons à l'histoire de l'Église, nous retournons à l'histoire de la vaste et terrible guerre que la Papauté soutient contre la puissance séculière qui la voudrait dominer, mais qui sera vaincue. Au travers d'une dernière lutte, arrêtée un instant devant un dernier obstacle, l'Église s'achemine vers l'apogée de son règne temporel dans l'Europe chrétienne. L'ennemi c'est la famille des Hohenstaufen qui reprennent les traditions des Henri IV.

---

(1) Le grand Docteur du XII° siècle a trouvé de nos jours un historien et un panégyriste digne de lui. Science, doctrine, érudition, ampleur de vue, piété tendre, profonde connaissance des suaves mystères de la vie surnaturelle, manière noble et simple, style pur et doux, plein d'élégance, tout se réunit dans le beau livre du R. P. Ratisbonne.

Les Papes qui, en luttant pour leur indépendance, conquièrent en outre cette puissance de plus en plus étendue et de plus en plus profonde qui annonce et prépare Innocent III; ce sont les papes Adrien IV, Alexandre III, Urbain III, Lucius III, Grégoire VIII, Clément III, Célestin III. A certains moments ce n'est pas l'Allemagne seule qui entre en lice contre l'Église, l'Angleterre et la France mêlent au despotisme allemand les vices et les revendications intolérables de leurs princes, mais l'Église résiste à tout et triomphe de tout. Quant à la lutte elle-même, elle parcourt deux phases, phases normales et ordinaires de toutes les luttes de l'Église : dans la première, la Papauté conquise, étreinte, foulée aux pieds, semble à jamais perdue : dans la seconde, elle se relève, triomphe, et parvient au sommet de sa toute-puissance.

En Allemagne régnait Frédéric I, surnommé Barberousse : le trône pontifical avait en 1153 passé au pape *Anastase IV*, successeur d'Eugène III, puis, après un règne de quatre mois qui suffirent à faire regretter Anastase comme un père, au pape *Adrien IV* (1154), le nouvel et héroïque adversaire du Césarisme Allemand. Adrien était l'homme choisi de Dieu. D'abord pauvre et presque mendiant, puis moine, puis abbé, puis cardinal, Adrien ne dut ses élévations successives qu'à ses mérites, et il était prêt pour la grande lutte. Il trouva Rome livrée encore à l'effervescence des sectaires; mais par son énergie de fer il sut les réduire et les amener à merci. Alors la Papauté se trouva en face des prétentions de Frédéric Barberousse. On a loué les éminentes qualités du despote allemand, un autre point de vue nous occupe ici : Frédéric rêve l'asservissement de l'Europe, et comme Rome est l'obstacle à ce vaste dessein, c'est contre Rome qu'il va porter les premiers coups. Le moment d'ailleurs le favorisait admirablement. Adrien IV venait à peine d'apaiser les orages de la démagogie en révolte. L'Italie du xiie siècle ne ressemblait à aucun autre État, son sol s'était couvert d'une multitude de républiques indépendantes et rivales; l'agitation, l'effervescence, souvent des haines atroces, toujours le choc des ambitions contraires, remplissaient les villes italiennes de troubles et parfois de sang. Frédéric vit d'un coup d'œil le parti qu'il pouvait tirer de cette situation. A toutes ces cités rivales il s'offrit comme libérateur, il vengea tour à tour sur l'une les injures de l'autre, et arriva vite à les toutes asservir.

Quand Frédéric vint à Rome pour y obtenir la couronne impériale, il laissa percer ses projets d'envahissement en refusant de se soumettre au cérémonial usité : la fermeté seule d'Adrien put l'y contraindre (1). Rentré en Allemagne, Frédéric ne dissimula plus ses prétentions d'asseoir sur la ruine de la domination papale son empire universel. Aux mauvais traitements dont il avait déshonoré une légation d'Adrien IV, le Pape répondit en rappelant à l'empereur les *bienfaits* (beneficia) dont il avait été comblé par le Saint-Siège. Frédéric prit traîtreusement le mot dans le sens de *fief*, fit dire par Adrien que l'Allemagne était fief du Saint-Siège, et ameuta avec cette misérable équivoque la noblesse allemande. Adrien leva l'équivoque, mais ce qu'il lui était impossible de lever, c'était la juste domination du Saint-Siège déjà ouvertement niée et attaquée par celui qui ne rêvait plus que l'absolutisme païen des anciens Césars.

Tout ceci n'est que le prélude de la lutte. En 1158, à la diète de Roncaglia, nous entrons dans toute une période de violence et de sang. — A Roncaglia, entouré de cette sorte de légistes qui ne connaissent les lois que pour les plier servi-

---

(1) Frédéric, avant de quitter Rome, où une émeute des affidés d'Arnaud s'était ruée sur les Allemands, châtia enfin cet incorrigible démagogue. Arnaud de Brescia fut décapité et son cadavre jeté dans le Tibre. Le peuple qui avait applaudi à ses coups de main, applaudit plus encore à sa chute et à son supplice.

lement aux caprices et aux ambitions du plus fort, Frédéric se fit proclamer l'unique dominateur du monde. L'empereur cessait d'être le défenseur de l'Église, il se tournait en César de l'ancienne Rome, possédant tout et disposant de tout, corps et âmes, biens et existences. Sa volonté faisait loi, et le droit d'autrui pour lui cessait d'exister. Ainsi traita-t-il la Lombardie. Tous plièrent, Adrien seul se leva héroïquement, et, comme Frédéric continuait ses actes de despotisme contre Ravenne et ramenait dans tout son odieux arbitraire la question des Investitures, Adrien IV se disposait à l'excommunier, quand il mourut (1159), laissant à l'Église un défenseur de sa force et de son génie, *Alexandre III* (le cardinal Roland de Saint-Marc) (1159). Trois cardinaux, créatures de Frédéric, avaient, en haine d'Alexandre III et pour faire à l'empereur qui détestait le cardinal Roland une cour sacrilège, élu un des leurs, Octavien, sous le nom de Victor IV. Alexandre III fut un instant emprisonné, puis délivré par la population. Frédéric, joignant l'hypocrisie à la violence, feignit l'indécision, et par la plus flagrante violation de tous les droits de l'Église convoqua un conciliabule à Pavie (1160), sous prétexte d'examiner la légitimité de chacune des deux élections. Rien de navrant comme l'attitude du clergé allemand à ce Concile : tous fléchissent, abandonnent, excommunient le Pape légitime et reçoivent l'intrus. Alexandre III, aussi fort que la tempête, passe en France, réunit un Concile à Tours, où il anathématise Octavien et renouvelle les anciens décrets touchant la discipline, puis frappe de censures un nouvel anti-pape, Guy de Crême (Pascal III), donné comme successeur à Octavien. Au plus fort de sa puissance, Frédéric put s'apercevoir qu'il s'attaquait à plus invincible que lui. La France, l'Angleterre et l'Espagne se prononçaient pour Alexandre III, les villes lombardes exécraient la tyrannie allemande, et, quand Frédéric voulut terroriser l'Italie en détruisant Milan, quand il intronisa à Rome son anti-pape Pascal III, il ne fit que compromettre sa cause et s'attirer un premier désastre. La peste s'étant mise dans son armée, il repassa les Alpes et porta sur l'Allemagne sa fureur de persécution. Une nouvelle expédition en Italie lui valut des châtiments plus rigoureux. Alexandre y était rentré; les villes lombardes, émues des cruautés anciennes et de la crainte de nouveaux désastres, avaient formé entre elles une ligue puissante. Frédéric tombe en furieux sur la Péninsule, prend Ancône, s'empare de Rome d'où sort Alexandre en pèlerin, brûle la basilique des Apôtres et jure de tout détruire si le château Saint-Ange ne se rend pas. Dieu l'attendait là. Une peste affreuse s'abat sur ses troupes, en quatre jours elle a jonché le sol de milliers de cadavres, Frédéric entraîne vers la haute Italie les restes mourants de son armée; mais la haute Italie se soulève : enfermé un instant dans Pavie, Frédéric essaie de se frayer un chemin par une victoire : une suprême défaite à Legnano (1176) le brise tout à fait, et il entre en Bourgogne déguisé en valet! Il fallut bien céder. Il envoya à Alexandre III les archevêques de Mayence et de Magdebourg demander la paix, et le traité de Venise fut signé (1177). L'empereur reconnaissait ses torts envers l'Église, tenait Alexandre pour le Pape légitime, renonçait après quinze ans à la libre possession des biens de la princesse Mathilde, concluait avec les Lombards une trêve de six ans et de quinze avec le roi de Sicile. Rome avait reconquis son indépendance et l'Italie sa liberté. — Mais le mal du Césarisme qui travaillait l'Allemagne et l'Italie, ne se localisait pas dans ces deux contrées, la même fièvre d'indépendance était répandue dans l'Europe : la voici qui a en Angleterre une furieuse éruption.

Au plus fort de sa lutte contre Frédéric Barberousse, Alexandre III affrontait d'autres colères et d'autres dangers, toujours pour la défense des droits de l'Église et le maintien de sa liberté. Ce que les princes allemands faisaient contre l'Église, les rois normands le tentaient à leur tour dans l'Angleterre : asservir la puissance ecclésiastique pour régner seuls, sans contrôle et sans frein. Sans l'énergie des Papes, la liberté humaine était confisquée de nouveau et le règne de la force s'emparait de nouveau du monde. Guillaume le Conquérant, tout en méritant à certains égards les éloges de la Papauté, n'en inaugura pas moins, dès l'an 1066, cette tendance à l'oppression. Un jour il défendit à son peuple de reconnaître d'autre Pape que le sien, et aux réclamations de saint Grégoire VII il n'opposa que le silence. Son fils, Guillaume le Roux, vola et tyrannisa cyniquement l'Église (1087). Henri I, suivant ses traces, quoique avec une violence moins révoltante, engagea contre l'énergique saint Anselme une lutte qui se termina par un accord assez semblable au concordat de Worms (1106), mais qu'Henri viola bientôt après de la manière la plus grave et la plus continuelle.

Sous Henri II, à l'époque où nous sommes parvenu, la lutte reprend avec plus d'intensité, et trouve d'un côté un tyran capricieux et cruel, de l'autre un grand pape Alexandre III et un illustre martyr Thomas Becket. Henri avait placé sur le siège de Cantorbéry son chancelier Thomas Becket, croyant en faire le complaisant approbateur de ses envahissements sacrilèges. Au début l'archevêque entretint des relations amicales, mais que peu à peu sa conscience rendit difficiles et tendues. Les prétentions de Henri II devenaient exorbitantes, néanmoins dans l'assemblée de Westminster (1163), Thomas Becket, poussant l'esprit de conciliation jusqu'à la faiblesse, jura d'exécuter les Coutumes royales *de bonne foi;* mais quand les légistes perfides eurent rédigé ces Coutumes ou plutôt ces inacceptables abus de pouvoir dans l'écrit resté célèbre sous le nom de *Statuts de Clarendon*, Thomas ouvrit les yeux et se résolut au martyre. C'est que dans les Statuts qu'on lui offrait à signer se trouvaient renfermés l'asservissement de l'Église, la ruine de sa discipline, le déshonneur de son clergé, la perte complète de sa sécurité et l'étouffement de sa vie. On enlevait au clergé ses tribunaux propres, on le traînait devant des ennemis devenus ses juges, et on le condamnait à subir des partialités révoltantes. Le roi restait seul juge de toutes les causes ecclésiastiques, et un perfide réseau de dispositions enveloppait si bien les appels au Pape qu'ils étaient rendus impossibles. Dépouillé de toute sûreté, le clergé perdait en outre sa liberté la plus précieuse, la liberté de ses élections ; un officier royal devait assister en maître aux élections ecclésiastiques. Le clergé résiste-t-il ? les légistes de Henri II ont tout prévu : d'autres Statuts de Clarendon lui arrachent des mains ses foudres spirituelles : ni seigneurs, ni feudataires, ni serviteurs du roi, bien moins encore le roi lui-même, ne pourront être excommuniés *sans la permission royale !* Comme toujours l'avarice trouvera son compte à la persécution : l'article 12 livre au trésor royal les revenus des sièges vacants.

L'histoire qui suit n'est que trop connue. Thomas resta l'inébranlable champion de la liberté de l'Église, Alexandre III s'efforça par une intervention à la fois douce et forte de pacifier l'Église d'Angleterre et de réconcilier au roi despote le noble et héroïque archevêque. La fermeté du confesseur pesait trop au tyran, il demanda son sang et l'obtint. Après une vie errante et fugitive, mais où l'énergie était à l'égal de l'infortune, après avoir de son exil de France excommunié Henri II et obtenu d'Alexandre III les mêmes sentences, après que Henri II, forcé de plier eut feint la réconciliation, Thomas revint à son siège de Cantorbéry, mais pour y être assassiné par les complices du roi sanguinaire et félon. L'Europe entière poussa un cri d'horreur. Henri II lui-même, changé par la vue du sang de sa victime et l'oppression violente de ses remords, retira les articles de Clarendon, accepta la pénitence que lui imposa Alexandre III. Plusieurs fois nous le retrouvons, vêtu en pénitent, versant des pleurs sur le tombeau de l'archevêque que le Pape vient de couronner du diadème des martyrs (1174). Les deux terribles ennemis de l'Église étaient donc abattus, Frédéric dans l'impuissance de la défaite, Henri II dans les larmes du repentir (1).

Un dernier grand événement acheva d'illustrer le pontificat d'Alexandre III, c'est la tenue du :

Onzième Concile œcuménique, le troisième de *Latran*.

La cause des désordres se trouvait enlevée par l'éclatante défaite du despotisme séculier. Ni Frédéric, ni Henri II ne pouvaient plus opprimer les consciences, voler l'Église, tyranniser les élections ecclésiastiques, mais le mal fait par leur révolte était étendu et profond; c'est pour le réparer qu'Alexandre III termina par un Concile sa glorieuse carrière d'efforts et de combats (1179). Il se trouva au Concile de Latran trois cent deux archevêques et évêques, sans compter les abbés et autres prélats. La question la plus vitale, on le reconnaissait de plus en plus, était celle de l'élection du Pape. Il fut décidé qu'en cas de désaccord entre les cardinaux, celui de deux candidats qui réunirait les deux tiers des voix serait élu, et si l'autre prétendait à la tiare, il serait privé de tout ordre et excommunié. — Le Concile déclara nulles les ordinations faites par les antipapes de Frédéric, Octavien, Guy de Crême, Jean de

---

(1) Consultez : Giles, *Thomæ Cantuar. epistol. vita*, etc., Oxon. 1845. — Migne, *Patr. Lat.*, t. CXC. — Ch. Canada, *Vie de saint Thomas, arch. de Cantor.*, Saint-Omer, 1615. — Robert, *Hist. de saint Thomas Becket*, Limoges, 1844. — Aug. Thierry, *Hist. de la Conquête de l'Angl.* — Darboy, *Thomas Becket*, Paris, 1858. — Robertson, *Becket Archbishop of Canterb.*

Sturme, et priva de leurs dignités ceux qui en avaient été revêtus par ces trois intrus. — Le Concile fixa l'âge de trente ans pour être promu aux évêchés, vingt-cinq pour être élevé aux dignités inférieures, telles que doyenné, archidiaconé, etc.

Alexandre III vécut deux ans encore dans un repos plein de force et de gloire, chéri des Romains, roi ou plutôt père de toute cette Europe où il avait, pour l'affranchissement des âmes et la liberté de l'Église, soutenu de si héroïques combats. Une ville, la ville d'Alexandrie, avait été bâtie en son honneur au confluent du Vanaro et de la Bonnida. Si l'hommage d'un Voltaire pouvait ajouter à une pareille gloire nous rapporterions les remarquables aveux de cet impie. Selon lui, Alexandre III, en combattant pour la liberté contre le plus brutal et le plus implacable des despotismes, est un des Papes qui ont le mieux mérité de l'Europe du Moyen-âge. Alexandre III mourut en 1181, après avoir canonisé deux saints illustres, saint Bernard et saint Thomas de Cantorbéry (1).

2. Trois sociétés bien différentes vivent et agissent sous nos yeux. La société publique dont nous venons de dérouler l'histoire au douzième siècle. Au-dessous d'elle, dans les bas-fonds et les ténèbres se meut une société secrète fille du Gnosticisme et mère de notre Socialisme moderne : mêmes dogmes, mêmes projets, mêmes œuvres, même haine de la société, même aspiration brutale et violente à la jeter bas pour régner au milieu des ruines. Cette société fit durant le Moyen-âge de fréquentes irruptions, et les plus terribles appartiennent aux siècles où nous sommes

---

(1) Alexandre III est le premier Pape qui se soit réservé la canonisation comme une cause majeure. Désormais la Cour de Rome prononcera seule dans cette grande et divine question.

parvenu. Sous des noms divers, *Albigeois*, *Patarins*, *Cathares*, *Poplicains*, ces sectaires déclamaient contre tout privilège, toute hiérarchie, tout ordre social, armaient les peuples contre leurs chefs naturels, et, passant des théories aux actes, pillaient et ravageaient tout, là où ils étaient les plus forts. Aux premières bandes s'en joignirent d'autres sous les noms de *Cotteraux*, *Brabançons*, *Aragonais*, *Corriers*, etc. Longtemps ces bandes grossies de tous les voleurs et les bandits, conduites parfois au pillage par des seigneurs excommuniés et repoussés de la société, parfois aussi protégées secrètement par des comtes et des ducs puissants, ne firent qu'exciter l'horreur et le dégoût par leurs excès et leurs crimes. Bientôt néanmoins, cette société souterraine s'organisa et se créa une mission divine et un symbole. Un riche marchand de Lyon nommé *Valdo* se donna pour le successeur des Apôtres, joua à la pauvreté évangélique, accusa l'Église catholique de n'être plus la vraie Église, fonda lui-même cette Église véritable, et commença dans les absurdités et les turpitudes manichéennes, la longue et sans glante histoire des *Vaudois*, dont naîtra un peu plus tard la secte des *Albigeois* et d'autres aussi souillées et aussi dévastatrices. — Ce sont ces bandits que le dixième Concile anathématisa. Leurs biens furent confisqués, les sujets de ceux d'entre eux qui étaient grands seigneurs furent déliés du serment de fidélité, et la croisade sainte fut prêchée pour délivrer les pays d'Europe de leurs infamies et de leurs cruautés.

Une troisième société s'épanouit dans le silence et la retraite, belle et pure autant que l'autre est hideuse et immonde, c'est la société monastique, dont nous allons suivre les développements et retracer l'histoire, de Callixte II à Innocent III.

II.

Des ordres religieux durant cette période.

1. La vie monastique n'a pas seulement ses racines dans l'esprit de l'Évangile et les besoins intimes des âmes, elle les plonge aussi dans chaque époque, dans chaque société différente, pour en puiser le suc et leur rendre ensuite en parfums et en fruits la croissance et la fécondité qu'elle en a reçues. Chaque siècle a ses besoins et ses aspirations propres, et ce sont ces aspirations et ces besoins que les ordres religieux sont chargés de remplir. — Au douzième siècle la société chrétienne éprouve trois grands besoins : 1° la renaissance religieuse due à saint Grégoire VII produit dans les âmes un besoin irrésistible de sainteté : des cloîtres nombreux vont s'ouvrir à ces âmes. 2° La société chrétienne est de plus en plus assaillie : par les ennemis du dehors, les Musulmans; par les ennemis du dedans, les sectes fanatiques et révolutionnaires qui rêvent le renversement de l'ordre social tout entier : le religieux sous sa bure jusqu'ici pacifique et inoffensive portera l'armure du chevalier et jurera de donner sa vie pour l'Église dans d'héroïques combats, ce sont les ordres militaires. 3° La féodalité avec ses éternelles et sanglantes disputes a multiplié la misère et arrêté le développement de la prospérité publique : des associations se forment, des congrégations s'organisent, dont la mission spéciale aux onzième et douzième siècles sera de secourir la misère publique et de donner au travail un nouvel et puissant essor.

Les ordres que la piété fait surgir du onzième au treizième siècle sont les suivants.

L'ordre de *Grammont*. Etienne de Tigerne qui le fonda avait été amené par son père en Italie vers 1080. Instruit dans les lettres par l'archevêque de Bénévent, lié plus tard, à Rome, avec les cardinaux les plus illustres, il se forma sous eux aux plus solides vertus. Revenu en Auvergne sa patrie, sa vie de pauvreté et d'extraordinaires pénitences donna un tel poids à ses exhortations que les foules accouraient à lui de toutes parts. Avec les nombreux disciples qui se mirent sous sa conduite, il alla se fixer près de Limoges sur la montagne de Muret. Ce fut là l'origine d'une fervente congrégation. Après la mort d'Etienne l'ordre fut transféré à Grammont, approuvé par saint Grégoire VII et propagé dans plusieurs contrées de France. Le fond de la règle de Grammont était tiré de la règle bénédictine, mais Etienne y avait ajouté l'observance de la plus absolue pauvreté.

L'ordre de *Fontevrault*. Robert d'Arbrissel en fut le fondateur en 1094 et y donna comme objet spécial à la piété des religieux le culte de la très sainte Vierge. Robert avait d'abord, mais sans grands résultats, travaillé à la réforme du clergé. Les prêtres simoniaques et concubinaires résistèrent obstinément à ses exhortations. Retiré dans la sauvage solitude de Craon, sa vie toute angélique lui attira de nombreux disciples qu'il distribua dans les forêts voisines, ou rassembla à Craon même dans un monastère qu'il bâtit pour eux. Il sortit un instant de sa retraite pour remuer profondément et pousser à la croisade la France guerrière, puis rentré à Craon, fonda à Fontevrault, sous la règle de saint Augustin, deux monastères, l'un d'hommes l'autre de femmes. Plus tard, ses disciples s'engagèrent dans la plus dure et la plus difficile des missions, celle de ramener les femmes perdues. Le vice et l'ignorance s'en firent une occasion de dénigrement, mais l'Eglise plus juste appréciatrice du dévouement et de la vertu sublime des religieux et des religieuses de Fontevrault, approuva l'ordre en 1106 sous Pascal II.

L'ordre des *Cisterciens* (1). Cet ordre péniblement fondé par un moine persécuté, Robert de Molesme (1098), bientôt menacé de s'éteindre faute de sujets, fut tout à coup providentiellement ressuscité et élevé à la plus haute splendeur par l'arrivée d'un jeune seigneur qui devait rapidement devenir *saint Bernard* (1113). Avant cette haute fortune, Robert de Molesme, chassé par ses moines incorrigibles, s'était retiré dans la solitude de Cîteaux. L'ardent désir de son âme était de faire refleurir la règle de saint Benoît dans sa pureté et sa vigueur primitives ; mais sa vie austère et son absolue pauvreté décourageaient les moines et l'ordre allait dépérissant. Saint Bernard lui apporta, avec sa résurrection, la fécondité la plus merveilleuse. D'abord quatre grands couvents furent fondés dans la dépendance de Cîteaux : La Ferté, Pontigny, Clairvaux, Morimond. Puis l'ordre se répandit en Angleterre, en Espagne, en Allemagne. Nous trouvons douze abbés Cisterciens appelés à prêcher la croisade contre les Albigeois. Après la mort de saint Bernard l'ordre de Cîteaux resta à la tête des grandes fondations monastiques, les saints et les savants en sortirent par centaines, répandant partout la double influence du savoir et de la vertu. Admirable Providence divine sur son Eglise ! Cîteaux apparut quand il fallut recueillir l'héritage de Cluny dépérissant. Pendant deux cents ans *Cluny* avait soutenu par son influence la vie spirituelle dans la chrétienté, sauvé la science dans les plus mauvais jours du dixième siècle, et eu sa plus grande part dans les importants événements de l'E-

---

(1) Voir Manrique, *Annales Cisterciennes*, Lug., 1642. — Arbois de Jubainville, *Étude sur l'état des abbayes Cisterciennes au* xiie *et* xiiie *siècles*. — Gervaise, *Hist. gén. de la réforme de l'ordre de Cîteaux*. — Le Nain, *Essai de l'Hist. de l'ordre de Cîteaux*, Paris, 1696. — Dubois, *Hist. de l'abbaye de Morimond*, Dijon, 1852.

glise. Cluny avait étendu de puissantes ramifications en Espagne, dans le Nord de la France, la Belgique, la Normandie, jusqu'en Pologne. Mais des jours moins florissants et moins vigoureux se levèrent sur cette fondation illustre : saint Bernard vint alors providentiellement reprendre un fardeau désormais trop lourd à porter.

D'autres ressources encore étaient ménagées par la Providence. Le *mont Cassin* conserva longtemps son influence et servit de refuge à une foule d'âmes d'élite. C'est de là que saint Romuald partit pour rassembler dans les solitudes des Apennins, à Camaldol, la congrégation des Camaldules; en même temps que saint Jean Gualbert fondait, comme nous l'avons déjà vu, la congrégation de Vallombreuse, où la règle bénédictine était observée dans toute sa pureté. Cluny avait en Allemagne donné naissance à l'abbaye d'Hirsau, et à un assez grand nombre de monastères de femmes. Mais en 1122 Cluny était en pleine décadence sous la désastreuse administration de l'abbé Ponticus. Pierre le Vénérable releva l'ordre, mais un instant seulement, la décadence suivit ensuite son cours, l'ombre descendit et Cluny laissa définitivement aux fils de saint Bernard le sceptre et la puissance parmi les familles religieuses.

L'ordre des *Prémontrés*. Un jeune seigneur, d'abord courtisan et homme de cour, accueilli et fêté par Henri IV d'Allemagne, puis, transformé tout à coup par la grâce en austère pénitent et en moine, Norbert (1), fonda en 1120, au milieu des avanies et des persécutions de toute sorte, un ordre qui joignit aux observances monacales le soin des âmes, la prédication, l'apostolat dans les pays hérétiques. L'ordre de Prémontré fut approuvé par Honorius II, et son

---

(1) Gallæum, *Vita S. Norberti*, Antv., 1630. — Le Paige, *Biblioth. præmonstrat. ordin.*, Paris, 1633. — Hugo, *Vie de S. Norbert*, Luxemb., 1704.

saint fondateur, forcé d'accepter les dignités ecclésiastiques, mourut archevêque de Magdebourg.

L'ordre des *Carmes* (1). Depuis de longs siècles de pieux solitaires habitaient le sommet du Carmel. Pouvaient-ils se dire les fils d'Élie le prophète? C'est au moins fort contestable. En 1156, Berthold bâtit au Carmel un monastère auquel le patriarche Albert de Jérusalem donna une règle austère, qui, à la pauvreté, joignait l'isolement, le silence, l'abstinence la plus rigide. Dépouillés de tout et chassés par les Sarrazins, Innocent IV recueillit les religieux du Carmel et les fixa en Occident. Eugène IV donna une forme nouvelle à leurs constitutions, en en adoucissant un peu la rigueur. De là, séparation de l'ordre en deux tronçons. Ceux qui adoptèrent cette réforme furent les conventuels ou carmes chaussés, les autres qui continuèrent l'ancienne rigueur, furent les carmes déchaussés. — Leur sixième général, Simon Stock, reçut de la sainte Vierge le *scapulaire*, livrée sainte et royale à laquelle furent attachées de magnifiques et authentiques promesses.

A côté de ces fondations solides qui ont traversé victorieusement toutes les vicissitudes des âges, la piété ardente du douzième siècle fit pulluler les associations religieuses. Toutes n'ont pas laissé une glorieuse histoire, plusieurs « après avoir commencé par l'esprit finirent par la chair, » d'autres plus pures ne furent qu'inconsistantes et éphémères. Nous devons à toutes une rapide mention. — Au douzième siècle le réveil religieux tient du prodige. La piété va rechercher et réunir les artisans dans leurs ateliers, et en forme les *humiliés*. Les ouvriers en draperie et en tissage se rassemblent en une congrégation, où la sainteté de

---

(1) Consulter : Danielem a Virgine Maria, *Speculum Carmelitarum*, Antv., 1680. — Jacq. de Vitry, *Hist. Hierosolymitana*. — Hermañi a S. Barba, *Carmelus triomphans*. — Villiers, *Biblioth. Carmelit.*, Aurelian., 1752.

l'âme marche quelque temps de pair avec la perfection de l'art. Mais les abus prirent les proportions de la ferveur première, et cette association dut être supprimée au seizième siècle. — Plus élevée et plus solide fut l'œuvre de Gérard Groot, qui réunit les jeunes clercs en vie commune et forma ces pépinières de savants et de saints dont la vie impressionna si vivement l'Allemagne du treizième et du quatorzième siècles. Thomas à Kempis en sera l'une des gloires les plus pures. — La piété du douzième siècle était trop profonde pour ne pas enfanter des congrégations contemplatives, outre les grands ordres que nous avons déjà fait connaître. En 1233, un marchand de Venise, Bonfiglio, décide plusieurs marchands à se vouer au service de la très sainte Vierge. Tous ensemble, ils se fixent au mont Senario et y vivent dans toutes les pratiques de la vie religieuse. Telle fut l'origine des *Servites de Marie*. Plus tard, cet ordre ajouta à sa vie contemplative l'enseignement pastoral. Son général, Philippe Bénitius, a été canonisé en 1285 (1). — Les *Olivétains* furent fondés, près de Florence, dans une solitude surnommée le Mont des Oliviers. — Les *Jésuates*, fondés par Colombino de Sienne et approuvés par Urbain V, furent supprimés en 1668. — Le besoin de solitude et de calme au sein des agitations des onzième et douzième siècles donna naissance, notamment en Allemagne, à ces nombreuses associations de filles et de veuves pieuses, que l'on connaît sous le nom de *Béguinages* (2). Leur nom révèle la pensée qui les rassemble et fait justice des railleries versées à flots sur elles par l'impiété de Voltaire et de ses fils. Ces femmes, souvent des plus nobles familles, se vouaient à la prière (dont le nom allemand est *Beten* ou *Beghen*), et n'aspiraient qu'à une vie de retraite et de piété. Dieu seul sait

---

(1) Dam. Grana, *Vita B. Philippi Benitii*. Rom., 1591.
(2) Ryckel, *Hist. Begginasiorum,* Lovan., 1631.

l'influence sainte qui s'échappait de ces asiles et se répandait sur la société du dehors. Cependant la vérité ne doit pas taire qu'en plusieurs béguinages un faux mysticisme, dégénéré parfois jusqu'en une sorte de panthéisme sentimental, trouva un refuge, d'où le bon sens et l'autorité des évêques ne parvinrent pas toujours à le chasser. — Fondés à l'imitation des Béguines, les *Béguards* eurent une fin malheureuse que nous serons à même de signaler quand nous traiterons des sectes au Moyen-âge.

2. Tandis que l'étude et la prière maintenaient au dedans la vitalité de la foi et les perfections de la vie chrétienne, l'épée remise entre les mains des ordres religieux militaires défendait la chrétienté des attaques et des dangers du dehors. Deux grandes pensées enfantèrent les *ordres militaires* l'une des créations du Moyen-âge qui en peignent le mieux la vaillance et la foi : s'élever à Dieu : se dévouer aux hommes. Ces ordres naissent à l'époque des croisades, ils résument en eux ce que la chevalerie produit d'héroïsme, ils deviennent l'âme et la vie des grandes entreprises, des magnifiques faits d'armes qui sont l'une des plus brillantes gloires de la chrétienté. Aux trois vœux monastiques, les ordres militaires en joignaient un quatrième : celui de combattre les infidèles C'était le grand attrait qui y faisait entrer les seigneurs de toutes les contrées de l'Europe, surtout de la France et de l'Allemagne, et qui explique la prodigieuse extension de ces ordres. Ajoutons à cela que la constitution féodale écartant les cadets de la succession aux fiefs, ces ordres leur offraient avec les garanties et les satisfactions de la piété, celles souvent plus vives d'une vie d'aventures, d'héroïsme militaire et de dévouement chevaleresque.

L'ordre des *Hospitaliers*. Des marchands d'Amalfi, avaient bâti à Jérusalem un hospice et un hôpital, où une pieuse association d'hommes se dévouait, sous les ordres de Gérard, au soulagement des pèlerins qui affluaient en Terre-Sainte (1099). Mais nourrir et soigner ces pèlerins ne fut bientôt plus que la moitié de la tâche : il fallut les défendre contre les incessantes attaques des Musulmans. Les frères, simples hospitaliers d'abord, devinrent forcément soldats (1120). La propagation de l'ordre se fit avec une rapidité incroyable. En moins d'un demi-siècle il s'étendait partout en Europe et comptait une multitude de chevaliers, de prêtres, de frères servants. Innocent II sanctionna leur règle et leur donna pour marque distinctive la croix blanche sur la poitrine. Les chevaliers hospitaliers portèrent plusieurs noms, tels que chevaliers de *Saint-Jean*, chevaliers de *Rhodes*, chevaliers de *Malte*. Leur ordre se maintint toujours dans sa pureté et sa valeur premières. Nous le voyons, écrasé par les Sarrazins, n'abandonner la Terre-Sainte que pied à pied, après les efforts les plus désespérés et se retirer à Rhodes en 1310, puis enfin à Malte en 1530.

L'ordre des *Templiers*. Jérusalem vit presqu'en même temps naître un second ordre identique au précédent, celui des chevaliers du Temple ou Templiers (1118). Baudoin II avait accueilli dans son palais, bâti sur l'ancien temple de Salomon, neuf chevaliers qui venaient se dévouer à la guerre contre les infidèles et à la défense des Lieux saints. Ils trouvèrent dans saint Bernard un puissant protecteur qui leur fit obtenir du Pape la confirmation de leur œuvre. Honorius II leur confia la défense des pèlerins, et leur donna pour signe la croix rouge sur le manteau blanc. Bientôt l'ordre, recruté dans la haute noblesse, acquit dans toute l'Europe des domaines immenses. Lorsque, chassés de Terre-Sainte, puis de Chypre où ils s'étaient retranchés, ils revinrent en Europe, ils y formèrent une grande partie des forces et des richesses de chaque royaume. Ils possédaient plus de neuf mille couvents ou commanderies. A leurs fondateurs, Hugues des Païens, des Comtes de Champagne, Geoffroy de Saint-Omer, etc., d'autres gentilshommes avaient succédé et l'institut ne cessa de réunir les plus hauts seigneurs de la féodalité. Leur gloire, leur fécondité et leur or les perdirent. Après avoir durant deux cents ans servi la chrétienté avec un incomparable éclat, la décadence les envahit, les vices les ruinèrent, nous aurons plus tard à ouvrir sur leur tombe un sombre et difficile procès.

L'ordre des *Chevaliers Teutoniques*, autrement nommés chevaliers *de Notre-Dame des Allemands*. L'Allemagne fut bientôt forcée de fonder un troisième ordre militaire, recruté chez elle, destiné à son service et à la protection de ses nationaux (1128). Les deux autres ordres, ignorant la langue teutonique, ne pouvaient rendre que de trop faibles services aux pèlerins allemands qui se rendaient en foule aux Lieux saints. D'un premier essai résulta une association militaire déjà puissante. Plus tard les bourgeois de Brême et de Lubeck ayant fondé dans le même but une association nouvelle, ces deux tronçons réunis en 1190 formèrent l'ordre Teutonique, dont le premier grand-maître fut Walpot de Bossen, et que Célestin II confirma en 1192. Quand les chevaliers rentrèrent dans leur pays, ils firent pour la protection de l'Allemagne une guerre victorieuse aux barbares Prussiens et leur enlevèrent une grande partie de leur territoire (Prusse, Lithuanie, Poméranie, etc.). Établis là avec une puissance considérable, les chevaliers Teutoniques furent durant longtemps une solide barrière contre les incursions des barbares du Nord.

Les ordres Espagnols de *Calatrava*, d'*Avis*, d'*Alcantara*. L'Espagne plus exposée aux coups de l'Islamisme, plus habituée à les braver, ne pouvait rester en arrière. On vit surgir en Portugal les chevaliers d'Avis, en Espagne ceux de Calatrava et d'Alcantara. — En 1158, les Maures assiégeaient Calatrava, l'une des plus belles cités de Castille : le roi Sanche III la donna à qui saurait la sauver des Infidèles : personne n'osait s'offrir, quand un moine de Cîteaux, Diègue de Velasquès, se présenta et fut repoussé comme un fou. Le moine fonda un ordre militaire, réunit des gentilshommes, délivra la ville, et son œuvre approuvée par Alexandre III, devint pendant plusieurs siècles le plus solide boulevard des chrétiens du côté des Maures d'Espagne.

3. Le même élan, qui poussait les âmes à la prière ou mettait aux mains des chevaliers leurs armes protectrices, jetait aux pieds des pauvres, des captifs, des malades, des abandonnés, d'autres multitudes aussi saintes et aussi héroïques. A cette époque, l'époque vraiment merveilleuse du Moyen-âge, toutes les détresses étaient secourues par quelque famille religieuse, à chaque besoin du peuple accourait quelque dévouement spécial.

Lorsque par le fait des croisades une peste terrible appelée *feu sacré*, *feu saint Antoine*, *mal des Ardents*, eut fait invasion d'Asie en Europe, un ordre fut fondé pour porter secours aux pestiférés, c'est l'ordre des *Antonins*, qui naquit dans un sanctuaire où un pieux seigneur avait placé des reliques de saint Antoine. Guéris au contact de ces reliques, deux autres seigneurs de la Valloire se dévouèrent aux soins des malades atteints du mal des Ardents. Ils consacrèrent leur fortune à l'érection d'un vaste hôpital, et leur vie au soulagement des victimes du fléau. Huit gentilshommes se joignirent à eux; cette première semence rendit au centuple; bientôt en France, en Italie, en Allemagne, en Angleterre, en Égypte, à Constantinople, jusqu'en Éthiopie et en Tartarie, une multitude d'établissements furent créés où les malades étaient accueillis par milliers. — En 1207, quand le fléau eut cessé ses ravages, l'ordre des Antonins changea de mission et se consacra au culte sacré; le grand-maître devint abbé. La décadence arriva aussi pour ce bel ordre, nous le voyons disparaître en 1774. L'ordre monastique est comme la flore de l'Église : cette flore a ses moments et ses saisons.

L'ordre du *Saint-Esprit*. Les guerres, les pestes, les calamités qui ravageaient souvent le Moyen-âge, même dans ses plus beaux siècles, suscitèrent en même temps des dévouements sans cesse renouvelés. Guy, seigneur de Montpellier, fonda l'un des ordres hospitaliers les plus florissants, celui du Saint-Esprit. L'ordre possédait d'immenses hôpitaux contenant jusqu'à mille lits. Deux mille enfants étaient élevés, établis, dotés dans celui de Rome. — Une touchante annexe, délicate invention du Moyen-âge, le *tour* pour les enfants trouvés était adossé à chaque hôpital. Sans doute c'est là une invention qui révèle et constate le vice, mais notre siècle, qui les a follement supprimés, sait-il de combien d'infanticides il est cause, et à combien de cruautés horribles sa philanthropie aveugle expose les nouveaux-nés?

Ordre de la *Sainte Trinité* ou de la *Rédemption des captifs*. Parmi toutes les douleurs du Moyen-âge, celle-ci restait incontestablement la plus poignante, aussi est-ce l'une de celles qui suscitèrent les plus sublimes dévouements. Aux malheureux chrétiens qui pourrissaient dans les cachots des Maures ou périssaient dans les tortures, ou succombaient, par un sort plus déplorable encore, à la tentation d'apostasie, l'Église envoya de toutes parts de véritables anges libérateurs. Averti miraculeusement de la volonté divine, un jeune seigneur de Provence, Jean de Matha (1), né en 1160, fait prêtre et déjà devenu saint, fonda un ordre dont la mission spéciale était le rachat des captifs. L'œuvre était immense :

---

(1) R. P. Calixte, *Vie de saint Jean de Matha,* Paris, 1867. — Alve, *Vies des saints Jean de Matha et Félix de Valois*, Av., 1634. — Al. de San. Antonio, *Gloriosos titulos S. Relig. de S.S. Trinidad.*, Madr., 1661.

pour s'y préparer, Jean se retira dans une solitude, où un second miracle le lia à un saint solitaire, Félix de Valois, qui embrassa son dévouement et son institut. La bénédiction et l'approbation pontificales furent données aux deux saints en 1198, et tel fut le succès de cette charité sublime, que les Trinitaires rachetèrent à eux seuls plus de *neuf cent mille* esclaves Européens! Les Musulmans furent souvent eux-mêmes ravis et subjugués, et eux-mêmes aidèrent les religieux dans leur divine tâche.

Au-dessous de ces œuvres de la charité la plus sublime, et aussi la plus ardue, d'autres œuvres plus humbles mais précieuses encore marquaient la sollicitude du Moyen-âge pour tous les besoins de la chrétienté. Le voyageur et le commerçant excitaient la pitié et firent naître le dévouement. Nous avons déjà vu la Trêve de Dieu et la Chevalerie les prendre sous leur protection, mais la guerre n'était pas leur seul ennemi : l'inclémence du sol, les obstacles de la nature brisaient à chaque instant leur course dans des pays et à une époque où le soin des routes ne préoccupait encore que trop médiocrement. Les Frères *Pontistes* ou faiseurs de ponts, devinrent alors la providence du voyageur. Cette admirable association, non seulement ménageait le passage des rivières, mais étendait son dévouement sur tous les autres besoins des malheureux, brisés par la fatigue, ou poursuivis et assaillis par les voleurs. Le fondateur de ces religieux fut un berger de la Provence nommé Benezet (1176), dont la première œuvre, traitée d'abord de folie comme beaucoup de merveilles suscitées de Dieu et incomprises des hommes, fut un pont sur le Rhône, près d'Avignon. La merveille de Benezet donna naissance à beaucoup d'autres. Notre orgueilleuse génération traverse ces ponts et jouit de ces séculaires chefs-d'œuvre en maudissant ce Moyen-âge si barbare et si ignorant! Les Pontistes se répandirent rapidement en France, en Italie, en

Espagne, en Allemagne, en Pologne: Clément III approuva leur association en 1190.

D'autres corporations ouvrières s'étaient déjà formées pour l'exécution des plus vastes et des plus magnifiques travaux. La cathédrale de Chartres s'élevait par les mains des religieux ouvriers; dans la Normandie presque tous les sanctuaires dédiés à la sainte Vierge étaient leur œuvre. La Suisse possédait une ou plusieurs corporations ouvrières. Strasbourg avait la sienne qui élevait sa splendide cathédrale. Un peu plus tard (1450), de ces tronçons épars se formèrent, notamment en Allemagne, des ateliers ou *loges*, régies par un *maître*. Une constitution réglait la réception des apprentis, la conduite des compagnons et des maîtres, les cas d'exclusion, etc. Nous devons à ces religieux maçons, tailleurs de pierres, pontistes, architectes, etc., la plupart de nos grandes œuvres architecturales qui ont bravé les siècles et bravent de même nos infimes imitations.

En résumé, le cloître du douzième siècle reçut dans sa plénitude toutes les influences de la vie sociale et religieuse, et c'est du cloître que ces influences se répandirent ensuite sur la chrétienté tout entière. Régénéré et repeuplé d'une multitude jeune et vigoureuse, le cloître régénéra à son tour le monde qui l'environnait. Depuis le trône pontifical, le trône de l'évêque, l'école du savant, jusqu'à l'atelier de l'artisan et la cabane du pauvre, tout ressentit l'influence de la vie monastique reconstituée. Les plus grands Papes de cette période sortent des familles religieuses, c'est surtout à la voix des moines que plusieurs fois l'Europe se soulève et se met en marche vers l'Orient. C'est l'étonnante alliance de la bure religieuse avec le glaive du guerrier qui donne au tombeau du Christ ses plus intrépides et ses derniers défenseurs, à toutes les grandes et nobles causes des champions fidèles, à toutes les détresses d'incorruptibles protecteurs. Les cloîtres sont à la fois des bibliothèques, des écoles, des laboratoires, où se conserve et se développe le trésor des sciences et des arts. Bientôt les moines occupent toutes les chaires, et deviennent l'illustration la plus grande et la lumière la plus vive des universités. C'est enfin dans ce champ déjà si fécond, que s'épanouit le mieux, la plus délicate et la plus brillante fleur de l'Église, la sainteté.

VINGT-TROISIÈME LEÇON.

INNOCENT III ET SON SIÈCLE.

Nous touchons à la plus brillante époque du Moyen-âge et qui coïncide avec l'affranchissement de la Papauté, sa pleine force, son influence victorieuse sur les affaires européennes, sa vigilance et sa fermeté invincible à réformer les derniers abus et à faire refleurir partout la science et la piété avec la discipline ecclésiastique et la solide sanctification du clergé. Loin de nous, assurément, de taire les défauts de cet âge : quel siècle n'a connu et ne connaîtra les siens? Nous l'avouons volontiers, le Moyen-âge sans l'Eglise c'eût été le chaos; mais avec l'Eglise l'Europe nouvelle parvenue, après une éducation parfois sanglante, toujours laborieuse et difficile, à sa maturité, force notre admiration par ses grandes œuvres, ses vastes pensées, ses créations magnanimes, et aussi très certainement par ses héroïques vertus. Ceux qui raillent et accusent sont ceux qui n'ont pas étudié.

1. Dans l'étude de cette période un premier trait nous saisit : c'est l'enthousiasme qui transporte les âmes et les pousse aux grandes choses. Toute noble conquête, tout exploit difficile, mais inspiré par un grand but, suscite des dévouements toujours prêts. A plusieurs reprises, l'Europe se forme en armée immense et court en Orient arrêter l'invasion musulmane et conquérir le tombeau du Christ qui l'a fait naître et qui la régit. Et telle est la vigueur que l'Eglise a su inoculer à ces générations chrétiennes qu'il n'est pas rare de voir de faibles femmes, des princesses, jusqu'à des enfants, transformés en héros, subir avec les plus rudes guerriers les fatigues et les horreurs de ces lointains combats. L'Europe étonnée vit un jour partir pour la Terre-Sainte toute une croisade d'enfants! Tout phénomène a une cause : ici la cause c'est l'Eglise qui a su fondre au creuset de sa foi les éléments les plus grossiers et les plus rebelles, et les changer en diamant et en or. Dans sa main divine le soldat est devenu le héros d'une cause sainte, le chevalier reçoit d'elle sa mission, ses vertus, sa bravoure, et jusqu'à cette courtoisie et cette douceur exquises qui tempèrent si bien la rudesse des camps et la brutalité des combats.

2. L'Église a placé ses saints sur presque tous les trônes. Louis IX montre à la France les vertus du saint dans la bravoure du preux et l'habileté du plus consommé politique. Du même sang que lui, saint Ferdinand d'Espagne fait monter son royaume à son apogée de force et de gloire. L'Aragon admire son prince Jacques, l'un des plus étonnants héros du Moyen-âge. Soixante ans de guerre contre les Musulmans, trente grandes victoires et pas une défaite, voilà ses titres; et pieux autant qu'il est brave, il a, à sa mort, élevé vingt mille églises! — Jusque dans les brumes et les glaces du Nord, le génie et la sainteté se donnent rendez-vous sur les trônes. Guillaume d'Écosse, Absalon de Lund sont les apôtres et les civilisateurs de leurs peuples. Sous un autre ciel, la Castille forte et une dans sa foi remporte sur l'Islamisme l'une des plus fameuses victoires qu'aient enregistrées les fastes militaires, la victoire de Navas Tolosa, où cent mille Musulmans restent sur le champ de bataille.

3. Sa foi religieuse, voilà pour l'homme du douzième siècle son trésor réservé; qui le met en péril subit sa revanche furieuse. L'Islamisme au dehors, l'hérésie au dedans : tels sont les deux objectifs du zèle implacable de cette génération aussi absolue dans sa croyance que magnifique dans sa force. Quand l'hérésie veut subjuguer le midi de notre France, on voit la fleur de la Chevalerie, ces héros presque légendaires de nos annales, un Mathieu de Montmorency, un Enguerrand de Coucy, un Simon de Montfort, donner leur sang pour leur âme et pour leur Dieu. Telle est enfin à cette époque la bravoure inspirée et soutenue par la foi que le métier des armes revêt les purs et austères emblèmes de la vie religieuse, et que trois grands ordres militaires, nés du souffle créateur de l'Église, vivent et s'immortalisent dans les exploits.

A ce caractère de bravoure, les douzième et treizième siècles joignent celui de la sainteté. La sainteté n'y est plus un fait isolé, une exception glorieuse, elle s'étend, elle déborde, elle inonde la société tout entière, elle y fait plus que multiplier les saints, elle élève la masse elle-même à des hauteurs de vertus qu'on ne retrouve plus depuis. Ce mouvement extraordinaire des âmes vers la sainteté était dû avant tout à un fait providentiel : la naissance de deux grands ordres religieux et la régénération de la famille bénédictine qui revivait dans des rejetons nouveaux. Il semble qu'à l'apparition des deux ordres de Saint-Dominique et de Saint-François la transformation soit instantanée. L'un engage avec l'hérésie une lutte acharnée et toujours victorieuse, l'autre l'humble ordre de Saint-François, ivre d'amour, s'en va par les villes et les campagnes, convertissant les pécheurs par milliers, triomphant des vices couronnés, réconciliant les cités en guerre, recrutant d'innombrables disciples là où il n'avait trouvé que des insulteurs et des ennemis. La propagation de ces ordres peint du reste le douzième siècle mieux que le feraient de longs détails. Cinquante ans après la mort de son fondateur l'ordre de Saint-Dominique compta quatre cent dix-sept couvents. Saint François put un jour réunir cinq mille frères. Trente-cinq ans plus tard l'ordre en comptait vingt mille!

A ces deux grands fleuves viennent se réunir une multitude de courants secondaires. Chaque aspiration des âmes, chaque besoin des fidèles, chaque détresse de la société, enfante quelque ordre particulier. Et nous sommes loin encore d'avoir tout décrit. A côté du cloître, se meut dans le tumulte tout un monde que retiennent les mille liens des devoirs sociaux, avide néanmoins lui aussi de la perfection religieuse. Pour lui sont fondés les Tiers-Ordres, et saint Louis, sous la pourpre et la cotte de mailles, revêt la livrée et les mérites de saint François. — Époque vraiment unique pour la floraison des saints! Ils apparaissent partout. Les cours royales en enfantent dans l'Europe entière; saint Louis, saint Ferdinand, Isabelle de France, Marguerite, Cunégonde de Pologne, Élisabeth de Portugal, et cette radieuse et douce Élisabeth de Hongrie (1) qui remplit toute l'Allemagne du parfum de sa sainteté. Le cloître fait germer les saints par milliers, tellement que la liste seule en devient mpossible. Le monde voit des prodiges, témoin cette jeune sainte de quinze ans, Rose de Viterbe, champion invincible du Pape persécuté, exilée par Frédéric II et mourant dans un véritable martyre.

4. Époque des saints, le douzième siècle devait par là même être l'époque des plus admirables dévotions. Saint Dominique propageait partout le Rosaire : le Carmel revêtait la

---

(1) Est-il nécessaire de remettre en mémoire la belle vie de cette Sainte sortie de la plume encore jeune, toute chevaleresque et toute ardente de Montalembert. Dans la Préface on lira avec autant de plaisir que de profit un tableau du douzième siècle.

société catholique des livrées de Marie ; l'ordre Séraphique défendait avec une ardeur filiale l'Immaculée-Conception. La *Fête-Dieu* inaugurait ses splendeurs (1252), et le plus beau génie du siècle saint Thomas lui consacrait la plus profonde et la plus pieuse des poésies. Bien d'autres grandes intelligences dotaient le culte des chants que tous les siècles ont redit depuis ; le *Stabat* et le *Dies iræ* naissaient dans quelque cloître ignoré, et comme aucune illustration ne devait manquer à ce merveilleux siècle, un livre plus étonnant que tout le reste, le livre « de la divine consolation, » (l'*Imitation de Jésus-Christ,*) sortait non pas tant d'un cloître que de l'âme entière de la société.

5. Enfin le douzième siècle est par excellence l'âge d'or de la pensée, de la science, des arts. Partout, en France, en Italie, en Allemagne, en Angleterre, nous trouvons des Universités fameuses, réunissant des élèves par milliers. L'étude du droit produit ses premières compilations restées célèbres. La philosophie d'Aristote, profondément étudiée, dirige, par sa puissante méthode, dans les plus ardues spéculations. Roger Bacon tourne sur la nature des investigations dont notre siècle n'a pas toujours atteint la puissance et la justesse. Vincent de Beauvais donne à l'érudition la première vaste encyclopédie. Saint Bonaventure aux œuvres philosophiques très élevées, joint de délicieux traités de théologie mystique. Les dominant tous, s'élevant à des hauteurs que l'esprit humain n'a plus retrouvées depuis, saint Thomas d'Aquin, l'*Ange de l'école*, fonde cette philosophie et cette théologie scholastiques, véritable merveille d'érudition, de justesse et de profondeur. A côté de cet incomparable maître, combien d'autres noms, illustres encore, nous devons taire, tant jaillissait alors inépuisable la source du savoir et du génie ! — Au dehors, dans le monde, depuis la cour jusqu'aux plus humbles campagnes, depuis l'Église jusqu'au frivole manoir, la poésie multipliait ses originales et parfois vigoureuses inspirations. La France, l'Allemagne, l'Angleterre, voyaient fleurir ses Trouvères et ses Bardes les plus aimés. A côté des chants d'une magnificence si profonde qui sortaient du cloître, le « *Stabat* » le « *Dies iræ,* » etc., les chants naïfs et spontanés des premiers Franciscains, les premières poésies italiennes préludaient déjà aux chefs-d'œuvre de la grande poésie du Dante.

La peinture naissante était, à l'imitation de toute cette époque, spirituelle et éthérée; elle créait ces formes si chastes, si légères, si angéliques, qui élevaient l'âme au-dessus de la chair et l'accoutumaient aux visions du ciel. La même élévation, le même dédain de la terre, le même élan vers les cieux, donnaient naissance à l'ogive, et la dévotion ardente des peuples couvrait le sol Européen de nos cathédrales gothiques, que les siècles suivants ont admirées sans les égaler jamais. — Ainsi gloires des armes : gloires du trône : gloires de la sainteté : gloires de la science, de la littérature et des arts, tel est le résumé du douzième siècle.

Et un spectacle plus grandiose nous reste à contempler : la Papauté planant au-dessus de ce siècle, dominant le monde chrétien, enveloppant tout ce vaste ensemble dans une étreinte à la fois douce et forte. Grâce à cette unité, qui n'est plus pour nous qu'un souvenir, l'Europe devenait un seul royaume, une seule famille, qui trouvait dans le Pape un défenseur inébranlable au dehors, au dedans parfois un juge inflexible mais toujours un père (1).

---

(1) « Les intérêts les plus sérieux sont traités avec une telle promptitude que les historiens ne connaissent pas de pontificat (celui d'Innocent III) où tant de choses aient été exécutées dans un si court délai. Les premiers jurisconsultes de l'Italie, qui comptait alors dans son sein les plus grands juristes, se donnaient rendez-vous à Rome, et se félicitaient de pouvoir assister à un consistoire où Innocent III décidait quelque grande affaire,

Tels seront, en résumé, nos deux objets d'étude dans la leçon présente : 1° Cette Papauté exerçant un règne élevé à son apogée, et dirigeant, avec une force désormais indiscutée, les grandes affaires de l'Europe. — 2° Ces œuvres merveilleuses écloses dans toute cette période au souffle puissant de la Papauté.

1.

Innocent III et son siècle.

Saint Grégoire VII et Alexandre III représentent la Papauté triomphant dans la lutte; Innocent III la Papauté triomphant dans le plus puissant et le plus étendu des règnes. — D'Alexandre III (mort en 1181) jusqu'à Innocent III, nous traversons cinq pontificats dont plusieurs sont encore profondément troublés et périlleux. *Lucius III* qui succède à Alexandre III en 1181, après avoir apaisé quelques mutineries Italiennes, se retrouve en face de Frédéric brisé de sa lutte précédente, mais non converti. Frédéric refusait de tenir sa promesse et de restituer l'héritage de la princesse Mathilde. Lucius III refusa la couronne à Henri que Frédéric voulait associer à l'Empire de son vivant. Frédéric entré en guerre se mit à ravager l'Italie. Lucius mourut sur ces entrefaites après avoir montré contre les hérétiques une grande vigueur et s'être efforcé de soulever contre les Musulmans les forces de la France et de l'Angleterre. Lucius

---

produisait les arguments pour et contre, et expliquait les motifs qui lui faisaient embrasser telle résolution. Ils avouaient en retirer plus de profit que de toutes les leçons qu'ils avaient entendues ou données eux-mêmes, et que nul tribunal ne traitait les affaires litigieuses avec autant d'impartialité et de compétence. — Mœlher, *Histoire de l'Église*, II, 326.

au Concile de Vérone (1184) anathématisa les erreurs qui surgissaient de toutes parts : il peut passer pour avoir posé les bases de ce que sera tout à l'heure l'Inquisition. — *Urbain III* qui succéda en 1185 à Lucius montra pour la défense des droits de l'Eglise la même fermeté que ses prédécesseurs et déploya contre le despotisme Allemand la même inflexible puissance. Un coup de foudre frappa les derniers jours de son trop court pontificat. On apprenait en Europe avec une terreur inexprimable la prise de Jérusalem par Saladin et les envahissements de plus en plus redoutables des armes musulmanes. — *Grégoire VIII* qui succéda à Urbain III (1187) publia la guerre sainte et l'enthousiasme guerrier se ranima dans l'Europe chrétienne. Frédéric, Richard Cœur-de-Lion et Philippe-Auguste partirent pour l'Orient; les incapables payèrent la dîme Saladine, tout l'Occident se jeta en armes sur l'Orient. Pendant que l'armée chrétienne conduisait en Asie une guerre peu glorieuse et peu féconde, le fils du vieil empereur Frédéric (1), Henri VI, menait en Occident la plus indigne conduite; il profitait de l'absence des défenseurs du Saint-Siège pour les dépouiller et saccager l'Italie, et il désolait le pontificat du successeur de Grégoire VIII, *Clément III* (1187). Quand Henri, dans l'éclat de sa force et l'insolence de sa victoire se présenta à Rome, un intrépide vieillard, *Célestin III* (1191) lui refusa les portes de la ville, ne lui laissa que la cité Léonine, et ne lui donna la couronne qu'en retour des plus formelles promesses de renoncer à tout envahissement des droits de l'Église. Ces promesses, Henri les viola mais mourut repentant. Célestin III mourait lui-même l'année suivante (1198), et avec l'immortel Innocent III s'ouvrait l'époque à la fois glorieuse et féconde

---

(1) Des bruits assez divers circulèrent sur le genre et les circonstances de la mort de Frédéric Barberousse. L'opinion la plus accréditée est celle qui le fait mourir noyé dans le Cydnus.

que nous allons étudier. — On la peut diviser en deux parties : la première qui renferme tout le pontificat du grand Pape : la seconde qui passe, avec de nouvelles luttes contre la puissance Allemande et de nouveaux triomphes de la Papauté, par les pontificats des successeurs d'Innocent III, pour s'étendre jusqu'à Boniface VIII.

I. Innocent III. Innocent III (1), de l'illustre famille des comtes de Segni, était cardinal à 29 ans, Pape à 35 (1198-1216). En même temps que savant consommé, il était doué de toutes les qualités qui font les grands politiques; coup d'œil du génie, hardiesse et force d'exécution, courage invincible, incroyable puissance de travail. Et chez lui, chose admirable, l'homme public n'absorbait pas l'homme privé. Bon, affable, plein d'urbanité, il était chéri de ceux qui l'approchaient; les pauvres l'appelaient leur père, tous leur protecteur et leur ami. Aux dons de la nature s'ajoutaient les dons de la grâce, et l'auréole de la sainteté rehaussait et consacrait son génie.

Quant à son règne, il est un continuel prodige d'activité. « On est frappé d'étonnement à la vue de tout ce qui s'est fait sous Innocent III. C'était une activité qui ne connaît point de bornes; et s'il est vrai en général que la pensée des Papes embrassait l'Orient et l'Occident tout entiers, Innocent III allait plus loin encore, il s'occupait des moindres incidents, et on s'explique à peine qu'il en ait trouvé le loisir. C'était vraiment un homme merveilleux! Tout en aimant la solitude et en ne négligeant aucun des exercices

---

(1) Consulter le beau travail de Hurter, *Innocent III*. Dans les deux premiers volumes Hurter traite du règne même d'Innocent III; dans le troisième volume il trace avec une immense érudition le tableau complet de la société chrétienne des XII⁰ et XIII⁰ siècles. — Voir aussi dans Migne, *Patr. lat.*, les t. CCXIV-CCXVII.

d'un religieux, il avait l'œil ouvert sur toutes les affaires du dehors. En même temps que son intelligence domine la situation générale, démêle et juge toutes choses au point de vue des principes, il discute et résout jusqu'aux moindres détails (1). » Telle est cette puissance que ce qu'il embrassait d'un seul regard et exécutait simultanément, nous sommes forcé, pour nous en rendre compte, de ne le parcourir que séparément et parties par parties. Nous diviserons ce beau règne, en — administration intérieure de la Cour pontificale; — affaires relatives à tous les trônes de l'Europe; — affaires d'Orient; — affaires religieuses de la chrétienté; — lutte contre l'hérésie.

1. Le premier soin d'Innocent III fut de réformer la cour pontificale. Deux réformes entre toutes influèrent sur son administration pour en rendre les rouages plus faciles et plus prompts : 1° la suppression d'un grand nombre d'intermédiaires inutiles; 2° la suppression des taxes les plus lourdes et des frais trop multipliés de la chancellerie. Lui-même d'ailleurs infatigable et d'une promptitude inouïe instruisait et expédiait une multitude d'affaires. Pas une plainte ne s'élève dans ses États, pas une orgueilleuse provocation d'un seigneur, pas une transgression des lois, pas un péril ou une détresse de quelqu'un de ses sujets ne le trouve inattentif ou hésitant. Depuis longtemps les possessions de l'Église étaient un objet de convoitise et une proie aux ambitions et aux troubles des factions italiennes, sans cesse exposées aux trahisons et aux coups de main. A Rome, Innocent III commence par briser l'omnipotence usurpée du gouverneur impérial; il expulse les Allemands de ses domaines dans la basse Italie; ensuite, question éminemment délicate et difficile, il règle les droits réels mais souvent

---

(1) Mœlher, *Hist. de l'Église*.

outrepassés des rois de Sicile, et leur retranche ce qui est devenu dans les anciens privilèges, un abus et un danger. Dès le commencement de son pontificat, il s'attacha à donner aux appels à Rome une impulsion et une facilité nouvelles. Ces mesures prises, il commença une série d'efforts et de luttes pour reconquérir sur une foule d'usurpateurs les biens de l'Église aliénés. Tous furent revendiqués, et la seule force du bon droit, sans même besoin de l'intervention du glaive, le fit rentrer dans le patrimoine de saint Pierre. Des gouverneurs pontificaux furent placés dans chaque ville importante, après serment de fidélité fait au Pape; l'administration de chaque cité fut réglée d'après les plus larges et les plus équitables dispositions. Innocent III prenait à tâche de convaincre par les faits que sa souveraineté temporelle était pour les populations qui lui étaient soumises une condition de tranquillité, de liberté et de bonheur.

2. Mais, comme nous l'avons dit, l'Europe chrétienne tout entière est sous son regard et dans sa main. Ses principes sont aussi clairs qu'absolus. L'Europe chrétienne est fille de l'Église, sujette de l'Église à un noble titre, à un titre divin, le plus haut et le plus fort, qui donne au Christ toutes les nations en héritage, et qui, sans entraver la puissance séculière dans l'exercice de ses droits spéciaux, la soumet néanmoins aux *clefs* et à la direction de l'Église mandataire, organe, plénipotentiaire de Dieu auprès de l'humanité. « La Papauté, écrit-il à Othon, domine la Royauté. Celle-ci n'a de puissance que sur la terre, celle-là en a dans le ciel et dans les âmes. Les rois ne règnent que sur des royaumes particuliers et des provinces isolées; Pierre les domine tous par la plénitude du pouvoir, car il est le représentant de Celui qui possède l'univers. » Comme tous ses prédécesseurs et successeurs de tous les siècles, Innocent III veut et enseigne l'étroite et fraternelle union des deux pouvoirs : « union qui prépare la foi, triomphe de l'hérésie, fonde les vertus, extirpe les vices, sauve la justice, préserve de l'iniquité, enfante le calme, apaise les persécutions et les troubles, dompte la barbarie païenne, fait croître avec la prospérité de l'Empire la liberté de l'Église, assure avec la tranquillité des corps le salut des âmes, avec les droits du clergé ceux de l'État. » L'habileté moderne a tourné ce langage et cet ordre d'idées et de principes en ridicule, l'État a répudié la tutelle de l'Église pour marcher seul et libre : quelle a été sa route et à quel terme a-t-il abouti? Il a marché par le chemin des révolutions et il a abouti au chaos sombre et effrayant que nous avons sous les yeux et où notre société menace de s'abîmer. Si Innocent III dominait les trônes, c'était avant tout pour les purifier, les ennoblir, les délivrer de leurs souillures et des dangers de leur despotisme et de leurs passions désordonnées.

Entrons en France en l'an 1200, une noble et pure victime, la reine Ingelburge, tout un beau royaume, trouvaient dans la sollicitude et la puissance d'Innocent III, leur protection et leur salut. Philippe-Auguste, grand prince tant qu'il maîtrisait ses fougueuses passions, donnait à la France et à l'Europe le plus affligeant scandale. Il venait d'épouser Agnès de Méranie du vivant d'Ingelburge sa légitime épouse. La faiblesse de quelques évêques courtisans, une prétendue invalidation de son précédent mariage étaient ses titres, il outrageait à l'aise les lois divines et humaines et maltraitait indignement, en dépit des remontrances du clergé et des plaintes du roi de Danemarck père de la victime, la malheureuse Ingelburge. Il y avait là plus qu'un désordre et une calamité de détail pour l'Europe naissante, il y avait une question générale de vie ou de mort. La bête humaine appelait de ses vœux la corruption musulmane : « Qu'heureux est Saladin, s'était écrié Philippe-Auguste, il n'a pas de Pape au-dessus de lui ! » C'en était fait des mœurs publiques en Europe si la luxure des princes eût triomphé. Innocent III, l'ami, le protecteur tour à tour et le protégé du roi de France, fit d'abord mille efforts pour triompher de cette passion adultère : il avertit, il conjura, il supplia, il mêla quelque menace discrète à l'effusion de sa tendresse de père, tout fut inutile ; le Pape alors sacrifiant son amitié à son devoir excommunia Philippe-Auguste et jeta l'interdit sur le royaume de France. Peut-être s'en moquerait-on aujourd'hui, — et encore ! — Au XIIe siècle l'interdit jeté sur un royaume, c'était le silence lugubre, l'immobilité de la tombe, la désolation même de la mort. Ce coup brisa Philippe qui rappela Ingelburge. Innocent III, bon jusque dans sa sévérité, légitima les deux enfants nés de l'adultère (1201).

L'Espagne offrait les mêmes scandales et mérita les mêmes salutaires châtiments. Alphonse IX, roi de Léon, frappé d'excommunication, renvoya sa concubine et revint à des mœurs plus dignes de la majesté d'un roi. Alphonse II d'Aragon renonça à une union illégitime. D'autres princes, traîtres à la cause chrétienne, s'alliaient aux infidèles ; d'autres, aussi traîtres, se livraient en face du péril commun à des dissensions particulières et à des querelles fratricides. Devant tous ces désastres d'une époque troublée Innocent III fut admirable de force, de prudence, de douceur. Quelques années après, l'Espagne, purifiée et pacifiée, lançait ses héroïques enfants à cette illustre plaine de Las Navas de Tolosa, où la puissance musulmane reçut son premier coup de mort (1212).

L'Angleterre, en 1200, présentait le plus triste spectacle sous la tyrannie de Jean-sans-Terre, prince chargé de l'horreur et du mépris de l'histoire. Lubrique, féroce et impie, commença par une union adultère, en répudiant l'héritière du comte de Glocester sa femme légitime, pour s'unir à Isabelle fille du comte d'Angoulême; il continua en poignardant lâchement le jeune Arthur son neveu et duc de Bretagne et combla la mesure de ses crimes en tyrannisant l'Église. Quand Philippe-Auguste, se portant le vengeur d'Arthur, eut cité comme suzerain Jean-sans-Terre, que celui-ci eut refusé de comparaître, et qu'une guerre terrible allait s'en suivre, Innocent III magnanime jusqu'au bout avec le pire des hommes interposa sa médiation et parvint à arracher le prince Anglais d'une ruine certaine (1206). Celui-ci ne se servit de sa domination recouvrée que pour livrer aux Eglises d'Angleterre la plus impie des guerres, jusqu'à chasser du siège de Cantorbéry Langton, canoniquement élu. La mesure était au comble. Innocent III jeta l'interdit sur le royaume de Jean-sans-Terre et chargea Philippe-Auguste de l'exécution des rigueurs canoniques envers un prince en exécration à ses sujets et rebelle obstiné contre l'Église. Jean-sans-Terre furieux alla jusqu'à promettre au sultan du Maroc de se faire musulman s'il en obtenait du secours; mais traité là même avec mépris et dégoût, pressé par les armes du roi de France, il dut se soumettre et le fit entre les mains du légat Pandolfe. « Nous prêtons entre vos mains le serment du vassal au souverain Pontife et à ses successeurs et nous rendons ce serment obligatoire pour nos héritiers après nous. » La couronne lui fut rendue par Innocent. Le droit du pape était si irrévocablement et si universellement établi que nul ni ne s'étonne, ni ne réclame, ni ne désobéit. La noblesse, le clergé, Jean-sans-Terre, Philippe-Auguste lui-même, si directement lésé par la clémence pontificale, acceptent les phases diverses de cette grande affaire et subissent les décisions différentes d'Innocent III.

La sollicitude du Pape franchissait les limites de ces trois royaumes, et s'étendait aux trônes les plus reculés. Le roi de Norwège Soverrer, ayant fait peser sur ses sujets la plus sanguinaire tyrannie, Innocent III après l'avoir inutilement rappelé aux sentiments de la justice et de la clémence, le soumit aux armes vengeresses de la Suède et du Danemarck. Le fils du coupable, le prince Hacon, comprit cette leçon formidable et se réconcilia avec le siège souverain. — La Suède elle-même était pleine des troubles des seigneurs et des vices d'un clergé simoniaque et concubinaire. Innocent III ramena dans cette contrée la vigueur de la discipline et les bienfaits de la paix. S'il n'eut pas le bonheur de ramener au bercail la Russie égarée dans le schisme, il eut au moins la consolation de voir le roi des Bulgares rompre avec l'Orient révolté et se rattacher à l'Église Romaine. Dans la Hongrie, vassale du Saint-Siège, Innocent III apaisa des haines et des guerres fratricides, et fit refleurir la prospérité un instant chassée par les révolutions.

De toutes ces interventions la plus imposante et la plus victorieuse fut celle dont Innocent III usa pour l'Allemagne. L'Allemagne, foyer de résistance et de révolte, subissait, comme le reste de l'Europe catholique la suprématie du Pape. Le fils de Henri VI était tout jeune encore à la mort de son père; la noblesse Allemande qui d'abord voulait l'élire revint sur cette résolution, et deux prétendants divisaient les votes, Othon de Saxe et Philippe de Souabe. Philippe, que le Pape avait toute raison de suspecter et de craindre, se fit élire par son parti, Othon par le sien en 1198. Innocent devait trancher le différent : il le fit en faveur d'Othon qui des deux lui semblait plus favorable à l'Église. Mais à peine couronné, Othon trompe son attente, dépouille le Saint-Siège, opprime les Églises, et trouve bientôt sur cette même voie qu'avaient parcourue les Frédéric I et les Henri VI la même formidable excommunication. Déposé en 1211, Othon meurt dans l'abandon et le mépris (1), et le

---

(1) Il essaya d'abord de résister; il organisa avec son oncle Jean-sans-Terre et le comte de Flandre une ligue contre Philippe-Auguste qu'il re-

Saint-Empire est donné au jeune Frédéric II, dont Innocent avait protégé la faible enfance et dont il avait fait paternellement son pupille. Nous verrons tout à l'heure ce prince, ce rejeton d'« une race de vipères, » mordre cette Papauté généreuse qui l'avait recueilli et réchauffé dans son sein.

3. Mais le regard d'Innocent III ne s'arrêtait pas à l'Europe; l'Orient en détresse, la schismatique Constantinople, la Terre-Sainte opprimée par les Infidèles, absorbaient cette âme magnanime. Après mille efforts, secondé par Foulques de Neuilly et Martin de Cîteaux, il parvint, en 1202, à organiser une quatrième croisade. Peu de rois s'y rendirent, mais une multitude de seigneurs et une belle armée se trouvèrent debout pour reconquérir les Lieux saints. La mercantile Venise, puis l'ambition des princes détournèrent l'expédition de son but, et, en dépit des instructions et des objurgations pressantes du Pape, les croisés dépensèrent leurs forces à s'emparer de Constantinople et à y fonder un empire Latin, dont (1203) Bauduin de Flandre fut le premier empereur. Beaucoup d'efforts furent perdus dans une œuvre dont la chrétienté retira peu de profit et peu de gloire. Innocent III fut le seul qui chercha à utiliser la faute des Occidentaux. Il voulait avant tout amener à l'orthodoxie la malheureuse Église Grecque, et, à force de ménagements, d'attentions délicates et de charité, il la maintint quelque peu à travers des difficultés inextricables. Quant aux Vénitiens et aux Francs, ils s'étaient uniquement préoccupés de se tailler dans le Péloponèse et la Grèce des principautés et des royaumes, et, odieux aux Orientaux, ils ne recueillirent de leur ambition que périls et persécu-

---

gardait comme le principal appui du Pape; mais défait par le roi de France à la bataille de *Bouvines* (1214), il vit ses affaires ruinées et sa cause perdue sans ressources.

tions. Le sang coula quelquefois, et ces conquêtes ne furent visiblement pas bénies de Dieu. Ils n'avaient acquis que des possessions précaires et tourmentées par la révolte, ils avaient laissé la Palestine à son affreuse détresse. En 1210, les chrétiens n'y possédaient plus que Ptolémaïde et Tyr, comme deux îlots déserts battus de tous côtés par les immenses flots de l'Islamisme. Une cinquième croisade fut organisée, mais d'une façon incomplète et précaire. En Égypte, où les croisés s'étaient emparé de Damiette, la mollesse du climat et l'attrait des plaisirs corrompirent l'armée chrétienne que les divisions travaillaient. Les Musulmans profitèrent de toutes ces fautes et réduisirent les Latins à la dernière extrémité. Il était dit que l'Orient resterait une terre de désolation et de mort.

4. L'Occident, lui, continuait sa glorieuse résurrection, et, sous la conduite de la Papauté, marchait à ses plus hautes splendeurs. L'un des grands événements du pontificat d'Innocent III, qui en compta tant et de si illustres, fut la tenue du :

Douzième Concile œcuménique, le quatrième de *Latran* (1215).

Ce Concile, l'un des plus importants et des plus solennels de tout le Moyen-âge, fut comme l'assemblée générale des évêques et des seigneurs. On y vit soixante et onze primats et métropolitains, quatre cent douze évêques, plus de huit cents abbés ou prieurs de monastères, les représentants d'une multitude de prélats et d'abbés empêchés. Le roi des Romains, l'empereur de Constantinople, les rois de France, d'Angleterre, d'Aragon, de Hongrie, de Jérusalem et de Chypre y avaient leurs ambassadeurs. Les projets d'Innocent III, dans la tenue de ce grand Concile, étaient : la croisade des Albigeois, la croisade contre les Musulmans, le maintien de la discipline ecclésiastique et la réforme des abus. — On commença par fixer la foi catholique et par proscrire toutes les hérésies. La puissance séculière est déclarée l'auxiliaire de la foi et est appelée au secours de l'Église contre les attaques de ses ennemis. « On avertira, dit le Concile, les puissances, et, au besoin, on les contraindra par des censures de s'engager publiquement par serment à chasser de leurs terres tous les hérétiques notés par l'Église. » De nos jours nous aimons mieux l'indifférentisme qui tolère toutes les doctrines, jusqu'aux plus subversives. Nous proclamons que nos modernes Albigeois sont libres de professer toutes les erreurs et de mettre en pratique leurs théories incendiaires, et, sous la garde imbécile de notre tolérance érigée en dogme, nos modernes Albigeois organisent des Communes, troublent toute l'Europe, fusillent les otages, dirigent sur les rois des balles parricides, méditent de renverser l'ordre social, et, autant qu'ils le peuvent, brûlent Paris : le Moyen-âge qui poursuivait les Albigeois est un siècle de ténèbres, nous sommes nous un siècle de lumière! — Après l'hérésie vint le tour du schisme; le Concile de Latran régla l'ordre et les prérogatives des quatre grands patriarcats d'Orient. Comme l'Empire Latin de Constantinople n'offrait plus les mêmes dangers de prétentions orgueilleuses et de révolte, le Siège de cette capitale est déclaré le premier après celui de Rome. Les patriarches Orientaux pourront conférer le *pallium* à leurs suffragants, mais eux-mêmes le recevront du Souverain Pontife, après qu'ils lui auront prêté serment. — Le saint Concile entra dans de grands détails sur les procédures judiciaires, la punition des crimes, les précautions à prendre, les mesures à garder. Il renouvela tous les décrets précédents sur l'organisation des écoles et la constitution des études. — La discipline ecclésiastique absorba surtout sa sollicitude. Tous les règlements, ordonnances, censures relatifs à la simonie et à l'incontinence des clercs furent renouvelés. — Par rapport aux Sacrements, le saint Concile décide que tous les fidèles, parvenus à l'âge de raison, confesseront tous leurs péchés *au moins une fois l'an* à leur propre prêtre et qu'ils recevront le sacrement de l'Eucharistie au moins à Pâques. Pour le sacrement de Mariage, le Concile restreignit les empêchements de parenté et d'affinité. Il n'y eut plus empêchement qu'à partir du quatrième degré de parenté, l'empêchement d'affinité s'arrêta au premier degré. Les mariages clandestins furent condamnés, et la publication en dut être faite par les prêtres dans les églises. — Une foule d'autres décrets furent portés contre les nombreux abus qui s'étaient glissés dans le clergé et la société chrétienne. Si plusieurs choquent nos idées modernes, n'oublions pas que le douzième siècle n'était pas tenu de connaître et d'apprécier le dix-neuvième. Ces canons, au nombre de soixante-dix, avaient été dressés par Innocent III lui-même. Et dix-neuf jours après son ouverture, le Concile put se séparer.

Le grand pape Innocent III mourut l'année suivante, 17 juillet 1216. — Nous ne faisons que mentionner trois faits qui achèvent de remplir ce pontificat, parce que des études spéciales nous y ramèneront tout à l'heure. Durant tout ce règne, les Albigeois ne cessèrent d'exercer leurs fureurs et d'exciter contre leurs atroces cruautés le zèle et les rigueurs de la chrétienté et de l'Église. Durant tout ce règne aussi, le mouvement intellectuel alla de pair avec les autres magnifiques activités. Les ordres mendiants prenaient naissance et conquéraient désormais dans la vie monastique et la marche générale des choses un rang éminent et une prépondérance victorieuse. Plus grand lui-même que son siècle Innocent III en fait l'âme et la vie, et lui communique son reflet spécial d'élévation : « Depuis les temps anciens jusqu'à nos jours, les jugements des hommes capables d'apprécier la vie d'un de leurs semblables, le but qu'il s'est efforcé d'atteindre, les grands problèmes qu'il a su résoudre, la manière dont il s'est élevé au-dessus d'une époque entière, se sont accordés pour reconnaître que, pendant des siècles, avant et après Innocent, le Siège de saint Pierre n'a jamais été occupé par aucun Pontife qui ait jeté un plus vif éclat par la réunion du savoir, par la pureté des mœurs, par les services rendus à l'Église et par ses grandes actions. Aucun de ses successeurs n'a orné si éminemment le Siège de saint Pierre, de sorte qu'il est appelé, non-seulement le plus puissant, mais aussi le plus sage des Papes qui aient illustré le trône pontifical depuis Grégoire VII (1). »

Innocent III meurt en emportant la plus grande splendeur du trône apostolique, laissant à des successeurs qui seront dignes de lui, la rude gloire de continuer et de finir la lutte de l'Église contre la tyrannie odieuse des Hauhenstaufen.

II. Nouvelle lutte de la Papauté contre le Césarisme Allemand. 1. Ce qu'était Frédéric II, le pupille, le protégé d'Innocent III, qui avait reçu l'onction impériale des mains d'un bienfaiteur tel que le grand Pape, il nous importe avant tout de le savoir. Rien d'ailleurs n'est plus aisé tant les sources historiques concordent, tant les documents se fortifient les uns les autres contre le pire des Hohenstaufen. Il a les vices communs à tous les despotes Allemands qui l'ont précédé, même ambition démesurée, même projet de tyranniser les consciences, même volonté absolue de confisquer la liberté humaine au profit d'un césarisme renouvelé de Rome païenne. Mais aux vices des Henri IV, des Frédéric I

---

(1) Hurter, *Histoire d'Innocent III*.

et des Henri VI, Frédéric II en joint deux autres qui sont à lui : l'astuce et l'incrédulité. Frédéric II trompe tous et toujours, il se joue indignement des Papes, il abuse longtemps de la droiture de saint Louis, il renie chaque parole donnée et pratique dans la dernière rigueur l'abominable théorie politique que Machiavel formulera deux cents ans après. — Son incrédulité impie et cynique en fait, en plein Moyen-âge, un être à part, une figure hideusement déplacée à une époque de foi ardente comme de chevaleresque loyauté. Pour lui, Jésus-Christ est un imposteur, il le dit, il l'écrit effrontément, il est Musulman d'instinct et de cœur. « Tous les chrétiens, dit un chroniqueur du temps, avaient grande doutance et grand soupçon qu'il ne fût chaud en la mécréandise et en la loi de Mahomet. » Cet excès, eût-il été le seul, motivait amplement au Moyen-âge ses censures et sa déposition. Parcourons maintenant la triste suite de ses forfaits.

C'est en face du pape Honorius III que nous le trouvons d'abord. Honorius fera pressentir la lutte, Grégoire IX en soutiendra tout l'effort, Innocent IV la terminera glorieusement.

Immédiatement après la mort d'Innocent III, en deux jours seulement de conclave, les cardinaux élurent le cardinal Cencio Vavelli qui prit le nom d'*Honorius III* (1216) et dont le pontificat ne fut certes pas sans gloire. Au dehors comme dans les Etats de l'Église Honorius continua l'œuvre de son prédécesseur, il provoqua la cinquième croisade (1217), il aida le roi de France à recueillir dans le Midi les fruits de la guerre contre les Albigeois, il soutint en Angleterre la cause royale attaquée furieusement par la féodalité triomphante, il amena la conclusion d'une paix entre Philippe-Auguste et Henri III, enfin il confirma par des bulles expresses les deux grands ordres mendiants qu'Innocent III avait déjà approuvés.

Mais en face du perfide Frédéric II cette gloire est quelque peu éclipsée. Honorius III fut bon jusqu'à la faiblesse. D'ailleurs Frédéric ne faisait que commencer sa longue carrière de crimes et de trahisons. Rien n'éclatait encore que des mécontentements et des plaintes, les relations du Pape et du prince Allemand sans être interrompues n'étaient que pénibles et difficiles. Un nouveau cri de détresse poussé par l'Orient aux abois détourna un instant les yeux des affaires d'Allemagne, Honorius parvint à réunir des forces, l'armée des croisés allait partir, Frédéric avait juré de s'y rendre et s'y était obligé par un vœu; trois fois il forfait à ce vœu comme à ses plus solennelles promesses. Les croisés mal conduits et victimes de fausses manœuvres allaient périr, Honorius conjurait Frédéric d'aller à leur secours et de remplir ses serments, Frédéric promettait de plus bel mais ne partait pas. Pendant que ses malheureux frères d'arme périssaient en Orient, lui commençait en Occident sa guerre au Saint-Siège; il faisait subrepticement élire son fils Henri roi de Sicile, négation flagrante des droits de la Papauté dont la Sicile était vassale; il dépouillait son beau-père Jean de Brienne et le forçait à se réfugier à Rome, il volait à son profit les droits du Saint-Siège sur le duché de Spolette. Cependant il ne cessait d'écrire à Honorius pour l'assurer de sa fidélité et de son obéissance filiale, démentant audacieusement les bruits qui circulaient partout de ses envahissements et de ses trahisons. Dans trois diplômes il s'engageait à respecter toutes les lois de l'Eglise, à respecter son entière indépendance, à reconnaître sa propre vassalité pour la Sicile, à restituer tout l'héritage de la comtesse Mathilde, à partir pour la croisade. Honorius qui crut au fourbe annonça dans une encyclique cet heureux événement et couronna Frédéric II (1220). La suite, on ne la pressent que trop. Frédéric, pour ne pas se rendre en Orient trompa Honorius, et sous de nouveaux prétextes en obtint de nouveaux délais. Le temps de ces délais à quoi l'employait-il? Il persécutait l'Eglise en entravant les élections, il ensanglantait le sol Italien dans des expéditions cruelles en Lombardie. Honorius III souffrit tout avec une patience que l'histoire a jugée excessive.

Son successeur, intrépide vieillard de 80 ans, commença avec une vaillance sans égale, une lutte qu'Innocent IV finira dans le triomphe. *Grégoire IX* (1) (élu le 19 mars 1227) n'eut que trop vite l'occasion de déployer sa fermeté. Continuant son système de fourberies, Frédéric II, attendu selon ses récentes promesses par une grande et belle armée de croisés, perdit d'abord un temps considérable, puis retourna sur ses pas, feignit la maladie, bref refusa de diriger la croisade. Privée de chef et par conséquent d'ordre, de direction et d'initiative, la malheureuse armée ne marcha plus qu'à la boucherie. Toutes les calamités s'abattirent sur elle, et des cent mille hommes qui la composaient il revint à peine quelques méconnaissables débris. Le sang de tant de braves criait vengeance : Grégoire IX lança sur Frédéric une première excommunication. Frédéric riposta par un manifeste plein de violence, dans lequel, comme les coupables et les révoltés de tous les temps, il déclamait contre l'autorité qui le frappait trop justement, conviait toute l'Europe à l'indépendance, et lui-même, en continuant ses trahisons et ses crimes, ne faisait que trop bien la justification de cette autorité papale contre laquelle il s'insurgeait.

Traître en refusant la croisade, il le fut plus encore en l'acceptant. En 1228 il partit pour la Terre-Sainte. L'œil perçant de Grégoire IX avait déjà démêlé le traître sous l'insigne du croisé, et avait prévenu les chrétiens d'Orient qu'au lieu d'un sauveur c'était un faux frère qui leur venait.

---

(1) Cardinal Ugolin, cousin d'Innocent III et évêque d'Ostie.

Il disait juste. A peine arrivé Frédéric se lia d'intimité avec le sultan Malek-Kamel et lui livra, par un traité honteux, toute la défense de Jérusalem (1). Ennemi de ses seuls frères d'arme, il s'empara sur le jeune de Lusignan de tous les droits et revenus du royaume de Chypre, puis enfin, après avoir interdit aux troupes toute hostilité, et avoir scandalisé les Musulmans eux-mêmes par l'excès de ses débauches et l'impiété de ses paroles, il revint en Europe chargé de l'indignation et de la haine de l'Orient chrétien.

Il sentait trop cette indignation pour ne pas chercher à couvrir son crime sous l'apparence d'une paix avec le Saint-Siège. Cette paix il la conclut à Saint-Germain (1230). Il s'y engageait à restituer au Pape les domaines usurpés de Spolette et d'Ancône, à renoncer à toute levée d'impôts arbitraires sur le clergé. C'était là le Frédéric fourbe : le vrai se révéla bientôt. D'après ses ordres un de ces juristes courtisans que nous ne cesserons plus guère de trouver au service de toutes les tyrannies, Pierre des Vignes, publia un *recueil des lois de Sicile*, où la plus impudente théorie du Césarisme se trouvait développée. D'après Frédéric II et son complaisant juriste, le prince n'avait au-dessus de lui aucune autorité quelle qu'elle pût être, l'Église n'était plus rien pour le prince, dont la seule volonté faisait loi. Tout émanait de lui, tout lui devait hommage. C'était le mot césarien de Louis XIV dans toute sa crudité : *l'État, c'est moi*. La société Européenne, sauvée du Césarisme par la Papauté, y retournait par l'ambition Allemande. C'en était fait une fois encore de la liberté en Europe, sans l'énergie indomptable des Papes. Au manifeste joignant l'action et la pratique aux théories, Frédéric foulait l'Italie sous ses pieds ; il allait subjuguant, écrasant, dépouillant les cités et les

---

(1) Voir Reinaud, *Hist. de la Croisade de l'Emp. Frédéric II*, 2 vol., 1829.

campagnes, et livrant la Lombardie et la Sardaigne au féroce Ezzelin. C'en était trop : le jour des Rameaux de l'année 1239, Grégoire IX ne se contenta plus de lancer contre Frédéric la sentence d'excommunication, mais il délia tous ses sujets du serment de fidélité. Frédéric essaya de se défendre auprès des cours de l'Europe dans un message tissu des plus audacieux mensonges. Dans un contre-message le Pape dévoila toute la vérité. Mais le prince Allemand, encore au comble de sa puissance, pouvait impunément se rire des foudres de l'Église comme des révélations de Grégoire IX : le Pape fut réduit à tenter un dernier effort : la convocation à Rome d'un Concile général. Les Pères furent arrêtés, dispersés, jetés en prison. Saint Louis prit en vain la parole dans ce terrible débat, Grégoire IX mourut de lassitude et de douleur (1241).

2. Tout semblait perdu : tout allait au contraire être sauvé. Après *Célestin IV* (1241) qui mourut seize jours après son élection, au milieu des obstacles et des persécutions cachées mais violentes que Frédéric suscita au sacré collége, fut, le 24 juin 1243, élu le Pape qui allait abattre le persécuteur et délivrer l'Église, l'Italie et l'Europe, *Innocent IV*. Un traité de réconciliation fut d'abord conclu, mais que Frédéric rendit dérisoire comme tous les autres. Bientôt le nouveau Pape dut fuir une Italie que le persécuteur remplissait de sang et de ruines et se réfugier en France, l'asile ordinaire de la Papauté en détresse. Lyon d'ailleurs était admirablement placée et comme au cœur des Églises avec lesquelles le Pape devait correspondre. Le Concile général devenait possible à l'ombre de l'épée Française, et dès le 3 janvier 1245 Innocent IV adressa des lettres-circulaires aux archevêques, aux rois, à tous les princes de la catholicité, pour les convoquer au futur Concile. Frédéric fit en vain garder tous les passages, la volonté du Pape fut plus puissante que ses bataillons, et le 29 juin 1245, sous la présidence du Pape s'ouvrit à Lyon le :

Treizième Concile œcuménique, le premier de *Lyon* (1245).

Avec le Pape et les cardinaux se trouvaient au Concile de Lyon les deux patriarches Latins de Constantinople et d'Antioche, et environ cent quarante archevêques et évêques d'Italie, de France, d'Angleterre. C'est de ce Concile que partit le coup qui abattit, au plus fort de sa puissance, le despote Allemand. Les grands États y avaient leurs représentants, Frédéric y avait un défenseur, sa cause fut instruite, ses crimes mis dans une irréfutable lumière. Rien d'imposant et de lugubre comme la scène de l'interdit. Pendant qu'on lisait la sentence d'excommunication et de déposition, le Pape et les assistants renversèrent les cierges qu'ils tenaient allumés. L'éclat du monarque s'éteignait avec eux, et l'un des envoyés de Frédéric, Thadée de Suesse, ne put s'empêcher de s'écrier : *Dies ista, dies iræ!*
Frédéric ne tomba pas sous ce coup terrible sans se débattre violemment. Ivre de fureur à la nouvelle de son excommunication, il se fit apporter ses cassettes, en retira ses couronnes : « Est-ce que mes couronnes sont perdues? » Puis, mettant sur sa tête la plus brillante : « Le Pape, ajouta-t-il, ni son Concile n'en dépouilleront point mon front que bien du sang n'ait été répandu! » Le malheureux comptait sans la réponse de Dieu. Elle ne se fit pas attendre. A peine frappé à Lyon, tous les désastres fondirent sur lui tour à tour. Dès 1246, l'Allemagne s'assembla pour élire un empereur. Il essaya de faire assassiner le Pape par un de ses chevaliers, mais il échoua; il voulut au moins assiéger Innocent IV dans Lyon, les Parmesans l'arrêtèrent. Il tomba malade dans la Pouille, empoisonné par son médecin, et

l'un de ses nombreux bâtards, Mainfroy, l'étouffa enfin sous une pile de coussins (1250). Mourut-il repentant et réconcilié? C'est un problème que les documents historiques n'ont pas assez éclairci. Toujours est-il que la vengeance divine le suivit au delà du tombeau et continua de s'appesantir sur sa famille. Son fils, Conrad IV, vaincu et chassé de l'Allemagne et de l'Italie, mourut quatre ans après son père. Restait un fils de Conrad, Conradin, dernier représentant de cette fastueuse maison de Souabe, la grande persécutrice de l'Église; en 1268, Conradin périssait sur l'échafaud.

Innocent IV ne vit pas ces derniers coups de la justice de Dieu. Mort en 1254, le Saint-Siège passa successivement et par une suite rapide, à douze Papes, jusqu'à l'avènement de Boniface VIII, en 1294. — Il nous reste à faire connaître ces pontificats et les événements qui se pressent entre leur étroite limite. — Trois spectacles se déroulaient, pleins d'enseignements et de réflexions fécondes, sur trois différents théâtres : l'Allemagne, la France, l'Église. L'Allemagne acheva d'expier l'ambition sacrilège de ses Hohenstaufen. Frédéric ne laissa après lui, dans sa patrie malheureuse, que la longue anarchie connue sous le nom de *grand interrègne*. Les trônes qu'il n'avait acquis qu'au prix de tant de violences et de sang, restèrent sans occupants. Dans quelques-uns de nouveaux maîtres se placèrent, d'autres pays recouvrèrent leur indépendance, partout le malaise se fit sentir douloureusement. Pendant ce temps la France, vraie fille aînée de l'Église, était glorieuse et fière sous son roi saint Louis ; tous les nobles sentiments s'y épanouissaient à l'aise, toutes les grandes entreprises y trouvaient leur point d'appui. De brillantes lumières y resplendissaient, saint Thomas y était dans sa gloire, l'Église y régnait magnifiquement, tous les ordres de l'État, toutes les conditions et toutes les fortunes trouvaient également dans Louis IX un maître ferme, un défenseur tout-puissant, un juge équitable, un père rempli de dévouement et d'amour. Durant ce temps, la Papauté continuait son œuvre; elle dominait, elle refrénait, elle dirigeait, elle corrigeait, elle pacifiait. D'Innocent IV à Boniface VIII, son règne quoique moins éclatant reste beau et fécond encore.

Ce sont là les sujets qu'il nous reste à traiter. Nous laisserons l'Allemagne que Dieu livre à un châtiment dont nous connaissons la cause et dont les phases ne nous offriraient qu'un médiocre intérêt. Nous nous arrêterons : 1° à la France de saint Louis, 2° à l'action de l'Église sous les douze pontificats qui s'étendent d'Innocent IV à Boniface VIII.

III. Saint Louis roi de France. Saint Louis est contemporain de la grande lutte que nous venons de dérouler entre le Sacerdoce et l'Empire; il fait partie du vaste et héroïque ébranlement des croisades, il est illustré par le splendide épanouissement de la scholastique, enfin son règne lui-même est dans ce grandiose ensemble l'un des épisodes les plus importants et les plus glorieux. — Louis IX n'avait que douze ans lors de la mort de son père Louis VIII (1226), mais une grande princesse et une grande sainte fut placée par Dieu auprès de lui, chargée d'en faire à la fois un guerrier magnanime, un homme d'État consommé, et mieux encore un grand saint. Blanche de Castille remplit cette tâche et fit ce chef-d'œuvre. Pendant les troubles des Albigeois et les troubles déjà anciens causés par une féodalité remuante et insoumise, nous trouvons Louis IX occupé à réduire les ambitions et les entreprises des seigneurs (1234). La valeur du fils et l'habileté de la mère avaient eu pour fruits la réunion du Midi au Nord, l'abaissement des plus puissants seigneurs et l'humiliation de Henri III d'Angleterre. Saint Louis avait vingt et un ans quand il épousa Marguerite de Provence. L'éducation de Blanche donnait ses fruits, Louis IX était grand prince à l'âge où d'autres sont encore enfants. Assez élevé pour voir Dieu, son âme, son éternité, l'ordre surnaturel des choses avant tout autre objet, il n'abandonnait cependant pas la terre pour trop regarder le ciel, il était politique habile, roi sage et bien aimé, malgré, ou plutôt *parce qu*'il était grand saint. C'est de cette même source de la sainteté que découlaient cette loyauté chevaleresque qui avait horreur du plus léger mensonge, cette charité inépuisable qui, non contente de nourrir les pauvres, pansait leurs plaies et lavait leurs pieds, cette justice qui le faisait s'asseoir de longues heures sous le chêne légendaire de Vincennes, cet ardent amour du Christ qui lui fit entreprendre ses expéditions d'outremer, en un mot, cette recherche généreuse du bien dans chacun de ses actes et son administration tout entière.

La justice, lui qui la rendait au plus petit peuple, il savait aussi en faire peser les arrêts sur les plus puissants. A l'instigation de l'Angleterre, plusieurs seigneurs du Midi se révoltèrent contre le roi et formèrent une ligue, que Frédéric II soutenait secrètement. Louis IX fut implacable, et mit sa vaillante et irrésistible épée au service de la plus juste des causes; le comte de La Marche implora son pardon, Henri d'Angleterre demanda une trêve, les seigneurs du Midi firent leur soumission. Saint Louis se contenta de vaincre sans écraser les vaincus.

Mais de plus hautes sollicitudes absorbaient sa grande âme. L'immense péril auquel l'Islamisme exposait la chrétienté, la nécessité d'arrêter le torrent de l'invasion musulmane, les outrages dont le drapeau chrétien était couvert en Orient, l'oppression que subissait l'Église de Jérusalem et d'Asie, suscitaient en lui de continuels et irrésistibles projets de croisades. Un vœu fait durant une maladie grave trancha les dernières difficultés; et à lui seul il porta le poids de toute une expédition. Il confia la régence à sa mère, et, suivi de sa femme Marguerite, s'embarqua à Aiguesmortes pour passer en Égypte, dont la conquête semblait la condition du succès. Damiette fut emportée d'un seul coup, mais les difficultés et les revers semblaient croître avec la bravoure et les succès. Les Français, leur roi à leur tête, étaient héroïques, mais la maladie contractée au milieu des inondations emportait les troupes que le feu grégeois avait respectées. Louis IX devait être éprouvé, comme tout ce qui est grand, dans les luttes de l'adversité. Prisonnier et malade, il étonna l'Orient par son indomptable vaillance et son incorruptible loyauté (1250). Durant les quatre années qu'il passa en Palestine et à la faveur d'une liberté relative que lui garantissait un traité avec le Soudan, saint Louis travailla à rétablir la paix entre les chrétiens,

relever leurs forteresses et surtout leur courage, et quand, sur la douloureuse nouvelle de la mort de Blanche de Castille sa mère, il quitta la Terre-Sainte, une admiration universelle et un impérissable souvenir lui survécurent et traversèrent si bien les siècles, que durant longtemps le nom de *Franc* était pour les Orientaux le synonyme de la loyauté, de la force et de la valeur (1250-1254).

Revenu dans ses États, Louis IX y continua la sage et toute chrétienne administration de sa mère, féconde au dedans, forte et glorieuse au dehors. — L'Église, le peuple, la justice : tels étaient les objets de sa sollicitude. Toujours rempli de respect pour les évêques, les prélats et les prêtres, magnifique envers les églises, d'une angélique piété et d'un zèle ardent pour la gloire de Dieu, pour la pureté des mœurs publiques et l'accomplissement des préceptes divins, le saint roi n'en traçait pas moins d'une main ferme et précise les limites des deux juridictions. Défenseur dévoué des clercs, il ne les laissait pas franchir les bornes de leur puissance et voulait entre les deux pouvoirs l'harmonie que Dieu y a mise et que l'Église y maintient. Ses rapports avec le Saint-

Siège furent toujours ceux d'un fils respectueux et soumis (1). S'il n'intervint pas directement dans la lutte de la Papauté contre l'ambition perverse de Frédéric II, au moins était-il toujours en armes, prêt, au premier appel, à voler au secours de l'Église opprimée dans son chef. Si un léger nuage voila, à peine et un instant, l'affection mutuelle de Louis IX et de Clément IV, la correspondance du roi comme celle du Pape témoigne combien étaient vifs l'attachement paternel de celui-ci et le filial dévouement de celui-là.

Saint Louis fut à la lettre le père du peuple. Nous ne parlons pas ici du Saint qui l'accueillait à sa table, le soignait

---

(1) Ici se place la fameuse question de la *Pragmatique* de saint Louis. Cette pièce contenant certaines parties injurieuses pour le Saint-Siège, et respirant dans son ensemble un je ne sais quoi d'impérieux et de révolté, il est naturel que les ennemis de la Papauté s'en soient fait une arme, et que les Jansénistes et les Gallicans y aient sans cesse, après les Protestants, puisé des arguments contre la royauté pontificale.

Or cette *Pragmatique* est une pièce manifestement fausse.

Cette Pragmatique est une ordonnance réglant les rapports de l'Église et de l'État et dont les derniers articles sont oppressifs et attentatoires aux droits les plus essentiels et les plus sacrés de l'Église. Le 5e article défend à l'Église de Rome toute perception d'impôts, sans la permission du roi. (Que pouvait devenir dans certains cas le *denier de saint Pierre?*) Le 6e article dote si largement l'Église de France d'immunités, d'exemptions et de privilèges, qu'il devient clair qu'on la libère de Rome pour la mieux opprimer. Ce simple énoncé montre que nous sommes en présence, non pas d'une pièce indifférente, d'un problème de simple curiosité, mais bien d'un fait d'une portée considérable. Ce qui le prouverait surabondamment c'est encore l'importance qu'y ont attachée, à toutes les époques, les oppresseurs de l'Église, les juristes, les parlements, les monarchies absolues, et la relation intime qu'on a voulu établir entre les prétendues décisions de Louis IX et les actes d'oppression d'un Louis XIV et d'un Napoléon Ier. Tout récemment sous le second Empire, nous entendions de nouveau parler de cette Pragmatique dès que le pouvoir s'essayait à des vexations et à des abus d'autorité. Quand les catholiques se plaignent qu'on opprime leur conscience dans l'oppression même de l'Église, il est assurément fort commode de leur répondre : « Vous vous plaigniez? mais le plus sage et le plus saint de vos rois s'est vu dans la nécessité lui aussi de poser une barrière aux intolérables prétentions de Rome, et de mettre un frein aux envahissements du clergé. » — Heureu-

dans les hôpitaux, vengeait sa cause sous le chêne où il rendait la justice, nous parlons de l'homme d'État dont l'administration tendit constamment à refréner les exactions et la tyrannie des seigneurs et à élargir les libertés et la prospérité du menu peuple. Les *communes* attirèrent son attention et reçurent largement ses faveurs. Les maires qu'il y préposait devaient venir à Paris lui rendre compte de leur administration. Afin de soustraire le bourgeois à la tyrannie féodale, il fit passer en coutume que tous ceux qui se déclaraient *bourgeois du roi*, entraient de la juridiction féodale en celle du monarque. — Les *cas royaux*, dans

---

sement qu'il est aussi aisé qu'important de démontrer l'inauthenticité de cette pièce.

1º Cette pièce n'est pas de saint Louis : elle ne peut même pas être de son époque.

2º Les autorités qui l'appuient sont de nulle valeur.

I. Deux séries de garanties assurent l'authenticité d'un document : que des témoignages graves l'introduisent dans l'histoire, et lui conservent une place indéniable; qu'il entre naturellement dans la trame historique, qu'il cadre avec l'époque, qu'il s'adapte aux événements et aux personnages. Or ces deux conditions font ici absolument défaut.

1. C'est incontestablement, vu surtout l'époque, une pièce grave, importante, remarquable : un saint Louis qui lève contre le Saint-Siège tout-puissant, vainqueur des Hohenstaufen, le drapeau de la rébellion! Or de ce document, nul ne parle parmi les contemporains. Il devait soulever tout au moins des étonnements sinon des récriminations, personne n'en dit mot, silence partout. Pas un juriste de l'époque n'en révèle l'existence. — Bien plus, l'époque qui suit est cette époque pleine de trouble et d'anarchie spirituelle, l'époque du grand schisme, des anti-papes, d'une opposition qui devient violente contre la Papauté, époque aussi des falsifications et des altérations des bulles pontificales, le tout en vue de s'affranchir de la puissance du Saint-Siège : Quel moment pour produire la *Pragmatique* de saint Louis! Or, cette pièce n'apparaît encore nulle part, n'est alléguée par aucun des contradicteurs de la puissance papale, qui deviennent si nombreux et sont si ardents. Qui expliquera jamais raisonnablement ce silence?

Voici le savant le plus considérable de l'époque, *Jean Gerson*, qui a profondément étudié Louis IX, qui a recueilli, ainsi que ses œuvres en témoignent, tout ce que ce beau règne renferme, même de secondaire

lesquels les particuliers pouvaient en appeler aux justiciers du roi, se multiplièrent beaucoup sous le règne de Louis IX et ne contribuèrent pas peu à l'émancipation du peuple.

La justice le préoccupa toujours et provoqua les plus précieuses réformes. Aux brutalités de la justice féodale, il substitua peu à peu des formes plus savantes et de plus nobles garanties. La prescription de Philippe-Auguste, ordonnant que quarante jours se passeraient avant que l'offensé pût agir contre l'offenseur, acheva d'étendre aux cas plus particuliers les bienfaits de la Trêve de Dieu. Louis IX abolit dans ses domaines le duel judiciaire. Aux chevaliers

---

et d'insignifiant. Gerson ne connaît pas la *Pragmatique*, et la pièce qui par sa nature devait lui échapper le moins lui est absolument inconnue.

Plus encore. Le clergé français du xiv° siècle est fatigué et irrité des taxes dont le chargent les Papes d'Avignon. Les Conciles de 1394 à 1398, ceux de Pise, de Constance, élèvent contre ces taxes les plaintes les plus amères. Les juristes se travaillent, font mille efforts pour arriver à dénier au Pape le droit de lever ces impôts. Quoi ! et personne ne produit l'article si victorieux dans cette cause de la *Pragmatique* de saint Louis ! Tout crie ici que cette pièce n'existait pas encore.

2. Étudions maintenant cette pièce en elle-même : impossible de la faire entrer dans la trame de l'histoire, durant tout le règne de saint Louis. — Dès le titre on aperçoit le faussaire. Ce titre n'appartient à aucun document analogue de Louis IX. — La Pragmatique, qui n'a et ne peut avoir qu'un but : régler les rapports entre les deux puissances, ne dit pas un mot de la question alors en litige, question épineuse, difficile, la question des *régales*. Elle ne laisse pas même supposer l'existence de cette question. — Nous aurions le droit d'affirmer : le 5e article est outrageant pour le Saint-Siège, donc il n'est pas de saint Louis. Mais nous voulons bien négliger cette preuve. — Nul n'échappera à la force de cette autre. D'après la Pragmatique, saint Louis est en opposition avec le Saint-Siège pour protéger son clergé contre des levées d'impôts. Or la trame historique est absolument l'opposé. Saint Louis qui a besoin d'argent pour la croisade, et qui rencontre dans le clergé du mauvais vouloir, implore l'appui de la Papauté pour vaincre les refus intéressés des évêques et des abbés de France. D'ailleurs, lisez tous les documents du temps, saint Louis nous est montré dans une obligation presque continuelle de combattre les envahissements indiscrets du clergé français : le faussaire renverse tout à fait la situation : dans la Pragmatique le roi combat contre Rome pour émanciper son clergé !

et aux barons, braves mais sans finesse et sans science, furent adjoints pour la composition des tribunaux des légistes versés dans la connaissance du droit. Enfin son énergie était constamment au service du faible contre le fort. « Sachez (1257) que par délibération de notre conseil, nous avons prohibé dans notre royaume toute guerre, tout incendie, tout empêchement donné aux charrues. » Les *missi dominici* de Charlemagne reparurent sous le nom d'*enquesteurs royaux*, chargés de parcourir le royaume pour surveiller les officiers et les administrateurs et de signaler les abus.

Ayant toujours vécu pour Dieu et l'Église : ainsi devait

II. Maint nant quelles autorités assez sûres introduisent et garantissent cette pièce? Car après avoir bien reconnu dans cette Pragmatique une pièce fausse, fabriquée longtemps après sa date mensongère, il est bon de prendre le faussaire sur le fait et d'achever ainsi d'enlever à sa mauvaise œuvre toute espèce de crédit. En 1438, à Bourges, dans une assemblée hostile au Saint-Siège, cette Pragmatique est mentionnée pour la première fois. Il s'agissait d'amener le clergé à voter la Pragmatique de Charles VIII, entièrement empreinte d'esprit d'hostilité et de rébellion contre le Pape. Nul doute que ce fut pour préparer les esprits et les consciences à cette seconde Pragmatique, que la première fut fabriquée et saint Louis donné à Charles VIII comme un modèle à imiter. — Louis XI consulte, avec la loyauté qu'on lui connaît, Bazin, évêque de Lizieux, sur les limites rigoureuses de l'obéissance qu'il doit au Pape, et allègue la pièce lue à l'assemblée de Bourges, en 1438. Le prélat courtisan s'empresse d'accepter le docum nt et rassure complaisamment son prince. Mais tous n'étaient pas des évêques de Lizieux. A la même époque, le cardinal de Bourdeille traitait la Pragmatique de Louis IX « de mensonge indigne de réfutation. » — Arrivé à Pithou, à Pinson, aux jurisconsultes Gallicans, aux parlementaires, plus de Bourdeille, plus de réclamation, plus de doute permis. Aucun de ces hommes n'étudie la pièce, mais tous crient en chœur que telle est bien la Pragmatique du roi saint Louis. — Depuis, plus légèrement encore, si c'est possible, l'histoire s'est emparée de cette pièce, et la reproduit partout comme si le procès en était jugé. Vous réclamez? On vous renvoie triomphalement à l'assemblée de Bourges, à Bazin, Pithou, Pinson, etc.; et le mauvais tour est joué !

Voir Ch. Gérin, *Les Pragmatiques sanctions attribuées à saint Louis*, Paris, Lecoffre. — Thomassy, *De la pragmatique attribuée à saint Louis*, Paris, 1866. — Kœsen, *Die pragmatische sanction*. — Félix Faure, *Hist. de saint Louis*, 2 vol., Paris, 1855.

mourir le saint roi Louis IX. Il apprit les désastres de la Terre-Sainte et partit de nouveau pour la secourir (1266-1270). Arrivé en Afrique et victorieux dès sa venue, Dieu le remit dans l'épreuve, Dieu voulait le voir mourir comme les saints meurent, sur le calvaire et cloué à la croix (1270). Ses dernières recommandations à son fils sont l'un des plus nobles et des plus précieux monuments de la monarchie chrétienne. La France, qui n'écoute plus depuis si longtemps que les inepties des histrions qui la mènent ou les brutales atrocités des bandits qui la mettent en feu, revivra si un jour elle sait comprendre la langue de son vieux roi : « Cher fils, la première chose que je t'enseigne, c'est que tu mettes tout ton cœur à aimer Dieu. Garde-toi de faire chose qui à Dieu déplaise, et spécialement de faire péché mortel. Sois rigide et loyal à tenir justice et droiture envers tes sujets, sans tourner à droite ou à gauche, mais toujours tout droit, et soutiens le pauvre jusqu'à tant que la vérité soit éclaircie. Garde-toi d'exciter guerre sans très grand conseil et particulièrement contre homme chrétien, et, s'il le convient de faire, garde la sainte Église et ceux qui n'ont méfait en rien de tout dommage. Sois diligent d'avoir bons prévôts et bons baillis, et fais souvent enquête sur eux et ceux de ton hôtel, comme ils se conduisent. »

IV. La Papauté jusqu'à Boniface VIII. Un aussi beau spectacle était celui de la Papauté, s'efforçant avec une infatigable patience de pacifier l'Occident si profondément troublé par la lutte impie des Hohenstaufen, et de réunir l'Orient obstiné dans son schisme et son Bas-Empire.

A Innocent IV, mort comme nous l'avons vu plus haut en 1254, succéda *Alexandre IV* (1254). Innocent IV avait travaillé à réconcilier les factions Italiennes comme à réprimer les audaces des nouveaux manichéens; Dieu lui avait donné comme auxiliaires l'énergie de l'inquisiteur saint Pierre de Vérone et les miracles de sainte Rose de Viterbe. Alexandre IV continua cette œuvre de réparation. Le Pape, par des concessions habiles ou une plus habile fermeté, fit rentrer les domaines aliénés du Saint-Siège, réconcilia les républiques avec les seigneurs et repeupla les cités désertes d'un peuple et d'une bourgeoisie apaisés.

Les trois années du pontificat d'Urbain IV (1261-1264) ne furent pas moins fécondes. Au travail d'apaisement et de réconciliation il joignit pour Rome un projet énergique. La charge et les pouvoirs de sénateur venaient d'être ensanglantés par les rigueurs implacables du sénateur Brancaleone, tour à tour tyran et victime du peuple Romain et des seigneurs. Urbain IV jeta les yeux pour le remplacer sur Charles d'Anjou et de Provence, frère de saint Louis. Charles fut acclamé à la fois sénateur de Rome et roi de Sicile. Il semblait à Urbain, après la terrible expérience qu'avait faite la Papauté de ce qu'était un Hohenstaufen, que la France lui apporterait un secours plus puissant et surtout une main moins tyrannique et moins lourde aux droits et à la liberté de l'Église. Le reste de son pontificat fut consacré à ramener des rebelles au devoir et à affermir des réconciliés dans la paix. Il mourut prématurément le 12 octobre 1264.

Son successeur fut le cardinal de Sainte-Sabine, ancien ministre de Louis IX, qui prit le nom de Clément IV (1264-1268). La première affaire dont eut à se préoccuper le nouveau Pape fut la lutte, que le parti Allemand commandé par un bâtard de Frédéric II, Mainfroy ne cessait de faire aux États de l'Église : guerre cruelle, souvent atroce, puissance malfaisante qu'il devenait urgent de briser. Mainfroy avait désolé la fin du pontificat d'Alexandre IV; Urbain IV avait contrebalancé son influence à force de bienfaits. Mais le prince Allemand se rendait terrible et résistait aux armes comme aux censures. Urbain avait songé à lui opposer la puissance française en plaçant sur le trône de la Sicile, le plus beau des fiefs du Saint-Siège, Charles d'Anjou. Clément IV réalisa ce projet complètement. Saint Louis répugnait à cette élévation de son frère : le Pape n'eut pas de peine à lui en montrer l'urgence en face des bandes musulmanes qu'avait appelées Mainfroy et qui menaçaient de tout renverser en Italie, jusqu'au trône pontifical. Louis IX céda et Clément IV, rappelant à Charles la promesse faite à Urbain, lui demanda de partir sans délai pour Rome.

La puissance française prenait en Italie la place de l'Allemagne.

Le 15 mai 1265, Charles d'Anjou partit de Marseille avec mille chevaliers; en dépit d'une violente tempête il arriva dans la Ville Éternelle aux acclamations enthousiastes du peuple, et fut fait sénateur de Rome, roi de Sicile, mais surtout défenseur de la Papauté. Il inaugura ce rôle par la victoire de Bénévent, où Mainfroy fut défait et tué (1266). La suite du triomphe fut entachée de sang et porta malheur aux armes françaises, quand Charles, après l'avoir vaincu à Tragliaccozzo, fit trancher la tête au jeune Conradin, le dernier et malheureux rejeton de Frédéric II. Le Pape blâma fortement cette rigueur inutile qui exaspéra les Gibelins et prépara les Vêpres Siciliennes (1268) (1).

La même année mourait Clément IV (1268). Il était dit que l'Eglise trouverait partout dans ses protecteurs et ses soutiens des oppresseurs dangereux plutôt qu'utiles. Charles débutait mal. Aux reproches trop justes qu'il s'était attirés du Pape défunt il ajouta le tort plus grave de gêner par

---

(1) Assurément la rigueur de Charles a mérité la réprobation de l'histoire comme elle eut de suite le blâme du Pape : nous ne devons pas oublier néanmoins que Conradin affichait toutes les prétentions de Frédéric II et comptait régner à la manière des Hohenstaufen.

ses intrigues la nouvelle élection. Partagés en deux partis, le parti Français qui croyait la France indispensable au salut de l'Église, et le parti Italien qu'effrayait une tutelle déjà onéreuse, les cardinaux n'étaient d'accord ni pour élire un Pape français, ni pour choisir un Pape italien. Saint Bonaventure avec eux à Viterbe faisait mille efforts pour presser une élection que les intrigues de Charles et les divisions du sacré collège firent traîner pendant près de trois ans. Enfin après une vacance dont la longueur pouvait rappeler l'ère des persécutions, Théobaldo Visconti, évêque de Plaisance et patriarche de Jérusalem, fut intronisé sous le nom de *Grégoire X* (1271) qu'il porta avec gloire durant un trop court pontificat. Sa grande âme était remplie des plus vastes desseins : la réunion de l'Église Orientale et la cessation du schisme, la pacification de l'Allemagne, l'intégrité des États du Saint-Siège, enfin la croisade contre les infidèles. Le premier moyen de réalisation pour tant de grandes et difficiles choses fut la convocation à Lyon, d'un Concile général (1274), ce fut le :

Quatorzième Concile œcuménique, le deuxième de *Lyon.*

La réunion des Grecs à l'Église latine était le principal but du Concile. Car, en dépit de la fondation de l'Empire latin de Constantinople, le schisme ne s'était pas éteint, et dès 1261 toute espérance périssait, quand le dernier prince latin, Bauduin II était chassé par le rusé et audacieux Michel Paléologue. Paléologue avait besoin du Saint-Siège et crut le gagner en lui faisant des ouvertures de réunion. Ces ouvertures, le Concile devait en juger et en tirer, si c'était possible, le salut de l'Orient. — Quinze cardinaux, cinq cents évêques, soixante-dix abbés, près de mille docteurs assistèrent au deuxième Concile de Lyon. Michel Paléologue y avait envoyé avec ses propres ambassadeurs, les évêques Grecs des premiers sièges, tous les princes Occidentaux y avaient leurs représentants, le roi d'Aragon y assistait en personne. Un spectacle touchant et plein d'espérance ouvrit le Concile : le baiser fraternel des Latins aux Grecs et l'hommage de ceux-ci au Souverain Pontife. A la messe, le Symbole fut chanté avec le *filioque*, que les Grecs reprirent trois fois en leur langue. L'Église entière tressaillait comme au retour du prodigue, et saint Bonaventure, chargé du sermon d'ouverture, put prendre pour texte ces mots du Prophète : « Lève-toi, Jérusalem, lève les yeux vers l'Orient, et du sommet des montagnes vois tes fils se rassembler. » Hélas! la joie fut courte. Au retour les députés trouvèrent dans Michel un Grec astucieux qui livrait l'orthodoxie aux caprices de la fortune et ne la prétendait faire servir qu'à son ambition, et dans les Églises orientales, l'ancien orgueil, l'entêtement incurable, l'obstination à accepter moins Rome que le Croissant. — Quant au Concile, à l'affaire de la réunion il ajouta plusieurs constitutions touchant la foi, l'élection des évêques, les ordinations des clercs, le conclave des cardinaux (1), l'autorité souveraine du Pape. — Deux grandes lumières s'éteignirent durant ce Concile : saint Thomas d'Aquin et saint Bonaventure.

Une autre grande œuvre absorba Grégoire X, le Concile de Lyon terminé. En Allemagne, la chute de Frédéric avait été suivie d'un interrègne qui perpétuait le malaise et les divisions. Grégoire X jeta les yeux sur un jeune prince, landgrave de la haute Alsace, Rodolphe de Habsbourg, crut

---

(1) Le long interrègne dont fut précédée son élection, avait montré à Grégoire X l'urgence des mesures à prendre pour faire cesser les lenteurs, et les tergiversations des cardinaux. Désormais on enfermera les cardinaux, et on rendra leur régime assez dur pour qu'ils désirent le faire cesser promptement. Durant les cinq premiers jours un seul plat au dîner et au souper; après le pain et l'eau jusqu'à l'élection.

trouver en lui un successeur aux Pépin et aux Charlemagne, le désigna au choix des électeurs, et Rodolphe fut élu à la diète de Francfort (1273). Le nouvel empereur jura au Pape dans l'entrevue de Lausanne de respecter les biens et les droits de l'Eglise, de lui restituer les domaines aliénés, de reconnaître Charles d'Anjou comme roi de Sicile. Le serment de Rodolphe de Habsbourg allait, en passant sur les longues iniquités de la puissance allemande, rejoindre dans une même plénitude et une même franchise les serments qu'avaient autrefois prêtés les princes Francs. — Telle était l'ampleur des vues de Grégoire X, que les puissantes œuvres qui précèdent n'étaient encore pour lui que les éléments de la préparation d'une vaste entreprise contre l'Islamisme. Ses légats allaient partout ranimer le zèle éteint, et rappeler les peuples à la guerre sainte. Les Guelfes et les Gibelins oubliaient leurs querelles, l'Italie se remuait toute entière, l'Europe se serait peut-être réveillée du sommeil qui commençait à la prendre ; mais la mort brisa ces espérances et ces premiers efforts, Grégoire X fut enlevé à ses généreux desseins, le 10 janvier 1276.

Les Papes suivants *Innocent V* (1276), *Adrien V* (1276), *Jean XXI* (ou XX) (1277), qui ne firent que passer sur le trône pontifical, n'y passèrent pas sans gloire. Tous trois continuèrent l'œuvre de la pacification de l'Italie et de l'Allemagne et ils rappelèrent à Rodolphe de Habsbourg, avec une insistance égale à la gravité du sujet, ce que devait être pour l'Eglise un élu du Saint-Empire Romain.

Le cardinal Gaétano des Ursins succéda en 1277 à Jean XXI sous le nom de *Nicolas III*, et garda avec une gloire féconde pour l'Eglise le trône de Pierre. Sous lui, Rodolphe acheva de se montrer un prince bon, généreux, loyal dans sa parole donnée. L'Eglise rentrée dans l'intégrité de la donation de Charlemagne, y restera désormais pour n'en être chassée que de nos jours par la main odieusement brutale de la Révolution. Nicolas III, recueillant dans la joie ce que tant de ses prédécesseurs avaient semé dans les larmes, gouverna ses États en maître, et intervint comme père et comme roi dans la politique générale et les querelles des princes entre eux. Il réconcilia la France et la Castille, il entretint avec les États de la chrétienté des relations puissantes, et mourut dans la pleine splendeur du trône pontifical (1280). Cette splendeur lui survécut, les autres pontifes en jouirent, mais non pas néanmoins sans nuage du côté de la Sicile et de son bouillant et ambitieux prince Charles d'Anjou.

Le pape *Martin IV* (1281-1285) fut le témoin indigné et désolé des *Vêpres Siciliennes*. Les Français traitant la Sicile avec trop de rigueur et de fierté n'avaient pas tardé à s'y rendre odieux, et, par contre à y faire revivre le parti Allemand. Une atroce conspiration se trama contre la France à l'instigation et sous le patronage de Jean de Procida et de Pierre III d'Aragon, et le jour de Pâques de l'année 1282, les Siciliens égorgèrent les Français dans toute l'étendue de leur île. Pierre d'Aragon profita audacieusement de ce crime pour annexer la Sicile à l'Aragon, il fut frappé d'excommunication et déposé ; mais il opposa une résistance plus audacieuse encore que son vol, et après Martin IV le pape suivant Honorius IV trouva en lui un ennemi et un oppresseur. Dans son administration Martin IV parut hériter d'une grandiose idée de son prédécesseur. Nicolas III avait, de concert avec Rodolphe de Habsbourg, conçu le projet de fondre les cités, les républiques turbulentes, ces multitudes de petites fractions toujours en armes et troublant tout au profit de leurs ambitions mutuelles, puis de faire avec leur réunion deux grands royaumes séparés par le domaine du Saint-Siège. D'un seul coup les divisions étaient éteintes, et l'Italie devenue forte pouvait à jamais résister aux envahissements de l'étranger et assurer son indépendance. La Papauté, reine au cœur de la Péninsule, y assurait la tranquillité et la paix. Martin IV dut comprendre ce trait de génie qui avait illuminé la dernière heure de Nicolas III, car plus que tous les autres Papes, il eut à souffrir des querelles italiennes. Montfeltre semait partout l'esprit de rébellion et attaquait sans cesse le Pape que défendaient des forces imposantes sous les ordres de Jean d'Epa, et auquel les armes françaises sous le commandement d'un Montfort rendirent la victoire un instant éloignée. Martin IV mourut au milieu des sollicitudes d'une administration intérieure, obscure mais féconde (1285) que continua son successeur *Honorius IV* (1285-1287).

A Honorius IV succéda *Nicolas IV* (1288-1292). C'est ce pape qui termina la sanglante querelle ouverte depuis les Vêpres Siciliennes entre les maisons d'Aragon et d'Anjou, la première usurpatrice du trône de Sicile sur la seconde réduite à la couronne de Naples. — Une douleur immense abrégea la vie de Nicolas IV. Le dernier boulevard de la puissance latine en Orient, Ptolémaïs, venait de tomber sous l'effort des armes musulmanes.

Un pieux ermite succéda à Nicolas IV sous le nom de *Célestin V*, mais, incapable de porter le fardeau du pontificat suprême, il abdiqua cinq mois après son élévation et retourna dans la retraite achever sa couronne de sainteté (1294).

Nous voici parvenus au pontificat de *Boniface VIII* (1294). Une nouvelle ère commence pour la Papauté dans l'Europe chrétienne. La Papauté y est reine encore, sa domination y est subie, mais les peuples chrétiens auxquels elle a donné la naissance et l'éducation, qu'elle a protégés contre tous les dangers et dotés de tous les biens, s'élèvent comme de mauvais fils contre sa tutelle protectrice; cette tutelle leur est à charge, ils l'acceptent désormais de mauvaise grâce, en la contestant et en en amoindrissant les droits autant qu'ils le peuvent. — Avant d'entrer dans cette époque de transition qui doit rapidement nous mener à la grande apostasie du xvie siècle, nous devons retourner en arrière et contempler, réunies dans un seul tableau, les grandes œuvres accomplies par l'Eglise durant la période que nous venons de parcourir.

II.
Les grandes œuvres de l'Église durant cette période.

Immédiatement après le triomphe de saint Grégoire VII, l'Église libre, forte, victorieuse de la pression qui l'écrasait, des liens qui entravaient ses élections, des vices qui corrompaient à la fois son clergé simoniaque et ses fidèles scandalisés, put mettre au jour ses plus belles créations. Ces créations sont telles que notre siècle de byzantinisme a peine à les comprendre, tant les mesquineries de la pensée moderne, les sophismes de nos rhéteurs, l'incrédulité égoïste de nos masses, nos préoccupations exclusivement matérialistes et notre sensualisme effréné nous ont rendus inaptes aux conceptions grandioses des siècles de foi et de vigueur chrétiennes. Raison de plus pour l'historien de faire revivre ces nobles choses et de ressusciter dans ses plus grandes œuvres une époque que nous accusons trop volontiers de stérilité et d'ignorance, faute de la connaître assez.

La première des œuvres de l'Église au Moyen-âge, durant le temps de son règne social et de sa puissance temporelle, est assurément la création même de la *société chrétienne*. — Cette société vit, fonctionne puissamment à l'intérieur, mais au-dehors elle est battue par un nouvel océan de Barbares ; l'Islamisme la presse, l'écrase et menace de l'engloutir. L'Église a vu le péril, le plus terrible de tous ceux qui ont menacé l'humanité refaite par le Christianisme. L'Église, dans une conception profonde et avec une incroyable puissance, arme l'Europe entière, et la pousse sur l'Orient. C'est l'ère glorieuse, tout autrement féconde qu'on ne le croit, des *Croisades*. — Mais pendant qu'on guerroye au loin contre l'abominable Islamisme, au cœur même de la société Européenne des erreurs pernicieuses, des sectes révolutionnaires menacent de renverser l'ordre social tout entier : l'Église y avise et voici contre ces sectes dévastatrices les *croisades du dedans*. — L'Église, qui ne repousse pas le bras séculier, qui sait que Dieu a remis pour sa défense le glaive aux mains de la puissance civile, sait qu'avant tout le salut de la société chrétienne descend du ciel par l'entremise de la prière, de la mortification, du sacrifice volontaire, en un mot de la sainteté; au douzième siècle elle enfante deux merveilles, deux ordres religieux qui feront plus pour le salut commun que toutes les forces humaines réunies : voici les *ordres mendiants*, les enfants de saint Dominique et de saint François d'Assise. — Les ordres mendiants donnent aux études et à la culture intellectuelle une impulsion nouvelle et immense. L'essor de l'esprit humain est prodigieux au douzième siècle. Les prédécesseurs de saint Thomas d'Aquin ont déjà franchi de larges espaces, saint Thomas d'Aquin lui-même emporte la pensée humaine à des hauteurs qu'elle n'a plus atteint depuis. C'est la glorieuse *Histoire intellectuelle* du Moyen-âge, histoire dont l'Église fait tous les frais et qui ne consigne guère que des prodiges. — *L'Église et le peuple*, tel est ensuite le titre d'une étude aussi riche que touchante. Au Moyen-âge l'Église a embrassé la société non-seulement dans son ensemble mais aussi dans ses plus intimes détails; non-seulement dans sa hauteur mais dans ses bas-fonds. Elle

qui domine et refrène puissamment une féodalité orgueilleuse, c'est elle encore qui recueille le pauvre peuple, le forme, l'instruit, l'émancipe, le rassemble en corporations ouvrières, défend soigneusement la sécurité de ses champs, lui ouvre des écoles, le reçoit dans mille différents asiles, où toutes ses plaies sont pansées et ses détresses secourues.

Tel est le vaste chemin que nous allons parcourir, assuré que, sans ces révélations multiples, le Moyen-âge reste trop méconnu, et par là trop sévèrement jugé.

I. La société chrétienne au Moyen-âge. Le plus grand des penseurs, non-seulement de ce siècle mais probablement de tous les siècles, saint Thomas, rend ainsi l'idée fondamentale, constitutive, de la société telle que le Moyen-âge l'avait conçue : « Dans toute création de société et d'État le modèle du gouvernement doit être celui même de la Providence. Gouverner, c'est mener ceux qu'on gouverne à leur véritable destination. Or vivre selon la vertu paraît être la destination des peuples. Mais cette destination là n'est que seconde et préparatoire : la destination première et suprême, c'est, pour les peuples comme pour les individus, de parvenir par la vertu à la possession bienheureuse du souverain bien qui est Dieu. Or faire arriver les hommes à Dieu n'est pas l'affaire du pouvoir temporel, c'est l'affaire du pouvoir divin; c'est la mission du Christ de conduire les hommes à ce but sublime. Et voilà d'où procède le royal sacerdoce. Ce gouvernement des peuples (en marche vers leurs destinées éternelles) appartient, non pas aux rois de la terre mais au sacerdoce, au Pape tout d'abord auquel les rois chrétiens doivent être soumis comme au Christ même. Dans la nouvelle loi le sacerdoce a pour mission de conduire les hommes à la possession des biens célestes et c'est pourquoi la loi du Christ soumet les rois au sacerdoce. »

Toute la société chrétienne du Moyen-âge est dans ce texte. Or cette organisation est-elle rationnelle, est-elle bonne, est-elle favorable, non pas seulement au bonheur éternel de l'humanité, ce qui est clair, mais à la prospérité temporelle ? Nous allons en juger.

1. Dans le Moyen-âge tout est fondé sur Dieu, tout repose sur cette base inébranlable et auguste. Trois formules résument la théorie entière d'une société au Moyen-âge : L'homme vient de Dieu : L'homme va à Dieu : L'homme doit vivre soumis à Dieu. Ces trois principes régissent les peuples tout autant et de la même manière que les individus.

Voulons-nous nous rendre compte de la supériorité que donnèrent ces principes à la société chrétienne, combien ils la firent grande et noble, forte et stable ? Comparons-lui notre société moderne.

Au début de l'âge moderne une vaste et terrible révolution s'opéra. L'Europe se détacha de Dieu et les peuples de leurs destinées surnaturelles. Luther commença cette révolution peut-être avec une perversité inconsciente, le philosophisme du XVIIIe siècle la formula avec une connaissance, une volonté, une dépravation absolues, 89 la mit en œuvre et l'imposa à l'Europe contemporaine. La séparation fut rigoureusement pratiquée, la société fut exclusivement *humaine*, Dieu et l'idée surnaturelle qui jaillit de lui chassés de partout n'eurent plus leur place nulle part. Qu'est-il advenu ? L'implacable parole de l'écriture s'est réalisée formidablement : *qui elongant se a te, peribunt*. Nous nous sommes séparés de Dieu, criant follement à l'affranchissement et à la liberté ; or, nous avons mis en nous des germes de perdition et de mort. Considérons sous ses différents aspects notre société moderne. — Dieu enlevé, reste l'homme : la destinée surnaturelle enlevée, reste la vie de la terre et de l'heure présente. Or, ni l'homme, ni la vie présente ne sont des assises assez puissantes pour soutenir un édifice social. Une loi qui ne vient que de l'homme n'est pas une loi qui lie assez fortement ; les devoirs qui ne reposent que sur la volonté de l'homme ne sont pas des devoirs acceptés : un mécanisme social mu par le seul bras de l'homme n'amènera bientôt que des brisements sinistres et une entière dislocation. Quelques années après que Rousseau eut fait reposer la chose publique sur un prétendu « Contrat social, » 93 faisait justice de ses folles théories. — Poursuivons. Si Dieu n'est plus le premier maître de la société, à qui la société appartiendra-t-elle ? A tous ? C'est l'anarchie. A un seul ? Voilà le Césarisme. C'est précisément du Césarisme que l'Évangile avait sauvé le monde, et c'est le Césarisme où la négation moderne nous replonge fatalement. César, c'est-à-dire le plus fort, prend la société comme *sa chose*. Il la pétrit à son gré, souvent dans le sang et dans la boue ; et quand il est blasé de la tyrannie elle-même, qu'il est ivre de cruauté et de luxure, il désire que la société n'ait qu'une tête pour la pouvoir abattre d'un coup ! Quand Néron, Domitien et Galère repoussaient si énergiquement l'idée d'un Dieu suprême, dominateur du monde et maître des Césars, ils luttaient pour leur absolutisme. Les révoltes des empereurs allemands n'eurent pas d'autre cause. Le Césarisme s'emparera toujours et fatalement du peuple d'où l'on a chassé Dieu. — Le Césarisme appelle, comme son contre-coup inévitable, la révolution. Quand le peuple est fatigué d'avoir pour Dieu son César, il le jette aux gémonies jusqu'à ce que son orgie de liberté et de licence soit brusquement arrêtée dans l'étreinte d'une autre tyrannie. Ainsi un peuple détaché de sa destinée surnaturelle et de son Dieu, passe comme une balance folle par des hauts et des bas insensés. — Continuons encore. Sans Dieu, où est la sanction assez forte des lois violées? Si la société ne commande et ne punit que de par un contrat purement humain, une convention toute humaine, pourquoi ceux dont la loi meurtrit le bien-être et blesse la liberté la subiraient-ils? Puis enfin entre les rois et les rois, les rois et les peuples, les peuples et les rois, quel sera l'arbitre? Quelle plus haute autorité décidera? L'échafaud décide contre Louis XVI, la dictature décide pour Napoléon; partout la force est substituée au droit dont la source ne peut être primordialement qu'en Dieu.

Un premier divorce sépare la société moderne de Dieu, un second l'isole de sa propre conscience. Notre société moderne a proclamé comme le plus sacré de nos principes l'égalité du bien et du mal, de la vérité et de l'erreur. Notre société moderne y tient si obstinément, elle étend cette fausse notion à tant de choses, elle la fait enseigner de tant de manières, par tant de plumes et tant de livres, que l'indifférentisme est passé à l'état de dogme désormais indiscuté. Or, rien au monde de plus délétère et de plus pernicieux. D'abord cette égalité sacrilège mène droit au scepticisme, et un peuple sceptique est un peuple fini. Quand une foi généreuse n'anime plus une société, quand une époque blasée sur tout, indifférente à tout, aussi peu soucieuse du bien que peu désireuse d'éviter le mal, se nourrit indifféremment du mauvais comme du bon, du faux comme du vrai, et place dans cette égalité stupide sa gloire et la condition même de sa vie, quand les gouvernements l'érigent en principe, que toutes les chartes en font leur article le plus sacré : alors, disons-le hardiment, le Bas-Empire n'est pas loin et cette société touche à ses jours les plus caducs comme les plus déshonorés. — Elle touche inévitablement à ses jours de trouble et de commotions. L'unité de foi religieuse et politique fait les nations paisibles et fortes, mais quand l'erreur et la vérité, le mal et le bien tiennent le même sceptre et sont admis au même trône, des divisions profondes ne tardent pas à se manifester, tout se désagrége, tout se disloque, de sinistres lézardes ne prophétisent que trop bien la chute d'un édifice dont on a imprudemment ébranlé les assises. — La révolution violente, passée dans le domaine des faits, est la suite inévitable du bouleversement des idées, de la confusion fatale de la vérité et de l'erreur. L'erreur qui a le droit de cité, travaille à l'aise, pervertit les bons esprits, fascine les faibles, surrexcite les passions, prépare dans le secret les coups qu'elle porte bientôt au grand jour, coups formidables que le sophisme explique et légitime, et qui meurtrissent une société jusqu'à l'exposer à la mort.

Aux traits qui précèdent notre société moderne sans Dieu en ajoute un autre, conséquence logique des précédents : le *matérialisme* pratique, le besoin insatiable, insensé, furieux de remuer la matière, et d'en extraire toute la somme possible de luxe et de plaisir. Quand un peuple regarde Dieu, et lève vers des destinées éternelles une âme courageuse, la matière le préoccupe médiocrement, l'idée est tout pour lui ; quand cette foi et ces aspirations éthérées sont éteintes, la terre toute seule reste à l'homme, la jouissance matérielle, et l'on aura ce triste et écœurant spectacle d'une société se ruant toute entière avec une avidité bestiale sur cette grossière proie. — L'égoïsme suit de près. L'égoïsme, dans les hautes sphères de la politique comme dans l'enceinte plus étroite de la cité et de la famille, fait le fond de notre société contemporaine. La révolution l'a fait naître, et lui, à son tour, écartant le riche du pauvre, le fortuné de celui qui souffre, le puissant du faible et du déshérité, souffle au cœur de la nation ces jalousies furieuses, ces haines à mort, ces sanglantes convoitises, qui à l'heure donnée nous jettent dans les horreurs de nos guerres civiles. Nous n'avons plus compris que l'*esprit de sacrifice* était autant une vertu sociale qu'une obligation religieuse; chacun voulant jouir refuse sa part du devoir commun, rejette toute exigence qui le gêne, secoue tout joug importun. Qu'arrive-t-il? C'est que toutes les conditions à l'heure actuelle s'agitent pour s'exhausser, les rangs se confondent, les limites sociales s'effacent, les classes que la diversité des devoirs devait retenir chacune à son poste, n'offrent plus que l'image de la confusion et du chaos

L'âge moderne a faussé, aussi complètement que le reste, la notion de la *liberté*. Par une équivoque désastreuse la société actuelle fait de la liberté l'instrument indifféremment efficace du mal comme du bien. L'homme est né libre, il peut à son gré faire le mal comme le bien : donc le mal est tout aussi à respecter que le bien, le mal a son domaine aussi inviolable que le bien, restreindre le mal est attentatoire à la liberté. — On a méconnu la seule définition vraie et possible de la liberté humaine « qui n'est que la faculté donnée à l'homme de faire le bien. » Toute autre faculté est mauvaise en principe : la liberté du mal peut être subie comme nécessité, jamais reconnue comme principe. La plupart de nos dangers et de nos ruines religieuses, politiques, sociales, domestiques, viennent de cette funeste confusion.

Dernière erreur de notre société contemporaine : *séparation de l'Église et de l'État*. Par suite l'État sans croyance, sans vérité, sans religion, sans Dieu; l'État se désintéressant de toute idée surnaturelle, de tout point de vue divin, l'État descendu en principe beaucoup au-dessous de la société antique, où César était Pontife quand il n'était pas dieu, et conservait au moins, à travers les dégradations du Paganisme, un reflet d'en-haut. La séparation de l'État d'avec l'Église découronne l'État, l'avilit, le rend faible, le livre sans plus aucune défense aux attentats des peuples et aux coups de main des révolutions.

2. Pour nous faire une idée juste et nette de la société chrétienne du Moyen-âge, il faut, à peu près en tout, prendre le contre-pied de nos idées révolutionnaires de 89. — Le pouvoir public que nous n'appuyons que sur l'homme le Moyen-âge l'appuyait sur Dieu. Or, cette transposition fait à elle seule une différence considérable. Appuyé sur Dieu, sacré par Dieu, revêtu d'une sorte de livrée divine, le pouvoir public triomphe à la fin des mauvais vouloirs du peuple et de ses propres excès. Quand le peuple se révolte, l'idée divine le contient ou le fait rentrer dans une obéissance qui compose une partie intégrante de ses devoirs religieux, qui est liée à sa conscience par les liens les plus étroits et les plus indissolubles. Quand les populations, tourmentées des désirs de rébellion, se révoltaient contre leurs pouvoirs légitimes, Rome tonnait. Quand un peuple n'avait plus à sa tête qu'une dynastie usée, incapable de lui assurer des jours heureux et une paix vigoureuse, et qu'une autre s'offrait à porter le fardeau du pouvoir, Rome confirmait. Quand le pouvoir public, traître à sa mission, n'était plus pour le peuple qu'il devait protéger, régir, sanctifier, qu'un maître égoïste et un tyran dangereux : Rome frappait un Henri IV, un Frédéric d'Allemagne, un Henri II d'Angleterre. Or ces coups étaient nobles, et le peuple en bénissait la victorieuse rigueur; car ces coups partaient de plus haut que la terre, le tribunal d'où tombaient ces sentences était dressé moins sur la terre qu'au ciel. Qu'aurait été le pouvoir public au Moyen-âge, sans la puissance divine qui le dirigeait et comprimait ses excès? Nous pouvons à peine le prévoir, tant le sang barbare avait de violence et de bouillonnements désordonnés, tant la force primait le droit, tant la faiblesse demeurait impuissante en face de la barbarie qui l'écrasait. — En faisant Dieu ce qu'il est : le maître des peuples, le véritable roi des nations, le Moyen-âge tranchait avec force et précision la plus délicate et la plus nécessaire des questions : les rapports de l'Église et de l'État. Nos concordats actuels sont des expédients et des pis-aller, la tendance de la Révolution est de séparer l'Église de l'État pour la pouvoir écraser plus à l'aise. C'est un état maladif et douloureux, où les consciences sont soumises à de fréquentes tortures, où les lois manquent de netteté, où les intérêts les plus chers et les plus sacrés des âmes sont privés de garantie et de protection. Rien de logique et de lumineux comme la théorie de l'union des deux pouvoirs au Moyen-âge. L'humanité, qui est en marche vers une destinée divine, ne peut être dirigée et soutenue dans cette route supra-humaine que par la puissance religieuse ; c'est donc le sacerdoce qui donnera aux peuples cette impulsion et cette direction. Mais comme en mille questions particulières, en mille points de contact, les deux pouvoirs se rencontrent et doivent agir en commun, le Moyen-âge fait de la plupart de ses Conciles des assemblées nationales où les deux ordres, prêtres et laïcs, évêques et seigneurs, mettent en commun, pour le plus grand bien du peuple, leurs lumières, leurs intérêts, leurs pouvoirs. De là sortent toutes ces lois si sages et si pratiques qui chassent rapidement la barbarie et en préviennent le retour, qui façonnent le peuple à la civilisation, qui domptent sa sauvagerie native et répriment les abus à mesure qu'ils se font jour. — La courtoisie s'ajustera elle-même à ces rapports essentiels, comme le luxe et le superflu au nécessaire. La puissance civile comblera l'Église de dons, de privilèges, de possessions, elle lui concédera le droit d'asile pour ses églises, elle fera de ses évêques des seigneurs féodaux, elle prendra ses conseils dans la plupart des actes de son administration particulière. L'Église, de son côté, aura à tâche d'honorer de toute manière la puissance civile, qu'elle traite comme une amie et une sœur. Elle l'admet dans une large mesure à ses ordinations, elle lui concède des privilèges et des droits, qui parfois, comme en Sicile, en Espagne, en France, pourront paraître excessifs. Elle s'expose à force de générosité à ses dangers les plus graves, et les luttes terribles qu'elle doit parfois engager contre les rois et les empereurs ont presque toujours pour cause des empiétements de la puissance séculière auxquels sa magnanimité trop grande a donné lieu.

D'autres conséquences sociales des plus importantes sortaient encore de ce dogme fondamental du Moyen-âge : que Dieu règne dans la société humaine comme un roi dans son propre État. La vérité divine est une comme Dieu est un. De même que Dieu exclut le mal, la vérité émanée de Dieu doit exclure l'erreur. Si la vérité catholique est la seule reine des intelligences, l'erreur, sa négatrice et son ennemie, ne peut obtenir légalement aucun domaine dans ses États. Il faut au contraire la combattre et la chasser. L'accueillir, lui donner une place reconnue, attitrée, honorée, c'est faire à la vérité la plus sanglante injure; c'est, de plus, introduire dans une nation des germes assurés de décadence et de mort. L'unité d'idées, de vues, de principes, est la seule chose au monde qui puisse rendre un peuple véritablement fort. Placer l'erreur par un même accueil sur un trône égal au trône de la vérité, c'est diviser les esprits, créer les antagonismes les plus ardents, ceux de la doctrine; c'est fomenter les guerres les plus terribles, les guerres de religion. Le Moyen-âge comprenait ces choses si simples dont nous avons nous autres entièrement perdu l'entendement. De là la sévérité excessive du Moyen-âge contre l'erreur doctrinale, et la garde si intrépidement vigilante qu'il faisait autour de son unité religieuse. Ses modes de procédure peuvent sembler terribles; ils répugnent à nos mœurs, nos tribunaux n'opèrent plus comme alors, mais là n'est nullement la question. Le Moyen-âge, sorti vif de la barbarie germanique, en conserva longtemps encore les traditions et les coutumes. Les tortures sont germaniques, elles se sentent d'une rudesse barbare que l'Église ne put qu'atténuer sans la faire disparaître. L'unité religieuse, gardée fidèlement et avec énergie, est une œuvre excellente, une gloire du Moyen-âge. Si nous devons périr nous périrons pour l'avoir méconnue et répudiée.

Un autre trait du Moyen-âge ressort aussi de son organisation religieuse. N'est-ce pas une merveille de voir cette Europe, hier encore barbare, s'éprendre d'enthousiasme pour toutes les grandes entreprises, pour toutes les idées vraiment nobles et généreuses, donner ses fils à la chevalerie ou au cloître, aux combats magnanimes ou aux apostolats plus magnanimes encore, dépenser ses forces vives et son plus noble sang dans les œuvres les plus généreuses et pousser, à sept reprises différentes, ses multitudes contre les hordes envahissantes de la nouvelle barbarie musulmane. Tel est au Moyen-âge, le fruit de la foi et de l'obéissance filiale à l'Église. D'instinct, sans calcul, sans effort, on se portait aux plus héroïques dévouements on se sacrifiait aux plus nobles causes.

En dépit des désordres trop réels, des luttes déplorables de la féodalité, des abus de la force, on peut affirmer que le sentiment de la *fraternité* ne cessa pas de mouvoir le Moyen-âge. Ce sentiment ne peuple pas seulement les cloîtres, il n'enfante pas seulement ces familles religieuses si innombrables toutes appliquées aux devoirs de la charité fraternelle, il circule dans les masses, il y dépose le germe des associations du travail, il y fait naître et y développe les corporations ouvrières, si vigoureuses, si puissantes, si protectrices des faibles contre la tyrannie des forts. Le froid égoïsme paraît inconnu au Moyen-âge, parce que le sensualisme en est chassé.

Autre trait tout spécial au Moyen-âge : l'absence du hideux matérialisme dont nous sommes à l'heure présente souillés et dévorés. Le Moyen-âge a bien ses instincts brutaux, le cri de la bête s'y fait bien entendre, très souvent l'Église doit élever contre les scandales des grands, les désordres de la foule, les défaillances même du sanctuaire, une voix foudroyante. Mais ce ne sont là, tout graves qu'ils puissent être, que des crimes isolés; ce n'est pas une manière d'être, c'est moins encore un système. La passion l'emporte un instant, mais l'idée spiritualiste ne tardera pas à se faire jour. Philippe-Auguste se jettera bien avec une fougue inouïe dans ses amours adultères, mais il sait que sa conduite est mauvaise et que sont justes les censures dont il est frappé. Au Moyen-âge, l'idée élevée, surnaturelle, divine, plane sur la société entière, devient le mobile universel des volontés, dirige en maîtresse toutes les entreprises, et empêche ainsi le matérialisme grossier de Rome païenne, qui est le nôtre, de jamais prévaloir. — Nous nous en tenons ici à ces traits généraux qui trouveront leur confirmation et leur complément dans tout ce qui va suivre.

II. Les croisades contre l'Islamisme (1). Voici certes la plus étonnante et la plus gigantesque des œuvres du Moyen-âge. Qu'elle ait été conçue, c'est déjà une merveille; qu'elle ait été exécutée, c'en est une autre. Le Moyen-âge se révèle tout entier dans ce vaste événement. Les historiens à courtes vues ont étrangement fait fausse route en s'engageant dans cette page de l'histoire de l'Europe chré-

---

(1) Ouvrages à consulter : Michaud, *Hist. des croisades*, Paris, 1825. — Id., *Bibliothèque des croisades*, 2 vol., 1822. — *Recueil des Historiens des croisades*. — Lois, Assises de Jérusalem, Beugnot, Paris, 1841. — *Recueil des Historiens des croisades*, publié par l'Académie des Inscript. et Belles-Lettres, Paris, 1841. — Bongars, *Orientalium Expedit. Hist.*, Han., 1611. — Peyré, *Hist. de la 1re Croisade*.— Adrien de Brimont, *Urbain II*, Paris, 1862.

tienne. Les uns ont condamné les croisades comme une folie, d'autres les ont blâmées comme une tentative inutile, d'autres ont plaidé timidement quelques circonstances atténuantes : aucun ne s'est placé au point de vue véritable, tous se sont enfermés dans des appréciations mesquines et des considérations de détails. — De là, pour nous, la nécessité de dégager tout d'abord de ces horizons trop bornés, la grande question des croisades. C'est seulement après ces considérations générales que nous esquisserons rapidement leur ensemble.

1. Quatre points de vue différents nous paraissent résumer tout ce que les croisades ont à nous offrir de splendide et de grand : point de vue moral : point de vue politique : point de vue social : point de vue secondaire, artistique, scientifique, industriel, etc.

Ne pas tenir compte du grand cri qui soulève, remue, électrise ces masses profondes qui se précipitent vers l'Orient : *Dieu le veut! Dieu le veut!* c'est, non pas seulement méconnaître la vraie grandeur du Moyen-âge, mais la vraie grandeur de tout âge et de tout peuple. Un peuple est grand avant tout, par la vivacité et l'héroïsme de sa foi religieuse. Quand l'idée de Dieu y est morte, tout y cesse bientôt de vivre. Or, le Moyen-âge aimait grandement Dieu. Dieu était comme l'âme, la vie, l'aspiration ardente des peuples à cet âge de foi. Et pour le Moyen-âge, c'était le Christ, Dieu fait homme, né à Bethléem, mort au calvaire, vivant en Judée dans d'impérissables souvenirs. Le tombeau du Christ fut comme le drapeau de l'Europe chrétienne, et son patrimoine le plus précieux. La Judée lui était devenue comme une seconde et vénérable patrie. De là cette stupéfaction profonde, ce long cri de douleur dans l'Europe du douzième siècle, quand y retentit la terrible nouvelle que Jérusalem et le tombeau du Christ étaient au pouvoir des *mécréants.* Alors l'Europe chrétienne se leva indignée et frémissante, et quiconque n'a pas l'âme assez haute, le cœur assez généreux pour admirer cette multitude en marche pour venger une injure faite à son Dieu, celui-là ne saura jamais ce que c'est ni qu'un grand peuple, ni qu'un grand sentiment. — Et l'idée généreuse de venger Dieu et la foi n'était pas seule, une autre, moins divine, mais noble encore, s'y ajoutait. Le peuple chrétien au Moyen-âge n'admettait pas plus l'insulte faite à la Patrie que l'insulte faite à Dieu. Il allait en Orient venger sa propre injure dans l'injure faite à son Dieu. Respectons encore ce sentiment qui crée et qui maintient les grandes nations. Un peuple est mûr pour la décadence et la ruine quand il sait contempler de sang-froid une insulte à son drapeau. — L'idée des croisades emporte encore avec elle l'idée de la *fraternité*. Notre égoïsme a inventé le principe lâche entre tous de la *non-intervention*, d'après lequel la force peut à l'aise écraser la faiblesse. Le Moyen-âge ne connut pas cette iniquité. Des frères souffraient en Orient, la peinture de leurs souffrances, vivement retracée dans les Conciles et les assemblées populaires tirait des larmes et faisait pousser des cris d'indignation et de vengeance. — La Papauté avait en outre une compassion à elle, plus élevée et plus profonde encore. La malheureuse Église Grecque était pour Rome l'objet d'une perpétuelle et poignante inquiétude. Les Papes savaient trop bien que séparée de la source de la vie catholique, livrée à ses divisions intestines, épuisée par la longue vieillesse du Bas-Empire, elle ne pouvait offrir à la persécution musulmane qu'une résistance affaiblie et une foi presque éteinte. Il fallait à tout prix la sauver d'un danger auquel elle n'était plus capable de faire face. — Telles furent les hautes pensées qui enfantèrent les croisades. C'est l'honneur de la France d'avoir le mieux et le plus constamment compris ces pensées. Au commencement comme à la fin des croisades nous trouvons la France. C'est elle qui jette en Orient le plus magnifique éclat, c'est son nom qui y demeure le synonyme de la bravoure, et après tant de siècles sert encore aux Orientaux à désigner tout l'Occident.

Dans le domaine *politique*, l'influence des croisades fut considérable encore. On peut dire hardiment, en dépit de leur insuccès plus apparent que réel, qu'elles ont sauvé l'Europe du joug et de la dégradation de l'Islamisme. Qu'on le sache bien : l'Islamisme fut le plus terrible et le plus persévérant danger de l'Europe nouvelle. Maîtres de l'Orient, les Musulmans avaient juré de posséder l'Europe, et sans cesse leurs incursions rongeaient les frontières des peuples chrétiens. Déjà ils possédaient l'Espagne, entamaient l'Italie, infestaient les mers intérieures; aucun peuple chrétien en particulier n'était plus capable de se heurter au colosse musulman, et sans un vaste mouvement d'ensemble, il était trop évident que l'Europe était perdue. Ce vaste mouvement fut celui des croisades. Quoique vainqueurs, les Turcs virent que l'ère de la résistance était venue pour les nations occidentales, et par contre celle de leurs grandes invasions allait finir. Attaqués si audacieusement au cœur de leur puissance, ils ne pouvaient plus songer à pénétrer eux-mêmes au cœur des pays Européens.

Le point de vue *social* n'est pas moins riche en victorieuses considérations. Si au dehors, l'Islamisme faisait courir à l'Europe un danger terrible, l'Europe était de plus pour elle-même un imminent danger. Malgré le travail considérable déjà accompli par l'Église, l'Europe conservait dans son propre sein des germes funestes de bouleversements et de dissolutions. Sa noblesse, ses princes, ses masses formaient autant de volcans frémissants, autant de foyers de révolutions formidables. Les princes souffraient à peine la pression de l'Église, leurs passions furieuses, leurs saillies indomptables, leurs ambitions démesurées, menaçaient de tout envahir et de tout emporter dans un irrésistible torrent. Au-dessous d'eux, plus inquiète, plus remuante, plus indisciplinée encore, frémissait la noblesse féodale, dont les lois de l'Église, l'héroïque chevalerie, les institutions les plus salutaires telles que la *Trève-Dieu* et la *Quarantaine le Roy* n'arrêtaient les excès que d'une façon précaire et momentanée; l'exubérance de cette vie toute jeune et toute neuve menaçait étrangement la sécurité publique, et le peuple allait périr peut-être, foulé sous les pieds de tous ces nobles bardés de fer. La masse elle-même devenait houleuse et agitée. Un peu avant les croisades se forment, notamment en France, ces sectes si nombreuses de fanatiques, Patarins, Vaudois, Albigeois, etc., qui s'apprêtent à renverser l'ordre social tout entier. Les croisades, en englobant ces masses, en les enrôlant sous leur bannière tournèrent à la défense des plus grands intérêts sociaux cette fougue désordonnée qui allait s'efforcer de les compromettre. — Ainsi tout fut admirablement harmonisé pour la sécurité et la paix de l'Europe. Les princes cessèrent leurs querelles et dépensèrent dans la plus belle et la plus nécessaire des expéditions des forces qu'ils auraient usées misérablement dans de mutuelles et stériles guerres. Sang pour sang, celui qui sauva la chrétienté de la servitude musulmane sera toujours le plus noblement et le plus utilement versé. La noblesse féodale laissa à l'agriculture et au commerce des routes et des campagnes que leurs passions batailleuses remplissaient de tumultes et de dangers. Ainsi s'accomplissait le vœu que la Papauté exprimait au Concile de Clermont : « Tournez, contre l'ennemi du nom chrétien, les armes dont vous vous poursuivez injustement les uns les autres. Rachetez par cette guerre, aussi sainte qu'elle est juste, les pillages, les incendies, les homicides dont vous vous faisiez mutuellement les victimes. » — Et non-seulement ces expéditions lointaines faisaient cesser les guerres féodales, mais en rapprochant les familles, en unissant les conditions, en élargissant le cadre des relations sociales, elles préparèrent puissamment l'unité nationale de la France et des autres peuples Européens. « Dans ce périlleux voyage, à travers de lointaines contrées et au milieu de peuples d'une autre religion, les croisés s'étaient reconnus pour frères en Jésus-Christ. Dans le partage de l'immense armée en corps de nation, les hommes d'un même pays se reconnurent pour enfants d'une même patrie. Les Français du Nord se rapprochèrent des Français du Midi, la fraternité nationale, à peine un instant sentie sous Charlemagne, fut retrouvée sur la route de Jérusalem. » — Un autre rapprochement plus difficile et plus décisif encore fut obtenu. L'Église travaillait depuis longtemps, mais avec prudence et précaution, à l'affranchissement des *serfs* et à l'émancipation de toute cette classe inférieure que foulait la noblesse et qui allait devenir le *tiers-état*. L'œuvre était avancée sans doute, les croisades vinrent y apporter un précieux appoint. On peut sans crainte affirmer que c'est surtout aux croisades qu'est due la fin du servage en Europe. Dans ce vaste mouvement qui entraînait la foule comme les nobles, beaucoup de serfs purent racheter leur liberté pour prendre la croix et partir en Terre-Sainte.

Tels sont les résultats les plus importants des croisades, ils ne doivent pas nous faire oublier et mépriser d'autres plus *secondaires*. En renouant les liens brisés depuis les invasions entre l'Europe et l'Asie, les croisades rouvrirent au commerce des routes et des débouchés perdus. Les marchands suivaient les bandes guerrières et les comptoirs s'établissaient à l'ombre de la croix. En Europe même l'équipement de pareilles armées suscita des artisans par milliers, une richesse mobilière crût et grossit à côté de l'autre, le bourgeois fut bientôt maître de l'or. — A un point de vue plus élevé, c'est aux croisades que l'on doit une impulsion nouvelle donnée à l'étude des langues orientales. Le Saint-Siège, dans un but d'apostolat, entretenait à ses frais des maîtres de langues orientales dans les principales Universités.

Résumons tout dans quelques belles paroles de Joseph de Maistre : « En inaugurant les croisades, un simple particulier, qui n'a laissé à la postérité que son nom de baptême orné du modeste surnom de l'*Hermite*, souleva l'Europe, épouvanta l'Asie, brisa la féodalité, ennoblit les serfs, ranima le flambeau des sciences et changea l'Europe. » « On ne cesse de nous répéter qu'aucune de ces fameuses entreprises ne réussit, les enfants même le savent, *mais toutes ont réussi*, et c'est ce que les hommes ne veulent pas voir. »

2. Commencées en l'année 1095 au Concile de Clermont, les croisades se terminent avec la mort de saint Louis en 1270. Huit différentes expéditions développent leurs péripéties de gloire et de revers durant cette période d'un siècle et demi. Nous les parcourrons toutes successivement.

1° La première idée des croisades revient peut-être à Sylvestre II et à Grégoire VII qui voulaient à la tête de cinquante mille hommes marcher à la conquête du Saint-Sépulcre ; mais après ces vœux ardents, ces projets restés stériles, après d'immenses et continuels pèlerinages, le premier ébranlement de l'Europe en armes date de 1095. Pierre l'Ermite a électrisé l'Europe, le pape Urbain II a organisé la croisade, d'immenses armées se rassemblent, l'Occident presque entier se jette sur l'Asie (1). La première de ces armées fut plutôt une cohue qu'une armée : Gauthier-sans-avoir en

---

(1) Sur cet immense ébranlement, voy. Ekkeard Uraug., *Chronic*. Patr. lat., CLIV, col. 965-970. — Voy. Peyré, *Hist. de la première croisade*. — Voir aussi Albéric d'Aix., *Hist. ieros*.

commandait l'avant-garde, Pierre l'Ermite suivait avec cent mille hommes, le prêtre allemand Gotteschalk fermait la marche. Cette troupe sans discipline ne sut que piller, se débander, s'amoindrir, se faire tuer. L'Allemagne les chassa, l'empire Grec effrayé les poussa tumultueusement sur l'Asie où les Turcs les massacrèrent tous dans les champs de Nicée. — Ce ne furent là que des fils perdus de la première croisade. La véritable armée s'organisait brillante et terrible ; cent mille chevaliers, soixante mille fantassins se partageaient les deux routes vers la Terre-Sainte. Les Français du Nord et les Lorrains commandés par l'illustre *Godefroy de Bouillon* (1), Eustache de Boulogne et Bauduin partirent par l'Allemagne et la Hongrie ; les Français du Midi ayant à leur tête le comte de Toulouse gagnèrent la Thrace par la Dalmatie et l'Esclavonie. Le rendez-vous général était à Constantinople. Là se trouva réuni ce que la noblesse française avait de plus illustre et de plus brillant, le duc de Normandie, le comte de Blois, de Vermandois, de Flandre, Bohémond de Tarente, Tancrède le plus parfait des chevaliers après Godefroy. Alexis tremblait secrètement ; le Bas-Empire n'avait plus la force de voir en face tant de guerriers, alors même qu'ils étaient des sauveurs, et Alexis malgré le serment que Godefroy avait eu la magnanimité de lui prêter, se débarrassa le plus vite possible de la grande armée des Francs (2). Au siège de Nicée qui ouvrit la campagne, cette peur lâche se changea en trahison, mais la brillante armée chrétienne n'en continua pas moins le cours de ses victoires. Ces victoires étaient rudes ; les croisés mêlèrent bien souvent leurs cadavres aux débris des premières troupes de Pierre l'Ermite ; le climat d'Asie les

---

(1) Voy. Alph. Vétault, *Godefroy de Bouillon*.
(2) Robert Monach., *Hist. Hieros.*, l. II, c. 2. Patr. lat., t. CLV, col. 679. — Albéric Aquens., l. II, c. 8.

dévorait, la Phrygie brûlée ne leur offrait que la stérilité et la mort. Néanmois on avançait. En dépit des dissensions et des querelles qui s'ajoutaient aux inclémences de la nature et aux attaques de l'ennemi, Édesse tombait au pouvoir de Bauduin qui s'en faisait prince, Tancrède et Bohémond se disputaient pour la possession de Tarse, Antioche au quatre cent trente tours tombait, quoique après un long siège, au pouvoir des croisés (1098). Assiégés eux-mêmes dans cette ville par deux cent mille Turcs, les croisés sont délivrés par un prodige du ciel. Mais la souffrance, la maladie, hélas! il faut le dire, leurs désordres souvent et les habitudes voluptueuses qu'ils contractent sous ce ciel trop beau d'Asie, les ont cruellement décimés. Quand ils s'avancent vers Jérusalem ils ne sont plus que cinquante mille de six cent mille qu'ils étaient venus. La vue de la ville sainte produisit mieux encore sur eux que le plus indescriptible enthousiasme, ils se sanctifièrent et entrèrent dans Jérusalem moins en vainqueurs qu'en pénitents (1099) (1). Huit jours après la prise de Jérusalem on organisa la conquête et Godefroy de Bouillon, élu roi, ne voulut prendre que le titre de « défenseur et baron du Saint-Sépulcre. » Quant aux croisés le regret de la patrie commençait à les mordre au cœur : ils partirent, laissant à Godefroy trois cents chevaliers. Le royaume de Jérusalem, grossi des principautés d'Édesse et d'Antioche, du comté de Tripoli, du marquisat de Tyr, des seigneuries de Naplouse, de Jaffa, de Ramla, de Tibériade, s'organisa à l'instar des royaumes Européens, selon le régime et les règlements féodaux. Le pays fut soumis à trois juridictions : la cour du roi, la cour du vicomte

---

(1) Tudebod., *Hist. Hieros. itin.* Patr. lat., t. CLV, col. 776. — Raimund. de Agiles, *Hist. franc. qui ceperunt Hieros.*, Patr. lat., t. CLV, col. 592. — Guillaume de Tyr. — Guibert Novigent, *Gesta Dei per Francos*. Patr. lat., t. CLVI, col. 718.

de Jérusalem, un tribunal syrien pour les indigènes. Les *Assises de Jérusalem* rédigées par ordre de Godefroy de Bouillon, renferment le plus complet tableau de l'organisation féodale (1). Deux grands ordres militaires, celui de *Saint-Jean de Jérusalem* et celui des chevaliers du *Temple* servirent à la défense du pays (2). Sous les deux successeurs de Godefroy de Bouillon le royaume de Jérusalem se maintint et s'accrut : dès 1140 la décadence le travaille. En 1144 un premier désastre fond sur lui, Édesse est prise, la population chrétienne massacrée et un nouveau cri de détresse est poussé en Europe.

2° Saint Bernard est là pour y répondre et organiser la seconde croisade. L'Europe écoute en frémissant cette parole véhémente, on reprend la croix, de nouvelles armées se rassemblent; cette fois, c'est plus les rois que les simples seigneurs qui prennent le commandement de la guerre sainte. Un saint avait prêché cette guerre, le pape Eugène III l'avait enrichie de grâces et de faveurs spirituelles, les plus grands princes la dirigèrent. La perfidie des Grecs, les fautes des croisés, et parfois leurs désordres la firent tristement échouer. L'empereur Conrad III tomba le premier dans les pièges de Manuel Comnène; après lui, Louis VII, roi de France, au moment où les Allemands trompés par leurs guides mouraient dans l'Asie-Mineure, subissait dans les montagnes près de Laodicée désastre sur désastre, prenait la mer sur des vaisseaux grecs à Satalie laissant une multitude de pèlerins à la merci des Turcs. A Antioche Louis VII déploya toute la foi et la piété d'un roi chrétien, mais fatigué de cette guerre, pressé de la finir, sans songer à aucune solide

---

(1) Voy. Beugnot, *Les Assises de Jérusalem*. — Lacabane, *Notice des armoiries de la salle des croisades*.
(2) Voy. Villeneuve-Bargemont, *Monuments des Grands-Maîtres de S. Jean de Jérusalem*.

conquête, il précipita sa marche vers Jérusalem. Dans le seul fait d'armes qu'il tenta, le siège de Damas, la cupidité et les querelles des princes chrétiens le firent échouer honteusement, les désordres de sa femme Eléonore l'avaient brisé au cœur, il rentra sans gloire en France, laissant la Palestine sans défense en face des plus grands dangers. Saint Bernard conçut de cet insuccès une douleur immense, accrue encore par les accusations et les plaintes qui lui étaient adressées et qu'il dut repousser dans une *apologie*.

3º Un demi-siècle s'était écoulé sans expédition nouvelle quand un coup de foudre vint terrifier les âmes chrétiennes et arracher l'Europe guerrière à son inertie. En 1171, Saladin s'empara de l'Egypte, conquit la Syrie sur Noureddin, fonda de l'Euphrate jusqu'au Nil une vaste puissance musulmane qui enveloppait le royaume chrétien. A la fatale journée de Tibériade l'armée chrétienne fut écrasée, Lusignan fait prisonnier, Jérusalem ouverte de nouveau aux infidèles et son royaume détruit. Le Pape prêcha la croisade, établit partout la *dîme Saladine*, les trois plus puissants princes de la chrétienté partirent pour la *troisième croisade* (1189); Frédéric Barberousse empereur d'Allemagne, Philippe-Auguste roi de France, Richard Cœur-de-Lion roi d'Angleterre, à la tête de 500,000 guerriers. Avec une pareille armée et de pareils chefs jamais expédition ne donna plus d'espérance : le défaut d'entente perdit tout. Frédéric, parti seul, gagna coup sur coup trois grandes batailles, mais trouva dans le Cydnus une mort violente où l'on ne put s'empêcher de voir le châtiment de ses crimes et la confirmation de ses terribles censures. Philippe-Auguste alla soutenir à Saint-Jean-d'Acre, la défense désespérée des chrétiens. Richard d'Angleterre, embarqué quelques mois après, jeté par la tempête sur l'île de Chypre dont il s'empara, n'arriva à Saint-Jean-d'Acre que pour offenser Philippe-Auguste par sa fierté. Les deux princes donnèrent cependant l'assaut de concert et forcèrent la ville de se rendre (1191). Mais les dissentiments continuèrent, une maladie s'y ajouta pour Philippe-Auguste qui revint dans ses États. Richard, resté à la tête de 100,000 hommes, perdit du temps et guerroya sans profit, continuant à indisposer par sa hauteur les chefs de la croisade. La nouvelle des complots que Jean-sans-Terre son frère tramait contre lui le fit rentrer lui-même en Angleterre. Il n'obtint des infidèles, maîtres de Jérusalem, rien autre chose sinon que la ville sainte serait ouverte à la piété des pèlerins. Il donna la Chypre à Guy de Lusignan et revint pour tomber dans un piège que lui tendit par vengeance le duc d'Autriche, et pour être vendu lâchement à l'empereur Henri VI.

4º Ainsi les princes ne cessaient de commettre des fautes, la Papauté ne cessait de les réparer et de reprendre l'œuvre toujours compromise de la conquête des Lieux-Saints. Le grand pape Innocent III, résolut une *quatrième* croisade, et quoiqu'il n'y eut plus guère sur les grands trônes que des princes excommuniés, Othon IV, Philippe-Auguste qui l'avait été, Jean-sans-Terre qui allait l'être, il tenta de réveiller le zèle et la piété des populations. Foulques, curé de Neuilly-sur-Marne, fut le prédicateur. Il enrôla la chevalerie : les rois et les peuples restèrent à l'écart. La croisade, détournée de son but, ne fut guère qu'une stérile prise d'armes pour la conquête de Constantinople. Innocent III eut beau se plaindre, supplier, menacer : les chevaliers ne tinrent compte ni de ses paroles, ni de leur mission. Venise à laquelle la croisade demandait une flotte, inaugura l'égoïsme dont l'expédition entière devait rester entachée. Elle ouvrit des comptoirs, s'empara pour le seul profit de son commerce de Rhodes, Samos, Scio, Mitilène et Andros. En attendant elle exigeait pour la location de sa flotte plus de quatre millions de notre monnaie actuelle, et comme les chevaliers ne maniaient guère de pareilles sommes, elle se fit payer en villes, dont les croisés s'empareraient pour son compte exclusif! Ces marchés indignes irritaient et désolaient la grande âme d'Innocent III; elle le fut plus encore quand les croisés approchèrent de l'Empire Grec. Toujours dominés par le mercantilisme de Venise, la triste marchande qui voulait avec Constantinople la route ouverte pour son commerce de la mer Noire et de l'Archipel, les croisés se résolurent à conquérir la capitale du Bas-Empire. Un jeune prince Grec, Alexis, s'offrait à les y conduire, à condition qu'ils rétabliraient son père Isaac l'Ange sur son trône d'où une révolution venait de le précipiter (1203). Les Grecs n'opposèrent aux premières hostilités que leur lâcheté ordinaire, Constantinople s'ouvrit plutôt qu'elle ne fut emportée; l'Empire fut alors lui-même partagé. Bauduin IV fut élu empereur de Romanie; les Vénitiens prirent tout un quartier de Byzance, les côtes du Bosphore et les îles de l'Archipel. Le marquis de Montferrat fut roi de Macédoine, Villehardouin fut fait maréchal de Romanie, le comte de Blois eut les possessions d'Asie. On fit avec d'autres seigneurs des ducs, des comtes, des sires, d'Athènes, de Céphalonie, de Thèbes, de Corinthe. La famille grecque des Comnène garda quelques lambeaux de son ancien domaine. En somme cette croisade n'aboutit qu'à une stérile conquête. Commencé en 1204 l'Empire latin de Constantinople s'écroula en 1261.

5° Pendant ce trafic honteux et sans profit, l'Orient chrétien de plus en plus opprimé ne cessait de pousser vers l'Occident des plaintes désespérées. En 1217, les barons étaient sans roi, comme la Terre-Sainte était sans force; on demanda un roi en Europe, mais quel roi veut d'une couronne d'épines? Un brave seigneur, Jean de Brienne, l'accepta et partit avec trois cents chevaliers. Un peu plus tard le roi de Hongrie, André II, se rendit en Orient avec des forces imposantes, et, dans une *cinquième* croisade, essaya la conquête de l'Égypte, comme première étape vers celle de Jérusalem. Le débordement du Nil et plus encore celui des voluptés orientales décimèrent l'armée chrétienne. Damiette, prise un instant, retomba au pouvoir des Musulmans et les chrétiens de Terre-Sainte furent réduits, comme avant la croisade, à de terribles extrémités.

6° Une *sixième* croisade aurait pu leur être utile, si la fourberie et l'impiété de Frédéric II n'avaient ajouté le scandale de sa vie à la stérilité de ses armes. Jean de Brienne lui avait donné en mariage sa fille Iolande, espérant trouver dans son beau-fils de l'appui : il n'y trouva qu'un spoliateur. Après avoir, par des retards calculés, fait manquer plusieurs belles expéditions, Frédéric II ne partit en 1228, que pour trahir plus effrontément encore les intérêts chrétiens. Arrivé en Terre-Sainte chargé des anathèmes de Grégoire IX, il ne laissa à l'Orient que le scandale de sa conduite et le souvenir de ses impiétés. « Je suis votre frère, écrivait-il au sultan Mélédin, la religion de Mahomet est à mes yeux aussi respectable que la religion de Jésus-Christ. » Si Dieu n'eût envoyé au milieu des Musulmans un héros et un saint, Frédéric eût souillé le nom chrétien pour longtemps.

7° Ce héros et ce saint fut Louis IX, qui clôt l'ère des croisades, en organisant pour la délivrance de la Terre-Sainte la *septième* et la *huitième* expéditions. — L'Orient Musulman venait en 1248 de subir une vaste révolution. Des mêmes profondeurs Asiatiques d'où, au quatrième siècle, l'invasion Hunnique s'était précipitée sur le monde Romain, les Tartares Mongols sortirent au treizième pour envahir les conquêtes de l'Islamisme. Pendant qu'une bande de Mongols se ruait sur l'Europe, écrasait les Russes, conquérait la Pologne, dévastait la Hongrie, une autre s'emparait de la Chine, une autre encore triomphait de la puissance Musulmane depuis Bagdad jusqu'en Égypte. Le contre-coup de cette immense invasion Mongole fut fatale à la Terre-Sainte. Les Turcs fuyant devant les Mongols se jetèrent sur la Syrie, écrasèrent une dernière armée chrétienne à Gaza en 1238 et s'emparèrent de Jérusalem qu'ils livrèrent au sultan d'Égypte. — C'est contre ces Turcs farouches du Kharisme que le pape Innocent III appela de nouveau la chrétienté d'Europe. Le plus grand et le plus saint des rois répondit à la voix du Pape, saint Louis partit en 1248, se disposant à conquérir l'Égypte dont le sultan possédait aussi la Palestine. Après une première et brillante victoire, Louis IX voulait marcher droit au Caire, les barons préférèrent attendre Alphonse de Poitiers frère du roi avec des renforts : cette faute perdit tout. L'inaction amollit les croisés, le temps perdu par l'armée chrétienne servit aux infidèles à se réorganiser. Le comte d'Artois en se faisant surprendre hâta la déroute que bientôt Louis et la noblesse française, en dépit de prodiges de valeur, durent tristement subir. Louis IX prisonnier acheva d'émerveiller les Musulmans par sa grandeur d'âme ; mais tout résultat matériel de la croisade fut perdu.

8° En 1270 le saint roi, profitant de la paix puissante et de la complète sécurité dont jouissait la France, reprit son projet favori de délivrer la Terre-Sainte. Mais ses jours étaient pleins devant Dieu, sa carrière touchait à son terme, et sa gloire éternelle était proche. Embarqué à Aigues-Mortes, arrivé en Afrique, il y mourut quelques mois après (1270). Une trêve de dix ans fut conclue avec les infidèles et les débris de l'armée française furent ramenés.

Telle fut la fin de ces expéditions fameuses dont nous avons dit avec Joseph de Maistre : *Aucune n'a réussi, mais toutes ont réussi* (1).

---

(1) On pourra étendre l'étude des affaires de la Terre-Sainte en consultant, entre autres, les ouvrages suiv. : *Hist. regum. Terræ Sanctæ*, Oli-

III. Les Juifs durant le Moyen-âge. Nous n'avons jamais à vrai dire été sans rencontrer les haines juives sur notre route; et encore que nous ne les ayons pas signalées jusqu'ici, elles n'ont pas cessé de poursuivre, parfois ouvertement, le plus souvent furtivement et dans l'ombre, les populations chrétiennes. Opprimé, le Juif rêve domination et triomphe; libre et influent il use implacablement de sa force. Quand la chrétienté le pourchasse il fuit et semble disparaître, mais c'est alors que dans l'ombre et avec une tenacité que rien ne déconcerte il travaille à miner l'autorité qu'il est forcé de subir, et à redevenir tout-puissant lui-même.

1. Déjà influents sous Charlemagne, les Juifs étaient dès les xiie et xiiie siècles, huit cent mille dans la France seule. Ils possédaient la moitié de Paris (1).

Au fond des troubles et des dévastations de la guerre Albigeoise nous retrouvons l'élément juif avec ses insatiables haines contre les chrétiens. « Les Juifs, dit Michelet, semblaient là pour entretenir la haine de la religion. » Ils n'avaient cessé de correspondre avec les Sarrazins; ils leur avaient livré Béziers, Narbonne et Toulouse. Au temps des troubles Albigeois ces trahisons furent plus audacieuses, et plus formidables les dangers qui en ressortaient. Ecoutons encore Michelet. « La noblesse du Midi, qui ne différait guère de la bourgeoisie, était toute composée d'enfants de juives et de Sarrazines; » et le même Michelet fait la peinture des atrocités commises contre les catholiques, leurs religieux et leurs prêtres par les bandes Albigeoises où l'élément juif prédominait.

---

vierus apud Eccard, *Corpus Hist. medii ævi*, II, p. 1355. — *Hist. Damiatina* apud J. de Vitré dans son *Hist. orientalis*.

(1) Rigord, *de Gestis Philipp. Aug.*, t. XVIII, des Histor. de France.

Leur intervention au moment des croisades fut plus coupable encore s'il se peut. Les relations des Juifs de France avec le roi de Grenade et le roi de Tunis sont parfaitement avérées. Les archives nationales (carton J, 427, n° 18) en conservent les preuves authentiques. Dans une des missives juives il est dit au roi infidèle : « Vous pourrez bientôt passer la mer, vous rendre à Grenade et étendre sur le reste du royaume des chrétiens votre magnifique épée. Et ensuite vous serez assis sur le trône à Paris. » Par ce document on peut juger des autres.

Impossible de s'étonner des inquiétudes de saint Louis, des mesures de Philippe-Auguste, des rigueurs de Philippe-le-Bel et finalement de leur décret de bannissement en 1394.

2. Le pouvoir public devait surveiller et sévir. Mais le peuple? Pourquoi durant tout le cours du Moyen-âge trouvons-nous le peuple exaspéré contre les Juifs? Deux causes sans cesse renaissantes alimentent cette animosité et parfois la rendent implacable : l'usure et le meurtre des enfants chrétiens. L'usure juive est proverbiale tant elle est réelle, authentique, indéniable. Par les mille tentacules de l'usure le Juif arrive rapidement à sucer toute la substance d'un peuple. Il le faisait au Moyen-âge, comme il le fait actuellement : de là les haines et les représailles.

Quant aux meurtres des enfants, *seignés* dans les rites abominables du Talmud, les faits sont si universels, les procès si éclatants, les documents si irrécusables, que la négation est absolument impossible.

A ceux qui nieraient les innombrables témoignages des temps plus anciens nous opposerions les faits récents, et les procès que ces sanguinaires atrocités ont suscités dans la période moderne. A Metz, en 1670, procès et condamnation des Juifs pour avoir seigné un enfant de trois ans. — En

160 APOGÉE DE L'EUROPE CHRÉTIENNE.

1840 meurtre du religieux Thomas à Damas. — A Smyrne en 1883 meurtre d'un enfant seigné à la solennité de la Pâque. — Notre génération entière se souvient de la fameuse affaire de Tisza-Elzlar.

Or ce qu'ils font de nos jours, les Juifs n'ont pas cessé de le faire durant le Moyen-âge. A Blois en 1071, à Norwich en 1114. — En 1179, 1181, 1236, 1244, 1255, 1257, 1261, 1283, 1285, 1286, 1287, 1292, 1293, 1295, 1303, 1345, 1401, 1407, 1429, 1454, 1462, 1475, 1480, 1486, 1503, 1520, 1547, 1550, 1574, 1597, des enfants sont volés, traînés dans le secret des synagogues, et périssent de la main des Juifs, souvent avec un raffinement horrible de cruautés, en France, en Angleterre, en Allemagne, plus nombreux de beaucoup en Orient. Nier ces faits, c'est nier d'innombrables témoins, c'est nier l'histoire elle-même. Les plus sérieux d'entre les Juifs ne l'osent, mais ils font de ces meurtres liturgiques des crimes vulgaires, oubliant qu'ils sont prescrits par le Talmud et font partie du cérémonial Judaïque (1).

IV. Croisades à l'intérieur de la chrétienté. Pendant que l'Islamisme l'enveloppait au dehors d'une enceinte de barbarie nouvelle et plus redoutable que celle des premiers siècles, la société chrétienne était, dans les temps que nous parcourons, envahie au dedans par une autre barbarie : les mauvaises doctrines. Or, alors comme aujourd'hui, les erreurs étaient de deux sortes et manifestaient leurs ravages

---

(1) Dans le Talmud publié à Amsterdam en 1646 il est ordonné aux Juifs d'exterminer les disciples du Nazaréen. — « Verser le sang d'une jeune fille Klipoth (non juive) est un sacrifice aussi saint que celui des plus agréables parfums. » Sanhedrin, Pireck X, Cheleck et Aboda, Sarah Pireck I.

On trouvera dans les passages suivants de l'histoire de Rohrbacher les détails les plus précis et les plus authentiques sur les exactions, les cruautés, les trahisons des Juifs durant le Moyen-âge. — Nous renvoyons à

à deux degrés. Les premières restaient dans le domaine de la spéculation : les intelligences étaient perverties, l'unité de croyance était rompue, c'est un désastre sans doute, mais à son premier degré. — Bientôt l'erreur fut logique, elle entra dans le domaine des faits et y tira les conclusions dont les précédents sectaires posaient les prémices. Les premiers battaient en brèche la foi du peuple, versaient le discrédit sur la croyance chrétienne, renversaient l'autorité de l'Église, découronnaient par là même toute autre autorité et ouvraient un accès facile à toutes les révoltes. Les seconds entraient par cette brèche, et, trouvant une société dégarnie, une place démantelée, ils y portaient le fer et le feu et y amoncelaient des ruines. Après Roscelin et Abailard, Valdo et les Albigeois devaient infailliblement apparaître. Rien de neuf sous le soleil en histoire moins qu'ailleurs. Le cercle parcouru par les erreurs du Moyen-âge, d'abord spéculatives, puis violentes, incendiaires, dévastatrices, nous sommes en train de le parcourir. Nos sophistes Voltaire, Rousseau, les Encyclopédistes ont commencé, puis les Terroristes, vrais Albigeois du dix-neuvième siècle, ont achevé. Les premiers ont ravagé les croyances, les autres ont conclu dans le sang.

Mais, si la marche des ennemis est la même, la défense reste bien différente. Le Moyen-âge s'est défendu : nous autres nous nous sommes abandonnés follement. Le Moyen-âge a frappé ses adversaires dans l'état de légitime défense : nous autres, après que nos socialistes nous ont de fond en

---

l'édit. Gaume in-quarto, t. IV, 307, 308. — V, 24-30. — VI, 317-319. — VII, 459. — IX, 865. — VIII, 306, 607. — IX, 865. — VIII, 606, 636. — IX, 99. — IX, 863. — X, 154. — X, 315. — XI, 410. — XI, 540. — XI, 545, 546. — XIV, 838.

On pourra consulter, outre le grand et bel ouvrage de Gougenot des Mousseaux, *le Juif et la Judaïsation des peuples chrétiens,* les travaux suivants : Drumont, *la France Juive.* — *Les Juifs rois de l'Époque,* Paris, 1887. — *La question Juive.*

comble dévastés, nous faisons leur apologie et nous laissons glorifier la Commune qui massacra les otages et brûla Paris! — Au douzième et au treizième siècles l'erreur à ses deux degrés fut repoussée avec sollicitude et vaillance : les erreurs spéculatives par les plus solides docteurs, les erreurs révolutionnaires et dévastatrices d'abord par les armes de la prière et le sang des martyrs, puis par le glaive rigoureux mais juste de la puissance séculière. — Voyons d'abord ces erreurs diverses : étudions ensuite, surtout pour la venger de l'ignorance et des passions haineuses qui l'attaquent la juste et puissante défense que la société chrétienne du Moyen-âge opposa aux doctrines et aux dévastations des sectaires qu'elle recélait dans son sein.

1. Si nous embrassons d'un coup d'œil l'histoire entière de la vérité religieuse, trois phases nous y apparaissent. — Dans la première l'erreur personnifiée dans l'idolâtrie est maîtresse du monde, il n'y a même pas d'hérésie proprement dite possible. L'hérésie est la mutilation, l'altération d'une vérité; or, la vérité n'était plus guère nulle part. — Avec le premier triomphe de l'Église sur le Paganisme, avec Constantin et les Césars chrétiens, l'erreur, impuissante sur le terrain de la persécution sanglante, commence la persécution dogmatique, organise contre chacun des dogmes révélés une guerre implacable, suscite tour à tour les grands hérésiarques, et durant deux siècles mutile, altère, ébranle toutes les vérités prêchées au monde par l'Église. Cette période finit avec la conversion des Barbares et surtout le règne de Charlemagne.

De Charlemagne à Luther s'ouvre et se poursuit pour l'erreur sa troisième époque, reconnaissable à des traits tout spéciaux. La vérité catholique a conquis l'empire, elle règne désormais sans contradiction sur la société entière, à son règne spirituel elle joint même un règne temporel et social dont la force et l'étendue augmentent chaque jour. Que fera l'erreur? Est-elle anéantie? Non, car elle ne le sera jamais. Mais refoulée de la société qui la proscrit, frappée d'anathèmes tout puissants, elle est réduite à chercher l'ombre et le mystère, elle se retire dans les bas-fonds et les repaires des sociétés secrètes. Elle habite sous terre comme ces feux dévastateurs que recèle notre globe; comme eux, de temps à autre, elle fait irruption, elle dévaste une contrée, elle s'efforce de troubler l'ordre social, puis elle rentre dans le silence jusqu'au jour de nouvelles effervescences et de nouvelles ruines. Autre trait. Dans la société du Moyen-âge, si la foi est vive, les passions sont souvent plus vives encore que la foi. La doctrine règne en maîtresse sur les intelligences, il y aura donc peu d'hérésies purement spéculatives; les passions sont désordonnées, un reste de naïveté barbare s'unit à une fougue encore indomptée, l'homme du Moyen-âge sera facile à entraîner dans des erreurs grossières et surtout de hardis coups de main : nous pouvons conclure que l'erreur au Moyen-âge aura surtout un caractère violent et une fougue dévastatrice, elle ne s'arrêtera pas longtemps aux spéculations, elle se jettera dans le domaine des faits et se plaira aux ruines. — Telles sont les deux sortes d'erreurs qui, au Moyen-âge, s'offrent à nous : 1° les dogmatisants, 2° les fanatiques et les révolutionnaires.

Commençons par *Tanquelin* et *Éon de l'Étoile*. Nous avons besoin de nous rappeler ce qu'était cette société du Moyen-âge, la barbarie de sa première origine, la rudesse de son caractère, son mélange de foi et de superstition, de généreux enthousiasme et de fol entraînement, pour nous rendre compte des succès de ces deux imposteurs et de la fascination que subit la foule. Tanquelin se prétendait fils de Dieu et possesseur de la plénitude de la divinité. Ennemi acharné du Clergé, du Culte, des Sacrements, de l'Église, il prêchait partout la guerre sainte, ameutait les masses, et faisait non-seulement tolérer mais canoniser ses plus infâmes débauches, comme ses plus inconcevables folies. Il périt dans une émeute en 1125. *Eon*, bon d'abord, mais simple, crut qu'il s'agissait de lui dans ces paroles qu'il entendait chanter à la messe: « *Per* Eum *qui venturus est.* » Il se crut le Messie, se regarda comme une émanation de Dieu, et se mit à régner en maître sur les masses qu'il fanatisait. Eon fut condamné au Concile de Reims en 1158, et enfermé dans une prison après avoir fait des milliers de dupes. — A côté de ces dogmatiseurs plutôt fous qu'hérétiques, d'autres esprits, subtils, raisonneurs, chercheurs inquiets et téméraires, troublaient le dogme sans le pouvoir entamer, et, séparés de l'immuable vérité catholique, tombaient rapidement dans des systèmes de fantaisie pure quand ils ne confinaient pas à l'extravagance. *Amalric de Bène* trouva dans ses rêves cette division historico-théologique : Le royaume de Dieu le Père a duré tout le temps de la loi ancienne : Dieu le fils a régné jusqu'à la naissance d'Amalric de Bène : Sous Amalric de Bène le règne du Saint-Esprit commence : toute loi, tout culte, tous sacrements sont anéantis, quiconque possède l'Esprit-Saint est affranchi de toute obligation quelle qu'elle puisse être, et peut se livrer à tous les entraînements de ses passions. On le voit, tous arrivaient où arrivera bientôt Luther, à cette conclusion précieuse entre toutes : *Pecca fortiter.* L'abbé *Joachim* entendait la Babylone de l'Apocalypse de l'Église catholique. L'Ante-Christ, en la détruisant, devait être le défenseur de la justice et le champion de la vérité. A cette fantaisie d'exégèse, il amalgamait tant bien que mal la rêverie folle d'Amalric sur les trois règnes successifs du Père, du Fils et du Saint-Esprit. D'autres rêveurs tombaient, avec *David de Dinan*, en plein panthéisme. Selon lui *tout est un, un est tout*, car Dieu est tout. Ainsi Dieu devenait le monde, la Trinité était niée, et l'explication que ce penseur insensé se faisait des trois Personnes divines achevait de formuler son absurde panthéisme. Le Père, c'était l'humanité dans son état charnel; le Fils, c'est cette même humanité élevée à son état spirituel, à sa perfection idéale. Le Saint-Esprit ce sera cette humanité dégagée des sens, de toute forme matérielle libre de tout contact avec la chair. Dans ce troisième état, l'homme se plonge dans les voluptés des sens sans en contracter de souillures. Toujours le règne de la chair!

Au-dessus de cette couche grossière d'erreurs d'autres s'élevaient, moins scandaleuses dans leurs conclusions, mais aussi pernicieuses dans leurs affirmations téméraires. La tendance de *Roscelin*, chanoine de Compiègne, fut de substituer ses opinions au dogme enseigné par l'Église et révélé de Dieu. Or ces opinions, comme celles de tout sophiste orgueilleux et esclave de ses idées propres, allèrent s'écartant de plus en plus de la vérité catholique et s'évanouissant de plus en plus dans un inintelligible système. En somme Roscelin finit par admettre trois dieux. Il est regardé comme le père de l'école *Nominaliste* (1).

Un nom a effacé l'éclat de tous les autres, c'est celui d'*Abailard*. Nous devons nous y arrêter. Son histoire nous importe assez peu, son roman et les pleurs honteux qui en font le charme ne nous semblent pas mériter même la plus légère mention. Assez de sots ont pleuré sur ses amours ridicules pour que la plume sensée en dédaigne la peinture. Quant à son rôle comme sophiste et comme philosophe, c'est autre chose, il nous importe de l'étudier. Or pour le bien comprendre, il est nécessaire de nous faire une idée juste du milieu dans lequel ce rôle s'exerça, et à l'aide du-

---

(1) Nous dirons plus loin un mot de la querelle fameuse entre les *Nominalistes* et les *Réalistes*. Roscelin, condamné au Concile de Soissons en 1092, mourut en Angleterre.

quel ce rôle put devenir puissant. Balmès dit quelque part en dépeignant l'Europe du XII° siècle, *qu'elle était pleine d'idées* : idées confuses, incohérentes, souvent contradictoires, débris de la sagesse antique, notions chrétiennes, lambeaux arrachés à Platon comme à saint Augustin, au Paganisme comme à la Bible. Dans ce siècle d'effervescence, tous aspirent à savoir, tous, avec une activité fiévreuse, creusent tous les problèmes à la fois. Mais, on le sent, la sagesse manque, le discernement fait défaut, la fougue s'emporte jusqu'aux limites de l'absurde, après avoir franchi celles de l'obéissance à la foi ; Roscelin ne reculera pas devant la révolte, Abailard devant le sophisme, Gilbert de la Porée et Amaury devant l'extravagance. Au milieu de toutes ces spéculations sans règle comme sans mesure, l'Église s'opposait, non pas certes aux recherches de la philosophie et aux conquêtes de la raison, mais à cette course ou plutôt à cette chute d'esprits fougueux qui poursuivaient des chimères au prix des dogmes les plus sacrés, des vérités les plus indiscutables, et qui, selon un mot piquant de saint Bernard, « hormis le *nescio* prétendaient tout savoir. » Désormais deux courants entraînaient les intelligences (1). Les uns avec saint Anselme et saint Bernard, tout en respectant le lien qui unit la raison à la foi, la philosophie au dogme, en acceptant les services de la première au profit du second, respectaient religieusement les bornes de la croyance révélée, acceptaient *a priori* de l'Église ce qu'ils s'efforçaient ensuite, dans une mesure discrète et sage, de démontrer scientifiquement. Les autres,

---

(1) « Au XII° siècle, une double direction, celle de l'idée chrétienne qui éclairait la sience par la foi, et celle de la pensée rationnelle qui établissait la foi par les arguments de la philosophie humaine, se prononça nettement et se sépara en deux écoles distinctes : l'une est personnifiée en saint Bernard, l'autre est représentée par le trop célèbre Abailard. » Th. Ratisbonne, *Hist. de saint Bernard*.

avec Scot Erigène, Roscelin, Abailard, sacrifiaient audacieusement le dogme divinement révélé aux spéculations vagues et incertaines de leur raison individuelle. Guizot et ses plagiaires transforment ces hommes en de généreux et puissants génies, sauveurs de la liberté de penser : Guizot sans doute a voulu dire « liberté d'*errer*. » Les héros qu'il exalte n'ont guère fait que cela. Si liberté de penser veut dire liberté d'errer, qu'errer soit une gloire, que retenir sagement les intelligences et les empêcher d'errer soit une tyrannie odieuse : Guizot a raison !

Telle était la situation des esprits quand une question fameuse vint alimenter la discorde et porter au comble l'incohérence et la confusion : nous voulons parler de la querelle des *Nominalistes* et des *Réalistes*. La question était vieille, elle avait ses racines dans les philosophies opposées de Platon et d'Aristote. N'y a-t-il de réellement existant que l'individu, comme Socrate, cet homme qui parle, ce cheval, cette fleur, ainsi que le veulent les *Nominalistes*? Ou bien, en outre, dans les genres eux-mêmes, homme, animal, plante, y a-t-il une réalité ainsi que le prétendent les *Réalistes*? Longtemps assez inoffensive, cette question franchit à la fin du XI° siècle les limites de l'orthodoxie, entra dans le domaine de la théologie, y bouleversa les idées les mieux reçues, et prétendit dévaster les dogmes les plus solidement assis. Roscelin appliquant son nominalisme à la Trinité, ne voulait plus voir de réalité que dans les personnes, et devenait trithéiste, la nature divine n'étant plus qu'un mot sans réalité. Guillaume de Champeaux se jeta dans l'extrême opposé, prétendant que en un être le genre seul était quelque chose.

Vint Abailard (1) qui reprit sous une couleur astucieuse

---

(1) « ... Désormais le rationalisme dominait l'esprit du siècle. Ce fut Abailard qui, personnifiant cet esprit en lui-même, se mit à la tête du

et avec d'insignifiantes modifications le nominalisme de Roscelin. L'alléchement d'une scandaleuse histoire, la révolte qui secoue, en plein Moyen-âge, l'autorité du dogme et de l'Église qui l'impose, en voilà plus qu'il n'en faut pour faire à Abailard une réputation de science et de génie : nos rationalistes modernes n'y ont pas manqué. Ils ont bâti sur ce fondement les plus ridicules systèmes historiques, prenant pour le grand fait intellectuel du xiie siècle, ce qui n'en fut qu'un épisode bien insignifiant. Ils ont présenté dans Abailard le réveil de l'intelligence, ils ont montré dans cet esprit subtil mais superficiel le généreux conquérant de la liberté de penser, le génie qu'irritait l'oppression dogmatique de l'Église et qui se sentait la force de franchir la révélation pour entrer dans les espaces inexplorés encore de la raison pure. Balmès fait en quelques mots justice de ces déclamations intéressées : on ne trouve rien dans Roscelin et dans Abailard qui les distingue des autres hérétiques. Ce sont des hommes qui usent d'artifice, qui subtilisent et qui errent; rien n'est plus commun dans l'histoire. Ils furent ce qu'avaient été tant d'autres sectaires. Abailard, à qui étudie sérieusement ce siècle, fut un esprit facile et brillant sans doute, mais superficiel et sans profondeur. Il souleva tous les problèmes sans essayer même d'en résoudre aucun; il se heurta à tous les dogmes catholiques, sans tenir lui-même aucun chemin assuré ni parvenir à aucune conquête. Il ébranla tout sans rien bâtir. Saint Bernard, qui le connaissait à fond et qui

---

mouvement et rendit populaires, en quelque sorte, tant de questions subtiles. Passionné pour la gloire il entreprit avec une liberté inouïe, jusqu'à son époque, de prouver la vérité des dogmes par les seules données de la raison et d'appliquer la dialectique à tous les mystères de la théologie. Il le tenta, et sans reculer devant les conséquences d'une méthode si périlleuse, il dogmatisa sur toutes les thèses de la foi et de la morale. » Th. Ratisbonne, *Hist. de saint Bernard et de son siècle*.

si souvent renversait le fragile échafaudage de ses erreurs, nous apprend que, plagiaire de tous les hérétiques, il était à la fois Arien, Nestorien, disciple de Pélage. Son rationalisme imprudent devait en effet le mener là. Deux fois condamné par l'Église (1), Abailard finit à Cluny, en 1142, une vie tumultueuse, toute remplie d'amertumes trop méritées. Pierre le Vénérable le réconcilia avec Dieu et l'Église et sanctifia ses derniers moments. Sans voir en lui cette influence immense qu'ont vu étourdiment les auteurs rationalistes, il est incontestable que son procédé ouvrit la porte aux excès qui suivirent. Le fond de sa doctrine était, en somme, la subordination de la foi à la raison, la nécessité du doute préalable pour arriver scientifiquement à la vérité. Ce procédé subversif, qui lui faisait changer en problèmes les dogmes les plus divinement assis, qui lui dictait ce déloyal traité du *Oui et Non*, dans lequel, réunissant sur chaque vérité des affirmations en apparence contradictoires, il ne donnait ensuite lui-même aucune solution, ce procédé laissait l'esprit en proie au doute qui fatigue, décourage et tue. — *Gilbert de la Porée* suivit le rationalisme de son maître Abailard, et, réaliste fougueux, prétendit qu'en Dieu la Divinité est quelque chose de distinct des trois Personnes divines.

A ces erreurs l'Église opposait l'invincible force de ses décisions; ses Conciles frappaient l'erreur et maintenaient la raison dans la sage et nécessaire dépendance de la foi. Tout à l'heure l'*Ange de l'École* dissipera toutes ces erreurs aux rayons de sa puissante lumière; en attendant d'autres défenseurs moins illustres mais précieux encore se jetèrent à la traverse du rationalisme qui menaçait de tout envahir. Après saint Anselme et saint Bernard mentionnons rapidement *Robert Pulleyn*, d'abord professeur à Paris et à Ox-

---

(1) Au Concile de Soissons, 1121. — Au Concile de Sens, 1140.

ford, puis cardinal. Pulleyn maintint avec énergie les droits de la foi et signala la témérité d'une science qui la laisserait de côté. — *Pierre Lombard* accentua davantage encore cette salutaire réaction. Après de fortes études il professa à Paris et y composa ce célèbre manuel (*Libri IV Sententiarum*) qui servit si longtemps de thème aux leçons des professeurs, et que saint Thomas d'Aquin a lui-même commenté. Nous ne ferons que nommer les autres, *Hugues*, *Richard de Saint-Victor*, *Alexandre de Halès*, *Albert le Grand*, etc., nous y reviendrons plus naturellement dans l'étude qui va suivre sur l'*histoire intellectuelle* durant cette période.

Tels étaient les révolutionnaires qui bouleversaient les idées et les doctrines. — Voici maintenant les révolutionnaires, qui des idées passant aux faits, menacent de bouleverser l'ordre social tout entier.

Nous l'avons dit plus haut, à côté des raisonneurs qui parfois devenaient des extravagants, le XIIe siècle recélait des sectaires fanatiques qui ne rêvaient rien autre chose que le renversement de l'ordre social sur les ruines de l'ordre religieux. — Nous avons vu *Arnold de Brescia* (1) soulever Rome et la plonger dans tous les tumultes d'une révolution. *Pierre Valdo*, qui donna naissance à la secte si longtemps dévastatrice des *Vaudois*, souleva par des déclamations insensées autant qu'incendiaires le sud de la France, le Piémont et la Lombardie. Innocent III avait employé la douceur pour ramener ces furieux, mais ils n'usaient de cette

---

(1) Consulter : C. Eckstein, *Les doctrines d'Arnauld de Bresse, de Pierre Bruys et de Henri*. On trouvera cette étude dans le *Catholique*, t. IX, p. 394. — Dom Piolin dans son *Hist. de l'Église du Mans* donne des détails sur les doctrines dépravées de Henri. — Duplessis d'Argentré, *Collect. Judiciorum de nov. erroribus*, Lutet., 1724. — Moneta, *Adversus Catharos et Valdenses*, Rom., 1743. — Gervaise, *Hist. de l'abbé Joachim dit le Prophète*, Paris, 1745. — César Cantu, *Les hérétiq. italiens aux* XIIIe *et* XIVe *siècles*. — Schmidt, *Hist. des Cathares et des Albigeois*, Paris, 1847.

tolérance que pour ruiner davantage l'autorité de l'Église, répudier toute autre règle que l'Ecriture entendue ou plutôt torturée à leur sens, prêcher la communauté des biens, l'abolition de la confession, la guerre au clergé et aux monastères. De ce même esprit de révolte étaient nées les associations détestables des *Frères du libre esprit* qui se proclamaient de par l'Apôtre affranchis de toute loi, de l'*ordre des Apôtres* auquel était réservé l'empire absolu du monde qu'il fallait conquérir en renversant l'Église et la Papauté.

Une autre secte absorba peu à peu ces scories éparses, se fit terrible, devint immense, et sous le nom d'*Albigeois* couvrit le sud de la France de ruines et de sang. D'où venait cette secte? Il faut chercher son origine dans la vaste hérésie manichéenne qui du vieux monde ne cessa de faire irruption sur l'Europe chrétienne, ou plutôt de la miner sourdement. De l'Asie-Mineure le fléau entra en Italie, puis en France, se concentra à *Alby* où la secte se constitua et prit son dernier nom. Ses doctrines sont les impures et subversives doctrines des anciens manichéens et des anciens gnostiques. Ils abolissent les sacrements, surtout le mariage, proscrivent le culte, veulent l'anéantissement de toute la religion révélée. Tout homme qui a péché est déchu de son baptême et dépouillé de tous ses droits, fût-il roi, fût-il empereur, fût-il pape, tout doit lui être enlevé, fortune, maison, femme, enfants, charge, dignité, noblesse; c'est, on le voit, la plus radicale dissolution de la société. Impossible de s'y méprendre un moment, les *Albigeois* sont les *Communards* du xii° siècle, n'ayant pas d'autre programme que le renversement de l'ordre social tout entier. Ils renversaient la religion, détruisaient l'autorité civile, proscrivaient la famille, tuaient toute morale en niant la distinction entre le vice et la vertu (1). — Et les actes suivaient les

---

(1) Voir Hurter, *Innocent III*, t. II, p. 309. — Rev. des quest. hist., Janv.

doctrines avec une logique implacable. Dès 1179 ils remplissaient de ruines les contrées où ils étaient les plus forts et on ne suivait plus leurs bandes qu'à la trace du sang. Ces bandes albigeoises connues sous les noms de *Cotereaux*, *Brabançons*, *Aragonais*, *Basques*, *Navarrois*, *Triaverdins* pillaient, brûlaient, dévastaient, ruinaient de fond en comble les villes, les villages, les châteaux, les monastères, n'épargnant ni l'âge, ni le sexe, massacrant sans pitié tout ce qui leur tombait sous les mains. C'était infiniment moins une doctrine quelconque qui cherchait à s'établir qu'une atroce tuerie organisée par des troupes de malfaiteurs et de bandits. Ils ne dogmatisaient que pour donner un prétexte et un point de départ à leurs cruautés et à leurs infamies. Michelet n'a pu se refuser à cette peinture : « La guerre était effroyable, faite ainsi par des hommes sans foi et sans patrie, impies comme nos modernes, et farouches comme des Barbares, contre qui l'Église elle-même n'était plus un asile. C'était surtout dans l'intervalle des guerres, lorsqu'ils étaient sans chef et sans solde, qu'ils pesaient cruellement sur le pays, volant, rançonnant, égorgeant au hasard. Leur histoire n'a guère été écrite, mais à en juger par quelques faits, on pourrait y suppléer par celle des mercenaires de l'antiquité dont nous connaissons l'exécrable guerre contre Carthage. »

Ces bandits étaient déjà formidables quand leurs troupes ne se recrutaient encore que parmi les pauvres, les vagabonds, les ouvriers : ils le furent infiniment plus quand la noblesse entra dans leurs complots et adopta, leurs vices d'abord, puis après leurs projets dévastateurs. Raymond VI,

---

1867 : *La guerre des Albig.*, par Boutaric. — Tamisay de Laroque, *La guerre des Albigeois*, Rev. des quest. hist., Juillet 1866. — Mgr Plantier, *Instruc. pastoral. sur l'hérésie des Albigeois*, Avril 1867. — Sismondi, *La croisade contre les Albigeois* (Se défier de sa partialité et de ses erreurs).

comte de Toulouse, fut le plus ardent des seigneurs à propager une secte à laquelle son impiété et ses débauches le liaient étroitement. Il changeait de femme suivant ses plus déraisonnables caprices; il fit étrangler son frère, il exerçait partout une tyrannie effroyable, et rien n'échappait ou à sa luxure ou à sa cruauté. Il n'est pas le seul seigneur du midi de la France qui favorisa la secte albigeoise, nous pourrions citer parmi ses fauteurs, les seigneurs d'Armagnac et de Comminges. La secte n'était plus une erreur, c'était une dévastation, c'était une guerre acharnée à l'ordre social en même temps qu'à la religion; il importe de se le rappeler pour apprécier justement ce qui va suivre.

2. L'Église violemment attaquée, la société bouleversée de fond en comble devaient se défendre : le nier c'est renverser toutes les notions, non-seulement de droit, mais même de simple bon sens. — Or cette défense eut trois phases, elle s'accomplit à travers les actes de patience et de mansuétude de l'Église; à travers les énergies et les rigueurs de la guerre; à travers les sentences de l'Inquisition.

Avant d'employer les armes, les supplications et les prières furent longtemps et largement mises en œuvre. En 1147, saint Bernard avait apporté au Languedoc la puissance de sa charité et la prédication de ses miracles. Pierre le Vénérable avait fait servir les mêmes armes à la même entreprise. En 1176, le clergé proposa aux sectaires des conférences publiques. Quand les rois de France et d'Angleterre, exaspérés de l'audace et des excès des Albigeois, avaient résolu en 1178 de porter dans le Midi en feu l'apaisement de leurs armes, le pape Alexandre III les conjura d'attendre encore et de tenter les dernières voies de la douceur. Des missionnaires furent envoyés aux sectaires sous la direction du cardinal Pierre de Saint-Chrysogone : leurs efforts restèrent sans fruits. Les dévastations des Albigeois suivaient leur cours et les ruines s'accumulaient de toutes parts. Monté sur le trône pontifical Innocent III se dévoua, comme ses prédécesseurs, à l'œuvre jusque-là si stérile de la conversion des Albigeois. Ses instructions étaient pressantes, il appelait tout d'abord le clergé à une vie exemplaire, puis il le pressait de prêcher partout la vérité. Les missions furent reprises, et pendant plus de dix ans Innocent III travailla à la plus ingrate des œuvres par ses missionnaires et ses légats. Durant près de trois ans, un homme de qualités éminentes, Pierre de Castelnau travailla sans succès. Une seconde mission, donnée par le même Castelnau devenu légat du Saint-Siège et une troupe de religieux doués de toutes les vertus, désola par son insuccès le Pape sans le décourager. Innocent III envoya des missionnaires en plus grand nombre avec l'abbé de Cîteaux Arnaud. La nouvelle troupe vit venir providentiellement à sa rencontre un grand saint : l'illustre Dominique. Enflammé d'un zèle immense, saint Dominique combattit l'erreur avec les armes les mieux trempées de l'Évangile, la sainteté, la pauvreté, la charité et la fascination divine du miracle; mais l'erreur restait triomphante, certains membres du clergé la favorisaient indirectement par le relâchement de leur vie, Raymond de Toulouse et beaucoup d'autres seigneurs par la directe influence de leur complicité. Le légat Castelnau ayant épuisé toutes les ressources possibles de la douceur recourut aux foudres : il déposa plusieurs évêques et excommunia Raymond. Raymond le fit assassiner (1208).

Ou il fallait abandonner la religion et la société aux mains sanglantes de la secte Albigeoise, ou il fallait sévir, et, après avoir usé durant tant d'années de toutes les ressources de la mansuétude, réduire par la force tous ces furieux. Innocent III sévit et la société civile s'arma enfin pour sa défense. Raymond fut excommunié et déposé. Un catholique ardent autant que vaillant capitaine, Simon de Montfort, commença une guerre que continuèrent son fils Amaury et Louis VIII roi de France et qui ne se termina qu'en 1229. Cette guerre a été sévèrement appréciée. Nous ne parlons pas ici des écrivains hostiles; pour ceux-là il suffit que la guerre des Albigeois ait été entreprise pour la vérité contre l'erreur armée et dévastatrice. Nous parlons des auteurs plus calmes et plus équitables qui font à la croisade les plus graves reproches de violence et de cruauté. Plusieurs remarques sont à faire. Les croisés avaient devant eux dans Raymond comte de Toulouse l'homme le plus cruel et le plus fourbe de son temps, et dans les Albigeois les ennemis les plus féroces. Comment le Moyen-âge, si ardent dans sa foi, si attaché à son culte aurait-il pu voir de sang-froid ses temples en ruines, ses prêtres massacrés, les objets les plus sacrés de sa piété profanés horriblement, sans qu'une indignation terrible ne montât à son cœur, et avec cette indignation une implacable volonté de représailles et de vengeance? « Les soldats de l'armée catholique avaient à choisir entre les supplices et l'apostasie comme les partisans de l'hérésie, et chez les uns souvent des garnisons entières étaient vouées à la mort au milieu de cris de joie, et chez les autres les oreilles, les lèvres et le nez étaient coupés aux prisonniers au milieu des cris et des blasphèmes contre la Vierge Marie, etc. L'historien recule d'horreur en se voyant obligé de raconter de semblables atrocités, mais qu'il se garde bien d'en accuser de préférence une époque (1). Dans tous les temps et partout où éclate une lutte dans laquelle chaque individu se précipite avec toute la passion de la haine, l'homme passe de l'état de soldat fidèle à son devoir à celui d'un monstre avide de sang. » N'accusons ni Simon de

---

(1) Aurions-nous oublié comment, il y a quelques années à peine, en plein Paris, la foule ivre de haine piétinait ses victimes, les mutilait, leur arrachait la langue?

176   APOGÉE DE L'EUROPE CHRÉTIENNE.

Montfort, ni les chefs, moins encore le clergé catholique mille fois plus victime des Albigeois qu'instigateur de la croisade organisée contre eux : accusons tout d'abord les doctrines perverses qui poussaient ces malheureux au pillage et au sac de la société toute entière, accusons leurs atrocités provocatrices qui firent naître des représailles si regrettables. — Quant au pape Innocent III, il fut longtemps sans avoir des détails de cette guerre une exacte connaissance ; dès qu'il l'eut, il parla. Il fit à ses légats des reproches mérités ; il blâma énergiquement des exploits dont la cupidité avait trop été le mobile et souillait trop la gloire, il ne voulait pas même dans le brave Simon de Montfort le moindre calcul de l'intérêt particulier. Quant au légat Arnaud, il mérita les plus graves reproches pour avoir différé de vues avec le saint Pape qu'il représentait, et surtout pour l'avoir mal ou pas renseigné dans les points d'une décisive importance. Du reste, si Innocent III repoussait tout intérêt sordide dans la guerre sainte, il ne voulait pas priver un vainqueur des profits légitimes de son triomphe. Lorsque la fameuse victoire de Muret (1213), gagnée par l'armée catholique sur toutes les forces albigeoises, soutenues par Pierre II d'Aragon, eut livré à Simon de Montfort le Languedoc, le Quercy, l'Agénois, le Rouergue et une partie de la Gascogne, le quatrième Concile de Latran, de l'avis d'une partie considérable de l'assemblée, fit au vaillant capitaine le don de ces conquêtes que lui adjugea le pape Innocent III. Mais si Innocent III jugeait ce don légitime, il ne le jugeait pas prudent, un pénible pressentiment assombrissait son âme, et ce pressentiment ne fut que trop vite justifié.

Bientôt toutes les populations du Midi se soulèvent en faveur de Raymond. Simon de Montfort meurt en héros chrétien devant Toulouse (1218), Amaury son fils reprend péniblement la guerre, qu'un massacre de cinq mille habitants de Marmande ne fait que rendre plus acharnée et plus implacable; Louis VIII la continue, et ce n'est qu'en 1229 que le comte Raymond VII fait sa paix avec l'Église. Cette paix fut le chef-d'œuvre de la reine Blanche qui, en pacifiant le Midi au profit de l'Eglise, favorisa en même temps les intérêts de la couronne en imposant le mariage de l'héritière de Raymond avec Alphonse frère de saint Louis. Après la soumission de Raymond VII vint celle du comte de Foix. Les dernières bandes d'hérétiques mêlées aux malfaiteurs du pays furent délogées de leurs derniers asiles, les forteresses de Montségur et de Querbus (1244). Alphonse, en imitant la sagesse de son saint frère, acheva de pacifier le Midi, qui, à sa mort, se trouva réuni à la couronne (1273).

La guerre, une guerre terrible, implacable était finie : l'œuvre de la société dans sa propre défense n'était pas complète encore. C'est peu de réprimer la révolte, il importe surtout de rendre ses fureurs impossibles, et de prévenir ses ruines avant qu'elle ait pu les accumuler. — Nous voici en face d'une institution fameuse à plus d'un titre, mais surtout à cause des accusations furibondes dont l'ignorance et la mauvaise foi l'ont poursuivie : nous parlons de l' :
Inquisition.

Impossible ici de nous borner au rôle de narrateur : ce serait trahir une cause où c'est surtout l'ignorance qui triomphe. Raisonnons, montrons que cette *Inquisition* si décriée, si calomniée, est la seule sauvegarde des peuples, la seule condition de leur prospérité et de leur vie. Raisonnons d'abord, étudions ensuite l'*Inquisition* dans son origine, ses développements, son mécanisme et son mode d'action, enfin ses résultats.

Un gouvernement peut-il être, doit-il être intolérant à l'égard des doctrines? Le bon sens comme l'histoire répondent qu'il le peut et qu'il le doit. Aucun gouvernement, dans aucun siècle n'a professé une tolérance universelle. Le faire ce serait se suicider. La France fait exception depuis 89; ses secousses et ses désastres sont la plus frappante preuve de la justesse de cette affirmation. Dira-t-on que l'intolérance doit s'attacher aux *actes* sans s'étendre aux doctrines? C'est une absurdité de plus. L'acte est la floraison naturelle de la doctrine : on finit toujours par agir d'après les principes que l'on s'est fait. — Armé de cette vérité incontestable : que les actes suivent les doctrines, rentrons dans le Moyen-âge. Un point y était central, une organisation y renfermait toute la vie et toute la prospérité des nations chrétiennes : l'union des deux puissances ecclésiastique et civile, union qui, sans les confondre, les faisait vivre des mêmes principes, se régir par les mêmes lois, se défendre par des moyens communs. L'Eglise avait créé l'Europe chrétienne; l'Eglise à la demande constante des seigneurs, des rois et des peuples, donnait ses idées, déroulait ses principes, dont la puissance civile faisait ensuite le fond de sa législation. Nous avons vu les Conciles n'être très souvent que des assemblées nationales, où les seigneurs confondus avec les évêques élaboraient des décisions qui devenaient lois d'Etat. Divisées en bien des circonstances et pour de nombreux motifs, les deux puissances restaient unies pour le maintien et la défense de la vie sociale, et toutes deux ne se séparaient jamais d'une même foi. Dans cette organisation européenne du Moyen-âge, attaquer la doctrine catholique c'était ébranler tout l'édifice. Dès lors seigneurs comme évêques, empereurs et rois comme papes, remplissaient à l'envi le devoir de tout gouvernement qui veut vivre : rechercher et punir les erreurs subversives de la doctrine et de la foi. Tel est le fond de l'*Inquisition*.

Reste un point sanglant dont nos idées et nos mœurs modernes témoignent la plus bruyante horreur : les *tortures*. On questionnait en torturant. Mais d'abord ce mode de procédure ne se restreint pas à l'Inquisition, il embrasse la jurisprudence criminelle toute entière. La torture est de tout le Moyen-âge, elle est une importation barbare (1). L'Église fit tout pour l'adoucir.

« La question, la torture, dont l'usage devint général, fut un legs de la double procédure romaine et germanique fait au monde moderne : elle ne vint pas du droit canonique. Lorsqu'à la suite des études sur le droit romain on admit la question, l'Église en repoussa d'abord, puis en limita l'usage, comme précédemment elle avait repoussé et limité l'usage des ordalies. Les tribunaux ecclésiastiques adoptèrent la question; mais si ces supplices sont aussi contraires aux règles de l'humanité qu'aux véritables besoins de la répression sociale, tous les tribunaux qui l'ont employée doivent encourir le même reproche. » La rigueur des peines envers les hérétiques, fait observer Mœhler, dépend évidemment de la rigueur des lois pénales admises par la société de ce temps. Et M. Germain a écrit : « Les inquisiteurs préféraient la miséricorde au sacrifice. » En dehors de la question philosophique, et historiquement parlant, on ne doit pas être plus reçu à blâmer l'Inquisition à cause des rigueurs de sa justice, pareilles aux rigueurs

---

(1) A côté des déloyautés protestantes et universitaires des peintures d'opéra et de roman reste l'histoire sérieuse à l'usage des esprits droits et des âmes loyales. Or les affirmations des écrivains et des savants sont toutes en faveur de l'Église. Le savant M. Hélie Faustin a écrit : « La supériorité était évidemment du côté des justices ecclésiastiques. » *Traité de l'instruct. criminelle*, t. I, p. 408. — Un autre savant, M. Pardessus, en faisant des procédures ecclésiastiques un grand éloge, démontre cette curieuse vérité que l'Église seule, non-seulement se rapprochait du mode actuel de procédure mais qu'elle posait la base de notre justice moderne. *Mémoire de l'Académ. des inscript.*, t. X, p. 666 et suiv. — Guizot a dit de même : « Le système pénitencier de l'Église est d'autant plus curieux à étudier aujourd'hui, qu'il est, quant aux principes et aux applications du droit pénal, presque complètement d'accord avec les idées de la philosophie moderne. » *Hist. de la civilisat.*, sixième leçon.

Voilà qui est autrement sérieux que les déclamations histrionesques de nos universitaires, nos romanciers et nos faiseurs d'opéras !

de la justice civile, qu'on ne serait reçu à reprocher, par exemple, aux tribunaux du XIXᵉ siècle l'usage de la détention préventive, de la mort civile, etc., prescriptions légales dont l'opinion réclame dès aujourd'hui la suppression, et qui dans cinquante ou cent ans paraîtront peut-être d'une iniquité révoltante. »

Cessons donc de juger le treizième siècle en hommes du dix-neuvième, cessons surtout de particulariser à l'Inquisition un mode de choses qui se retrouve dans toute la durée du Moyen-âge (1). Les peines contre les hérétiques étaient rudes, parce que rude était la législation toute entière, et la législation était rude parce qu'elle était destinée à refréner une société demi-barbare, où les passions étaient sans cesse frémissantes et se seraient portées sans cette répression impitoyable aux plus monstrueux excès (2). Voilà le fond dans sa vérité : le surplus est du théâtre et du roman. Deux iniquités sont à relever dans les études ou plutôt les peintures qui, depuis plus d'un siècle, sont faites de l'Inquisition. La première consiste à grouper, à amonceler dans un seul tableau les traits de rigueur excessive, les excès de zèle, les

---

(1) Peut-on trop admirer cette sollicitude de l'Église pour tous les accusés quels qu'ils fussent? Un Concile, celui de Toulouse en 1229 ordonne qu'un avocat sera toujours donné aux prévenus trop pauvres pour le payer eux-mêmes.

(2) Et n'oublions jamais la marche suivie par l'Église et rappelée par le Concile de Toulouse. « Il ne faut condamner que sur l'aveu personnel du coupable ou sur des preuves claires et évidentes, car il vaut mieux laisser un crime impuni que de condamner un innocent. »

« La procédure inquisitoriale du XIIIᵉ siècle ne présentait pas les inconvénients qu'on lui a reprochés. » M. Huc, *De l'influence du droit canonique sur la législation criminelle*, dans la Revue critique de législat., 1858, t. I, p. 455.

Un autre savant a écrit ces lignes bien remarquables que lui suggère l'étude approfondie des procédures de l'Inquisition : « Les documents montrent avec quelle lenteur et quelle maturité se comportait cette justice inquisitoriale prétendue si expéditive. » *Mémoires de l'Acad. d'Hist. et d'Archéol.*, Montpellier, 1860.

crimes, si l'on veut, épars dans le cours des siècles. Rien n'est perfide et victorieux comme ce procédé, qui des détails fait un ensemble, et de l'accessoire un tout sanglant et odieux. La seconde iniquité consiste à ne parler que des rigueurs, à ne faire que les tableaux sinistres des exécutions, en taisant, d'une part les dévastations, les pillages, les cruautés atroces des coupables exécutés; de l'autre la sécurité, la paix, la force procurées aux sociétés par l'œil vigilant et le bras ferme de l'Inquisition. Pour être juste il faudrait dans deux tableaux parallèles montrer d'un côté l'état au moins relativement paisible et prospère des pays purgés par l'Inquisition de leurs éléments de désordre, et la situation affreuse des autres, où les menées révolutionnaires, les doctrines les plus perverses, les plus subversives théories ont sapé la société par sa base. Eh! si l'Europe du xvie siècle, si la France du xviiie et du xixe, si l'Angleterre du xviie avaient eu l'Inquisition, que de sang n'eût pas coulé! que de ruines n'eussent pas été faites, que de crimes l'histoire n'aurait pas à consigner!

Venons-en à l'histoire même de l'Inquisition. Si nous voulions généraliser cette histoire nous devrions remonter fort loin. Les apôtres, premiers gardiens armés de la doctrine et des mœurs chrétiennes, sont les premiers inquisiteurs. Saint Pierre est formidable dans ses sentences, saint Paul ne l'est pas moins dans les siennes. Saint Augustin, d'abord assez opposé à la répression des hérétiques par les peines corporelles, est ensuite forcé d'y revenir. Théophile d'Alexandrie, qui tolère les menées subversives des hérétiques est publiquement blâmé. Du temps de saint Grégoire le Grand la punition des hérétiques par les rigueurs des lois civiles est un fait si universel et si patent que le saint Pape peut écrire : « Il est connu de vous (le préfet Pantaléon), combien les lois poursuivent la dépravation hérétique, c'est donc une grave faute si ces hérétiques condamnés par notre foi et les lois civiles, obtiennent sous votre autorité la libre circulation. » Le même Pape prescrit, dans un synode, l'active recherche des hérétiques et leur punition par confiscation des biens, dégradation, etc. Saint Léon le Grand n'entendit pas autrement l'Évangile, la conduite des âmes, la sécurité publique et la défense de la société. La secte infâme et révolutionnaire des Manichéens cachait ses complots et ses crimes dans les bas quartiers de Rome ; saint Léon les recherche, les juge, les châtie. Lui-même écrivait : « Nous ne pouvons pas autrement gouverner le troupeau qu'en poursuivant et en éloignant avec toute la sévérité possible ces corrupteurs, ces pestes des âmes. » Au temps où Arnold de Brescia portait partout, avec ses erreurs, ses haines et ses excitations à la révolte, le doux et suave saint Bernard exhorte l'évêque de Constance à le saisir et à le jeter dans les fers (Epist. 195). Il écrivait dans le même sens pour d'autres sectaires aux habitants de Toulouse. Ainsi ceux d'entre les catholiques qui se montrent si prompts à passer condamnation sur l'Inquisition du treizième siècle, feront bien de réfléchir que c'est la discipline entière de l'Église et la pratique de tous les siècles chrétiens qu'ils se permettent de réprouver.

Au Moyen-âge l'Inquisition ne fut donc pas introduite, mais seulement régularisée et formée en institution. Déjà Lucius III en 1184 avait au Concile de Vérone pris de concert avec Frédéric Ier des mesures sévères contre les sectes perturbatrices des Cathares, des Patarins, des Vaudois. Les excès et les crimes des Albigeois forcent en 1215 un Concile de Montpellier à des dispositions des plus rigoureuses. En 1226, 1227, 1229, les révoltes, les dévastations, les crimes de toute sorte de ces mêmes Albigeois, obligent les rois de France à des confiscations de biens et à des exécutions capitales. En 1220, Frédéric II d'Allemagne, poussé à bout par les hérétiques et comprenant le danger qu'ils font courir à l'ordre public, édicte contre eux les plus énergiques ordonnances, dans lesquelles il les traite plus sévèrement que les criminels de lèse-majesté humaine. Saint Louis, qui s'entendait au gouvernement, s'appuie sur les décisions sévères du iv⁰ Concile de Latran contre la secte albigeoise, et prononce contre les hérétiques de rigoureuses sentences. Les ecclésiastiques jugeront des doctrines, puniront les coupables des peines canoniques, puis après interviendra le bras séculier, qui, au nom de l'État, infligera aux perturbateurs de la croyance et de la sécurité publiques les peines corporelles qui iront jusqu'à la peine de mort. Une fois découvert et convaincu par l'évêque, l'hérétique doit être châtié sans délai suivant les lois de l'État. Les fauteurs d'hérésie, les protecteurs et recéleurs d'hérétiques subiront eux-mêmes des châtiments rigoureux. Ordre est donné aux seigneurs, barons, baillis, de rechercher les hérétiques et de les dénoncer au clergé. Si absolue est la volonté de saint Louis sur ces articles, qu'il en fait jurer l'observation aux seigneurs, barons et bonnes villes du royaume. « Nous voulons que ces statuts soient observés en sorte que notre frère même jure de les garder. »

La recherche des hérétiques, si soigneusement ordonnée par les princes, même les moins fidèles comme Frédéric II, eut pour effet d'amener aux évêques chargés de les juger un nombre trop considérable de coupables; et comme d'ailleurs l'Église exigeait dans ces sortes de procédures la plus grande lenteur, il fallut pour rendre cette tâche possible et salutaire instituer un tribunal exclusivement occupé du jugement des hérétiques et des fauteurs d'hérésie. Le treizième siècle vit paraître sans étonnement et sans aucune sensation ce *tribunal de l'Inquisition* que les troubles et la sanglante anarchie du Midi ne rendaient que trop nécessaire. En quelle année ce tribunal fut-il définitivement constitué? Les auteurs diffèrent d'opinion; il semble assez sûr de désigner les années 1233 ou 1234 et le pontificat de Grégoire IX. D'ailleurs cette question est assez oiseuse. — Le tribunal de l'Inquisition fut d'abord confié aux Dominicains qui plus tard s'adjoignirent un collègue pris parmi les Franciscains connus dans tout le Midi pour leur charité et leur mansuétude.

Quel était au juste le rôle de ce tribunal? Ce tribunal à la fois laïc et religieux était composé mi-partie de laïcs et mi-partie d'ecclésiastiques. Les ecclésiastiques jugeaient de la doctrine, mais laissaient aux inquisiteurs laïcs les condamnations capitales. Quant aux condamnations elles suivaient en tout les exigences de la loi civile que les inquisiteurs ne firent jamais qu'appliquer. Et, remarquons-le, le tribunal de l'Inquisition ne condamnait pas les doctrines à l'état d'opinions personnelles et d'erreurs latentes, il sévissait contre la profession publique et révolutionnaire de l'erreur. « L'Inquisition fut établie contre des sectaires remuants et séditieux, contre des scélérats attaquant toutes les bases sociales, et qui, dans tous les temps, avaient été traités avec plus de sévérité. » L'Inquisition employa la torture dans l'interrogatoire des prévenus. Ce tribunal resta en cela de son époque ni plus ni moins. Libre à nous de condamner un mode de procédure qui n'a pris fin que sous Louis XVI, mais il est déraisonnable d'en faire retomber l'odieux sur l'Inquisition. Tout au contraire, il est indubitable pour qui a étudié sérieusement le Moyen-âge, que le tribunal de l'Inquisition fut plus clément que presque tous les autres.

A Rome, sous l'œil de la Papauté, l'Inquisition ne péchait que par trop de bonté. A Rome, où certes les crimes se commettaient comme partout ailleurs, pas un seul exemple d'une condamnation à mort par l'Inquisition!

Le triomphe des ennemis de l'Église a été de faire de l'Inquisition une institution ecclésiastique imposée par le Pape et versant le sang au nom de la religion. Rien n'est plus faux. C'est *à la demande expresse des princes séculiers* que

Rome institua le tribunal de l'Inquisition dans les différentes contrées de l'Europe chrétienne. Saint Louis qui l'avait provoquée en 1229, l'arma de nouveau contre l'hérésie en 1255 et demanda instamment à Alexandre IV que ce tribunal, érigé dans le Midi contre les Albigeois, fonctionnât aussi dans l'intérieur de la France : Frédéric II avait fait à Innocent IV la même prière, et les Frères-Prêcheurs furent chargés de l'Inquisition en Allemagne. En 1478 Isabelle et Ferdinand la réclamèrent pour l'Espagne. En 1536 Paul III l'accorda aux instantes demandes de Jean III de Portugal. A Venise c'est le Sénat qui en vota l'installation. Les bienfaits de ce tribunal si iniquement décrié et avec tant d'ignorance le faisaient étendre partout. Quand il n'eut plus à fonctionner contre les crimes et les fureurs des Albigeois, la puissance civile tourna son action contre d'autres crimes tels que la bigamie, l'usure, les crimes contre nature, l'assassinat. Il devint la sauvegarde de la croyance, des mœurs, de la sécurité des peuples, et rendit ainsi, dans un temps où la police n'était pas encore organisée comme elle le fut depuis, les plus éminents et les plus continuels services. Ces services frappaient Voltaire lui-même qui ne put s'empêcher de leur rendre hommage.

Cela dit nous ne ferons aucune difficulté d'avouer que l'Inquisition, comme toutes les institutions humaines, peut dans son histoire enregistrer des abus et des faits regrettables. Un ministre de la République française, sous le Directoire, Bourgoing, disait : « Pour rendre hommage à la vérité, il faut avouer que l'Inquisition pourrait être citée de nos jours comme modèle d'équité. » Après cela dire que les passions ou une rigueur excessive dictèrent parfois certains arrêts, c'est faire le vulgaire procès de la faiblesse humaine (1).

---

(1) Ouvrages à consulter, outre les jurisconsultes cités plus haut :

V. Les grands Ordres mendiants. Voici l'une des plus brillantes œuvres de l'Église dans la période qui nous occupe. Plus efficacement que par les croisades et l'Inquisition l'Église sauva par cette œuvre la société toute entière. Assurément la guerre entreprise contre la perversité albigeoise et le fonctionnement du tribunal de l'Inquisition furent pour le douzième et le treizième siècles une cause très puissante de prospérité. Néanmoins une création de l'Église fit plus à elle seule pour le bonheur de l'Europe et le triomphe du bien que tout le reste : cette création victorieuse est celle des *ordres mendiants* (1).

Comme toutes les créations de Dieu, celle-ci vint à son heure et répondit à un pressant besoin de l'Église et de la société. Nous pourrions étudier l'ordre mendiant en lui-même, dans la pensée et le sentiment qui lui donnent naissance, voir en lui le type le plus parfait de la vie religieuse, le plus complet résumé des conseils et des béatitudes évangéliques, la copie la plus vivante de la divine figure de l'Homme-Dieu pauvre et exilé sur la terre, et le proclamer la plus haute expression de la perfection ici-bas. Assurément ce point de vue, pour incompris qu'il soit généralement, n'en est pas moins de tous le plus magnifique et le plus vrai.

Toutefois bornons-nous ici à l'opportunité providentielle des ordres mendiants au treizième siècle et au besoin tout spécial qu'avait cette époque de leur influence et de

---

Lettres sur l'Inquisition par Joseph de Maistre. — H. de l'Epinois, *Critiq. et réfutations de H. Martin et son Hist. de France*, p. 169, Palmé, 1872. — Carena, *Tractat. de off. Inquisit.* Bologne, 1668. — Guizot, *Hist. de la civilis.* 6e Leçon. — *Historia Inquisitionis* par Limbroch. — Alb. du Boys, *Correspondant* du 25 avril 1857. — Germain, *Une consultat. inquisitoriale au* xive *siècle.* — *Revue de législation*, t. VI, p. 500. — *Revue des questions hist.*, t. II, p. 177. — Camau, *L'Inquisition*, Palmé, 1887.

(1) On trouvera d'excellents aperçus dans l'ouvrage de M. Martin : *Les Moines et leur influence.*

leurs œuvres. Sans doute les autres ordres avaient enfanté des merveilles; la famille Bénédictine étendait partout ses rejetons, les ordres charitables étonnaient le monde par les prodiges de leur dévouement, les ordres militaires montraient les vertus du saint sous la cotte de maille du guerrier; mais tous ces ordres étaient ou allaient devenir immensément riches et perdre en ferveur ce que les richesses de la terre leur prodigueraient de bien-être. Le clergé séculier bien que régénéré et vigoureux depuis la victoire des Investitures avait un continuel besoin de soutien et de lumière dans la rude tâche ou plutôt les dangers terribles que le mélange des deux sociétés civile et religieuse le condamnait à braver. Ce soutien lui viendra des ordres mendiants. Enfin les sectaires qui pullulent, et, sous les noms les plus divers cherchent à tromper les simples, réunissent leurs efforts pour transporter du clergé orthodoxe sur eux-mêmes et leur pauvreté apparente les hommages et la confiance des populations. Ils affichent la pauvreté, ils portent la besace du mendiant : le vrai missionnaire devra être mendiant comme eux et dissiper aux rayons de ses vertus véritables le prestige que les sectaires recueillent de leurs fausses vertus.

Commençons par les deux plus grands ordres mendiants, les *Dominicains* et les *Franciscains*. Dieu même avait annoncé à son Église la naissance de ces deux admirables familles religieuses dans des songes de la nuit, où de grands Papes voyaient la basilique de Latran ébranlée et chancelante soutenue par un mendiant Italien et un prêtre Espagnol : le premier était saint François d'Assise, le second saint Dominique.

1. Les *Dominicains* (1). Leur fondateur fut un Espagnol de grande distinction, Dominique, né dans le diocèse d'Osma

---

(1) Mamachio, *Annales ordin. Prædicat.*, Rom., 1756. — Ripoll., *Bulla-*

en 1170. Après des études brillantes faites à l'université de Palencia, Dominique fut chanoine régulier et sous-prieur de la cathédrale d'Osma. Entré en France en pleine guerre des Albigeois, il ne cessa plus de travailler à la conversion des hérétiques. Pendant que les croisés combattaient, Dominique priait. Ne connaissant contre les ennemis de la foi et de l'Église d'autres armes que la prière, la douceur, la pauvreté, il essayait de les convaincre par sa parole, de les gagner par sa mansuétude, de les toucher par le spectacle de sa pauvreté. Là est tout le but et tout l'esprit de l'ordre dont il devint le fondateur. Sous une règle empruntée à celle de saint Augustin, Dominique occupa ses disciples à la prière et à la prédication. En peu d'années l'ordre se répandit avec une bénédiction merveilleuse, et du vivant même du saint fondateur, l'Italie, l'Espagne, la Hongrie, l'Allemagne, la France, l'Angleterre possédèrent de ses maisons. « Si nous songeons, dit Hurter, que l'ordre Dominicain a donné à l'Église plus de huit cents évêques, cent cinquante archevêques, soixante cardinaux et quatre papes, si nous considérons d'autre part que des génies, tels que saint Thomas d'Aquin, saint Vincent Ferrier, Albert le Grand, etc., en sont sortis, nous affirmerons hardiment que son influence dans la science ne le cède pas à celle qu'il exerce dans l'Église. » — Avant de fonder les premiers couvents des Frères-Prêcheurs, saint Dominique avait, en 1208, dans la Prouille, village des Pyrénées, fondé pour la contemplation et la prière un ordre de femmes. Ces anges devaient élever au ciel leurs voix innocentes au milieu du tumulte de la guerre albigeoise et des cris discordants des combats. Cet ordre à la contemplation et à la prière

---

rium Ordin. Frat. prædicat. Rom., 1729. — Bernardo Guidonis, *Vita S. Dominici.* — Touron, *Vie de S. Dominique*, Paris, 1739. — Lacordaire, *Vie de S. Dominiq.*, Paris, 1840.

devait joindre aussi l'éducation des jeunes personnes, et les arracher ainsi aux séductions et aux dangers de l'hérésie.

2. Les *Franciscains* (1). Nous n'entrerons pas dans la délicieuse histoire du séraphique François d'Assise. Cette histoire qui ne la sait? Nous le prenons à cette heure, où déjà devenu l'un des saints les plus étonnants de l'Église il est aux pieds d'Innocent III, en 1210, pour demander la confirmation de sa Règle. En face de cette règle effrayante de sévérité, assailli d'ailleurs des objections et des réquisitoires de tous ceux qui l'entouraient, le grand Pape hésitait. Un miracle le convainc, un ordre d'en-haut lui est donné, il cède, il confirme la Règle, mais, par prudence, de vive voix seulement. — D'après cette règle, le Franciscain ni ne possède, ni ne touche même d'argent. Le couvent ne possède rien, la charité publique restera seule l'arbitre dernier de sa vie ou de sa mort. Le travail manuel, et, s'il est rendu impossible, la mendicité : voilà le gagne-pain des fils de saint François. Cette pauvreté, François l'aime éperdûment. « Elle est, dit-il, l'amie, la fiancée du Christ; la pauvreté est la racine de l'arbre; elle est la pierre angulaire, la reine des vertus. » Quant à l'apostolat des Frères-Mineurs il doit être leur unique préoccupation après leur sanctification personnelle. Avant tout il faut prêcher d'exemple, les lèvres ne s'ouvriront qu'après.

Le berceau de l'ordre Franciscain fut une terre bénédictine, ruine auguste d'une ancienne église qui, sous le nom de *Portioncule*, devint le théâtre des extases de saint Fran-

---

(1) Dom. de Gubernatis, *Orbis Seraphicus*, Rom., 1682. — Bullarium Franciscarum, Rom., 1759-1780. — Chavin de Malan, *Hist. de S. Franç. d'Assise*. — Daurignac, *Hist. de S. Franç. d'Assise*. — Chalippe, *Vie de S. Franç. d'Assise*, 3 vol., Paris, 1867. — Fr. Gonzagæ, *Hist. Séraph. relig.*, Rom., 1587.

çois, des visions d'en-haut et plus tard de ces grâces singulières versées à flots chaque année sur le monde catholique. Après avoir reçu de Notre Seigneur Jésus-Christ l'insigne honneur des stigmates, ivre d'amour, torturé de souffrances, le séraphique François d'Assise mourut bien jeune encore en l'année 1226. Il était né dans l'Ombrie en 1184. — Comme toutes les œuvres de Dieu, la sienne passa par les plus critiques épreuves. Ses dernières années avaient été attristées par des dissensions intestines. Après sa mort, elles éclatèrent sans plus de retenue ni de frein. L'ordre se divisa en deux parties : les religieux qui acceptaient la règle franciscaine dans sa rigidité native, les autres qui en atténuaient la terrible rigueur. Le successeur de saint François, le frère Élie, accentua encore le danger par sa vie peu mortifiée et son entêtement peu évangélique. Un saint apparut alors qui sauva l'œuvre de François d'Assise, saint Antoine de Padoue, qui, soutenu par toute la partie fervente de l'ordre et l'intervention du Pape, fit une première fois déposer frère Élie. Relevé mais incorrigible Élie fut une seconde fois écarté du gouvernement de l'ordre qu'il aurait peut-être perdu. La tempête ne s'apaisa pas aussitôt ; de profonds dissentiments sur les limites de la pratique de la pauvreté continuèrent à diviser les esprits. Les Papes et le Concile de Vienne (1311), ayant voulu intervenir, quelques religieux obstinés dans la désobéissance se détachèrent de la famille Franciscaine et allèrent se perdre dans les sectes fanatiques dont nous avons esquissé plus haut l'histoire. La douleur de cette perte fut la dernière pour l'ordre, qui entra dès lors dans une période d'incroyable prospérité, et couvrit bientôt l'Europe entière de ses fondations (1).

---

(1) On trouvera dans l'ouvrage de M. l'abbé Demore tout ce qui concerne la fondation des Franciscaines, dites Clarisses : *Vie de sainte Claire d'Assise*, Paris, Bray et Retaux.

VI. Histoire intellectuelle (1). Dans la période que nous venons de parcourir, nous avons pu entrevoir, à l'agitation fiévreuse de la pensée, aux intempérances de la spéculation, souvent aux vrais désastres qu'une témérité ignorante cause dans les intelligences, quelle sève puissante circule dans cette société livrée toute entière aux aspirations et aux conquêtes de la science. Sans doute les excès sont déplorables toujours, mais tandis que notre époque esclave de la matière y a bassement absorbé et y dépense toutes les puissances de l'idée, les douzième et treizième siècles sont avant tout des siècles spiritualistes. Si la sculpture et l'architecture semblent vouloir immatérialiser jusqu'à la pierre, combien plus la science elle-même sera-t-elle ardente à s'élever jusqu'au monde spirituel. Tout n'est pas chef-d'œuvre, nous en convenons bien, mais tout s'empreint d'un reflet vénérable de spiritualisme. D'ailleurs, ne l'oublions pas, nous touchons à la plus brillante époque pour la pensée humaine ; d'incomparables noms vont surgir, *Thomas d'Aquin* va les dominer tous, et faire monter de concert la philosophie et la théologie jusqu'à des sommets glorieux. — C'est aussi la plus brillante période des écoles et des universités ; là des étudiants se réunissent par milliers, l'ardeur de savoir est universelle, tous veulent faire la conquête de la

---

(1) Ouvrages à consulter : Xav. Rousselot, *Etude sur la philosophie dans le Moyen-âge*, Paris, 1840. — Hauréau, *De la philosophie scolastique*. — *Hist. Littér. de la France*, t. XXIII. — Du Boulay, *Hist. acad. de Paris* (1665). — Crevier, *Hist. de l'Univers. de Paris* (1761). — Hjort, *Johann. Scotus Erigena*, Copenh., 1823. — Du Pin, *Hist. des Controverses agitées dans le IX° siècle*. — Bouchitté, *Le Rationalisme chrétien à la fin du XI° siècle*, Paris, 1842. — E. Michaud, *Guillaume de Champeaux et les écoles de Paris au XII° siècle d'après les documents inédits*, Paris, 1867.

Dans plusieurs des sources que nous indiquons l'on rencontrera des jugements faux et des points de vue erronés. — Voici une source tout à fait pure et extrêmement riche : *Le Catholicisme comparé*, etc., de Balmès, où l'on trouvera sur le mouvement intellectuel durant le Moyen-âge de très remarquables aperçus,

vérité, jamais l'Europe n'a atteint un pareil développement intellectuel.

Nous avons vu Cassiodore, le vénérable Bède, les rois, les évêques donner à l'organisation des écoles secondaires les soins les plus assidus. La pensée franchit maintenant ces limites trop étroites, l'enseignement supérieur ouvre aux intelligences ses profondeurs et ses sublimités. Nous voulons bien que l'étude exagérée de la *dialectique* arrête trop, au moins durant quelque temps, les esprits dans un réseau de minuties, mais l'arme n'en est pas moins excellente, et, bien maniée, elle frappera avec saint Thomas d'Aquin toutes les erreurs, comme elle formulera admirablement toutes les vérités. Alliée à la théologie elle nous donne cette manière large et profonde de présenter les vérités de la foi. Tout en restant dans les limites de la discrétion et en évitant toute émancipation téméraire elle devient la théologie *raisonnée*. — Mais exposer le dogme ne suffisait pas plus alors qu'aujourd'hui et à tous les siècles de l'Église : il le fallait défendre, de là la véritable armée de controversistes que nous voyons aux prises avec les Grecs, les Musulmans, les Juifs. — Cependant la *mystique*, fondée sur la plus solide théologie scholastique, enfante des chefs-d'œuvre. L'*histoire* multiplie des chroniques plutôt qu'elle ne fait de grandes œuvres. L'étude du *droit canonique* produit des travaux de grande valeur. Enfin dans les diverses branches des sciences des noms jaillissent dont un certain nombre atteignent à une gloire méritée et presque tous échappent à l'oubli. — Nous allons, dans cette nomenclature, trop fournie pour être complète, nous arrêter un moment.

1. Distinguons pour plus de clarté comme quatre périodes dans ce parcours des travaux scientifiques des XIIe et XIIIe siècles. Dans la première la science catholique, après l'élan que lui donne saint Grégoire VII, se relève et lutte contre de premières révoltes de l'erreur. A saint *Pierre Damien*, à saint *Anselme de Lucques* succède, lors de l'hérésie de Béranger, le célèbre *Lanfranc*, écolâtre au monastère du Bec et archevêque de Cantorbéry, puis d'autres auteurs moins connus qui écrivent comme Lanfranc contre l'erreur de Béranger et sur le dogme eucharistique : *Hugues* de Langres, *Adelman*, *Durand*, *Guittemond*, *Alger*, écolâtre de Liège, *Abbandus*.

A la fin du xie siècle, saint *Anselme de Cantorbéry* jette définitivement les bases de la Scholastique à laquelle saint Thomas d'Aquin donnera tout à l'heure son couronnement. Saint *Odon* d'Orléans devenu évêque de Cambrai prête aux études une impulsion puissante et laisse lui-même des écrits estimés, où il suit assez généralement la méthode et le fond même de saint Anselme. *Hermann* fait de même dans son *Traité de l'Incarnation*. Désormais la méthode du grand archevêque de Cantorbéry prévaut et sert de modèle. Des auteurs tels que *Anselme de Laon*, *Hildebert* du Mans commencent à réunir les questions théologiques dans une forme qui laisse prévoir les *Sommes* dont l'enseignement sera bientôt magnifiquement doté.

Nous avons vu comment avec Abailard, Gilbert de la Porée et leurs disciples, la raison catholique, traître aux révélations divines de la foi, retournait au doute, aux négations, parfois même aux extravagances de l'ancienne philosophie : une réaction puissante sauva le bon sens et la philosophie en même temps que la vraie science théologique. *Hugues de Saint-Victor* (1141) en finit avec les arguties de la dialectique, et donna aux problèmes de la science religieuse une large et noble place. Nous avons de lui un abrégé théologique sous le nom de *Summa Sententiarum*, un Directoire des études théologiques, des Commentaires sur l'Écriture sainte, et enfin quelques Traités ascétiques. *Richard de Saint-Victor* (1173), disciple du précédent et plus profond que lui, nous a laissé d'abord des œuvres dogmatiques : « de la Trinité » où il tâche, dans les limites discrètes du possible, de faire comprendre l'ineffable mystère; « *De Verbo incarnato* » où il se sert de la même méthode qui applique la raison à la démonstration de la foi, mais sans témérité ni révolte. Ses traités ascétiques ont une réelle valeur. Dans le même mouvement de réaction contre le rationalisme d'Abailard, nous trouvons un autre nom non moins célèbre *Pierre Lombard* (1160) évêque de Paris, théologien sans une grande profondeur, mais sage, prudent, méthodique, dont la *Somme* pourra servir de texte aux leçons des professeurs qui le surpasseront. Le reproche le plus grave qu'on peut lui adresser est de ne pas s'être assez dépouillé des minuties et des arguties dont plusieurs offraient à l'orthodoxie des dangers véritables, et toutes des embarras et des retards à la vraie et grande théologie. La Somme de Pierre Lombard fut résumée par *Bandinus*, et un autre de ses disciples *Pierre de Poitiers* commenta ses *Sentences* en en accentuant les défauts. Ces défauts c'est-à-dire les subtilités vaines et dangereuses furent combattues par *Gautier*, prieur de Saint-Victor (1181). — D'autres auteurs s'essayèrent aussi aux *Sommes théologiques*, ainsi *Guillaume d'Auxerre*, *Robert de Melun*, *Étienne Langton*, *Nicolas d'Amiens*, etc.

Ces premières *Sommes* n'étaient que les premiers essais et l'aurore de la plus étincelante lumière. Nous voici à l'apogée de la Scholastique, les chefs-d'œuvre se succèdent, les noms illustres se multiplient, jamais l'esprit humain n'enfanta autant et de si merveilleux travaux. — Avant d'entrer dans le détail, disons un mot de cette *Scholastique*, méthode aussi vaste que puissante dont notre siècle frivole a pu se moquer faute de la pouvoir comprendre. Voici cette méthode nettement exposée. « Elle consiste à poser avec clarté l'état de la controverse; à la dégager avec une scrupuleuse attention de toutes les questions étrangères que l'art du sophisme s'efforce d'y mêler pour l'obscurcir et la dérober aux yeux du lecteur; à la diviser en membres visibles, palpables, et tout à la fois distingués, séparés, comme ces bornes qui divisent les terres; à bien définir les termes pour écarter l'équivoque, cette mère de la confusion dans le langage; à faire précéder la discussion de principes clairs, incontestables, semblables à ces fanaux qu'on place à l'entrée des routes pour éclairer la marche; à déduire ses preuves et ses moyens, à les étendre, les resserrer, en résumer tout le fond et la substance en un syllogisme net et précis; à exposer les objections avec autant de clarté que de force, à les pousser jusqu'à la plus exacte précision par une gradation d'instances qui vont toujours croissant jusqu'à ce que la difficulté soit arrivée à son dernier période. » En un mot, tandis que notre exposition et notre controverse modernes s'égarent trop souvent dans des ampleurs vagues et des ornementations perfides à la clarté et souvent même à la bonne foi, la méthode scholastique dresse son argumentation comme un général dispose ses troupes en ordre de bataille : tout est prévu, toutes les entrées et les sorties sont gardées, toutes les positions sont sûres, l'armée s'avance lentement, savamment, puissamment, poussant devant elle un ennemi toujours incapable de tenir et toujours dans l'impossibilité d'échapper. Telle est l'arme dont les plus grands docteurs du Moyen-âge se sont servi, le temps n'en a pas entamé la trempe, aucune autre méthode n'en a atteint la puissance et le succès.

Deux grandes écoles scholastiques naquirent des deux ordres mendiants récemment donnés par Dieu à son Église : l'École *Franciscaine* et l'École *Dominicaine*.

École Franciscaine. Le premier nom que nous rencontrons dans cette époque est celui d'*Alexandre de Halès* (mort en 1245), professeur à Paris, puis frère mineur. Un seul fait nous révèle mieux que tout le reste sa valeur et sa renommée : Innocent IV imposa à toutes les écoles de la chrétienté son Manuel de théologie. Comparé aux travaux de saint Thomas c'est un essai sans doute, mais un essai neuf et original qui, le premier, exposait dans la forme syllogistique d'Aristote la doctrine catholique toute entière : Dieu, la Trinité, la création, les anges, l'homme, le péché originel, le péché actuel, l'incarnation, la grâce, la loi, les vertus, les sacrements. Un nom beaucoup plus illustre ne l'a pas fait oublier : *Saint Bonaventure*, le docteur séraphique, fut professeur à Paris en 1250, puis général des Franciscains, puis cardinal-archevêque d'Albano. Ses œuvres philosophiques et théologiques le placent après saint Thomas d'Aquin; dans l'ascétisme il règne sans rival. Bien que nous n'ayons pas de saint Bonaventure une *Somme* proprement dite, nous en possédons en différents ouvrages à peu près tous les éléments. Dans son traité « *De reductione artium ad theologiam*, » par exemple, et dans son « *Breviloquium*, » il coordonne les sciences et trace l'esquisse d'une vraie Somme suivant la marche de Pierre Lombard. Ses commentaires sur le même fournissent également la matière ordinaire des Sommes théologiques. Son « *Itinerarium mentis ad Deum*, » que Gerson qualifiait « d'*opus immensum*, » est remarquable tant par la solidité du fond que par la méthode de l'exposé. Dans un autre opuscule : « *Centiloquium*, » il fait une sorte d'introduction morale à la théologie. — Ses œuvres ascétiques placent, nous l'avons dit, saint Bonaventure en tête de tous les autres Scholastiques : opuscules aussi variés que pieux et profonds (1), vingt-cinq lettres, « *Memoralium*, »

---

(1) Nous ne croyons pas devoir faire mention des écrits douteux et surtout absolument inauthentiques du saint docteur. Ces écrits sont relativement assez nombreux.

« *Formula aurea de gradibus virtutum*, » une méthode d'oraison mentale intitulée : « *Soliloquium.* » « L'*Incendium amoris* » ou Traité de la méditation, de l'oraison, de la contemplation, « l'*Amatorium* » ou Traité de l'amour de Dieu, un opuscule sur la Vie et la Passion de Notre Seigneur, intitulé : « *Lignum vitæ.* » D'une piété ardente envers la très sainte Vierge, saint Bonaventure composa en son honneur plusieurs beaux traités, tels que la « *Paraphrase du Salve Regina,* » le « *Miroir de la Vierge.* » Pour la vie ecclésiastique et religieuse, le saint docteur a beaucoup et admirablement écrit; citons son Traité des « *Six ailes du Séraphin,* » dédié aux évêques sur les devoirs de leur charge, la « *Légende de saint François,* » « l'*Exposition de la règle des Frères-Mineurs,* » des exhortations aux novices, aux sœurs, etc. L'amour de son ordre ne le rendit pas seulement auteur plein d'ascétisme, mais encore polémiste vigoureux et ardent. Le grand éclat que jetèrent de suite les ordres mendiants suscita aux Franciscains comme aux Dominicains des jalousies qui allèrent jusqu'à la haine, et de la haine aux plus violentes attaques. Humiliés par la foi, la sainteté et le génie des nouveaux-venus, irrités de voir le vide se faire rapidement autour de leurs chaires, quelques professeurs de l'Université de Paris, des prêtres, même des évêques, se laissèrent aller parfois aux plus violentes diatribes. Guillaume de Saint-Amour et Gérard d'Abbeville les couvrirent d'injures et firent mille efforts pour qu'on les chassât de l'enseignement. On eut parfois ce triste et écœurant spectacle d'une populace ameutée les poursuivant de ses insultes et de ses ordures. Comme toujours, la persécution fit jaillir sur les Frères un éclat plus vif et la lutte décupla leurs forces. Ce que saint Thomas fit pour les Dominicains, saint Bonaventure le fit pour les Frères-Mineurs, et de belles et vigoureuses apologies de la vie religieuse en général, des ordres mendiants en particulier, jaillirent de leur zèle et de leur génie. Voici les titres des principales apologies de saint Bonaventure : « *Quare Fratres Minores prædicent*, » « *Tres quæstiones* » sur la pauvreté, le travail, l'étude, « *Apologeticus*. » « *De paupertate Christi*, » etc. — Nous pourrions enfin mentionner du Docteur séraphique de beaux commentaires sur l'Écriture sainte. Saint Bonaventure mourut au deuxième Concile de Lyon en 1274 (1).

École Dominicaine. Le Bienheureux *Albert le Grand* ouvre une liste que saint Thomas d'Aquin rend presqu'aussitôt après glorieuse. Professeur à Cologne et à Paris (1246-1248), Albert le Grand fut un instant évêque de Ratisbonne, et mourut retiré à Cologne en l'année 1280. Nul ne professa avec plus d'éclat et de renommée, ni au milieu d'un tel concours de disciples. Il arrivait souvent qu'aucune salle ne pouvant plus contenir ses auditeurs il donnait ses leçons en plein air. Albert le Grand achève, en étudiant plus profondément Aristote, de préparer le merveilleux instrument de la dialectique qui fera après lui la plus grande force de l'enseignement scholastique. Mieux encore que ses devanciers, Albert le Grand comprend et applique l'accord de la raison et de la foi, donne à la première une large part dans ses expositions théologiques, mais sans jamais froisser ni meurtrir, ni surtout détrôner la seconde. L'objet de ses études était universel, et ses œuvres sont un résumé (parfois confus) de théologie, de philosophie, de patrologie, d'Écriture sainte, et même aussi des sciences naturelles. Un défaut capital chez Albert le Grand et qui

---

(1) Voir : de Margerie, *Essai sur la philosophie de S. Bonaventure*, Paris, 1855. — Roquette, *S. Bonaventure et son siècle*, Lyon, 1863. — Ozanam, *Dante et la philosoph. catholiq. au treizième siècle*. — Vivès a édité les œuvres complètes de S. Bonaventure, Paris, 1863. — Berthaumier, *Hist. de S. Bonavent.* — *Id.* traduct. des œuvres spirituelles, Paris, 6 vol., 1855.

devait rapidement condamner ses œuvres à l'oubli, c'est la lourdeur, l'obscurité d'un style toujours surchargé et souvent inextricable. Sa vraie gloire est d'avoir eu pour élève le prince de la science, l'*Ange de l'École*, l'un des plus vastes et des plus profonds génies que Dieu ait accordés au monde, saint Thomas d'Aquin (1).

Saint Thomas d'Aquin vint à son heure comme toute grande chose. Tout est prêt pour le recevoir. Une impulsion extraordinaire pousse les peuples vers les spéculations de la science, les étudiants ne se comptent plus que par milliers, de vastes centres d'étude sont fondés partout, enfin l'application de la dialectique à la philosophie et à la théologie donne déjà naissance à ces formules si nettes, si précises, où les vérités de raison et de foi s'enferment dans de si sûres limites et bravent désormais si puissamment les sophismes des rhéteurs comme les subtilités de l'hérésie. D'autre part si la place est faite grande et belle à la vraie science, l'esprit humain court le plus imminent danger, entraîné qu'il est par une impétueuse inexpérience dans des chemins bordés d'écueils vers des conquêtes pleines de désastres. Si Albert le Grand vient de professer, Abailard et Gilbert de la Porée ne sont pas loin. Saint Thomas d'Aquin est le génie tout providentiel qui vient dominer ce vaste mouvement des intelligences au treizième siècle, arrêter les écarts d'une spéculation plus audacieuse qu'elle n'est forte, briser ses saillies désordonnées, illuminer la route toute entière, et porter la pensée humaine jusqu'à

---

(1) Voir : Touron, *Vie de S. Thomas d'Aquin avec l'exposé de sa doctrine*, Paris, 1737. — Bareille, *Hist. de S. Thomas d'Aquin*, Paris, 1846. — Carle, *Hist. de la vie et des ouvrag. de S. Th. d'Aq.*, 1846. — Cacheux, *De la philosoph. de S. Th. d'Aq.*, Paris, 1858. — Jourdain, *La philosoph. de S. Th. d'Aq.*, 2 vol., Paris, 1856. Œuvres complètes : Edit. de Parme, 1852. — Ed. de Rome *cura Justiniani*, 1570. — Venise, 1787, 28 vol. in-4°. — Léon XIII en fait préparer une éd. nouvelle.

un sommet qu'elle n'atteindra jamais plus. Si saint Thomas d'Aquin n'a jeté sur les sciences naturelles qu'un regard furtif et incomplet, il a tout vu, tout scruté, tout élucidé, tout organisé dans les sciences de la philosophie et de la théologie. — Né dans le royaume de Naples vers 1226, Frère-Prêcheur en 1243, disciple d'Albert le Grand, puis professeur lui-même à Paris et à Naples, ami de saint Louis qui se plaît dans ses entretiens sublimes, amour et admiration de son siècle, Thomas d'Aquin meurt à l'âge de cinquante ans environ en se rendant au deuxième Concile de Lyon. Ses œuvres qui ne remplissent pas moins de 18 volumes in-folio laissent dans la stupéfaction quiconque en parcourt le nombre, en voit la variété et surtout en scrute la prodigieuse profondeur.

Distinguons pour plus de clarté quatre séries dans les œuvres du Docteur angélique. — La première se compose des *commentaires* qu'il écrivit sur d'autres philosophes et théologiens. Commentaires sur *Aristote* avec le très remarquable opuscule « de Ente et Essentia, » où se trouve formulée et résumée toute la métaphysique de saint Thomas. Commentaires sur *saint Denys* « de divinis Nominibus, » sur *Boèce* « de Trinitate. » Commentaires sur le *Maître des sentences* (Un second commentaire n'est pas authentique). — Ses œuvres d'*Exégèse* sont aussi volumineuses qu'elles sont belles et fortes, on y retrouve admirablement condensé tout l'enseignement des Pères de l'Église : un commentaire très soigné et très approfondi *sur Job*. Deux commentaires (dont un seul est authentique) *sur le Cantique des Cantiques;* commentaire sur *Isaïe*, *Jérémie*, etc. Ce sont des fragments plutôt qu'une œuvre une et complète. Sur toutes les *Épitres de saint Paul* au contraire son commentaire est un inestimable trésor. Rien n'empêche d'en dire autant de ses deux commentaires *sur saint Matthieu* et *sur saint Jean*. Quant à sa *Chaîne d'or*, c'est une mosaïque incomparable où tous les

Pères viennent enchâsser les enseignements et les explications qu'ils ont faits des quatre Évangiles. — Après ses commentaires et ses travaux d'Écriture le Docteur angélique nous a laissé dans ses *opuscules* et ses *questiones disputatæ*, tantôt des explications et des développements, tantôt des résumés de ses doctrines philosophiques et théologiques et de ses travaux d'exégèse. Nous ne pouvons citer que les principaux opuscules : « *De potentia Dei*, » « *De malo*, » « *De spiritualibus creaturis*, » « *De veritate*, » « *De virtutibus*. » Des réponses sans trame suivie à toutes sortes de questions : *Quod libeta X*, « *De æternitate mundi*, » « *De substantiis separatis*, » où le saint Docteur traite assez longuement des Anges. De très riches expositions du mystère de l'Homme-Dieu, « *de Verbo incarnato* », « *de carne Christi*, » etc. Un véritable chef-d'œuvre sur l'Eucharistie : « *de Sacram. Altaris.* » « *De regimine principum*, » admirable traité du gouvernement. « *Contra errores Græcorum.* » « *In orationem Dominicam.* » « *In Salutationem Angelicam.* » Enfin, comme saint Bonaventure, saint Thomas éleva pour la défense des religieux sa voix puissante et son irrésistible argumentation : plusieurs opuscules sont le fruit de cette grande lutte. — Nous n'avons guère parcouru que des chefs-d'œuvre et nous ne sommes pas encore arrivé à deux ouvrages dans lesquels ce puissant génie paraît s'être lui-même surpassé. Nous voulons parler de ses deux *Sommes*, l'une intitulée « *La Somme aux Gentils*, » l'autre simplement « *la Somme* » ou encore « *la Somme Théologique.* » La première, comme l'indique son intitulé, s'adresse aux esprits cultivés mais éloignés encore de la foi. Le saint Docteur les y amène en leur montrant comment les vérités de foi, loin de contredire la raison, y ont leur appui, et comment un admirable accord règne entre la raison et la foi. La *Somme Théologique*, simple manuel que saint Thomas destinait aux commençants, est resté le plus magnifique monument de la science catholique. Divisée en trois parties, la *Somme Théologique* dans la première traite de Dieu, de la création, de l'homme ; dans la seconde qui renferme deux parties (*prima secundæ* et *secunda secundæ*) encore de l'homme : sa fin dernière, sa béatitude, ses actes, ses passions, son péché, la loi, la grâce, le mérite, les vertus, puis (*secunda secundæ*), continuant les vertus : les vertus théologales, d'autres questions relatives à la grâce, enfin la triple vie active, contemplative, religieuse que l'homme peut mener ici-bas. La troisième partie de la *Somme Théologique* (partie inachevée et que compléta Henri de Gorcum sur des documents empruntés aux autres œuvres du saint Docteur) renferme les magnifiques traités sur Jésus-Christ, la Très Sainte Vierge, les Sacrements. — Cette sèche analyse ne nous peut donner aucune idée de ce travail, le chef-d'œuvre des siècles, le merveilleux édifice où la théologie toute entière apparaît organisée et vivante, où les plus vastes, les plus profondes, souvent les plus obscures questions reçoivent des solutions aussi lumineuses que solides. On conçoit après cela, d'une part le culte que la science catholique a voué à saint Thomas d'Aquin et la royauté toute puissante qu'elle attribua à son œuvre ; de l'autre les efforts de l'hérésie et du rationalisme pour arracher du firmament de l'Église ce trop étincelant soleil. Le cardinal Tolet disait : « Sans vouloir offenser les autres, j'ose affirmer que Thomas d'Aquin à lui seul me tient lieu de tous. » Luther disait : « Otez Thomas et je détruirai l'Église. »

Nous pouvons aisément prévoir les trois phases que parcourra l'œuvre du Docteur angélique, et pour ainsi parler, les trois périodes de son règne. Dans la première, il forme des disciples qui, fascinés par lui, s'attachent avec ardeur à sa doctrine. Dans la seconde, sa dictature qui irrite et fatigue est violemment combattue. Dans la troisième, il triomphe de ces oppositions passagères et fixe pour les siècles un trône que le temps n'a plus fait que consolider. — Parmi les admirateurs et les disciples de l'Ange de l'Ecole, citons *Pierre de Tarentaise* (pape en 1276, sous le nom d'Innocent V), qui s'écarta de la doctrine thomiste et fut condamné pour quelques dissidences particulières. Les autres suivent, copient, commentent, développent le maître sans tenter d'autre route que la sienne : *Gilles de Lessine, Bernard de Trilia, Humbert de Prulli, Gérard de Bologne, Godefroy de Fontaines*. Deux autres noms sont restés plus célèbres, *Henri de Gand* (1) et *Gilles de Rome*. Henri de Gand (1293) laissa un assez grand nombre d'œuvres remarquables mais incomplètes. Gilles de Rome (1316) n'écrivit pas moins de soixante ouvrages, où il suit saint Thomas toujours avec sagesse et sagacité, parfois même en complétant le grand Docteur. — L'opposition et le combat naquirent bientôt et furent parfois aussi véhéments qu'avaient été l'admiration et l'amour. Dès 1276, deux ans après la mort de saint Thomas, une sourde fermentation se remarque dans plusieurs écoles, on semble fatigué de la dictature du grand génie. Une querelle d'Ordre accentue encore cette opposition naissante, les théologiens franciscains ont peine à subir la gloire dominicaine; après quelques essais de contradiction assez timide, la guerre éclate et son signal est la condamnation de Pierre de Tarentaise à Paris et à Oxford. Parfois cette lutte fut vive, quelques épisodes en purent être regrettables, ne nous plaignons pas trop cependant, ni pour la science que la contradiction développe et met de plus en plus en lumière, ni pour saint Thomas lui-même dont ses contradicteurs, ne firent que grandir le règne et préconiser le génie. Parmi ces contradicteurs, les uns restent orthodoxes

---

(1) Voir : Huet, *Recherch. historiq. et critiq. sur la vie et les ouvrag. de Henri de Gand*, Gand, 1838. — Schwartz, *Henri de Gand et ses derniers historiens*.

et émettent même des sentiments heureux et des rectifications justes et solides, les autres qui se jettent éperdûment dans la contradiction, confinent à l'hérésie, meurtrissent la foi et deviennent à leur insu les premiers précurseurs de la révolte du xvi⁰ siècle. — *Guillaume de Lamarre*, franciscain, ouvre la lutte en condamnant dans les œuvres de saint Thomas d'Aquin *comme scandaleuses* plus de soixante propositions. C'était trop prouver pour prouver quelque chose. *Guillaume Varron*, autre professeur d'Oxford et plus tard de Paris, continua la guerre à la doctrine thomiste avec la même chaleur et plus de science, mais tous deux furent surpassés par *Duns Scot* qui, après avoir professé quelque temps à Oxford, fut appelé à Paris vers 1304, y jouit d'une grande réputation, fit affluer les étudiants à ses cours, et mourut à Cologne à peine âgé de 36 ans. Sans aucun charme du style, sans grande largeur de doctrine, Duns Scot retient pour lui une pénétration et une subtilité étonnantes. L'on chercherait vainement en lui les vastes horizons de saint Thomas, les tendres méditations de saint Bonaventure : il subtilise, ses distinctions sont à l'infini, tantôt heureuses, tantôt inadmissibles, quelquefois absurdes. Le parti pris de prendre en tout le contre-pied de saint Thomas devait l'entraîner à des paradoxes : c'est là le plus fâcheux côté de son œuvre, bien que parfois aussi cette opposition lui ait réussi. Comme ouvrages principaux nous avons de Duns Scot, un commentaire sur les Sentences fait à Oxford, puis un abrégé fait à Paris, des opuscules philosophiques, des traités théologiques, etc. Sans doute la contradiction put être favorable au développement de l'enseignement scholastique; mais d'autre part Duns Scot n'eut-il pas aussi une influence fâcheuse sur les intelligences? Avec lui nous rentrons dans la subtilité, presque même dans l'esprit pointilleux et ergoteur. Scot resta pieux et croyant, d'autres viendront qui tourneront sa méthode à leur rationalisme dévergondé. *Guillaume d'Occam* eut dans la philosophie et la théologie un rôle de révolutionnaire. Armé du nominalisme de Roscelin il arriva à la destruction de toute science, puisque toute science traite à quelque égard de l'universel. En théologie ses hardiesses devinrent des révoltes, il alla jusqu'à prétendre à une contradiction possible entre la raison et la foi, et partout il s'attacha à écraser et à annihiler la raison pour aboutir au scepticisme. Scot ergotait, d'Occam à force d'ergoter devenait sceptique. Révolutionnaire en idée il le fut en politique. Quand Philippe le Bel et Louis de Bavière se révoltèrent contre le Pape, il se fit leur allié impétueux, il exalta la puissance impériale sans s'apercevoir que la Papauté seule en empêchait l'absolutisme dégradant. Dans ce même chemin de l'ergotisme, nous trouvons parmi les adversaires d'Occam d'autres égarés; *Raymond Lulle* veut que la seule raison puisse démontrer les mystères, et son « Ars magna » est frappé de condamnation (1276). *Raymond de Sabonde* enchérit encore sur les témérités de Lulle dans son ouvrage « De la théologie naturelle. » Nicolas de Cuse entre dans la même voie mais reste sans valeur scientifique. Ainsi le xiv° siècle finit mal pour la science. Dans beaucoup d'intelligences la doctrine de saint Thomas n'était plus reine, la raison s'émancipait et sortait des sûrs chemins du grand Scholastique, tout à l'heure elle va se jeter avec une avidité folle dans l'étude du Paganisme qui achèvera de la déchristianiser : Luther n'est pas loin.

Mais retournons en arrière. Ces égarés n'étaient pas le Moyen-âge, ils n'y étaient encore qu'à titre d'exception. A côté d'eux la *mystique* continuait à donner ses chefs-d'œuvre et les esprits pieux et droits dépeignaient ainsi l'excès des autres. « Les nouveaux sophistes font un commerce de la parole divine : ils soulèvent les questions les plus futiles, bâtissent des opinions en l'air, et font de notre foi un objet de dérision pour les sages du monde (1). » Une réaction s'opérait. *Nicolas de Clémenges* combattit le scepticisme d'Occam. Une école ascétique nourrie de la substance de saint Bonaventure se forma, qui travailla ardemment à détacher les esprits des spéculations futiles et malsaines pour les élever vers les hautes doctrines des meilleurs temps de la Scholastique. *Jean Tauler* rendit dans ce sens de grands services, mais tomba lui aussi dans des hardiesses condamnées. Après *Henri Suso* et *Ruysbrock* dont la mystique n'est pas toujours exempte d'erreurs, nous arrivons à *Jean Gerson* (2) dont la devise scientifique est dans ces deux mots : comprendre, aimer ; science, amour. La science scholastique doit régler la mystique et la conduire, celle-ci doit vivifier, féconder la première et l'amener à jouir après avoir connu. *Thomas à Kempis* est de la même époque et de la même école. On sait le sentiment très en faveur qui lui attribue le livre de « *l'Imitation*. » Tel est à cette époque le nombre des auteurs ascétiques que nous devons renoncer même à les tous mentionner. Citons seulement : *Guibert de Nogent*, *Aëlred d'York*, *Hugues de Fouilloi*, *Pierre de Celles*, *Pierre le Chantre*, *Pierre de Blois* dont le style est prétentieux mais le fond de grande valeur, *Thomas de Cantimpré*, *Edmond de Cantorbéry*, *David d'Augsbourg* dont quelques ouvrages ont parfois été attribués à saint Bonaventure, *Humbert de Romans*, sainte *Élisabeth de Schœnau*, sainte *Hildegarde*, sainte *Mechtilde*, sainte *Gertrude*.

A côté de cette mystique qui s'épanouissait surtout dans la solitude des cloîtres, n'oublions pas de placer les prédicateurs de la parole sainte qui édifiaient le monde et travail-

---

(1) Corn. Agrippa.
(2) Consultez : Lecuy, *Essai sur la vie de Jean Gerson*, Paris, 1832. — Thomassy, *Jean Gerson*, Paris, 1843. — Vert, *Études historiq. et critiq. sur l'Imit. de J.-C. et Gersoniona*, Paris, 1856. — Schwab, *Jean Gerson*, Wurzb., 1858. — Schmidt, *Essai sur J. Gerson*, Strasbourg, 1839.

laient la foule (1). Ici encore nous ne pouvons citer que les principaux. A la fin du XIe siècle la prédication, presque éteinte sous une universelle décadence, se réveille, et ses œuvres sont de deux sortes, en latin, pour les clercs et les religieux, en langues vulgaires pour le peuple. *Raoul Ardent* de Poitiers (1050), saint *Martin de Léon*, *Maurice de Sully*, évêque de Paris (1296), inaugurent le zèle de la parole sainte. — Ce zèle grandit et enveloppe l'Europe entière quand les ordres mendiants commencent à envoyer partout leurs ardents apôtres. Les Frères-Prêcheurs et les Franciscains montent dans toutes les chaires, entraînent après eux les foules subjuguées, et si la critique leur peut reprocher quelque enflure de style, au moins le salut des âmes et la piété proclament bien haut leur puissance et leurs fruits. — Vers 1250 la Scholastique avec sa roideur, sa trivialité, son laisser-aller amènent une décadence que *Jacques de Vitry* et *Hélinard* le Trouvère converti ne combattent pas assez, mais dont l'illustre saint *Antoine de Padoue* triomphe magnifiquement. — En même temps que le prédicateur se bat sur la brèche, le savant compose à loisir des recueils de prédication : *Alain de Lille*, *Guibert de Nogent*, *Étienne de Bourbon*, etc. Des recueils alphabétiques de sermons se multiplient, précieux secours pour les prêtres que leur vie trop active empêche d'assez réfléchir, mais aussi encouragement fâcheux à la paresse, si l'on en juge par le recueil que la naïve

---

(1) Consulter : Lecoy de la Marche, *La Chaire française au Moyen-âge, spécialement au XIIIe siècle, d'après les manuscrits contemporains*, Paris, Didier, 1868. — Voir aussi Géruzez, *Histoire de l'éloquence politique et religieuse*.
Des documents très intéressants sont fournis par la Bibliothèque Nationale : Bibl. nat., ms. fr. 902. — Bibl. nat., mss. fr. 13314, 13317; 15971, fol. 185; Tissier, VII, 232, etc. — Bibl. nat., ms. lat. 16481, n°s 105, 129.
On trouvera aussi des détails pleins d'intérêt sur cette même matière, dans l'ouvrage de Lecoy de la Marche, *La Société du XIIIe siècle*, p. 233, Paris, Palmé, 1880.

franchise du Moyen-âge intitulait : *dormi tuto* et qui eut plus de trente éditions (1).

Les prédicateurs maintenaient la foi dans le peuple chrétien, les *controversistes* la défendaient contre l'hérésie, le Judaïsme, l'infidélité. Parmi les plus connus, *contre les Juifs*, un rabbin converti, *Samuel de Maroc*, *Pierre Alphonse* un autre juif converti, et *Gauthier de Châtillon* de Tournay, firent contre le Judaïsme des ouvrages sérieux. Les Juifs eux-mêmes se livraient à de fortes études où, parmi plusieurs autres, *Maimonide* laissa un nom. Le prosélytisme juif attira de la part des princes chrétiens de sévères mesures : saint Louis se montrait inébranlable dans la volonté de réprimer leurs excès, en même temps que l'apostolat catholique s'efforçait de les éclairer sur leurs erreurs. A cette œuvre difficile travaillaient S. Raymond de Pennafort et les collèges des Dominicains. *Contre les Grecs*, les

---

(1) Dans tous les pays chrétiens, la prédication était prescrite et son audition inculquée aux fidèles. Un concile d'York disait en 1360 : « Entendre le dimanche la parole de Dieu dans sa langue maternelle vaut mieux qu'assister à plusieurs messes. » Un ouvrage ascétique à l'usage des prêtres, très répandu alors, portait que tout pasteur qui ne savait ou ne voulait pas prêcher était en état de péché mortel. « La principale source où doit puiser un prédicateur, disait Ulric Surgant, curé dans le Petit-Bâle, c'est la Bible; elle seule renferme toutes les parties de la vérité, tandis que les doctrines établies par les docteurs catholiques et même par les évêques après la clôture du canon biblique, s'écartent quelquefois de la vérité. » Surgant était lui-même un prédicateur célèbre et strictement orthodoxe.

En carême, on prêchait journellement dans les grandes villes, et plusieurs fois par semaine dans les petites. Le Franciscain Pelbartus disait dans son recueil de sermons fort accrédité de son temps, qu'il avait donné de plus courts sermons pour les jours ouvrables du carême, « parce que le peuple était moins nombreux que les dimanches et les fêtes, » mais que pour les dimanches il s'étendrait davantage. Le conseil municipal de Nuremberg statua en 1523 que dans les deux églises, en temps de carême, on ne prêcherait que le dimanche, le mercredi et le vendredi; mais, afin qu'il n'y eut pas de jour sans sermon, que les prédicateurs de l'hôpital, de Saint-Gilles et des Augustins étaient invités à prêcher les autres jours.

écrivains catholiques défendaient avec science et énergie, l'unité de la foi, la nécessité de l'union, la subordination des Églises du monde à l'Église Romaine. Citons *Hugon* le Toscan (1177), puis un *anonyme* qui nous a laissé un traité « *Contra errores Græcorum.* » — Contre les hérésies du temps. Un assez grand nombre d'écrivains se distinguèrent dans ces luttes, par exemple, *Eckbert*, *Bernard* de Fontcault, *Sacchone*, *Maneta*, *Ebrard* de Béthune, *Hugues* de Rouen, *Alain de Lille* auteur très fécond, qui, outre ses ouvrages de controverse, nous a laissé un grand nombre d'autres livres de science, de piété, de prédication, etc.

Au milieu de cette végétation puissante de l'esprit humain qui fait le trait distinctif des xiie et xiiie siècles, les sciences ecclésiastiques, autres que la théologie proprement dite, ne pouvaient pas être négligées. — L'Écriture sainte eut en grand nombre de bons commentateurs : *Rupert* de Liège,

---

Les églises de Saint-Jacques et des autres couvents restèrent libres d'avoir un prédicateur tous les jours ou seulement trois fois par semaine. En carême, Geiler prêchait tous les jours vers six heures. A Strasbourg, une personne avait fait une fondation qui accordait annuellement un florin à chaque maître d'école des quatre collégiales qui laisserait ses élèves assister aux sermons du carême. — Le vendredi-saint, on prêchait partout. En Alsace, les ordres mendiants poussaient l'abus jusqu'à prêcher pendant six ou sept heures à partir de minuit. Ailleurs, on prêchait à six heures du matin.

Moins nombreux sont les témoignages positifs sur la prédication dans les campagnes; mais les témoignages indirects, fournis par les conciles diocésains, les miroirs des pénitents, les manuels des curés, le sont d'autant plus. — Il existait des guides particuliers à l'usage des prédicateurs ruraux, notamment l'ouvrage très répandu sous le titre de *Dormi secure* (Dormez tranquillement, prédicateur), ainsi que le *Dictionnaire des pauvres*. Alors comme aujourd'hui, les libraires exploitaient surtout cette branche de littérature, qui nourrit le plus sûrement son homme. — Ce commerce de sermons populaires prouve au moins qu'on prêchait à la campagne. Surgant reproche à plusieurs orateurs populaires « de se borner à commenter l'Évangile. » C'était donc le moins que pût faire un prédicateur de la campagne, et nous en concluons que la prédication y était universelle. (Gams, dans les annot. de l'hist. de Mœlher.)

dont nous avons des explications de l'Ancien et du Nouveau Testament : saint *Bruno d'Asti* (1123), commentaires, homélies ; *Robert de Tombelaine*, *Thomas de Cîteaux*, *Zacharie de Besançon*, l'abbé *Joachim*, puis, plus célèbre et plus utile que les précédents, le cardinal *Hugues de Saint-Cher*. — Le droit-canon était cultivé avant tout par nos plus grands Papes, surtout par *Innocent III;* après eux par saint *Anselme de Lucques*, saint *Yves de Chartres* (1092), *Gratien*, moine à Bologne (1151). Gratien nous a laissé un corps complet et méthodique de la science du droit canonique ; après lui, sur l'ordre de Grégoire IX, saint *Raymond de Pennafort* composa une collection qui eut force de loi, comme la suivante composée par le pape Boniface VIII. Après les collections, le Moyen-âge eut les commentateurs de ces collections : *Bernard de Parme*, *Henri de Suze*, *Durand de Mende* (1230) aussi grand jurisconsulte que liturgiste célèbre. — Comme liturgiste, Durand de Mende nous a laissé le « *Rationale divinorum officiorum*, » ouvrage de haute valeur dans lequel sont résumés tous les travaux antérieurs, notamment ceux de *Guillaume d'Auxerre* dans sa « *Somme liturgique.* »

L'histoire est surtout dans cette partie du Moyen-âge, représentée par des *Chroniques*. Mentionnons celle du moine *Lambert*, de *Sigebert*, d'*Albéric*, moine des Trois-Fontaines ; *Ordéric Vital* nous donne une histoire plus ample : « Histoire ecclésiastique depuis la création jusqu'à l'an 1142. » *Pierre Comestor* (le mangeur de livres), compose des annales historiques d'après les auteurs sacrés et les historiens profanes. *Otton de Freisingue* mêle à ses pages d'histoire d'assez curieuses digressions philosophiques. *Gunther*, moine Cistercien, *Ligurinus* raconte très bien en vers les très détestables exploits de Frédéric Barberousse dans la haute Italie. *Guillaume de la Pouille*, poëmes historiques ; *Guillaume le Breton* chante en assez beaux vers les exploits de Philippe-Auguste ; *Guillaume de Malmesbury* (1142), auteur d'une très remarquable histoire de faits et gestes des Rois Anglais et des Évêques Anglais; *Mathieu Pâris*, trop connu pour ses iniques diatribes contre les Papes, a laissé sous le titre d' « *Historia major*, » des documents précieux depuis Guillaume le Conquérant jusqu'à Henri III (1220). *Rodéric Ximenès*, archevêque de Tolède et ami du roi saint Ferdinand (1206-1245), nous a laissé de remarquables travaux historiques sur l'Espagne, les Ostrogoths, les Huns, les Vandales, les Arabes. *Martin Gallus* écrivit sur l'histoire des Polonais; *Adam de Brême*, sur les missions du Nord; *Saxo*, sur le Danemark. — Les Croisades fournirent leur large contingent de chroniques. Les principales sont celles de *Guillaume de Tyr* (1174), *Jacques de Vitry* (1228), *Joinville*, le compagnon et l'ami de saint Louis. La croisade des Albigeois eut pour historiens *Pierre de Vaulx-Sernay*, *Guillaume de Puy-Laurent*. — Aux travaux d'histoire générale et aux chroniques si nous voulons joindre l'Hagiographie nous rencontrerons les noms de *Jacques de Voragine* avec sa fameuse Légende où il nous montre beaucoup plus de piété que de critique, *Gauthier de Coinsy*, *Rutebœuf*, jongleur converti, etc. (1).

En dehors de l'Église mais toujours soumise à son influence, la littérature profane se développait progressivement, *Bernard de Ventadour*, *Bertrand de Born*, *Richard Cœur-de-Lion* chantaient avec verve et passion la guerre et

---

(1) Un nom rentre difficilement dans le classement que nous avons adopté nom dont la puissance et l'illustration exigent une toute spéciale mention. C'est celui de *Roger Bacon*, Franciscain Anglais (1214-1292). Assez médiocre philosophe, Bacon fit son domaine propre de la linguistique, des mathématiques, et surtout des sciences expérimentales. Là son règne est incontestable. Il pressentit au moins nos plus grandes découvertes modernes; et quand son esprit aventureux et indépendant l'eut rendu, dans son Ordre, suspect et impopulaire, il trouva dans Clément IV, auquel il dédia son *Opus majus*, un défenseur et un appui. Son astrologie ne fut pas exempte de superstition.

l'amour dans la langue brillante du Midi. Le Nord produisait sa littérature plus sérieuse et façonnait sa langue plus ferme et plus précise que *Villehardouin* et *Joinville* maniaient déjà avec souplesse et élégance. — Les cycles épiques disparaissent peu à peu pour faire place au *Roman*, composition railleuse et mordante dont la licence n'aura bientôt plus de frein.

2. Tout phénomène a une cause ; si les productions de l'esprit sont innombrables aux XIIe et XIIIe siècles, c'est que les centres intellectuels y sont nombreux et puissants, c'est qu'une impulsion immense est donnée à la science. L'organisation des études fut de suite le plus continuel objet de la sollicitude de l'Église au milieu de l'Europe nouvelle née des grandes invasions. Aux écoles épiscopales et aux écoles monastiques s'en étaient ajoutées d'autres dans chaque bourg, dans chaque cité. Dès avant le XIIIe siècle, ces écoles étaient innombrables. A partir du XIe siècle, ces centres trop modestes ne suffisent plus, des espèces d'universités privées se forment partout où surgit quelque parole puissante, mais ces écoles éphémères meurent généralement avec leur fondateur, témoins ces centres fondés par Abailard, Guillaume de Champeaux, etc. Le programme scientifique de ces écoles s'élargissait de plus en plus. Dans plusieurs on enseignait en même temps la théologie, la philosophie, la jurisprudence, la médecine. Dans d'autres, une branche seulement : dans les écoles de Saint-Victor, Saint-Denys, Sainte-Geneviève à Paris, seulement la théologie ; à Bologne seulement la jurisprudence ; à Salerne seulement la médecine. — L'affluence des étudiants rendant le déplacement onéreux et difficile, on sentit bientôt le besoin de fonder des *Universités* où toutes les sciences fussent enseignées à la fois, Paris se distingua entre toutes les villes ; son *Université* fondée en 1180 devint rapidement le rendez-vous de toute la jeunesse européenne, et telle était cette affluence qu'il fallut répartir maîtres et élèves par nationalités : France, Allemagne, Angleterre, Italie.

L'*Université* d'origine toute ecclésiastique était constituée ecclésiastiquement. Le premier supérieur en fut l'évêque que suppléait son chancelier. Plus tard cette autorité ayant paru ou insuffisante ou oppressive on s'adressa au Pape, et on obtint de lui confirmation et direction. Les Papes se plurent à orner les Universités des plus riches privilèges ; Innocent III, Grégoire IX, Innocent IV se distinguèrent dans cette protection et ces générosités. — Le côté scientifique était brillant, le côté moral ne tarda pas à révéler des dangers terribles et à laisser entrevoir de vrais abîmes de perversité et de corruption. L'affluence de tant de jeunes gens livrés à eux-mêmes menait droit à d'intolérables abus. Il fallut y remédier par la création des *collèges*, où les jeunes gens vivaient en commun sous une surveillance à la fois paternelle et sévère. Le plus célèbre est resté celui que fonda en 1252 un chanoine de Paris, Robert de Sorbonne. Le collège de Navarre est d'une date un peu plus récente. La charité se mêlant toujours à tout, d'autres asiles s'ouvrirent sous le nom de *bourses* pour les étudiants pauvres (1).

Pendant que la science obtenait par les Universités ses plus brillantes conquêtes, l'*art* multipliait les merveilles au-dehors, le sol européen se couvrait de ses splendides cathédrales gothiques ; Notre-Dame de Paris, Amiens, Beauvais, Sainte-Gudule en Belgique, la Sainte-Chapelle à Paris, etc.,

---

(1) Voici, vers la fin du xve siècle le tableau à peu près complet des Universités avec la date de leur fondation. — *France*. Paris (1180), Reims, (1180), Toulouse (1229), Montpellier (1289), Orléans (1296), Lyon (1300), Cahors (1332), Avignon (1340), Angers (1364), Aix (1409), Caen (1433) Bordeaux (1441), Valence (1452), Nantes (1463), Bourges (1465). — *Italie*. Salerne (1140), Bologne (1140), Vicence (1204), Arezzo (1215), Padoue (1222), Naples (1224), Verceil (1228), Plaisance (1243), Trévise (1260), Ferrare (1264). — *Angleterre*. Oxford (1208), Cambridge (1249), Ecosse. Saint-Andrews (1412), Glasgow (1454), Aberdeen (1477). — *Espagne*. Sa-

sont là debout pour témoigner de l'art au Moyen-âge et faire justice de ses ignorants ou déloyaux détracteurs.

VII. L'Église et le service du peuple. L'Église embrassait tout dans sa même sollicitude et dominait tout de sa même puissance, rois, seigneurs, savants, docteurs célèbres, feudataires et vassaux, princes et peuple, grands et petits. Pendant qu'elle créait et maintenait avec une vigueur sans égale le pouvoir chrétien, pendant qu'elle développait magnifiquement le règne des sciences, elle s'occupait de la situation du peuple et la modifiait graduellement. L'histoire du *Serf* au Moyen-âge est intimement liée à l'histoire de l'Église, cette histoire resterait incomplète si l'on n'y retrouvait l'émancipation du peuple par l'Église, et la formation sage et progressive de ce que l'on a nommé depuis le Tiers-État.

Distinguons trois œuvres de l'Église dont nous devons rendre compte : l'*Affranchissement*, la *Protection*, la *Bienfaisance*.

1. L'*affranchissement*. Comment l'Église trouva le *peuple*, c'est-à-dire la foule immense composée des huit dixièmes de la population du globe? nous l'avons dit assez dans notre premier volume. L'Église le trouva annihilé et écrasé. L'esclave ne comptait pas (1) et il était moins protégé que

---

lamanque (1240), Valadolid (1346), Huesca (1354), Valence (1410) Ségovie (1471), Saragosse (1474), Avila (1482), Séville (1504). — *Portugal.* Coïmbre (1279) Lisbonne (1290). — *Pays du Nord.* Dôle (1410), Louvain (1426), Copenhague (1479), Upsal (1477). En Hongrie. Cinq-Églises (1367), Ofen (1465), Presbourg (1467), Cracovie (1400). — *Allemagne.* Prague (1348), Vienne (1365), Wurtzbourg (1402), Leipzig (1409), Rostock (1419), Trèves (1455), Fribourg (1456), Bâle (1460), Mayence (1477), Tubingue (1482), Wittenberg (1502), Francfort-sur-l'Oder (1506).

(1) « *Non tam vilis quam nullus.* »

la bête de somme. Faire de cette masse profonde, dégradée autant que foulée, des hommes et des citoyens, c'était la plus vaste et plus difficile des révolutions. Aussi est-ce une merveille de voir la sagesse, le calme, la persévérance, la force indomptable de l'Église à pousser son œuvre à travers les siècles, depuis le jour où l'on coupe l'esclave en morceaux pour en nourrir les murènes jusqu'au jour où elle en a fait le *bourgeois*, libre, indépendant, influent, riche, aussi heureux que le seigneur bardé de fer, et bientôt plus puissant que lui (1).

Le premier pas fut de retirer l'esclave de l'ignominie, d'en faire un *être humain* : l'Église y parvint sans peine avec l'eau de son baptême, l'onction de sa grâce, l'égalité sacrée de ses espérances et de ses devoirs. L'esclave était devenu un *frère*, c'était déjà un immense résultat. Des lois nombreuses protégèrent la vie et les membres de l'esclave, et déjà, sous bien des prétextes, ou de bonne œuvre, ou de charité, ou d'expiation, les maîtres chrétiens se portaient à émanciper leurs esclaves. On voyait poindre, au lieu de l'esclave dépravé et meurtri sous la verge, le domestique respecté et aimé. — L'apparition de la *féodalité* améliora encore le sort de l'ancien esclave et hâta l'affranchissement des petits. Dans le système féodal, le peuple *donne* autant qu'il *reçoit*; il n'est plus une chose inerte et inconsciente, il rend des services et par là conquiert des droits. Il cultive un champ où le seigneur est chargé de protéger sa charrue. Il naît à l'existence légale et prend dans l'organisation générale une place qui ne fera plus que grandir. L'histoire superficielle s'apitoye sur le *servage* comme sur une monstruosité dont elle fait la féodalité coupable, rien

---

(1) On trouvera dans le bel ouvrage de Balmès, *le Catholicisme comparé*, etc., une étude complète sur l'affranchissement des esclaves comme œuvre toute spéciale de l'Église.

n'est plus contraire à la vérité. « Les rapports des seigneurs et de leurs hommes ne sont point entachés de ce caractère de violence avec lequel on se plaît trop souvent à les décrire. De bonne heure les paysans sont rendus à la liberté; dès le xie siècle le servage a disparu de nos campagnes. A partir de cette époque il subsiste bien encore quelques redevances et quelques services personnels. Les obligations tant réelles que personnelles sont nettement définies par les chartes et les coutumes; le paysan les acquitte sans répugnance. » — Si l'on compare à l'ancien esclave le serf du Moyen-âge, on constate un complet changement : pourtant l'Église veut plus encore. Ses plus grands Papes rêvent une république chrétienne, où tous, sans briser l'harmonie des conditions diverses, doivent jouir du bienfait commun d'une sage et discrète liberté. Sans doute ce plan généreux devait être entravé par mille causes et de mille manières, et il le fut; néanmoins l'Italie, plus rapprochée de l'influence papale, fut la terre républicaine par excellence. Nous n'excusons pas les mutineries et les turbulences de ces innombrables républiques italiennes, nous constatons qu'elles existaient, que leur peuple y était arrivé à une liberté excessive, et qu'ainsi, c'est près de la Papauté que l'émancipation d'un peuple naguère esclave fut plus tôt et plus complètement consommée. Une grande partie des luttes de la Papauté au Moyen-âge eurent pour objet la liberté du peuple Italien que ne cessaient de menacer la féodalité Italienne et le césarisme Allemand. — Quand la féodalité devint oppressive, l'Église, qui s'était servi d'elle pour commencer l'œuvre de l'affranchissement du peuple, la combattit puissamment en favorisant partout le mouvement communal. L'*affranchissement des communes*, est comme le reste, dû, souvent à l'initiative toujours à l'influence et à l'impulsion de l'Église. L'œuvre de l'Église fait encore un grand pas. Elle avait élevé le peuple de la servitude au servage, du servage à la main-morte, enfin de la main-morte elle le mène hardiment à la liberté. Le savant Hurter a fait cette remarque que les seigneurs ecclésiastiques furent toujours les premiers et les plus nombreux à accorder la franchise à leurs serfs. On sait le vieux proverbe : *Sous la crosse il fait bon de vivre;* continuellement ce proverbe se vérifiait. La bienveillance des évêques et des abbés ne fut pas d'ailleurs la seule cause de l'affranchissement des serfs. En bien des endroits ils se rachetèrent pour des sommes d'argent ou d'autres redevances convenues. Les rois de France favorisèrent de bonne heure le mouvement communal en se montrant faciles à accorder des franchises. En 1112 Louis le Gros accorde une charte de liberté à la ville de Laon. La *commune* d'Amiens date de la même époque (1114). Sous Louis le Jeune et Philippe-Auguste, la voie de l'affranchissement s'élargit encore. Nous commençons à voir les communes se présenter en corps lié et compact soit à la guerre soit à de pacifiques négociations. Les communes des paroisses, leurs curés en tête, aident le roi Louis au siège du Puyset. Au XIIe siècle, les chartes octroyées aux communes deviennent pour ainsi parler innombrables, et presque partout les seigneurs laïcs et surtout le clergé octroient ces chartes volontiers. On disait à la cour de saint Louis : « La France ne sera véritablement le royaume des *Francs* que quand tous les serfs y seront devenus des hommes libres (1). »

Qu'était-ce qu'une *commune?* C'était la réunion, en corps compact et serré, de ce qu'on peut commencer à appeler les *bourgeois.* Ils se réunissent, ont des magistrats, exigent des garanties contre toute entreprise tyrannique du seigneur. En France, les communes ne rejettent pas la domination seigneuriale comme le faisaient les républiques

---

(1) Léopold Delisle, *Étude.*

d'Italie, elles limitent cette domination, et cette limitation était parfois excessive. Voici, par exemple, la charte de Cambrai : « Ni l'évêque ni l'empereur ne peuvent y asseoir de taxe; aucun tribut n'y est exigé, la milice n'en sort sinon pour la défense de la ville, et encore les bourgeois seront-ils le jour même de retour dans leurs maisons, etc. » De partielles et locales qu'elles étaient la franchise et l'autorité des bourgeois devinrent bientôt politiques et s'étendirent aux questions nationales. Vers le XIVe siècle le *Tiers-État* est constitué et assiste aux assemblées générales de la nation. En 1308, Philippe le Bel l'introduit pour la première fois dans les États-généraux.

2. A l'affranchissement l'Église joignait la *protection*. La féodalité était lourde au peuple, la royauté pouvait compter des représentants violents et tyranniques, il importait de mettre le menu peuple à l'abri de l'oppression. A vrai dire l'Église avait commencé par là ; un grand nombre des canons de ses Conciles et de ses anathèmes eurent, dès les premiers siècles chrétiens, pour objet spécial la protection du peuple. — Plus tard, quand la féodalité se mit à fouler le pauvre peuple dans ses querelles et ses expéditions incessantes, l'Église institua la *Trève de Dieu* et la *Quarantaine-le-Roy*, et chargea la chevalerie du soin et de la défense des petits et des opprimés.

Mais le moyen le plus efficace et le plus stable était de mettre des armes aux mains même de l'ouvrier et de lui confier la charge de sa propre défense et de la protection de son travail. L'Église y arriva en créant les *corporations ouvrières* (1). Seulement faisons avant tout cette remarque essentielle que l'Église ne groupa en corporations que l'ouvrier *chrétien*, c'est-à-dire, honnête, moral, laborieux,

---

(1) On pourra consulter, outre les ouvrages de M. le Play, un savant

craignant Dieu et respectant les hommes. Quand la Révolution enrégimente les ouvriers préalablement dépravés et qu'elle les lâche sur la société comme une troupe de bêtes fauves, elle fait une action détestable et commet un crime de plus. L'Église commença par sanctifier l'ouvrier, par le façonner sur le modèle du Divin Ouvrier de Nazareth, puis, sans danger, elle put l'armer pour la protection de son travail en le constituant en corporations. Pour plus sûr, l'Église fit les premiers essais avec ses moines (1). Un travail

---

livre de M. G. Périn, un opuscule de M. L. Gautier (Palmé). — *Le livre des métiers*, par M. de Lespinasse. — *Hist. de Paris*, par le même.

On peut résumer ainsi, d'après *Le livre des métiers* d'Etienne Boileau 1255), l'organisation générale des corporations ouvrières.

« Chaque corporation forme une Confrérie.

« Elle se compose de Prud'hommes (qui ailleurs sont appelés Gardes, Jurés, Eswards au Nord et Consuls au Midi), de Maîtres, de Valets ou Serviteurs (qui ne tarderont pas à recevoir le nom de Compagnons), et enfin d'Apprentis.

« Les Prud'hommes sont les gardes de chaque Métier. Ils sont à la nomination soit de la Corporation, soit du Prévôt, soit d'un Officier du palais. Ils ont un droit de surveillance sur toute la fabrication, et dénoncent tous abus et délits aux Prévôt et Echevins. Généralement il y en a deux par métier.

« Pour être Maître, il faut acheter le métier au Roi, jurer *sur les Saints* qu'on ne commettra pas de fraude, et se conformer aux coutumes de la Confrérie. C'est au xiv⁰ siècle seulement qu'a commencé l'usage du chef-d'œuvre.

« Les Valets ou Compagnons doivent également se soumettre « à leurs anciennes coutumes. » Ces coutumes portaient sans doute qu'ils ne pouvaient quitter leurs maîtres avant l'achèvement de leur travail, qu'ils n'avaient point le droit d'avoir des apprentis, ni d'ouvrir boutique.

« L'apprentissage dure de une à dix années, suivant les métiers. On peut racheter deux années en payant une certaine somme. Le plus souvent, chaque maître n'a droit qu'à un seul apprenti. Le contrat d'apprentissage est oral, mais entouré de garanties solides.

« Toute fraude est sévèrement punie.

« Le repos du dimanche doit être rigoureusement observé. »

(1) « On peut dire que « moine et travailleur » sont deux mots synonymes. Il y eut un jour quelque incertitude sur ce point. Le grand Augustin se leva et foudroya les moines paresseux par son célèbre traité : *Du travail des moines*. Ce coup de foudre, partant d'une telle main, suffit pour dissi-

d'ensemble réunissait les Frères, et nos premiers chefs-d'œuvre sont sortis de leurs mains. Vint alors le tour des ouvriers pour lesquels l'Eglise reprit et perfectionna l'ancienne organisation romaine du travail : le moment fut celui où les constructions de nos innombrables abbayes et cathédrales groupaient comme nécessairement les ouvriers de tous les métiers. Sous la conduite des prêtres et des religieux les ouvriers se constituèrent en autant de *confréries* qu'il y avait de corps de métiers. Peu à peu les coutumes s'établirent, les règlements écrits fixèrent ces coutumes, les lois furent rédigées, les conditions d'admission et de permanence, etc., furent écrites; dès le XIIe siècle, nous trouvons ces confréries et ces corporations ouvrières presque complètement organisées. Nous possédons un livre d'Etienne Boileau (1255) où sont consignés les statuts des métiers de Paris. Rien de noble et de pur comme cette législation ouvrière qui, à la piété, aux bonnes mœurs (1), au travail, à la charité fraternelle, au secours mutuel, joint l'ardeur du *chef-d'œuvre* et la noble émulation du génie (2).

---

per tous les doutes. Tous les moines voulurent ressembler à ceux de la Thébaïde qui faisaient des nattes, à ceux de saint Pacôme qui formaient des familles entières de tisserands, de charpentiers, de corroyeurs, de foulons. Mais il fallait que tant de zèle fût réglé : Dieu fit naître saint Benoît, qui régularisa le travail en même temps que la prière. La Règle bénédictine impose aux moines sept heures de travail par jour; et le travail des mains est compris pour quatre heures dans ce temps si précieusement employé. Les Bénédictins partirent dans toutes les directions ; ils s'éparpillèrent en ruches joyeuses sous tous les soleils. On sait le reste. »

(1) « Tout d'abord il fallait prouver, dans la plupart des métiers, qu'on était de la religion catholique, apostolique, romaine; qu'on était né ou naturalisé Français; et enfin, qu'on n'avait jamais été « *accusé*, atteint, convaincu ni repris par justice. » Les Statuts des Tapissiers de Paris, en 1568, vont même jusqu'à fermer à tout aspirant la porte de la Maîtrise, « *s'il n'est home honneste, de vie et bonne conversation*, et qu'autrement n'ait été atteint d'aucun larcin au dit mestier, crime, blame, reproche ou aucun vilain cas digne de répréhension. » Nous approuvons une telle sévérité. »

(2, « On donnait aux aspirants le temps suffisant pour terminer leur chef-

3. Avec l'œuvre d'affranchissement et celle de protection du menu peuple et de l'ouvrier vint pour l'Eglise l'œuvre de son *instruction*. Remarquons d'abord que la gratuité de l'enseignement supérieur le rendait accessible aux plus pauvres. Les vingt-quatre Universités que possédait la France avant 1789 ainsi que ses cinq cent soixante-deux collèges ne renfermaient pas moins de soixante-treize mille élèves ; or, de ce nombre les quatre septièmes au moins étaient des enfants du peuple élevés et instruits gratuitement.

Pour ceux qui voulaient rester dans les rangs des travailleurs, l'Eglise était tout aussi libérale. Dès le vi⁰ siècle les écoles primaires pullulaient partout. Les traces de ces écoles se trouvent dans chacune de nos provinces de France. Les auteurs qui dépouillent les archives et scrutent les plus authentiques souvenirs arrivent à cette conclusion que chaque paroisse avait son école populaire. « Quand on rencontre des écoles dans des localités d'une aussi mince importance que le sont plusieurs de celles que nous avons énumérées, il n'y a plus moyen de douter qu'il n'y en ait eu, sinon dans toutes les paroisses rurales, du moins dans la plupart (1). » « On a cru longtemps que le Moyen-âge

---

d'œuvre : chez les serruriers, ils avaient un an. Généralement le chef-d'œuvre devait être fait dans la maison d'un juré, et toujours de la propre main de l'aspirant. Enfin, les jurés s'assemblaient pour examiner ou pour faire examiner le chef-d'œuvre qui était *reçu* solennellement. Chez les charpentiers, douze anciens maîtres étaient tenus d'assister à la réception. Avons-nous besoin de faire remarquer combien cette législation était empreinte de sagesse, et comme elle était faite pour amener le travail à son plus haut degré de perfection ?

« Dans la plupart des corporations, les fils de maîtres étaient dispensés du chef-d'œuvre, mais ils restaient soumis à une *expérience* ou examen préliminaire. Cet examen était quelquefois imposé à tous les aspirants, dans les corporations notamment où la confection du chef-d'œuvre offrait certaines difficultés matérielles » (L. Gautier).

(1) De Beaurepaire.

n'avait rien connu qui ressemblât à ce que nous appelons l'instruction primaire. C'est une grave erreur. Il est fait à chaque instant mention d'écoles rurales dans les documents où on s'attendait le moins à trouver des renseignements de ce genre, et l'on ne peut guère douter que pendant les années même les plus agitées du xiv° siècle, *la plupart des villages* n'aient eu des maîtres enseignant aux enfants la lecture, l'écriture et un peu de calcul (1). »

---

(1) Luce. — On trouvera de très précieux documents dans les ouvrages de Léopold Delisle ; — de Beaurepaire ; — Léon Maître ; — de Charmasse ; — Quantin ; — Fayet ; — Ravelet ; — Ch. de Ribbe ; — Audiat ; — Babeau.

APPENDICE.

Avant de quitter cette période du Moyen-âge si féconde en grandes œuvres, si brillante dans sa vie intellectuelle, si forte dans son organisation politique, nous ne pouvons ne pas jeter un regard sur la *vie intime* de l'Eglise, ses mœurs, ses coutumes, ses lois.

1. *La hiérarchie ecclésiastique.* — Dans la période que nous venons de parcourir, nous avons vu se former et grandir la puissance et le rôle des *cardinaux*. Leur position gagna en importance surtout durant les pontificats de Nicolas II, Alexandre III, Grégoire X, lorsque le droit d'élire le Pape leur fut exclusivement réservé. Le clergé et le peuple résilièrent entre leurs mains leurs anciens pouvoirs, de là probablement les trois ordres de cardinaux évêques, prêtres, diacres. Dans l'intervalle des vacances, les Papes, dont ils formaient le conseil naturel, employaient leurs talents et leur zèle dans l'administration intérieure ou les légations du dehors.

Dans les diocèses particuliers, nous voyons grandir étrangement la puissance des *chapitres,* auxquels le concordat de Worms reconnaît le droit d'élire l'évêque. A la mort de celui-ci ils administrent le diocèse. A partir du XIIIe siècle, ils font eux-mêmes leurs règlements, élisent leurs membres et en déterminent le nombre. Choisis trop souvent parmi les nobles, parfois entachés de simonie, trop portés à se décharger de leur office, ils excitèrent plus d'une fois les plaintes de la Papauté. Les deux dignités des chapitres étaient celles de prévôt et de doyen. Certains chapitres avaient les deux, d'autres (en France) seulement celle de doyen. — Du X⁰ au XIII⁰ siècle, nous voyons croître jusqu'à l'abus une autre puissance, celle de l'*archidiacre* qui empiète sur l'évêque et le chapitre, prétend gouverner le diocèse, va jusqu'à prononcer de son chef des interdits, et finit par devenir si à charge, qu'on atténue son pouvoir en le faisant partager par l'*official* et le **vicaire épiscopal** ou grand-vicaire.

2. *Justice ecclésiastique*. — La forme en est définitivement réglée au Concile de Latran (Can. VIII et Can. XXXVIII). Les peines sont l'*interdit* jeté sur les lieux, l'*excommunication* jetée sur les personnes, avec recours au besoin au *bras séculier*. Ces armes, terribles dans leur emploi, efficaces dans leurs effets, furent indispensables aux Papes au milieu du chaos des passions et des excès de la force, on ne peut nier que, entre les mains de certains évêques et surtout de ceux auxquels les évêques les concédaient, ces armes portèrent des coups ou trop nombreux, ou trop violents. — Nous avons parlé plus haut de l'*Inquisition*, nous n'avons plus à y revenir ici. — Durant le Moyen-âge, l'accord des deux puissances rendait mixtes une foule de questions du droit civil et même du droit public. L'une de ces questions qui plus tard excita le plus la jalousie et provoqua des réactions haineuses, fut l'immunité des clercs vis-à-vis de la justice séculière.

Vie ecclésiastique. — A partir de saint Grégoire VII, l'incontinence et l'ignorance du clergé disparaissent avec les causes d'où elles naissaient : la simonie et la pression séculière. Après quelques controverses, on arrive à fixer l'incompatibilité du mariage avec les ordres majeurs, y compris le sous-diaconat. Le clerc mineur qui se marie perd ses bénéfices, toutefois certains privilèges *canonis et fori* lui sont conservés. — Les ornements sacrés reçoivent les cinq couleurs conservées jusqu'à nos jours. Le chapeau rouge est attribué au sacré collège, la tiare du Pape, déjà surmontée d'une couronne, en reçoit une seconde de Boniface VIII, et plus tard une troisième du pape Urbain V.

3. *Les choses religieuses.* — Le nom exclusif de *Sacrements* est attribué, à partir du XII° siècle, à nos sept signes divins produisant la grâce *ex opere operato*. La *Confirmation* se sépare du baptême, surtout à partir du XIII° siècle. La restriction qui ne permet qu'une messe par jour est universellement adoptée. A la suite des croisades l'usage de Jérusalem de ne donner aux laïcs la communion que sous *une seule espèce*, se répand en Occident. On cesse aussi (XII° siècle) de communier sous l'espèce du vin les enfants au sortir du baptême. — Le ralentissement de la piété diminue à ce point la pratique des Sacrements, que le IV° Concile de Latran doit l'imposer *ad minus in pascha*. Mais le culte extérieur reçoit une impulsion et se revêt de magnificences nouvelles. La sainte réserve, autrefois gardée dans la sacristie, puis suspendue à l'autel, commence à être renfermée dans un *tabernacle*. La *Fête-Dieu* (1246) est instituée et reçoit du génie de saint Thomas d'Aquin son magnifique office et sa sublime liturgie (1). — Dans le chaos tourmenté

---

(1) Voici sur les fêtes majeures célébrées dès lors ce que nous trouvons dans les Canons du Conc. Agathen., an. 506, can. 21 (*Harduin*, t. II, p. 1000); Capitular. lib. I, c. 158. Conc. Mogunt., an. 813, can. 36 : « Festos dies in anno celebrare sancimus. Hoc est, *diem dominicum Paschæ*, cum omni honore et sobrietate venerari, simili modo totam hebdomadam illam observari decrevimus. Diem *Ascensionis Domini* pleniter celebrare. Item *Pentecostem* similiter, ut in Pascha. In natali apostolorum *Petri et Pauli* diem unum, *Nativitatem S. Joannis Baptistæ, Assumptionem S. Mariæ*, dedicationem *S. Michaelis*, natalem *S. Remigii, S. Martini, S. Andreæ*. In *Natali Domini* dies quatuor, octavas Domini, *Epiphaniam* Domini, *Purifica-*

et sanglant du xe siècle les *pénitences publiques* cessent d'être possibles et se changent en *pèlerinages*, en *aumônes*, en *flagellations*. — Les *indulgences* commencent à ouvrir leurs intarissables trésors, mais le Concile de Latran (Can. LXII) doit limiter, quant aux simples évêques, une munificence qui devenait rapidement un abus. La grande indulgence du *Jubilé* apparaît avec Boniface VIII, qui en limite le retour à chaque siècle, retour qui est fixé plus tard par Clément VI à tous les 50 ans, par Urbain VI à tous les 33 ans, enfin par Paul II à tous les 25 ans. — Cette époque qui vit saint Dominique, entendit ses ardentes prédications, et reçut de lui le Rosaire, fut admirable pour sa dévotion envers la très sainte Vierge.

4. *Vie et mœurs des fidèles.* — Il serait superflu et déloyal de taire les désordres qui affligèrent souvent la société chrétienne au Moyen-âge et ne disparurent jamais entièrement, même dans les plus beaux siècles tels que le XIIe et le XIIIe. Les saints poussaient sur ces désordres les plus douloureux gémissements, et il n'est que trop aisé de voir les causes multiples du mal. L'oppression de la Papauté et du clergé, la longue lutte des Investitures, les violences du césarisme Allemand et des États Italiens, les excès de la féodalité, la perversité des sectes, un esprit d'indépendance, un souffle d'émancipation malsaine qui passèrent sur l'Eu-

---

tionem S. Mariæ. Et illas festivitates martyrum vel confessorum observare decrevimus, quorum in unaquaque parochia sancta corpora requiescunt. Similiter etiam *Dedicationem templi.* »

Voy. le récit d'Epiphan., *Hæres.*, 78, n° 11; plus positif dans Gregor. Turon., *de Gloria Mart.*, lib. I, c. 4. Andreas Cretens. [vers 650], *Homil. in dormitionem Mariæ* (Galland., Bibliot., t. XIII, p. 147), et mieux encore dans Joann. Damascen., Λόγοι... εἰς τὴν κοίμησιν... Θεοτόκου, et dans Nicephor. Callisti, *Hist. ecclésiast.*, II, 21 sq.; XV, 14, et ibid., XVII, 28. L'empereur Maurice ordonna la fête Κοίμησις τῆς Θεοτόκου au 15 août. Cf. Butler, *Vies des Pères, des Martyrs*, etc., t. VII. Binterim, *Mém.*, P. V, p. 425-39. Voy. Alzog, t. II, p. 217; Paris, Sarlit.

rope du XIIIe siècle, l'imperfection même du mécanisme de la vie civile et l'insuffisance de la police, n'expliquent que trop bien la licence qui très souvent désola le peuple et meurtrit la discipline chrétienne. Mais à travers cette ombre et plus puissants qu'elle que de bien, quelle pure lumière, quelle profusion d'œuvres saintes, d'institutions héroïques! quelle sève de dévotion! quel esprit de sacrifice! quel essor des âmes vers les grandes pensées! quel élan vers les plus vastes entreprises! quelle noble tendance à délaisser les choses terrestres et à s'élever vers le surnaturel et le divin!

En somme, si nous regardons le peuple chrétien au Moyenâge d'un regard d'ensemble, voici le spectacle qui s'offre à nous. Ce peuple est profondément pieux, il aime Dieu et il le sert, il observe fidèlement les pratiques religieuses, il se soumet aux lois de l'Église sans reculer devant les plus pénibles, il connaît et aime le repos dominical, il remplit les églises et y suit avec sollicitude et énergie les offices divins. Les seigneurs expient leurs crimes par leurs bonnes œuvres et quittent souvent le tumulte de la vie séculière pour la retraite des monastères. Ces monastères couvrent le sol Européen, et d'innombrables foules, poussées par la foi et l'amour, s'y réfugient et s'y consacrent à Dieu. Toutes les œuvres de piété, tous les travaux du zèle, tous les dévouements jusqu'aux plus héroïques s'y exerçaient à la fois. D'autres foules sillonnaient les chemins des sanctuaires vénérés, et versaient de préférence leurs flots à Rome, à Saint-Jacques de Compostelle, et en Terre-Sainte. Ces pèlerinages entretenaient puissamment la foi et la dévotion. Tout, au Moyen-âge, était honnête et chrétien; l'atelier, vraie image de l'enfer dans notre siècle si fier de ses progrès, était alors l'asile d'un travail sanctifié et ennobli par la vérité et la vertu. L'atelier était une sorte de couvent laïc. Les pratiques religieuses étaient incessantes, partout des signes extérieurs, des chapelles rurales, des croix, des statues, des calvaires, rappelaient l'âme aux choses d'en-haut. La nature elle-même avait un langage; des voix chrétiennes s'en échappaient, et pour le savant du Moyen-âge comme pour le simple peuple, l'univers était tout entier le palais qu'habite Dieu. « Vaste empire de l'amour et de la science dont la foi était le solide fondement. En ces temps la religion chrétienne, avec sa force interne, avec ses mystères et ses promesses nous apparaît comme le centre de toute vie, de toute action; semblable à un cœur ardent, elle fait sentir ses pulsations jusque dans les dernières veines du corps social, elle enveloppe ce siècle parfois si dur et si barbare d'une atmosphère si pure, si sainte que le Christianisme semble avoir retrouvé sa terre natale et le soleil de ses premiers jours. »

Après cela nous pouvons hardiment signaler des taches. Parfois la piété faisait fausse route et s'égarait dans la superstition. Une familiarité trop grande avec les choses saintes engendrait le mépris. La représentation des *mystères* fut souvent plutôt une parodie qu'une image des plus augustes scènes de la religion. Le clergé joua un rôle étrangement indécent dans la *fête des fous*, dans celle de l'*âne*. De véritables désordres souillèrent, dans ces folies, les églises de France et d'Allemagne au XIIe siècle et ne disparurent guère qu'au XIVe. — Un mal plus universel et plus profond se révèle dans les productions de l'esprit. Un bruit sourd d'impiété se fait entendre, la féodalité laisse percer contre l'Église une jalousie qui devient haineuse et dont Luther va tout à l'heure largement profiter. Les Juifs travaillent avec une activité sans égale à opprimer et à pervertir les populations qu'ils exaspèrent et poussent de temps à autre à d'implacables et aveugles représailles. — Enfin la rudesse des lois, des coutumes, des institutions témoigne que, même dans ses plus beaux jours, le Moyen-âge garde encore le signe de son premier état.

VINGT-QUATRIÈME LEÇON.

DE BONIFACE VIII A LA RÉVOLTE RELIGIEUSE DU XVIᵉ SIÈCLE.

Nous entrons dans une époque nouvelle, époque de transition entre le Moyen-âge et les temps modernes, et que caractérisent des traits parfaitement distinctifs. Dans les jours où un ciel sans nuage permet au soleil de répandre librement sa lumière, le soleil, sans y gagner lui-même, mais faisant gagner la nature, l'éclaire, la féconde, la vivifie, en fait la force, la sécurité et la joie. Lorsqu'au contraire un voile épais de nuages lui défend l'accès, sans rien perdre de son éclat et de sa puissance, il se retire pour ainsi parler dans ses propres splendeurs, laissant à la terre un jour triste et froid, et ne la défendant presque plus contre les pluies et les tempêtes. Ainsi en fut-il de l'Europe dans les deux parties de son histoire. Tant qu'elle laisse à la Papauté sa royale influence, la Papauté la civilise, la façonne, la défend, lui imprime les traits d'une incontestable grandeur. Puis vient le jour où l'Europe follement dédaigneuse de cette tutelle divine chasse autant qu'elle le peut des choses publiques la puissance de l'Église : l'Église se retire, et tout le terrain qu'elle abandonne est envahi par l'erreur, l'absolutisme royal, bientôt comme représaille inévitable autant que sanglante par la Révolution.

1. Sous l'empire de quelles causes l'Europe change-t-elle ainsi de sentiments et de procédés? La cause générale la même partout et toujours est sans doute l'instabilité du bien dans l'humanité déchue. Les nations comme les individus se fatiguent vite de la charité et de la vertu; la tutelle qui force à bien agir, le joug qui plie la volonté sous le devoir deviennent aisément odieux : il y a dans cette défaillance humaine plus qu'il ne faut pour expliquer en Europe l'affaissement de la vigueur chrétienne et l'annonce d'une prochaine apostasie.

On a expliqué autrement l'attitude nouvelle de la société civile en face de l'Église à partir de Boniface VIII. On a dit (1) que, nécessaire durant la jeunesse inconsidérée et fougueuse des nations Européennes, la tutelle de l'Église, durant leur maturité était inutile et anormale. Plaise à Dieu! mais les faits n'ont que trop démenti cette assertion. Depuis que l'Église, chassée de sa mission politique, a laissé les nations de l'Europe à elles-mêmes, ces nations n'ont plus connu la paix, ni les peuples la sécurité. Le despotisme a reparu, les représailles populaires en font de temps en temps justice sous le nom de révolutions, et l'ordre social sans guide, sans maître, sans arbitre, est poussé, comme un vaisseau sans pilote, de l'absolutisme des pouvoirs aux excès révolutionnaires de la foule : l'Église n'est plus là pour arrêter les uns et dominer l'autre.

2. Si des causes générales nous passons aux particulières, voici celles qui nous semblent avoir surtout amené la sécularisation de l'Europe, commencée au quinzième siècle

---

(1) Entr'autres Mœlher.

et achevée au seizième. D'abord les princes plus ardents que jamais à leurs querelles privées, n'embrassent plus les idées généreuses et ne se réunissent plus dans une entreprise chrétienne : l'ère des croisades est close. Les nations rebelles aux supplications de la Papauté s'isolent dans leur étroit égoïsme. En Allemagne, la maison de Habsbourg s'absorbe exclusivement dans ses projets d'agrandissement. L'Italie se déchire elle-même. La France et l'Angleterre se dévorent dans la plus acharnée et la plus désastreuse des guerres à laquelle elles joignent encore par surcroît la fureur de leurs luttes intestines. Au sein de ces tumultes la voix de l'Église ne retentit plus comme précédemment et l'amoindrissement de cette voix permet aux vices de reprendre l'empire. Les fidèles sont moins respectueux et imitent parfois l'insolence d'un Philippe le Bel et d'un Louis de Bavière. — Plus efficace encore que l'invasion des vices, la perversion des *idées régnantes* fait avancer rapidement l'œuvre de l'apostasie. L'autorité de l'Église est discutée, on ne veut plus de sa tutelle politique, on conteste du même coup ses plus incontestables pouvoirs ; les légistes courtisans prétendent exempter les princes de la juridiction la plus essentielle, sans laquelle nul ne peut être enfant de l'Église. « On voit surgir toute une légion d'écrivains de nuances très diverses, depuis les spéculateurs les plus réservés jusqu'aux fanatiques les plus aveugles. » Et tous semblent s'être mis aux gages du despotisme royal pour discréditer l'intervention de l'Église, qui seule sauvait le peuple de la tyrannie des princes comme les princes des revendications révolutionnaires du peuple. Ces écrivains iront parfois, comme Marcile de Padoue, jusqu'à prétendre que Jésus-Christ n'a institué aucune primauté et que les pouvoirs du Pape et des évêques sont le fruit de l'ambition, de l'habileté et du bonheur des circonstances. On conçoit le ravage que doivent faire d'aussi subversives théories. — En même temps que les légistes sapent ainsi par sa base la puissance ecclésiastique, la *science* se déchristianise. Abandonnant les chemins catholiques elle se fraye, à travers de hardies nouveautés, une route où elle s'égarera jusqu'à l'apostasie. Si Aristote est abandonné pour Platon c'est que sa méthode trop serrée et trop logique ne laisse par assez d'élasticité à l'erreur; l'idéalisme vague de Platon sert mieux les rêveries malsaines, saint Thomas d'Aquin et la Scholastique vont être dédaigneusement répudiés.

Cette disposition générale des esprits au quatorzième et au quinzième siècles se trouve trop bien servie par les *faits*. Les événements se mettent de la partie et se conjurent contre la puissance de l'Église. D'abord il est incontestable que l'état permanent de révolte dans lequel entrent les États de l'Église, l'éloignement prolongé des Papes de leur capitale, l'*exil d'Avignon*, ne pouvaient être favorables au maniement vigoureux de l'autorité. De plus l'exil d'Avignon prépara le grand schisme. A la faveur du *grand schisme d'Occident* la puissance de la Papauté dut se détendre encore; le respect que lui portaient les peuples acheva de baisser, l'incertitude et le malaise rendirent l'obéissance moins facile et le dévouement moins résolu.

Vinrent ensuite toute une série de causes qui pour être d'un ordre différent n'en ont pas moins très directement influé sur la diminution du règne de l'Église au milieu de l'Europe. Des inventions nouvelles, des conquêtes inouïes sur la nature, la découverte de contrées immenses couvertes d'or, patries ouvertes à toutes les cupidités firent brusquement prendre aux idées et aux aspirations des peuples un autre cours. Le Moyen-âge tenait les cœurs et les âmes en haut, un sensualisme effréné va les courber vers la matière. Toute l'activité humaine désormais se concentrera sur les recherches, les trouvailles, les conquêtes d'en bas. L'Européen se détache du ciel pour s'emparer fiévreusememt de la terre.

Un dernier événement achève de tout matérialiser. Constantinople tombée verse ses rhéteurs et ses scholiastes sur l'Occident. Un retour effréné aux littératures du paganisme plonge l'Europe entière dans les idées de la Grèce et de la Rome antiques. Pour ces esprits dévoyés la pensée du Moyen-âge n'est plus que grossière et barbare : l'enseignement de l'Église n'est plus qu'ennui et stérilité.

Cet aperçu général nous était nécessaire. Voici maintenant l'ordre de la leçon présente. 1° Boniface VIII ; — 2° l'exil d'Avignon ; —3° le grand schisme d'Occident.

I.

Boniface VIII.

Célestin V avait abdiqué le 13 décembre 1294 pour se décharger d'un pouvoir trop lourd à ses trop faibles épaules. Le cardinal Gaëtano, énergique vieillard qui réunissait en lui la triple perfection de penser, de vouloir et d'agir, le remplaçait sous le nom de *Boniface VIII* (24 décembre 1294). Nous n'aurons guère à parcourir durant ce pontificat que des luttes et des persécutions. La Papauté combat pour ses droits imprescriptibles que le mauvais esprit du siècle commence à méconnaître : elle veut encore, pour le bien d'une Europe qui se sécularise, user de cette suprématie temporelle que les siècles précédents avaient fondée et dont le temps nouveau ne veut plus (1).

---

(1) Consulter : Tosti, *Histoire de Boniface VIII.* — Christophe, *Hist. de la Papauté au xiv° siècle*, 3 vol., 1853. — Edgar Boutaric, *La France sous Philippe le Bel*, Paris, 1861. — Chantrel, *Boniface VIII*, Paris, 1862. — Boutaric, *Notices et extraits des manuscr. de la Biblioth. impér.*, Paris, 1862. — Chronique anonyme Française. — Historiens de France, t. XXI, — Ptolémée de Luques. — Raynaldi, t. IV.

1. Ce pontificat s'ouvrit par des splendeurs. Rome, toujours séditieuse, était depuis vingt ans abandonnée par les Papes, fixés tantôt à Viterbe, tantôt à Orviéto. Boniface VIII s'y rendit résolûment. Son couronnement y eut lieu au milieu de l'allégresse populaire, les rois de Sicile et de Hongrie le servirent comme vassaux, plusieurs villes italiennes lui dressèrent des statues, d'autres remirent entre ses mains l'autorité entière, tous voyaient en lui un défenseur et un vengeur.

Une tentative de rébellion passa sur cette gloire pour lui donner un lustre nouveau. Les Colonna partageaient à Rome, avec les Orsini, les dignités et l'influence. Le peuple chérissait les Orsini comme Guelfes, c'est-à-dire défenseurs de la cause Italienne; les Colonna en étaient détestés, mais restaient forts de leurs richesses et de l'appui du parti Gibelin et des Allemands. C'est eux qui poussèrent l'audace jusqu'à vouloir chasser Boniface comme intrus. Le vieux Pape combattit avec une invincible énergie. Les deux cardinaux Pierre et Jacques Colonna s'enfuirent frappés des anathèmes pontificaux, qui les privaient de leurs dignités et de leurs biens. Trois de leurs neveux, qui prétendaient les venger en conduisant une guerre d'extermination et de brigandage contre le Saint-Siège furent bientôt forcés dans toutes leurs positions et réduits à la merci du Pape. Boniface fit d'abord grâce, mais sur une nouvelle trahison, les Colonna furent déchus de leurs charges et exilés. La terre de France les reçut et c'est de là que viendra tout à l'heure leur vengeance.

2. Comme les plus grands Papes ses prédécesseurs, Boniface VIII fut tout d'abord absorbé par ce plan aussi grandiose qu'habile de tenir unis entre eux les princes et les nations d'Europe en les occupant à une vaste entreprise. La plus vaste et la plus utile était la guerre sainte contre l'Islamisme de plus en plus envahisseur; Boniface reprit l'idée des croisades, et commença pour les rendre possibles à pacifier les rois. L'œuvre était rude, tant les discordes étaient multipliées et les luttes ardentes. Il s'efforça d'arranger les démêlés de la Sicile et de l'Espagne, de réconcilier Venise et Gênes, et travailla surtout à éteindre la guerre qui dévorait la France et l'Angleterre. — Une mesure nécessaire et juste commença à tourner contre le Pape ces princes que le Pape voulait réconcilier.

Édouard d'Angleterre pressurait sans pitié les clercs et les abbayes, levait sur eux au mépris des lois établies et des promesses jurées les plus lourds impôts. Philippe le Bel est trop connu pour que nous ayons à en faire le portrait. Altier et violent, impatient de tout joug, irrité contre toute entrave qui l'arrêtait dans son despotisme, il voulait à l'aise mépriser le droit, fouler son peuple, humilier l'Église. Ses légistes ne lui insinuaient que trop bien qu'aucune puissance au monde n'avait droit sur sa conduite et que ses volontés seules faisaient loi. Boniface comprenait autrement l'exercice de l'autorité dans le roi chrétien. Le roi chrétien est, comme les autres fidèles, fils et sujet de l'Église. S'il pèche, il est soumis au tribunal et aux peines du Pontife mandataire de Dieu. Aux violences et aux exactions des princes il opposa, le 18 octobre 1296, la bulle *Clericis laïcos*, par laquelle il interdisait aux ecclésiastiques de payer les impôts qu'on leur imposerait sans la permission du Saint-Siège (1). Qu'on le remarque bien, il ne s'agissait pas des taxes régulièrement établies, ni des redevances féodales et des charges légitimes, la bulle avait

---

(1) Rohrbacher a parfaitement démontré que cette bulle qui a tant soulevé les clameurs de l'ignorance n'innove rien mais se trouve entière dans les décrétales d'Innocent III, d'Honorius III, de Symmaque, etc. C'étaient la doctrine et la discipline de l'Église dans tous les siècles. Voy. Rohrbacher, *Hist. univers.*, t. XIX, p. 416-449.

pour but unique d'arrêter la main violente et arbitrairement avide des princes qui, sans retenue comme sans pudeur, dépouillaient l'Église de ses indispensables ressources. Ils allaient jusqu'à piller les sommes amassées pour la guerre des Turcs, et Dieu sait si cette guerre devenait indispensable et urgente, Boniface VIII ne faisait d'ailleurs que ce qu'avaient fait les Papes de tous les siècles : il anathématisait les spoliateurs des biens de l'Église. L'Allemagne reçut cette bulle sans réclamation. Édouard d'Angleterre, qu'elle frappait directement, s'en irrita et voulut résister, l'intrépidité du clergé anglais le força à la soumission et au silence. En France le clergé fut plus froid, il commençait a être épris de ses dérisoires *libertés gallicanes*, sans voir qu'elles lui rivaient des chaînes et le livraient aux despotismes du pouvoir séculier. Philippe le Bel fut violent, il répondit à la bulle *Clericis laïcos* par une défense absolue d'exporter aucune valeur et de laisser séjourner aucun étranger. Boniface VIII, que nos historiens Français représentent comme altier et implacable, mit au service de cette affaire tout ce que la plus délicate charité a de ressources : lettres au roi, témoignages de paternelle bienveillance, exhortations de la douceur (1). Ces procédés parurent fléchir Philippe le Bel qui retira la défense, permit de promulguer l'ordre du Pape qui renouvelait la trêve avec Édouard d'Angleterre, mais n'en laissa pas moins percer sa prétention toute césarienne de ne dépendre d'aucun pouvoir ici-bas. Les deux correspondances du roi et du Pape présentent le plus complet contraste et suffiraient à les faire juger l'un et l'autre. Boniface mit le comble à sa bienveillance pour la France en canonisant Louis IX le 11 août 1297.

---

(1) Les procédés de Boniface VIII envers Philippe le Bel ont arraché à Michelet ce curieux aveu : « Aucun pontife n'avait été jusque-là plus partial pour nos rois que Boniface » (*Hist. de France*, III, 53).

Le démêlé n'était qu'assoupi.

Dès 1298, de nouvelles violences commencent à être pressenties. Le Pape avait été accepté comme arbitre par les rois de France et d'Angleterre : le Pape prononce ; Philippe, sans aucune raison, se prétend lésé par son arbitrage et reprend ses mauvaises dispositions. Un élément nouveau d'excitation et de haine hâtera la complète rupture et le dénouement odieux. Les Colonna, que nous avons vu plus haut frappés pour leur révolte et retirés en France, deviennent les conseillers intimes de Philippe le Bel qu'ils poussent de tout leur pouvoir aux hostilités. L'orage grossissait contre Boniface ; en Allemagne Albert d'Autriche, meurtrier de Guillaume de Nassau reconnu par les électeurs et repoussé par le Pape, cherchait appui auprès du roi de France. Les légistes corrompaient les idées du roi, de la cour, de la France entière, ils allaient jusqu'à rêver la suppression du pouvoir temporel auquel serait substituée une pension ! sans doute cette hardiesse ne fut alors qu'une excentricité ridicule ; elle montre au moins le chemin que faisait la sécularisation et la proximité du divorce entre l'Église et l'État. Si Philippe le Bel repoussa le plan de Pierre du Bois, il ne s'en arrogea pas moins le droit exorbitant de pressurer ses sujets, de les tyranniser de toutes manières, et de se prétendre exempt de toute règle, de tout contrôle, de toute répression. — Les choses en étaient là lorsqu'en 1301, la rupture éclata tout à fait entre le Pape et le roi de France.

Avant d'en retracer l'histoire, arrêtons-nous sur une dernière joie et une dernière splendeur du règne de Boniface VIII : nous voulons parler du fameux *Jubilé* de 1300. Ce jubilé, littéralement, ébranla l'univers catholique, fit affluer à Rome près de deux cent mille pèlerins, combla le Saint-Siège de témoignages de vénération et d'amour. Moment bien court mais unique peut-être dans l'histoire si tourmentée de l'Italie. L'ordre et la sécurité régnaient dans presque toutes les villes; l'art, les sciences, la littérature jetaient un vif éclat, la confuse multiplicité des idiomes, image trop fidèle du chaos politique, avait fait place à une riche et harmonieuse langue qui, avant d'être celle du Dante, fut celle des Papes, née à leur souffle et répandue par leur influence. Quant à la Rome de l'an 1300, sans l'affirmation de Villani et des chroniqueurs du temps, on ne s'imaginerait pas sa splendeur, pleine qu'elle était de ses visiteurs innombrables, enrichie des munificences des princes, comblée des libéralités du Pape Boniface VIII.

A cette gloire succédèrent les douleurs ; en 1301, nous rentrons dans la désastreuse lutte des deux pouvoirs. Le Pape avait repris ses vastes projets de guerre sainte, il avait écrit aux princes chrétiens et envoyé à Philippe de France pour légat l'évêque de Pamiers, Bernard de Saisset. Le légat était odieux à Philippe, sa légation qui le rappelait à la modération et à la justice plus odieuse encore, peut-être (mais on n'en trouve aucune preuve dans les documents contemporains), Bernard fut-il trop dur dans son attitude et ses paroles : bref la majesté du Siège Apostolique fut dans sa personne lâchement outragée. Bernard fut arrêté, dépouillé, livré à l'évêque de Narbonne pour être jugé. Philippe qui avait conscience de cette énormité envoya à Rome Pierre Flotte pour l'expliquer, mais à une explication impossible ce légiste joignit l'impudence, l'injure, la menace. Plus Philippe s'emportait, plus Boniface usait de modération et de douceur. Sa lettre *Ausculta fili* contient plus de témoignages de tendresse que de reproches, Boniface énumère les torts du roi de France, l'en reprend comme un fils, use des droits que le Moyen-âge lui avait confirmés pour le bien de la chrétienté, et finit par indiquer la convocation d'un Concile, où il prie Philippe d'envoyer les prélats français et les docteurs qui plaideront sa cause. Cette lettre était douce et lumineuse, elle eût éclairé la nation et peut-être fléchi le roi : l'indigne Pierre Flotte la confisqua pour y substituer un factum de sa façon (1) irrité et irritant. Le même faussaire ajusta la contre-partie en composant pour Boniface une lettre insolente de Philippe. L'indigne supercherie fit monter à leur comble des colères déjà trop excitées : le 11 février 1302 Philippe fit brûler la bulle du Pape et emprisonner son légat Jacques des Normands. Les Colonna soufflant plus encore la flamme et Guillaume de Nogaret franchissant toute mesure, on présenta à Philippe un réquisitoire insensé où se déroulaient les quatre points suivants : 1° Boniface n'était point Pape, 2° Boniface était un hérétique retranché du corps de l'Église, 3° Boniface était le plus abominable simoniaque qui eut encore paru, 4° Boniface était plongé dans toute sorte d'autres crimes. Voilà où l'on en était à la cour de France ! Philippe commit l'impardonnable faute de prendre ce réquisitoire au sérieux, et le 10 avril 1302 il assembla les États du royaume. Le vertige prenait la France, roi, nobles et clergé. Quand Philippe protesta ne tenir son royaume que de Dieu, il fut applaudi à outrance ; Pierre Flotte put à l'aise développer les *crimes* du Pape et lui imputer tous les maux de l'Église de France ; la Noblesse et le Tiers-État écrivirent aux cardinaux des lettres analogues aux diatribes du légiste ; le clergé, respectueux dans la forme, n'en laissait pas moins dans les siennes percer sa complaisance pour le despotisme du roi. Rome répondit comme elle devait répondre en maintenant la justice et le droit. « Le roi de France est soumis à l'Église Romaine, non *comme feudataire*, mais comme fidèle, *ratione peccati*. » Boniface indiquait un Concile à Rome et ordonnait aux prélats français de s'y trouver. Cet ordre du Pape trouva

---

(1) Selon Sponde, de Marca, Philipps. L'an 1301 Boniface VIII, en plein consistoire, se plaignit de cette altération impudente.

fidèles quatre archevêques et trente-cinq évêques qui partirent pour Rome malgré les mesures rigoureuses du roi.

Dans ce Concile (1302) fut publiée la fameuse bulle *Unam sanctam*. Boniface n'y innove en rien, il ne fait qu'y rappeler la distinction des deux puissances, la subordination des rois catholiques, non à raison du domaine mais *à raison du péché;* c'est-à-dire, non comme souverains mais comme chrétiens et comme pécheurs. C'était le droit de tous les siècles, rien n'était innové. Quand par trahison et ruse on fit dire par Boniface qu'il prétendait que le roi de France *tenait son temporel du Pape*, Boniface dissipa ces nuages calculés par cette franche déclaration : « Il y a quarante ans que nous sommes instruits dans la science du droit, nous savons parfaitement qu'il y a deux puissances ordonnées de Dieu. Comment nous prêter une folie pareille? Nous protestons ne vouloir en aucune manière usurper la juridiction du roi. » C'était formel. Philippe ne voulut rien accepter, pas même un nouveau légat pourtant très estimé de lui le cardinal de Saint-Marcellin, et dans une nouvelle assemblée des États (1303) il poussa son extravagante haine jusqu'à déclarer Boniface hérétique, intrus, simoniaque, et à le déposer de toute fonction ecclésiastique. C'en était trop : Philippe le Bel fut excommunié.

C'est à ce moment que commence le drame sanglant où un Pape monte sur un nouveau Calvaire, et où la France, son bourreau, se dévoue à de prochaines et terribles expiations. Nogaret passe en Italie, et, suivi de deux autres ennemis du Pape Colonna et Arnulphe, surprend Boniface dans Anagni. Cette page est connue, page honteuse à nos annales de France, glorieuse à la Papauté comme le récit du prétoire et des ignominies de l'Homme-Dieu. Au signal de ses chefs une soldatesque furieuse se rue sur l'auguste vieillard, le dépouille, le traîne par la ville, l'accable d'outrages et le jette en prison. Nogaret l'avait traité de scélérat,

Colonna l'avait frappé au visage avec son gantelet de fer : rien ne manquait à cette passion du Vicaire de Jésus-Christ. Retenu trois jours dans un cachot, Boniface fut délivré par le peuple, mais pour s'en aller mourir à Rome quelque temps après (1303). La justice de Dieu se leva sur les auteurs de ce crime. Sciarra Colonna périt dans l'exil, Nogaret dans l'abandon et la misère, Pierre Flotte de mort violente, le comte d'Artois, autre insulteur, tomba affreusement mutilé sous les coups d'un boucher de Bruges ; Philippe le Bel allait bientôt mourir lui-même des suites d'une chute violente ; plus que tous ces coupables nous verrons la France déchirée, abattue, presque anéantie. — Mais si Dieu fit justice des persécuteurs de son Église, il laissa, pour cette Église même se prolonger l'heure de l'épreuve : le second successeur de Boniface VIII commencera l'exil d'Avignon.

A Boniface VIII succéda le doux et pacifique *saint Benoît XI* (22 octobre 1303). Benoît XI (1) ne fit que passer sur le trône pontifical où il laissa comme monument de son énergie la bulle *Flagitiosum scelus* où il prononçait l'anathème contre les auteurs et les fauteurs du crime d'Anagni. A cet acte de vigueur il joignit néanmoins la prudente modération qui empêche de plus grands maux : Philippe le Bel obtint de lui la levée des censures qui pesaient sur la France, mais quand le même prince voulut lui arracher la condamnation de Boniface, il le trouva inflexible. Une maladie subite qui fit courir des bruits d'empoisonnement (2) emporta Benoît XI huit mois après son élection (6 juillet 1304).

---

(1) Voy. L. Gauthier, *Benoît XI*, Paris, 1863. — Christophe, *Hist. de la Papauté*.
(2) Gauthier affirme, Héfélé n'ose se prononcer.

II.

L'Exil d'Avignon (1).

Avec *Clément V* (Bertrand de Got) (1305) commence pour la Papauté un séjour de soixante-dix ans en France, dans Avignon cité voisine du Comtat-Venaissin qui depuis la cession de Philippe le Hardi au pape Grégoire X était devenu domaine pontifical. — Assurément ce séjour ou plutôt cette fuite de la Papauté et ce long exil d'Avignon s'explique par des nécessités de premier ordre : on conçoit à peine comment les Papes du quatorzième siècle eussent pu faire autrement. L'Italie était en feu, chacune de ses villes était un foyer ardent de guerre civile, Rome plus que tout le reste subissait les folies turbulentes semées par Arnauld de Brescia; Guelfes et Gibelins, *Blancs* et *Noirs*, factions de toute espèce, rivalités de tout nom ensanglantaient ce sol malheureux et le rendaient pour la Papauté inhospitalier et inhabitable. Cette nécessité fut-elle un bien pour la chrétienté et pour l'Eglise? Qui l'oserait prétendre? L'*Exil d'Avignon*, en rendant trop le Pape l'homme d'une seule nation, diminua d'autant son influence sur les autres, le gouvernement Français eut trop la main sur le Pape et les cardinaux.

1. Cette influence fut ressentie dès la mort de Benoît XI (2). Bertrand de Got, couronné à Lyon sous le nom de

---

(1) Consulter Baluze, *Vies des Papes d'Avignon*, Paris, 1693. — André, *la Papauté à Avignon*, Paris, 1845. — Christophe, *Hist. de la Papauté*, I. — Joudon, *Avignon, son hist., ses Papes*, Av., 1842. — Chavin de Malan, *Sainte Catherine de Sienne.*

(2) Les cardinaux furent un an à s'entendre : les uns voulaient un Pape

Clément V avait tous les titres pour porter la tiare, il était loyal, juste, prudent, courageux; son attitude dans le démêlé de la France avec le Saint-Siège lui avait mérité l'honneur de l'exil. Mais devenu Pape Français, s'il choisit pour s'y réfugier Lyon, Poitiers, puis Avignon comme séjour plus neutre et moins dépendant, il n'en fut pas moins pour cela exposé aux exigences de l'intrigant et tenace Philippe le Bel. Il leva toutes les anciennes censures, étendit jusqu'à Nogaret et ses complices la munificence du pardon, révoqua la bulle *Clericis laïcos*, et donna de la constitution *Unam sanctam* une explication que Philippe pouvait désirer mais dont nul n'avait besoin. Une dernière obsession du roi de France le mit à la torture sans lui faire abandonner la justice et le droit. Philippe, qui ne cessait de poursuivre la mémoire de Boniface, renouvela ses instances pour que la cause de ce Pape fût instruite, c'est-à-dire dans sa pensée, pour que sa condamnation fût prononcée. Clément V éluda, traîna cette affaire en longueur, y déploya très certainement beaucoup de sagacité et de prudence, mais des points regrettables y sont restés. L'indigne Nogaret et Du Plessis purent faire entendre contre l'excellent pape Boniface leurs accusations absurdes et parfois monstrueuses; la dignité du Pape régnant y perdait, et n'obtenir de Philippe la cessation de ce procès inique qu'à la faveur d'autres préoccupations plus instantes du monarque paraîtra une trop médiocre victoire. Le Concile de Vienne soutiendra tout à l'heure noblement la cause du Pontife victime de son intrépidité contre les audaces de la puissance civile en le déclarant catholique et véritable Pape.

A peine en paix du côté de la France, Clément V se vit entouré d'embarras du côté de l'Italie. Les Vénitiens ayant

---

Italien défenseur de Boniface VIII, les autres un Pape Français favorable à Philippe le Bel. Celui-ci n'était pas étranger à cette dissension.

voulu s'emparer de Ferrare, qui depuis la donation de la princesse Mathilde (1077, 1102) appartenait au Saint-Siège, trouvèrent dans Clément V une résistance à la fois intrépide et habile. Aux agressions de Venise qui s'était emparé de Ferrare de vive force, il opposa les armes spirituelles et temporelles, enjoignit (1309) au clergé de quitter la ville, jeta sur Venise et son commerce une interdiction générale, et la priva de tous les privilèges que le Siège Apostolique lui avait accordés. Venise résista encore. Force fut au Pape de la réduire par le glaive temporel; ce glaive, heureux dans une bataille sur les rives du Pô, lui rendit Ferrare que les Vénitiens lui voulaient injustement arracher.

En 1307 Clément V eut à intervenir dans une affaire plus épineuse et plus compliquée encore :

Le procès des Templiers.

Nous allons en tracer rapidement le récit, d'où trois points désormais acquis à l'histoire ne cesseront de se détacher : 1° la culpabilité d'un assez grand nombre de chevaliers du Temple et la décadence de l'ordre entier; 2° la rapacité, la précipitation, la dureté de Philippe le Bel dans la conduite de ce grand procès; 3° la sérénité, la lenteur, la sollicitude de Clément V dans l'instruction dont il fit précéder sa sentence.

Les plaintes élevées contre les chevaliers du Temple n'étaient ni nouvelles ni récentes; leurs richesses, leur luxe, leur orgueil, les avaient depuis longtemps rendus à charge. En 1218, Innocent III se plaignait de l'arrogance avec laquelle ils traitaient le Saint-Siège et de l'indiscipline qui méritait la perte de leurs privilèges. Les réceptions des chevaliers étaient entourées d'un mystère assez inexplicable, les rumeurs les plus sinistres circulaient partout sur leurs mœurs. Plusieurs fois la question de leur suppression avait été agitée. On en était là, quand en 1305 des révélations graves furent faites à Philippe le Bel. Plusieurs reniaient

Jésus-Christ, foulaient aux pieds la croix, commettaient entre eux des désordres abominables, dont ils se confessaient et s'absolvaient mutuellement quoique simples laïcs. Ils adoraient une sorte d'idole et pratiquaient la magie, ils s'engageaient au silence par les plus horribles serments. Philippe avertit Clément V, qui refusa d'abord de croire à ces accusations formidables, puis, sur la fière demande des Templiers, se disposa à instruire une si grave affaire lentement et selon les règles.

Philippe le Bel franchit ces limites commandées autant par la prudence que par l'équité, laissa Clément V à sa sage lenteur, et d'un coup fit arrêter et emprisonner tous les Templiers de ses États (13 octobre 1307). Les Inquisiteurs, les Ordinaires, les gens du roi les interrogèrent à Paris et dans le royaume : tous avouèrent, y compris le grand-maître Jacques Molay. Clément V, surtout frappé de la trop grande rapidité de cette procédure, la désavoua et écrivit à Philippe : « Vous avez outre-passé les bornes de votre pouvoir en vous constituant ainsi le juge des sujets de l'Église et en portant la main sur leurs possessions. » En même temps le Pape commença lui-même les interrogatoires à Poitiers. Six cent soixante-dix chevaliers furent interrogés qui firent les mêmes aveux que tous les autres, et Clément V, ému de cet accord implacable, retira la défense faite aux Ordinaires et aux Inquisiteurs d'instruire ce triste procès. Seulement tout ce qui regardait l'ordre entier ainsi que la cause du Grand-Maître, il se le réserva à lui-même ainsi qu'au Concile projeté déjà depuis longtemps. Sur l'ordre et les instructions du Pape on procéda contre les Templiers en Italie, en Espagne, en Angleterre, en Hongrie, en Pologne. Durant quatre ans, l'Europe se vit transformée en un vaste tribunal d'instruction. Comme résultat général : en France les Templiers avouèrent; en Angleterre la plupart furent convaincus de la justice des accusations portées contre eux; en Toscane et en Lombardie, il en fut de même; à Ravenne ils nièrent; à Salamanque un Concile se prononça pour eux; en Allemagne, à Mayence, ils furent absous. Jacques Molay tergiversa et rétracta ses rétractations.

Si dans ces procédures particulières la torture, mode d'interrogation usité durant tout le Moyen-âge, laissa plusieurs fois soupçonner que les aveux étaient arrachés à la peur, la commission papale, sans terreur, sans contrainte, dans des interrogatoires lents et pleins de douceur, obtint l'aveu de 231 Templiers. Et voici ce qu'ils avouaient : On reniait Jésus-Christ et on crachait sur la croix; plusieurs adoraient une idole sous le nom de *Baphomet;* il se commettait des crimes contre nature; l'omission par les prêtres de l'Ordre des paroles de la consécration. Outre les aveux des chevaliers, les monuments historiques ont fait aussi de formidables révélations. Des emblèmes, des signes mystérieux, les vestiges des rites secrets trouvés dans les châteaux fondés et habités par eux mènent à cette conviction que des initiations particulières, une seconde et mystérieuse réception avaient formé un ordre dans l'ordre; qu'un assez grand nombre de membres étaient devenus plutôt encore les adeptes d'une société secrète que les religieux du Temple. Les cérémonies de cette initiation sont tracées sur des vases, des calices, des coupes, des bas-reliefs et des sculptures. Dans un assez grand nombre de ces monuments une sorte d'idole se trouve représentée. Cette étude des monuments conduit à ce soupçon que les impiétés et les infamies des anciens Gnostiques avaient envahi une partie de l'ordre (1). — Un Concile œcuménique continua cette difficile et navrante affaire, le :

Concile de Vienne (en Dauphiné), *le quinzième œcuménique.*

---

(1) Voir une très savante dissertation de Noël Alexandre, sæc. 14°, dissert. 10, quæst. 2 — Wilcke, *Hist. des Templiers.* — Brunoi, l. XXXVI.— Palma, t. II, c. 48. — Mœller, *Hist. du Moyen-âge.*

Le Concile s'ouvrit le 16 octobre 1311. Trois cents évêques y assistèrent et de nombreuses congrégations particulières préparèrent les trois sessions générales dont il se composa. Les sessions se tinrent en présence des rois de France, d'Angleterre et d'Aragon, et trois objets les remplirent : le projet d'une croisade, la réforme des mœurs, l'affaire des Templiers. — Beaucoup de sectaires et de fanatiques furent condamnés, les Béguards, les Béguines, les Fraticelles, etc., tous convaincus d'un quiétisme aboutissant à la plus grossière immoralité. Des canons disciplinaires réglèrent les droits respectifs des clergés séculier et régulier. On érigea dans plusieurs universités des cours de langue hébraïque et chaldéenne. Les règlements disciplinaires du Concile œcuménique de Vienne joints aux constitutions diverses de Clément V forment un recueil connu sous le nom de *Clémentines*.

Mais la grande affaire du Concile de Vienne était celle des Templiers. Fallait-il ou non les supprimer? C'était une grave question. Que l'ordre fût gangréné dans un nombre assez considérable de ses membres, ce n'était que trop prouvé; qu'il fût mauvais dans son immense ensemble, on pouvait croire que non; d'ailleurs, pour que la condamnation juridique fût légitime, il eût fallu entendre la défense : Clément V prit le seul parti qui lui fut laissé. Comme le maintien ou la suppression d'un ordre religieux n'est qu'un point de discipline dont l'Église a le domaine, Clément V sur le conseil du Concile se résolut à supprimer l'ordre des Templiers par voie d'administration, comme mesure disciplinaire, pour éviter le scandale que le maintien d'un ordre si compromis (1) avait causé dans la chrétienté. Par la bulle *Ex providam* (2 mai 1312), les biens des Templiers passèrent en partie aux chevaliers de Saint-Jean qui combattaient

---

(1) Plus de deux mille témoins avaient déposé contre les Templiers.

ardemment les Turcs. Dans les pays comme l'Espagne, où la même guerre était incessante, ces richesses y furent de même attribuées. Philippe le Bel était assez rapace pour qu'on l'ait accusé du vol d'une partie des biens de l'ordre supprimé; toutefois en 1312 un arrêt du parlement attribua les possessions des chevaliers du Temple à un autre ordre. — Quant aux personnes même des Templiers, Clément V se réserva à lui seul le jugement du Grand-Maître et de quelques-uns des principaux dignitaires. Les autres furent déférés aux tribunaux et aux Conciles de leurs provinces respectives. Une règle fut imposée par le Pape à ces procès. « Les impénitents et les relaps seront seuls punis selon la rigueur des lois; on usera d'indulgence envers ceux qui confesseront leurs erreurs. Les innocents et ceux qui mériteront d'être absous obtiendront sur les revenus de l'ordre une existence honnête. » Une multitude fut relâchée, dont une part considérable entra dans d'autres ordres. Pour juger le Grand-Maître et trois autres chefs Clément V nomma une commission composée de cardinaux, d'évêques et de docteurs. En 1314, à Paris, les quatre prévenus avouèrent, puis quand on leur notifia leur condamnation à une prison perpétuelle, deux d'entre eux, Jacques Molay et Guy dauphin d'Auvergne, retirèrent leurs aveux. Philippe le Bel irrité, agit seul et de suite, il renvoya la commission ecclésiastique, tint un conseil, le soir même fit brûler les deux chefs dans une petite île de la Seine. Ils moururent en affirmant leur innocence, mais sans citer, comme le leur font faire le roman et le théâtre, Philippe le Bel et le Pape au tribunal de Dieu.

Les autres événements du pontificat de Clément V sont de moindre importance. Jean de Montcorvin, apôtre des Mongols, fut créé archevêque de Cambalich et légat pour la Tartarie; Constantinople s'enfonçait de plus en plus dans le schisme pendant que la puissance musulmane la battait de ses flots grossissants; les Papes ne pouvaient pas plus triompher de son orgueil qu'ils ne triomphaient de l'égoïsme de l'Europe, les croisades devenaient impossibles et Constantinople était condamnée de Dieu.

Philippe le Bel mourut en 1314, prince ambitieux et despote, avide des deniers de ses peuples, faux monnoyeur, et accusé justement de nombreuses extorsions. — Clément V l'avait précédé dans la tombe (20 avril 1314). Avec son successeur *Jean XXII* nous rentrons pour un instant dans la guerre odieuse du césarisme Allemand contre l'Église et la Papauté.

2. A la mort de Clément V le Saint-Siège vaqua deux ans faute d'entente entre les cardinaux Français et les Italiens, tiraillements et divergences qui ne laissent que trop pressentir le grand schisme. Enfin, resserrés de force à Lyon, ils élisent Jacques Duese, Français d'origine, mais Italien d'éducation, précepteur autrefois des princes de Naples. Jacques Duese prit le nom de *Jean XXII* (1) (7 août 1316). — Trois affaires remplirent presque entièrement le pontificat de Jean XXII : les affaires de la chrétienté et celles d'Italie : les affaires de l'ordre Franciscain : les affaires de l'Empire.

Les vues de Jean XXII étaient larges, il se tourna vers

---

(1) M. Tamizey de Larroque a relevé les erreurs sur le nom et la condition de Jean XXII. Il s'appelait Jacques Duese et non « d'Euse ou d'Ossa, » comme l'écrit M. Martin (t. IV, p. 543). Il n'était pas un homme de basse naissance, fils d'un savetier de Cahors, comme le dit M. Martin (t. IV, p. 543), ce qui du reste ne fait rien à la question, mais fils d'un des plus riches bourgeois de cette ville. *Recherches historiques sur l'origine, l'élection et le couronnement du Pape Jean XXII*, par M. Bertrandy, ancien élève de l'Ecole des Chartes; *Rectification de quelques erreurs relatives au pape Jean XXII*, par M. Tamizey de Larroque; *Correspondance littéraire*, 5 juillet 1858, et *Annales de philosophie chrétienne*, juillet 1858. Cf. M. Tamizey de Larroque, *Annales de philosophie*, avril 1863, p. 272, sur la fable de l'*Ego sum Papa*.

les princes de la chrétienté pour leur rappeler leurs devoirs et surtout les maintenir dans la paix. Il multiplia les évêchés dans le Midi de la France, veilla avec le plus grand soin aux études et aux universités, et en même temps, étendant son regard sur les plus lointaines parties de son administration spirituelle, il activa les missions de l'extrême Asie. C'est lui encore qui donna deux nouveaux saints au culte public de l'Église : saint Louis, évêque de Toulouse et l'illustre docteur saint Thomas d'Aquin.

Les affaires de l'Italie s'embrouillaient de plus en plus. Déjà sous Clément V les troubles s'étaient multipliés. Maintenant les grandes familles, les Orsini en tête, se révoltent, les dignitaires pontificaux tendent à se rendre indépendants. Ailleurs des guerres civiles, celles des Colonna et des Cajetani ensanglantent les cités; Rome, plus agitée que tout le reste de la Péninsule, n'est plus guère qu'un camp retranché qu'occupent les troupes ennemies du prince de Morée et des Colonna. Clément V avec sa tenacité invincible avait eu peine à contenir tous ces flots déchaînés. Une complication nouvelle rendit la tâche plus ardue encore. Henri VII devenu, en même temps qu'empereur, traitre à sa parole comme à sa mission, faisait, avec l'appui des Gibelins, une guerre à outrance aux Guelfes et au Saint-Siège. Clément V l'avait frappé d'un anathème dont le contre-coup terrible avait été l'écroulement de sa tentative et la dispersion de son armée (1313). Telle était l'Italie que Clément V léguait à Jean XXII, lourd fardeau, mais que ce Pape sut porter vaillamment. Jean XXII nous apparaît comme administrateur accompli; il organise la chancellerie romaine, établit la Rote, répare les rouages avariés de l'administration pontificale, et, grâce à son habileté financière, assure partout à ses légats, à ses ambassadeurs, à son armée, aux missions lointaines, aux chrétientés d'Orient, des ressources et puissantes sécurités.

Après l'administrateur, voyons Jean XXII l'adversaire intrépide des mauvaises doctrines. Les plus détestables erreurs pullulaient de plus bel contre le pouvoir temporel des Papes en Italie, en France et en Allemagne. — De l'ordre Franciscain avait surgi une véritable secte, qui, sous le nom de *Spirituels* ou de *Fraticelles*, commença par dénier aux Papes le droit de dispenser les *Conventuels* de la primitive pauvreté. Ces sectaires, abusant la foule par des dehors et une façon de vivre extraordinaires, la poussaient partout au pillage des couvents des Conventuels. Devant l'énergique attitude de Jean XXII qui les cita devant lui, à Avignon, les uns s'en allèrent chez les infidèles, la plus grande partie feignit la soumission, quatre obstinés furent brûlés à Marseille (1318). — Les querelles reprirent en 1332 sous un nouvel aspect, et, partant de questions oiseuses, finirent par attaquer les plus vitales, telles que le droit de posséder, la légitimité de la propriété, etc. Faisant de la pauvreté, non plus un conseil mais un précepte absolu, les sectaires prétendaient que ni Jésus-Christ ni les apôtres n'avaient rien possédé et s'appuyaient sur la bulle *Exiit* de Nicolas III. Or, Nicolas III n'entendait parler que des choses qui se détruisent par l'usage. Jean XXII intervint par ses bulles *Ad conditionem* et *Cum inter nonnullos*, condamna les exagérations de ces Cordeliers ou Observantins, mais ne put vaincre l'orgueilleuse obstination de leurs chefs Michel de Césène, Bonnegrace et le fameux Ockam, qui se retirèrent près de l'ennemi avoué du Pape Louis de Bavière. Ces révoltés, comme ceux de tous les temps, en appelaient au futur Concile et réclamaient le glaive des ennemis de l'Église au secours de leur rébellion.

Louis de Bavière ne demandait pas mieux que de se jeter à main armée sur l'Église. Jean XXII, pour bien montrer que le Saint-Empire était la création de l'Église, avait, puisque Henri VII était mort, supprimé les vicaires impériaux en Italie. Quand plus tard Frédéric d'Autriche et Louis de Bavière, qui tous les deux se prétendaient élus, demandèrent tous deux la confirmation du Saint-Siège, Jean XXII les cita pour examiner et décider. Ils préférèrent le choix des armes ; Frédéric d'Autriche fut vaincu, et Louis déjà despote se montra disposé à ceindre, sans le Pape, la couronne impériale. La lutte allait éclater. Elle reproduisit les phases des précédentes. Louis de Bavière joua autant qu'il le put aux Henri IV et aux Frédéric Barberousse, et, après de courts triomphes, disparut écrasé.

La persécution commença par les agissements des sectaires, des Fraticelles dont nous avons parlé plus haut, qui allumèrent partout la haine des peuples contre le clergé et les couvents. L'Italie fut bientôt à feu et à sang, et les partisans du Saint-Siège, vaincus dans de premiers combats, subissaient d'atroces traitements ; beaucoup de villes trahissaient, Venise entretenait déloyalement les discordes, tout était favorable au césarisme Allemand, Louis de Bavière allait paraître. Une armée de légistes entouraient ce prince, entre autres Marcile de Padoue, Jean de Gand, les deux Cordeliers en révolte, Michel et Ockam. Leur théorie était simple. Pas de hiérarchie de pouvoirs dans l'Église, rien qui domine le prince, le prince tient son pouvoir de la multitude, et c'est le prince qui domine ensuite l'Église d'après la puissance qui lui est propre et immédiate. Voilà de nouveau le despotisme antique dans toute sa brutalité. Tout par César et rien que par César. En même temps que la force ouverte et avant elle, une œuvre ardente de mensonge et de démoralisation commença (1327). Une multitude d'écrits, de pamphlets, de libelles furent répandus qui prêchaient les plus subversives doctrines en salissant le Pape d'une boue innommée. Comme toujours, le despotisme commençait par triompher des excommunications et des anathèmes. Louis de Bavière était arrivé en Italie, résolu d'en finir avec le Pape et la Papauté. Il envahit la Toscane et la Lombardie, déclara Jean XXII excommunié et marcha sur Rome avec une armée de deux cent mille hommes. Tout avait cédé, tout se taisait, tout abandonnait la Papauté vaincue, et quand Louis demanda superbement : « Qui se levait pour défendre Jacques de Cahors? » nul ne se leva, nul ne prit la défense de l'Église écrasée une fois encore sous le pied d'un Teuton. Jean XXII fut déposé, un antipape Pierre de Corbière (Nicolas V) lui fut substitué.

C'est à cette heure que Dieu se montra. L'excommunication qu'une main hardie afficha furtivement aux portes du Vatican parut comme le signal de la défaite du césar Allemand. L'Allemagne s'agite et devient menaçante, les cruautés par lesquelles Louis de Bavière essaie de retenir le peuple en le terrorisant achèvent de ruiner sa cause; le roi de Naples, Robert, accourt délivrer Rome et ne laisse plus au prince Allemand que l'alternative d'une défaite honteuse ou d'une fuite plus honteuse encore. Louis de Bavière fuit sous les malédictions du peuple, pendant que son anti-pape va se jeter aux pieds de Jean XXII et en obtient son pardon. La défaite de Louis devait être plus complète encore. L'Italie entière se leva, forma une ligue puissante, chassa de partout les partisans du prince et chaque jour de nouveaux ambassadeurs arrivaient à Avignon, porteurs de la soumission des villes et des États italiens. Cette pacification fut due surtout à un vrai héros, Jean de Luxembourg, roi de Bohême, qui vouait son épée à toutes les grandes causes et voulait couronner ses triomphes en ramenant Jean XXII dans Rome et la Papauté dans la vraie capitale du monde chrétien. La mort du Pape fit échouer un plan que le Pape était le premier à approuver.

Avant d'achever le récit de la lutte, nous ne pouvons ne pas dire un mot de Jean XXII. Peu de Papes ont été aussi calomniés. Sans nous arrêter à la prétendue illégitimité de son élection ni au reproche d'avarice que lui valut l'ordre qu'il établit dans les finances pontificales, arrivons à une accusation d'hérésie dont ses ennemis ont fait le plus grand éclat. Jean XXII avait prêché que les saints, avant le jugement dernier, ne voient pas Dieu mais seulement la Sainte Humanité. Sur les réclamations des docteurs, le Pape déclara qu'il n'avait jamais prétendu définir et imposer comme croyance ce qui n'était chez lui que simple opinion.

A Jean XXII, mort le 4 décembre 1334, succédèrent *Benoît XII* (20 déc. 1334), *Clément VI* (7 mai 1342), *Innocent VI* (18 déc. 1352), *Urbain V* (27 sept. 1362), *Grégoire XI* (30 déc. 1370), qui retourna à Rome et mit un terme à l'exil d'Avignon.

Finissons-en d'abord avec Louis de Bavière. Nous l'avons laissé vaincu et fugitif, il continua sans force comme sans prestige son rôle de persécuteur sous les deux pontificats de Benoît XII et de Clément VI. Après quelques actes de respect et de soumission bien accueillis du bon et facile Benoît XII, Louis, du consentement des princes électeurs, rompit avec toutes les traditions du Saint-Empire en déclarant : « que l'empereur tient sa dignité immédiatement de Dieu, sans besoin de l'approbation et du consentement du Pape. » Louis faisait lui-même le pape, il annulait les mariages, il pourvoyait d'intrus les Églises. Clément VI commença à faire gronder les foudres ecclésiastiques, et le triste Louis de Bavière mourut comme sont morts presque tous les persécuteurs, frappé subitement et abattu par Dieu sans ressources (1347). Si cet empereur ne laissa guère de traces, l'esprit de sécularisation et de divorce qui avait envahi la puissance séculière ne continua pas moins à se fixer en Europe et à en chasser l'ancienne organisation du Moyen-âge. Charles IV qui succéda dans l'Empire à Louis de

Bavière sans lui succéder aucunement dans ses plans de persécution, subit néanmoins lui-même l'esprit nouveau et ne parla plus de la confirmation du Pape. L'Empire était à la veille de se soustraire complètement à l'Église.

Un double but remplit la carrière courte mais active et féconde de Benoît XII. Il s'efforça d'abord de remédier aux abus qui s'étaient glissés dans la discipline générale : le cumul des bénéfices, le défaut de résidence des titulaires, dans la cour d'Avignon elle-même le luxe exagéré et l'affluence scandaleuse des prélats. Tous furent renvoyés dans leurs charges sous peine d'excommunication. — Les affaires de l'Italie l'absorbèrent avant toutes les autres. En dépit des appels de Pétrarque et de ses mensongères peintures de calme et de bienveillance, le retour était jugé impossible encore, et Benoît XII comme Jean XXII dut se contenter d'en préparer les voies en guérissant les maux qui travaillaient Rome et la Péninsule. Ces maux étaient profonds. Les factions dominaient et déchiraient tout; à Rome, treize chefs de quartiers ou *Bannerets* faisaient peser une autorité excessive, les ruines s'accumulaient, les édifices non entretenus croulaient partout, la population décroissait dans une proportion effrayante, et l'esprit public décroissait plus qu'elle et plus rapidement, tout à l'heure nous y verrons régner un tribun de théâtre, un Rienzi. Benoît XII fit dans ce tumulte tout ce qui était possible d'y faire. Il pacifia, édicta des lois salutaires, annula les impôts abusifs, fit rendre par les usurpateurs leurs injustes conquêtes et réforma l'administration.

3. Sous les trois papes suivants, les derniers Papes d'Avignon, l'Italie passa par des révolutions à la fois folles et violentes qui achevèrent de montrer ce que devient sans les Papes ce pays où les Papes n'ont si souvent rencontré qu'ingratitude. Au sein de ces troubles, deux grandes figures se détachent, celle des cardinaux *Albornoz* (1) et *Anglicus*, auxquels l'Eglise dut ses triomphes et l'Italie son salut. — La grande splendeur qui inaugura le règne de Clément VI sembla de bon augure pour le retour à Rome de la Papauté et un reflet de l'ancienne puissance des Papes du Moyen-âge passa sur son pontificat. Il donnait Charles IV à l'Empire, Casimir de Pologne recevait ses reproches et y obtempérait, l'Europe se tournait vers lui, Rome suppliante déposait à ses pieds une supplique pour son retour : Clément VI, Pape essentiellement français, non-seulement ne profita pas de ces dispositions et de cette puissance pour rentrer en Italie, mais acheta même de Jeanne de Naples le comtat d'Avignon. On a beaucoup blâmé Clément VI, peut-être a-t-on été trop sévère. Si la première révolution proprement dite ne devait éclater que cinq ans plus tard, l'Italie n'en était pas moins, en dépit des sollicitations plus poétiques que sincères de Pétrarque, une terre fort inhospitalière encore, rendue plus dangereuse par la mort de Robert de Naples, seul puissant défenseur du Saint-Siège.

Une de ces révolutions, celle de Rienzi, pourra faire juger de ces turbulences et de ces folies. Rienzi, un jeune homme obscur, nourri des classiques païens, passionné pour les républiques de l'antiquité, mais surtout dévoré d'ambition, attroupe la foule, la harangue, ressuscite à ses yeux la Rome antique des Brutus et des Catilina, puis avec elle chasse la noblesse et s'empare du Capitole. Cette révolution commencée par de vulgaires effets de théâtre menaçait de devenir sérieuse. Rienzi régnait véritablement et non sans quelque grandeur; il obtenait même, en se faisant passer pour le sauveur de Rome et le restaurateur

---

(1) Voy. Sepulveda, *Rerum gestar. Albornozii;* lib. III. — Lescale, *Vie du grand cardinal Albornoz*, Paris, 1629.

de l'autorité pontificale, les faveurs de la cour d'Avignon, et de Clément VI la confirmation de ses pouvoirs. Mais maître de tout, il ne sut plus l'être de lui-même, il devint extravagant, parfois sanguinaire, toujours tyran; il fatigua Rome de ses excès, et quand un légat le frappa des anathèmes du Pape, il s'enfuit, fut repris et tenu prisonnier à Avignon. Relâché par Innocent VI, il revint à Rome, restaura sa fortune, reprit le pouvoir. Nous le verrons périr dans une émeute populaire en 1350. — La situation de Rome était déplorable. Devenue un foyer d'anarchie et de corruption, les émeutes s'y succédaient aux émeutes, les crimes aux crimes; un légat, Jean de Cellano, était massacré; sainte Catherine était menacée des derniers outrages; la peinture que sainte Brigitte trace du clergé romain inspire le dégoût. La peste noire qui désolait le monde achevait de jeter l'Italie dans la plus lamentable confusion, et plus cruelles que la peste les factions italiennes ensanglantaient les ruines de l'éphémère pouvoir de Rienzi. Les Colonna, les Orsini, les Savelli, et, derrière eux, une foule de petits seigneurs se taillaient dans les possessions de l'Église des États indépendants. Jean de Vico s'empara des pays jusqu'aux Apennins, les Malatesta volèrent les Marches, les Visconti dépassaient tous les autres en ruses, en audace et en violence. Vers la fin du pontificat de Clément VI déjà maîtresse de l'Italie Septentrionale, cette famille néfaste accourait encore à la curée du domaine pontifical. L'archevêque de Milan, Jean Visconti, dépensait ses trésors et déshonorait sa mitre à tromper le Pape, à cabaler contre son autorité, à piller ses domaines, à tyranniser les villes dont il réussissait à s'emparer.

Il était temps que le grand *Albornoz* parût. Cet illustre cardinal sauva les États de l'Église, non plus sous Clément VI, mais sous son successeur, l'austère *Innocent VI*

(1352-1362). Clément VI avait su l'apprécier, Innocent VI en jouit, l'Italie l'eut successivement pour conquérant et pour législateur. Comme conquérant on peut dire qu'il ne fit que marcher de triomphes en triomphes. Le pouvoir dont il revêtit un instant Rienzi, qu'il croyait corrigé, lui suscita un moment d'embarras; mais Rienzi périt (1350), Rome rentra dans le calme, et Albornoz put reprendre la lutte contre les tyrans et les envahisseurs des domaines de l'Église. Cette lutte fut rude dans les Marches, mais couronnée de triomphes. Les Visconti bravaient seuls le génie et la puissance du cardinal. Jean avait légué à Barnabo son ambition et ses violences, auxquelles Barnabo ajoutait une âme basse et cynique, mais aussi une intrépidité sans égale : il se défendit avec fureur, fut à la fin vaincu, et Innocent VI mourut avec la joie d'avoir vu le domaine de l'Église reconquis et pacifié (1362). Après avoir refusé la tiare, le cardinal Albornoz continua, sous *Urbain V* (1362-1370), sa glorieuse mission en donnant aux États pontificaux l'admirable code connu sous le nom de *Constitutions Ægidiennes*. C'est l'Évangile mis en code civil. Dans la pensée du cardinal Ægidius Albornoz toutes ses conquêtes et ses succès n'étaient que la préparation d'un plus grand œuvre : la réintégration de la Papauté dans sa seule et véritable capitale. L'heure du retour à Rome paraissait venue, l'Italie semblait sincère dans ses supplications, la protection Française devenait lourde à Urbain V, Pise, Gênes, Florence, Naples avaient armé une flotte pour l'escorter, Urbain V n'hésita plus et s'embarqua à Marseille pour Viterbe. Mais la mort d'Albornoz changea tout; l'Italie redevint subitement turbulente et révoltée, Viterbe elle-même menaça le Pape qui eut le courage d'aller droit à Rome. Rome l'acclama (1368). L'année suivante eut lieu l'entrée de l'empereur Charles IV et le couronnement de l'impératrice Isabelle : ce fut le dernier jour de fête.

Urbain V faisait mille efforts pour gagner peuple, bourgeoisie et noblesse, pour relever la fortune de Rome avec ses monuments ruinés; l'ordre renaissait, les grandes affaires du monde refluaient vers la capitale des Papes; Jean Paléologue, empereur d'Orient, abjurait l'erreur, la Bosnie, la Moldavie, l'Albanie, la Valachie rentraient dans le sein de l'Église, Rome envoyait ses missionnaires jusque dans le camp du fameux Tamerlan, Rome redevenait elle-même. Tout fut inutile en face des agissements et des trahisons implacables des factions. Bientôt l'incendie, rallumé partout, éclata; Urbain abandonné et assailli appela en vain les princes à son secours, et, ne voyant plus d'issue à sa situation terrible, il reprit le chemin d'Avignon où il n'arriva que pour mourir (10 déc. 1370). Urbain V fut un des meilleurs Papes de l'Église, ses vertus et les miracles dont Dieu honora son tombeau firent agiter la question de sa béatification (1).

Le cardinal Roger, parent de Clément VI, succéda à Urbain V sous le nom de *Grégoire XI* (30 déc. 1370). Avec lui le projet de retour à Rome reparut plus intense et plus puissamment préparé. Sans doute l'Italie était révolutionnée de nouveau, les Visconti y soufflaient partout la révolte et la guerre, Barnabo Visconti et Galéazzo, son frère, se faisaient passer pour les vrais défenseurs de l'indépendance Italienne contre l'influence des Papes qu'ils présentaient comme ses ennemis. En vain un nouvel Albornoz, *Anglic Grimoard de Grissac*, multipliait les prodiges de bravoure et d'habileté, son crédit avait baissé à la cour d'Avignon, les rusés Visconti escomptaient la bonne foi du Pape et quand, après une trêve dérisoire, il fallut en venir aux mains, les troupes Anglaises et Bretonnes au service

---

(1) Voy. Magnan, *Histoire d'Urbain V et de son siècle,* Paris, 1862, Bray et Retaux.

du Pape, en exaspérant les Italiens, rendirent la pacification plus difficile. Mais Dieu voulait le retour de ses Pontifes en Italie. Deux saintes, sainte Catherine de Sienne et sainte Brigitte, travaillaient plus efficacement que les plus habiles diplomates à lever les difficultés que les villes Italiennes, Florence en tête, apportaient sans cesse à la paix. En même temps elles pressaient le Pape de partir. Il partit le 18 janvier 1377, soixante-douze ans après le couronnement de Clément V à Lyon et le commencement de ce que les Italiens ont toujours appelé *la captivité de Babylone*. Rentré à Rome, Grégoire XI y trouva sans doute des affaires bien embrouillées et des tâches bien périlleuses; peu à peu cependant la pacification s'opéra, Grégoire XI était travaillé des idées de retour à Avignon, quand la mort le surprit le 27 mars 1378. — Si ce Pape termine l'exil d'Avignon, il commence à sa mort la plus poignante et la plus dangereuse des épreuves de l'Église, *le grand schisme d'Occident*.

4. Avant d'en raconter les tristes événements, revenons un instant sur nos pas. Nous avons, pour plus d'unité, laissé bien des faits importants appartenant au temps du séjour des Papes en France, il nous importe d'y revenir.

L'idée des croisades de plus en plus abandonnée par les nations chrétiennes, n'avait plus pour la défendre et la propager que le zèle et le génie de la Papauté. Impuissants à faire mouvoir l'Europe, au moins les Papes envoyèrent-ils des missionnaires dans l'extrême Orient, et s'efforcèrent-ils de ménager la réunion de l'Église Grecque, en lui accordant des secours. Les Vénitiens firent une expédition, s'emparèrent même de Smyrne, mais furent ensuite surpris par les Turcs et défaits (1344). Assaillie au dehors par les Turcs, l'Église Grecque l'était plus encore au dedans par toutes sortes d'hérésies pernicieuses ou extravagantes. Des illuminés se prétendaient arrivés à la vision intuitive, parce qu'ils méditaient dans les ténèbres en fixant leur nombril! Ces quiétistes nommés *Palamites*, du nom de Palamas leur chef, remplirent de troubles les monastères, les églises et jusqu'à la ville même de Constantinople (1341). En Arménie l'orthodoxie était plus puissante, malgré certaines incertitudes sur la primauté de l'Église Romaine qui forcèrent Clément VI d'envoyer aux Arméniens des articles précis sur ce dogme. Le même pape Clément VI ouvrit en 1350 les trésors d'un Jubilé qui attira à Rome plus d'un million de pèlerins.

Dans les différents pays de l'Europe la vie sociale se ressentait déjà de la décroissance du règne politique de l'Église. Charles IV donnait en vain sa *bulle d'or* où il réglait les choses de l'Empire, l'Empire ne devait plus atteindre ses splendeurs d'autrefois. Pierre le Cruel et aussi le débauché désolait le royaume de Castille et de Léon. La France commençait à payer chèrement ses fautes envers la Papauté, Dieu lui redemandait compte de l'insulte d'Anagni. L'Angleterre triomphait avec son Edouard III, mais elle était destinée aux horreurs de la guerre civile. L'Europe entière était minée par le travail des sectes révolutionnaires dont nous avons parlé plus haut, déjà Wiclef prêchait les plus subversives doctrines, et ses disciples préludant aux excès du Protestantisme ensanglantaient le siège épiscopal de Cantorbéry (1381).

A côté du mal le bien se développait puissamment. Urbain V approuvait l'ordre du *Saint-Sauveur* ainsi que la congrégation des *Jésuates* (1367). Les *Cellites* se dévouaient au ministère des malades et aux soins des sépultures. — Le travail des missions lointaines était de plus en plus admirable. Les Frères-Mineurs embrassaient l'immense empire des Tartares; l'un d'eux, Mont-Corvin, apôtre de Coromandel et des Indes pénétrait jusqu'à Pékin. Odoric de

Port-Mahon, autre Franciscain, évangélisait Malabar, Ceylan, Java, et pénétrait jusqu'au Thibet. Le Franciscain Franco de Pérouse gagnait à Jésus-Christ les peuples de la Perse.

L'Europe voyait en grand nombre s'épanouir d'autres fleurs de la sainteté. Saint Roch laissait un culte cher aux malades atteints de la peste, saint André Corsini était le modèle des évêques. Signalons aussi saint Nicolas de Tolentin, saint Pierre de Luxembourg. D'admirables saintes se faisaient ou les apôtres de la charité ou les champions intrépides de la Papauté et de l'Église : sainte Elisabeth de Portugal, sainte Catherine de Suède; sainte Brigitte aux merveilles de sa vie active joignait la précieuse lumière de ses *Révélations*. Sainte Catherine de Sienne était presque un soutien du Siège Apostolique, tant elle travaillait à pacifier l'Italie, à y préparer le retour de la Papauté, tant elle éclairait cette Papauté de ses lumières surnaturelles et l'assiégeait de ses pressantes exhortations. En Pologne, saint Jean Népomucène devenait le martyr du secret sacramentel de la confession (1388). Deux saints fondaient deux nouvelles familles religieuses, les *Hiéronimites* et les *Olivétains*.

Plus les saints entretenaient la piété parmi le peuple, plus cette piété devenait riche en pratiques de dévotion. L'abstinence du samedi, prescrite trois cents ans auparavant à l'occasion de la Trêve-Dieu, s'étendait de plus en plus (1337). Jean XXII introduisit dans l'Église Romaine la fête de la très-sainte Trinité; Urbain VI étendit à toute l'Église celle de la Visitation (1369). Un pieux usage naissait en plusieurs endroits, peut-être d'après une prescription d'un Concile de Lisieux (1) (1055) : on donnait le soir un

---

(1) Les avis sont du reste très partagés sur la première et véritable origine de l'*Angelus*.

coup de cloche, et les fidèles récitaient une prière connue sous le nom d'*Angelus*. Jean XXII, par deux bulles successives, consacra cette pratique et l'enrichit d'indulgences.

La science marchait de pair avec la vertu. Tous les noms de savants que l'on peut citer sont loin d'être irréprochables; plusieurs sont tombés dans des erreurs déplorables; mais tous témoignent de l'activité intellectuelle de ce siècle. Raymond Lulle, Gilles de Rome, Guillaume Ockam, Albert de Padoue, Pierre Auréole, Durand de Saint-Pourçain, Thomas de Brawardin, Nicolas de Lire, Tauler, etc. — L'Eglise continuait son œuvre glorieuse des universités catholiques, et y adjoignait d'autres institutions précieuses. En 1336, Benoît XII fondait à proximité des plus célèbres universités des maisons religieuses pour y recueillir les étudiants. Plus de huit grandes universités nouvelles furent constituées dans le quatorzième siècle. — En dehors de la vie et des études ecclésiastiques, en plein milieu du monde, la poésie inaugurait ses véritables chefs-d'œuvre. Le *Dante* né à Florence en 1265 mort à Ravenne en 1321, Gibelin fougueux, ennemi des Papes, faisait passer dans sa *Divine Comédie* avec son âme de feu et ses passions politiques, sa vaste érudition et sa science universelle. *Pétrarque* naquit à Arrezo en 1304; poëte aux inspirations les plus variées, il fut lui-même un mélange étonnant de bien et de mal, de vérité et d'erreur, d'énergie et de faiblesse. Ami et panégyriste de Rienzi, trop souvent contempteur grossier et violent des Papes d'Avignon, il n'en garda pas moins, même au milieu d'une vie licencieuse, la foi et quelques pratiques de religion.

Des travaux d'un autre genre et d'une autre portée nous ont été laissés par les Papes d'Avignon. Nous avons parlé du recueil de droit canonique rédigé sous Clément V et qui a reçu de lui le nom de *Clémentines*. Les constitutions postérieures furent conservées sous les noms de *Extravagantes*

Joan. XXII (XX), *Extravagantes communes* (LXXIV divisées en 5 livres.) Plus tard, Jean Chapuis les inséra dans son *Corpus juris*. — Une réflexion surgit de ces documents : les Papes d'Avignon, tous bons Papes, plusieurs même remarquables par leur grand savoir et leur talent d'administration, étaient trop soumis à l'influence française pour dominer librement et puissamment le monde catholique : une phase toute de douleur commence pour l'Eglise : après l'exil d'Avignon qui fut une nécessité dangereuse, voici le *grand schisme d'Occident* qui fut un désastre.

III.

Le grand schisme d'Occident et les Conciles de Pise et de Constance (1).

I. L'Eglise durant le schisme. Le grand schisme, commencé à la mort de Grégoire XI (1378) se termina à l'élection de Martin V (1417). Nous n'aurons que trop occasion de montrer, dans le cours du récit, le désastre que ce schisme causa à l'Eglise et comment il facilita le développement et l'extension des premiers germes de l'apostasie des nations Européennes.

A la mort de Grégoire XI les Romains réclamaient un Pape Italien de cœur et bien résolu à ne point reprendre les traditions des Papes d'Avignon. Tous reconnaissaient la nécessité du retour de la Papauté à Rome. Les cardinaux Français et Italiens furent d'accord, et sur un choix una-

---

(1) Christophe, *Hist. de la Papauté : le grand schisme*, t. III, 50-231. — Maimbourg, *Hist. du grand schisme d'Occident*. — Schwab, *J. Gerson*. — Tosti, *Hist. Concil. Constans*.

nime des cardinaux présents à Rome, le vénérable archevêque de Bari fut proclamé Pape sous le nom de *Urbain VI* (9 avril 1378).

Les cardinaux restés à Avignon reconnurent Urbain VI comme leurs collègues de Rome. Rien jusqu'ici ne faisait pressentir un schisme. Mais peu après les cardinaux Français, ou repentants de ce choix d'un Pape Italien, ou irrités des premières mesures énergiques de Urbain, peut-être de son attitude quelque peu altière, commencèrent à troubler les consciences en essayant d'infirmer son élection. Ces mêmes cardinaux, qui avaient donné leur assentiment absolument libre et spontané au choix de leurs collègues Italiens, qui avaient durant trois mois administré avec le pape Urbain VI les affaires de l'Eglise, prêté serment, accepté son autorité et surtout ses faveurs, qui, après avoir consulté les juristes les plus fameux, en avaient reçu pour réponse que l'élection d'Urbain était valide, le 2 août déclarèrent nulle cette élection, et le 21 septembre, à Fondi, élurent pape Robert de Genève et l'intronisèrent sous le nom de Clément VII.

Un schisme désastreux était consommé.

1. A vrai dire, malgré les dissensions et les partis, il fut possible toujours de distinguer le vrai pape Urbain VI de l'intrus Clément VII. Nous avons donné plus haut les premières preuves. Ajoutons que tel avait été l'assentiment du monde catholique et la foi universelle en la validité de l'élection d'Urbain VI que, sauf la France et ses alliées la Castille, l'Aragon, la Navarre, la Lorraine et l'Écosse, tous les autres pays de l'Europe, l'Angleterre, l'Allemagne, une partie de l'Italie ne reconnaissaient nul autre Pape qu'Urbain VI. La Hongrie, la Pologne, la Suède étaient de son obédience, l'Orient le tenait pour seul Pape légitime. Si comme il arrive toujours dans ces désastreuses scissions, plusieurs esprits éminents, plusieurs corps savants, même des saints illustres, furent un instant abusés, leur erreur ne prévaut pas contre la force et le nombre des arguments contraires. — Sans y voir une preuve, la conduite toute différente des deux Papes ne facilitait pas moins la recherche que faisaient les âmes droites du vrai successeur de Pierre. Urbain VI apportait sur le trône pontifical toutes les vertus austères et héroïques des grands Papes, Clément VII tous les défauts des intrus. « Lamentable situation, s'écrie un contemporain, Nicolas Clémengis, notre pontife Clément s'est tellement rendu esclave des hommes de cour, qu'il reçoit d'eux, sans oser se plaindre, les plus indignes traitements. C'est aux courtisans qu'il confère les bénéfices. » La peinture que les auteurs du temps nous ont laissé des désordres où le schisme jeta la société religieuse est navrante. A la faveur de l'incertitude, sous une autorité vénale et pusillanime comme celle des pontifes d'Avignon, la simonie prit des proportions effrayantes et avec la simonie l'indignité des ministres, la décadence de la discipline, l'invasion des vices, le relâchement universel. Presque plus un bénéfice ne s'obtenait sans argent « Ayant payé pour la crosse, disaient les prélats, il est bien juste d'être payé pour la prébende. » Des laïcs, des indignes, jusqu'à des enfants recevaient des bénéfices en commande, un seul en possédait plusieurs, parfois un grand nombre; tel cardinal en eut jusqu'à cinquante! C'était autant de bergeries sans pasteurs et qu'infestaient effroyablement les loups. Les monastères participaient à la même invasion de la simonie et à la même décadence, ils n'étaient le plus souvent que le refuge de la paresse ou même du vice scandaleux et impuni.

A Rome le pontificat d'Urbain VI fut vigoureux jusqu'à l'âpreté et par là même assailli par des résistances pleines de haine. Après les insultes, les calomnies, les pamphlets, une véritable conjuration dont six cardinaux se firent l'âme, prétendit ôter au Pape légitime le trône avec la vie. Les six grands coupables périrent sur l'échafaud ; mais la haine contre Urbain redoubla, et ce Pape mourut au milieu des orages qu'un zèle peut-être trop amer et trop peu mesuré lui attirait (15 octobre 1389). — Cette mort aurait pu faire cesser le schisme sans l'obstination de Clément VII à Avignon. Lorsque la nomination du vrai Pape, *Boniface IX* (3 novembre 1389), successeur d'Urbain VI, fut connue à la cour de France, elle y fut favorablement accueillie : le roi Charles VI désirait l'union, l'Université de Paris proposait trois moyens pour l'obtenir : la *cession* pure et simple des deux prétendants à la Papauté, le *compromis* ou jugement de la question par des arbitres choisis, enfin le *Concile général.* Quand on porta ce projet à Clément, il s'irrita, tomba malade et mourut (26 septembre 1394).

On aurait pu voir dans cette mort l'extinction du schisme : non, le schisme reprit une vie et une intensité nouvelles avec le successeur de Clément, le rusé, ambitieux et opiniâtre Pierre de Lune que les cardinaux d'Avignon s'empressèrent, pour éluder des ordres contraires de Charles VI d'élire sous le nom de Benoît XIII. Pendant plus de vingt ans Pierre de Lune multipliera les efforts de la plus astucieuse diplomatie pour garder une pourpre qu'il préfère au salut de l'Église et des âmes (28 septembre 1394). En huit jours on le fit prêtre, évêque, pape, et il ne le fut que pour le malheur de la chrétienté. Afin de combattre efficacement le mécontentement que causait son élection, il eut l'adresse de s'attacher deux hommes habiles, membres influents de l'Université de Paris, Nicolas Clémangis, et Pierre d'Ailly (1) ; saint Vincent Ferrier, trompé lui-même

---

(1) Sur Pierre d'Ailly on pourra consulter une thèse bien faite de M. Salembier : Petrus de Allico, auctore L. Salembier, *Sacræ Theologiæ magistro*, in-8° de LII-392 pages, Bergès, 2, rue Royale, Lille; Lefort, Lille et Paris. — D'autres travaux encore. Pour ne parler que des plus récents, la notice historique et littéraire de M. A. Dinaux (1824), celle de

parut à sa cour. Cependant on continuait, même en France, à vouloir l'union à tout prix. Une assemblée du clergé (1395) se déclara pour la démission simultanée des deux Papes. Pierre de Lune s'y refusa, perdit ses alliés et les pays de son obédience, la France, la Castille, la Navarre, la Sicile, lui-même s'enferma dans sa forteresse d'Avignon pour s'y défendre contre les armes du maréchal Boucicault (1398). Echappé et évadé en Espagne, il reprit par la ruse le terrain que la force lui avait fait perdre. Son adresse lui valut le retour de la France à son obédience, et il put recommencer tous les désastres d'un schisme que la France continua à favoriser.

Cependant le vrai pape Boniface IX était mort à Rome le 1er octobre 1404 ; les cardinaux Romains voyant l'entêtement de Pierre de Lune (Benoît XIII) à garder sa pourpre, se mirent en devoir de continuer la succession véritable des Papes, et le 17 octobre 1404 élurent, sous le nom d'*Innocent VII* le cardinal de Sainte-Croix qui ne régna que deux ans, et laissa le trône à *Grégoire XII* (30 décembre 1406). A Rome tous étaient résolus de se sacrifier à l'union. Grégoire XII écrivit au pape d'Avignon, au roi de France, à l'Université de Paris pour leur exprimer la disposition où il était de renoncer à sa dignité si Pierre de Lune en faisait autant. Pierre de Lune, bien décidé à ne renoncer à rien, évita par des longueurs l'animadversion générale, et, plus rusé que tous, fit faire à son rival une faute dont il profita. Une conférence entre lui et Grégoire XII avait été décidée tout d'abord, puis Grégoire trop au fait de l'astuce de Pierre de Lune en redouta l'issue, et y renonça. A ce premier sujet

---

M. E. Bouly (1847), les documents publiés en 1868 par la *Revue des Sociétés savantes*, l'étude biographique de M. Aubrelicque (1869). — Parmi les Protestants, la thèse présentée à la Faculté de théologie protestante de Strasbourg en 1840 par M. G. Pameyer, et celles soutenues à Breslau successivement en latin (1875) et en allemand (1877) par M. P. Tschackert.

de mécontentement, Grégoire XII en ajouta un second plus grave, quand il revint sur la promesse formelle qu'il avait donnée de se désister pour l'union. Bref, les cardinaux des deux obédiences mécontents, chacun de son côté, se réunirent pour convoquer un :

Concile général à *Pise* (1409).

Ce fut le comble de la confusion. Malgré les subtilités de Pierre d'Ailly et de Gerson, il n'en restait pas moins vrai que le Concile de Pise s'était assemblé de lui-même, qu'aucun Pape ne l'avait convoqué, et qu'il n'échapperait pas, en dépit des raisons les plus spécieuses, au reproche d'être un corps sans tête. — Cependant les deux papes Grégoire XII et l'intrus d'Avignon Benoît XIII, après avoir refusé de se rendre à Pise, avait créé de nouveaux cardinaux pour remplacer ceux qui les avaient abandonnés, et tenaient leurs Conciles particuliers, Grégoire à Austria, Benoît à Perpignan. De là ils envoyèrent à Pise leurs vingt-deux objections, surtout contre la régularité et la compétence d'un Concile qui s'était réuni et qui fonctionnait sans eux. — En effet, c'était là le désastreux de la situation, et les doctrines que cette situation fit émettre furent bientôt plus funestes que le schisme même auquel elles prétendaient mettre fin. Quand les cardinaux disaient à Pise que dans des circonstances exceptionnelles il fallait user d'exceptionnelles mesures, qu'ils avaient le droit et le devoir de convoquer l'Église en Concile, de demander et obtenir la démission de Grégoire et de Benoît, de faire ensuite une élection nouvelle, — ils oubliaient qu'Urbain VI ayant été vrai Pape, ses successeurs l'étaient aussi ; la suite des Papes n'avait donc pas été interrompue, il y avait donc un vrai Pape, et encore que le malheur d'un schisme eut voilé ce pape véritable à beaucoup de regards, ce Pape existait ; s'il existait, rien n'était sans lui possible de tout ce que l'on avait tenté sans lui. Dire que Grégoire XII avait failli à sa parole n'était que le convaincre d'une faute, nullement de non-aptitude et de non-existence. Gerson sentit qu'il fallait, pour être logique, devenir plus osé. Il osa jusqu'à tomber dans la plus complète erreur. Il enseigna hardiment la *supériorité du Concile sur le Pape*, et cela, non-seulement dans la circonstance actuelle d'un Pape douteux, mais en général et pour tous les temps. C'était renverser l'organisation monarchique de l'Église, préparer les oreilles catholiques aux déclamations de Luther contre la Papauté *usurpatrice*, aux agissements des Parlements, et aux impertinentes revendications de l'Assemblée de 1682. — En attendant c'était mettre le comble à la confusion en introduisant un troisième Pape compétiteur des deux premiers. Ce Concile malencontreux, après avoir déclaré Pierre de Lune et Grégoire XII déchus de la Papauté, fit, par les cardinaux réunis en conclave, Pierre de Candie pape sous le nom d'Alexandre V. Le monde chrétien se trouvait ainsi partagé en trois obédiences. Grégoire XII qui anathématisa Pierre de Lune et Pierre de Candie était reconnu par l'Allemagne et une partie de l'Italie; Benoît XIII conservait l'Espagne et parvenait, à Salamanque (1410), à se rattacher un grand nombre de docteurs; enfin Alexandre V gardait pour lui la France, l'Angleterre, une partie de l'Italie, et quelques contrées d'Allemagne. Tel fut le triste résultat du Concile de Pise; on ne comprend que trop bien comment le doute et l'incertitude n'ont pas cessé de planer sur cette assemblée. Ses actes, en dehors de l'affaire du schisme, sont d'ailleurs peu nombreux et de relative importance. Les Pères décrétèrent la tenue de Conciles provinciaux et diocésains. Il eût fallu avant tout travailler à la réforme des abus que les troubles religieux et civils multipliaient dans une mesure désastreuse : le Concile de Pise ne s'en occupa que pour en remettre l'étude à une prochaine assemblée; car avant de se séparer, Alexandre V et les évêques décrétèrent qu'un Concile général s'ouvrirait dans l'espace de trois ans (1). Ce nouveau Concile fut celui :

De *Constance* (1414-1418).

La situation continuait à être désastreuse : le Concile de Pise n'avait guère fait que mettre au jour les plus dangereuses doctrines, aucun des trois papes n'était capable de remédier aux maux du schisme, aucun peut-être ne le voulait. Grégoire XII hésitait à faire le sacrifice de sa couronne, Benoît XIII ne consentait à ce sacrifice à aucun prix, et quant à Jean XXIII, successeur d'Alexandre V (mort le 13 mai 1410), il n'avait guère qu'une volonté bien suspecte de se dévouer au salut de tous. N'étant encore que le cardinal Cossa, il avait trop dominé l'honnête et bon Alexandre V pour ne pas tenir à ce trône pontifical qu'il avait tant convoité. Dans cette extrémité tous les yeux se tournaient vers l'empereur Sigismond qui seul avait assez d'autorité et de prestige pour provoquer la réunion d'un Concile général. Il prêta son aide à Jean XXIII et le Concile de Constance fut ouvert (1414) (2). De ce Concile deux sessions sont restées fameuses : la clarté du récit nous oblige à les détacher, et leur importance, à cause des doctrines qu'elles innovent, nous commande de leur donner une place à part.

Rien de brillant et de solennel comme l'ouverture du Concile de Constance. 1,800 ecclésiastiques étaient présents, 1,600 princes, 300 docteurs, 23 cardinaux appartenant aux deux obédiences, 92 prélats et 102 procureurs au nom des absents. Cent mille étrangers remplissaient la ville,

---

(1) *Decernimus, sacro approbante Concilio, iterum generale Concilium Ecclesiæ fore convocandum hinc ad triennium.*
(2) Dans de telles conditions, il était impossible que les premières sessions fussent œcuméniques : elles ne le furent jamais.

l'Église entière attachait sur l'assemblée de Constance des yeux d'angoisse et d'espoir. On régla que l'on voterait non par tête, mais par nations, et les nations étaient la France, l'Allemagne, l'Angleterre, l'Italie, l'Espagne. — La grande affaire de ce Concile, si légitimement assemblé, si imposant dans le nombre de ses Pères, était de terminer le schisme. Jean XXIII, qui avait présidé les deux premières sessions, à la seule pensée qu'il pût être amené à l'abdication, s'était enfui à Schaffouse, d'où il publia un écrit de justification. Le Concile continua ses séances, l'écueil était toujours, comme à Pise, de placer un Concile au-dessus du Pape. Pierre d'Ailly et Jean Gerson, reprirent dans ce sens leurs thèses erronées, mais heureusement le parti auquel on s'arrêta de concert, fut de travailler sans relâche à obtenir la cession pure et simple des trois concurrents, et cette cession on l'obtint. Jean finit par consentir noblement à sa déposition (douzième session), Grégoire XII représenté par son ambassadeur abdiqua de plein gré; Benoît XIII seul resta opiniâtre, fut déposé dans la trente-septième session et abandonné de tous ses partisans (1).

2. Enfin, à la quarante et unième session, le cardinal Othon Colonne fut élu Pape d'un suffrage unanime sous le nom de *Martin V* : le grand schisme d'Occident était terminé (1417).

Présidé par le nouveau Pape, le Concile de Constance put librement s'occuper des maux de l'Église et de la réformation des abus. Il fit un grand nombre de canons disciplinaires. Martin V, de son côté, conclut des concordats avec les divers gouvernements Européens. — Des intérêts plus hauts encore préoccupèrent le Concile. Le débordement des

---

(1) Nous ne comptons pas un fantôme de successeur, Gilles Mugnoz, qui lui fut donné, à sa mort, sous le nom de Clément VII.

plus perverses doctrines n'annonçait que trop l'approche de la révolution religieuse du xvie siècle. Wiclef avait déjà prêché, Jean Hus continuait son œuvre dévastatrice; il était temps de sévir. Jean Hus, muni d'un sauf-conduit de l'empereur Sigismond, put librement se rendre au Concile et s'y justifier. Mais le malheureux, au lieu de s'amender fut opiniâtre, et, tandis que ses partisans déjà nombreux révolutionnaient Prague, lui ne montrait au Concile qu'audace et fureur. Il fut condamné à mort et périt de la peine du feu (1415). Son disciple Jérôme de Prague comparut à son tour, abjura, puis rétracta son abjuration et finit comme son maître (1416). La doctrine des hérétiques fut condamnée *in globo*. — Jacobel, qui soutenait la nécessité de la communion sous les deux espèces, fut condamné de même. — Une autre erreur d'un autre genre préoccupa le Concile et provoqua sa sentence, c'est celle d'un docteur de l'Université de Paris, *Jean Petit*, sur le tyrannicide. Jean Petit prétendait « qu'il était permis à tout particulier de tuer un tyran, par une voie quelconque, nonobstant tout serment qu'on aurait fait. » Le Concile de Constance s'éleva avec une grande énergie contre cette théorie sauvage, condamna Jean Petit et laissa ainsi aux sectes maçonniques et à la Révolution l'abominable spécialité de se débarrasser des rois par l'assassinat.

3. Nous revenons aux quatrième et cinquième sessions. Un fait s'y passa qui a rendu ces sessions fameuses. Depuis quelque temps, un esprit nouveau, hostile à la primauté du Siège de Rome, s'était fait jour. L'exil d'Avignon et surtout le grand schisme, en déconsidérant la Papauté, avaient facilité le développement de cet esprit. A Pise, il parut de plus en plus puissant, Pierre d'Ailly et Jean Gerson s'en étaient faits les propagateurs influents, enfin dans la quatrième session de Constance, il inspira le décret suivant confirmé dans la cinquième : « Le Concile de Constance légitimement réuni dans le Saint-Esprit, formant un Concile général et représentant l'Église militante, a reçu immédiatement de Jésus-Christ une puissance à laquelle toute personne de quelque condition ou dignité qu'elle soit, *même papale*, est tenue d'obéir, en ce qui regarde la foi et l'extirpation du présent schisme. » C'était clairement affirmer la supériorité du Concile sur le Pape, et là sont bien l'idée et l'affirmation gallicanes. Or c'est là purement une absurdité. Absurdité de supposer la contradiction d'un Concile œcuménique avec un Pape, puisqu'un Concile œcuménique est l'Église, et que l'Église n'existe pas sans la Papauté, qui est à l'Église ce que la tête est au corps.

Mais que faire du décret et des deux sessions de Constance d'où il émane? Est-ce là l'acte souverain d'un Concile vraiment œcuménique? Nullement. Les premières sessions de Constance ne pouvaient être dotées encore de l'œcuménicité : les trois obédiences n'y étant pas réunies. Grégoire XII et Benoît XIII y manquaient, et Jean XXIII pouvait-il être le vrai Pape? — Jamais Rome n'a reconnu l'œcuménicité aux sessions quatrième et cinquième du Concile de Constance. — On objecte la confirmation de Martin V. Il faut s'entendre. La confirmation donnée par Martin V dans ses deux bulles, ne tombe que sur les décisions de foi prises contre les hérétiques, Jean Hus, Wiclef et Jérôme de Prague. Le Pape déclare formellement n'approuver que ce qui a été fait *en Concile* et pour *la foi*, « *Conciliariter et in materia fidei;* » donc nullement ce qui s'est fait dans les autres sessions et les congrégations particulières. Bien plus, à la question posée par les Allemands et les Polonais : « Quels sont les cas où le Pontife peut être corrigé et déposé? » le Pape ne voulut pas répondre. — Reste de tout ceci qu'il faut tenir pour certain et irrévocable tout ce qui, à Constance, s'est fait par les Pères et a été *approuvé par le Pape*.

Quant à l'absurde doctrine de la supériorité des Conciles sur les Papes, jamais elle n'a été reçue dans l'Église ni ne le sera. Sans doute l'erreur va faire rapidement son chemin ; au Concile de Constance, si vénérable encore à tant de titres, nous verrons succéder le triste conciliabule de Bâle et la révolte s'accentuer de plus en plus ; mais la révolte n'est pas le droit, elle n'anéantit pas l'œuvre divine, elle n'efface pas l'Évangile, et ne renverse pas le *fondement* unique et inébranlable sur lequel il a plu à Jésus-Christ de bâtir son Église.

Avant de continuer l'histoire religieuse proprement dite, jetons un coup d'œil sur la société civile et les événements du dehors.

II. Les premières expiations. Le fruit amer des erreurs nouvelles se révèle déjà de toutes parts, le divorce d'avec l'Église que méditent les peuples produit des commotions violentes ; à mesure que l'Europe écarte Dieu et l'Église, le terrain que ces hôtes bénis et protecteurs laissent vide est envahi aussitôt par un malaise, des commotions et un trouble qui tout à l'heure seront la *Révolution*. Il est visible que la Papauté, dans son rôle politique, commence à manquer à l'Europe agitée et tumultueuse.

L'Angleterre détrônait son roi Richard II, coupable d'avoir épousé une princesse de France, fille de Charles VI. Le tyran Venceslas épouvantait l'Allemagne par ses crimes, et se voyait chassé du trône et remplacé par le comte palatin Robert. Le Saint-Empire n'était plus de lui-même qu'une ombre sans prestige comme sans force, et, à l'instar de la Lombardie, l'Allemagne était déchirée par les factions et morcelée en une foule de pouvoirs envahisseurs et ennemis. Naples échappait à la France et passait à Ladislas. — Quant à l'Orient, il n'attendait plus qu'un dernier coup pour mourir tout à fait. Les victoires continuelles de Bajazet (1390) réduisaient l'Empire Grec presque à la seule ville de Constantinople; la funeste bataille de Nicopolis achevait de tout perdre, quand Dieu sauva la chrétienté par une puissante diversion. En même temps que Bajazet détruisait l'empire de Constantinople, le fameux Tamerlan se ruait sur le colosse musulman, jetait bas la domination de Bagdad, et précipitait contre Bajazet une armée de 600,000 hommes. Le choc eut lieu dans les plaines d'Ancyre et fut effroyable (1401). Bajazet y périt dans la défaite, et son fils, après le passage de cette sanglante tempête, n'eut plus à recueillir que des débris de l'immense empire de son père.

Du côté du Nord le spectacle était plus consolant. Jagellon se faisait l'apôtre de la Lithuanie, et par son mariage avec Hedwige éteignait les longs et sanglants démêlés qui avaient désolé à la fois la Lithuanie et la Pologne. — Quant à l'Allemagne, elle était mise à feu par les révolutionnaires qui y avaient fait irruption, Wiclef, Jean Hus, etc. Nous consacrerons une étude particulière à ces précurseurs de Luther et du Protestantisme.

La France, elle, expiait durement l'audace de son grand schisme, et Dieu lui redemandait le sang et les larmes de Boniface VIII. Nogaret et Philippe le Bel avaient souffleté le Pontife du Christ : Dieu souffletait ignominieusement la France. Mais la miséricorde était mêlée à la justice, et Jeanne d'Arc nous était envoyée au plus fort de nos détresses et de nos désespoirs.

En 1415, la position de la France était terrible. Elle avait rêvé l'humiliation de l'Église, la voici elle-même outre mesure humiliée. Édouard d'Angleterre, vainqueur de Philippe à Crécy, de Jean à Poitiers, imposait à la France l'ignominieux traité de Brétigny qui lui enlevait avec ses plus belles provinces de l'Ouest sa sécurité du côté de son ennemie; elle payait pour son roi prisonnier une rançon énorme, et tel était son degré d'abjection et d'impuissance que ces conditions ne lui arrachaient plus que des cris de joie. C'est qu'en elle tout était anéanti, ses armées, ses finances, son industrie, tout jusqu'à ses champs que la stérilité dévorait de toutes parts. La famine promenait partout ses horreurs, et plus terrible que tous les autres fléaux ensemble, une anarchie affreuse la déchirait toute entière, et, en brisant toutes les forces du corps social, en renversant toutes les barrières de l'autorité, laissait un vaste champ aux crimes des particuliers. — A un autre signe encore qu'à une succession inouïe de désastres, il est aisé de reconnaître sur la France le châtiment d'en-haut. Elle a perdu toute suite, toute sagesse dans le gouvernement, la démence elle-même est montée sur le trône, un étrange vertige a saisi toute la nation, et d'impardonnables fautes perdent nos plus belles armées et dévorent sans profit les plus héroïques faits d'armes. Et cette France qui, gisant dans le sang, n'avait plus la force de relever son épée, conservait celle de se déchirer dans d'effroyables guerres civiles. Les haines, les jalousies, les suspicions sinistres, les trahisons s'entrechoquaient tumultueusement, et chacun cherchait au détriment de la patrie d'odieuses revanches. On vit Paris, donnant le signal de la révolte, massacrer deux maréchaux, armer en masse ses habitants, ouvrir les prisons, lâcher par centaines les bandits prêts à tous les crimes, faire aux officiers royaux une chasse ignoble, expulser le Dauphin et le forcer à revenir en armes et à rentrer par une brèche sanglante. Ce qui restait de la France participait au même esprit de révolte et s'agitait violemment. Charles VI était fou, sa femme Isabelle de Bavière poussait l'impudeur jusqu'à faire nommer le roi d'Angleterre Henri V régent du royaume avec une future succession! Les princes du sang se déchiraient dans de sanglantes querelles; Jean sans peur duc de Bourgogne assassinait le duc d'Orléans frère du roi, et Tenneguy Duchâtel assassinait le duc de Bourgogne. L'Anglais achevait le deuil de la France dans la plaine d'Azincourt (1415) où sept princes Français et neuf mille gentilshommes restaient sur le champ de bataille, pendant que quatorze mille hommes étaient emmenés prisonniers. Charles VII, aux désastres de son père ne fit qu'ajouter les siens, battu toujours et partout. Chassé de toutes ses possessions, réduit à ne régner plus que sur une ville et son mince territoire, il recevait par dérision le nom de *petit roi de Bourges*. Rien au monde, plus aucune force humaine, ne pouvait désormais sauver la France de son total anéantissement (1429).

C'était l'heure que Dieu attendait pour intervenir. Du fond d'un humble village, Domremy près de Vaucouleurs sur la frontière de la Champagne et de la Lorraine, il appelait une humble fille des champs à l'honneur de sauver la France. Tout est *surnaturel* dans Jeanne d'Arc. Durant sept années de résistance des voix mystérieuses se font entendre à elle, des visions l'instruisent des volontés de Dieu : elle doit quitter sa chaumière, revêtir l'armure, combattre les Anglais, les chasser à force de victoires, et faire sacrer à Reims le jeune roi Charles VII. Là se terminera avec la volonté de Dieu la mission surnaturelle de Jeanne. Sans cesse elle l'affirme, et sa triste impuissance, quand, cette mission terminée, le roi la força de continuer sa vie de guerrière, montra mieux que tout le reste que ses précédents triomphes étaient de Dieu.

Ces triomphes furent aussi continuels que prodigieux. En 1429, elle se présenta à Charles VII comme envoyée de Dieu pour délivrer Orléans et le royaume de France. Aux moqueries elle opposa ses prédictions, ses vertus, ses triomphes. Elle battit les Anglais coup sur coup; Orléans fut délivrée, les Anglais furent défaits dans la Beauce, chassés de Troyes, de Châlons, de Reims, et Charles VII fut sacré (1429). Après le sacre Jeanne d'Arc déclara au roi que sa mission était terminée et voulut reprendre le chemin de son village. Charles, incrédule avant de se montrer ingrat, refusa de la laisser partir, et Jeanne commença une carrière de douleurs que devait clore le martyre. Redevenue une simple fille de la terre, blessée au siège de Paris, prise à celui de Compiègne (1430), livrée aux Anglais par l'indigne évêque de Beauvais Cauchon, Jeanne fut comme le Christ traînée devant d'iniques juges, accusée de crimes, de mensonges, de sortilège et de blasphème et condamnée à mort. Cette mort pèse comme un poids de honte sur les Anglais qui l'achetèrent et sur l'évêque nouveau Judas qui la vendit. Jeanne la miraculeuse libératrice de la France fut brûlée vive à Rouen (1431). — Comme tant d'autres martyrs, la Pucelle d'Orléans ne trouva que dans l'Église justice et protection. Charles VII l'oublia, sans songer même à venger sa mémoire, mais vingt-quatre ans après sa mort le Saint-Siège fit réviser son procès et son inique sentence, la procédure de Pierre Cauchon fut lacérée et jetée au feu, Calixte III réhabilita la mémoire de la sainte héroïne de France et la déclara *martyre de sa Religion, de sa Patrie et de son Roi* (1).

L'Église a vengé cette gloire si française et si pure : Voltaire l'a souillée de fange. Des historiens comme H. Martin et autres n'ont pas honte de faire écho au polisson de Ferney.

---

(1) On pourra consulter une vie de *Jeanne d'Arc*, par Wallon. — Les panégyriques prêchés à Orléans, surtout celui de Mgr Freppel. — *Jeanne d'Arc sur les Autels*, par Ayrolles, Paris, Gaume, 1887.

VINGT-CINQUIÈME LEÇON.

LES TEMPS PRÉCURSEURS DU PROTESTANTISME.

I.

Les précurseurs de Luther.

Déjà nous avons, vers la dernière moitié du Moyen-âge, observé un double courant de doctrines perverses : les unes n'emportent que les intelligences, les autres concluent à l'action ; Roscelin et Abailard raisonnent, les Vaudois et les Albigeois pillent, dévastent et tuent. Ces deux courants formés l'un de l'autre se réunissent dans les *précurseurs immédiats* de Luther. Wiclef, Jean Hus, Jérôme de Prague sont des dogmatiseurs armés. Contre la religion et l'ordre social ils usent à la fois de la parole et de la torche, ils prêchent et ils incendient. Nous verrons dans le Protestantisme le résumé de toutes ces erreurs à la fois spéculatives et dévastatrices.

Wiclef eut lui-même, en plein Moyen-âge, de véritables précurseurs. Vers la fin du treizième siècle l'Italie, la France, les Pays-Bas et l'Allemagne avaient été inondés d'une véritable armée de faux mystiques et d'illuminés.

Leur dogme fondamental était que l'homme peut en cette vie devenir *impeccable*, que dans cet état il ne peut plus ni développer et faire croître la grâce, ni non plus la perdre. L'homme alors n'est plus tributaire d'aucune loi et peut pécher autant que bon lui semble, *pecca fortiter*, comme dira le fondateur du Protestantisme. Ces faux mystiques, restes des sectes Albigeoises ou transfuges Franciscains déclamaient contre toutes les observances de l'Eglise, attaquaient l'Eglise elle-même, son culte, ses sacrements, sa hiérarchie. La vertu et ses crucifiants héroïsmes ne sont pas pour eux mais pour les imparfaits! Cette admirable trouvaille était des Gnostiques et sera précieusement recueillie par Luther. Nous avons vu tous ces fanatiques anathématisés au Concile général de Vienne. Ils laissèrent à Wiclef leur héritage honteux.

Wiclef commença comme commencera Luther par un orgueil blessé. Outré d'avoir été renvoyé de l'Université d'York, cet ambitieux sectaire, né en Angleterre vers l'année 1324, entreprit une campagne furieuse contre les moines et le Souverain Pontife qu'il faisait l'auteur de sa disgrâce. Dans son *Trialogue*, il se laissa emporter contre le Siège Romain aux plus violentes diatribes, auxquelles il ajouta dans ses prédications des attaques contre l'Église, la grâce et les sacrements. Condamné en 1377 par les évêques d'Angleterre et chassé de sa cure de Lutterworth, il y rentra quelque temps après, ce qui donne à penser qu'il rétracta ses erreurs.

Mais ces erreurs furent loin de mourir avec lui : le mauvais souffle qui passait sur l'Europe du quatorzième siècle les emporta en Allemagne, où un prêtre, nommé Jean Hus, les étudia et en prit le poison. Cette seconde explosion de l'hérésie fut plus redoutable que la première, à cause des dignités et des charges où l'intrigant Jean Hus avait su parvenir. Recteur de l'Université de Prague, confesseur de la femme de Venceslas, roi de Bohême, la princesse Sophie, l'hérésiarque mit le crédit dont il jouissait au service de ses pernicieuses erreurs. Son disciple, Jérôme de Prague, homme débauché et violent, travailla ardemment à les répandre, l'Allemagne en fut vite presque entièrement infectée.

Au Concile de Constance (1414), on s'occupa de réunir ces erreurs, et d'en condamner les auteurs. Voici les points principaux signalés au Concile. — L'Eucharistie est vide de la présence réelle. — Nulle part dans l'Évangile on ne voit le saint sacrifice de la Messe établi par Jésus-Christ. — La confession extérieure est inutile à tout homme contrit. — Tout prêtre ou évêque en péché mortel cesse d'administrer validement. — L'Église qui possède des biens temporels est par là même sacrilège et répudiée de Dieu. — Tout seigneur qui donne à l'Église des possessions et des domaines ne le fait qu'à l'instigation du diable. — Enfin, et c'est l'article fondamental de l'erreur Wicléfiste, l'homme est privé de son libre arbitre, il est nécessité, il se perd ou se sauve fatalement. — Wiclef, Jean Hus, Jérôme de Prague devaient être ardemment aimés et glorifiés par le Protestantisme : ils l'ont été. Un trait les en rapproche : les perturbations et les troubles sociaux que leur doctrine produisit dès son apparition.

Les disciples de Jean Hus commencèrent sous Venceslas et continuèrent sous Sigismond (1419), dans toute la Bohême, une guerre de pillage et d'extermination. Sous la conduite de l'habile et audacieux Zisca, ils allèrent jusqu'à réduire Sigismond à un traité honteux ; leur forteresse qu'ils appelaient le *Thabor* défiait les armes impériales et leur fanatisme remplissait tout de sang et de ruines. De la Bohême, ils se répandirent dans la Pologne et l'Allemagne ; on prit contre eux des mesures énergiques et les condamnations se multiplièrent comme leurs forfaits. En Angleterre, sous le règne de Henri V, on poursuivit les Wicléfistes ou *Lollards*, et le carme Thomas de Vaud (1431), fit preuve contre eux de la plus grande énergie. Le Concile de Constance avait prononcé la condamnation de toutes ces erreurs autant anti-sociales qu'anti-religieuses ; mais le mauvais ferment était déposé en Europe, le poison y avait été bu : c'en est fait, quand l'esprit chrétien aura baissé quelque peu encore, quand les peuples auront plus complètement divorcé et que l'Église aura perdu de son influence au milieu d'eux, Luther pourra prêcher impunément la révolte contre Dieu et contre la société.

II.

Les derniers temps avant le Protestantisme.

L'étude de cette période doit être double. Il nous faut : 1° suivre les affaires religieuses ; 2° étudier cette Europe qui achève de se transformer par des inventions de toutes sortes, de se paganiser dans l'engouement de la « Renaissance, » de se rendre apte par ses vices aux entraînements du Protestantisme.

I. L'Église durant cette période. 1. La réformation des abus, l'extinction des erreurs qui désolaient la société Européenne continuaient à préoccuper la Papauté. Le Concile de Pise avait essayé l'œuvre, celui de Constance l'avait sérieusement entamée, le Pape *Eugène IV*, qui le 3 mars 1431 avait succédé à Martin V (mort le 20 février de la même année), résolut d'y mettre lui-même toute sa sollicitude. Dès l'année de son élection, s'ouvrit un Concile qui devait cruellement tromper son espérance, émettre les doctrines les plus contraires à la divine constitution de l'Église et inaugurer les audaces protestantes, ce Concile est celui de :

Bâle (1431).

Le Concile avait pour mission de pacifier l'Europe, surtout l'Allemagne, de purger l'Église des abus, et la chrétienté des erreurs Hussites qui la bouleversaient déjà si profondément. — Dès la deuxième session ce Concile devenait révolutionnaire. Eugène IV ayant voulu le transférer à Bologne, les Pères imbus de la doctrine des ive et v^e sessions de Constance, déclarèrent que leur assemblée ne pourrait être dissoute sans eux, même par le Pape. Dans la troisième session ils signifièrent à Eugène IV qu'il eût à retirer son décret de translation, le citèrent à leur tribunal, et comme il ne parut pas, accumulèrent, toujours sur ce principe que le Pape est soumis au Concile, décrets sur décrets pour restreindre l'autorité du Saint-Siège. La Révolution débordait. Eugène IV cassa tous ces actes, les Pères de Bâle le menacèrent d'interdiction. Leur insolence croissait d'instant en instant, Sigismond exhortait timidement à une conciliation; le Pape entouré d'embarras de toutes sortes, lié dans sa volonté, brisé dans sa force, montra une condescendance excessive à révoquer son décret de translation, et permit au Concile de continuer ses séances. «.... Nous adhérons à ce Concile purement et simplement, à condition toutefois que nos légats le présideront, et qu'on y révoquera tout ce qui a été fait contre Nous, nos droits et notre liberté, contre nos cardinaux et ceux qui tiennent pour notre cause. » Les Pères de Bâle ne profitèrent de la longanimité d'Eugène IV et de l'existence que leur continuait la bulle *Jam dudum*, que pour mutiler cette bulle, y faire les changements que leurs prétentions hérétiques rendaient nécessaires, et ainsi allait ce triste Concile élaborant une œuvre impossible, renversant l'antique constitution de l'Eglise, faisant descendre la Papauté du trône où Jésus-Christ l'avait mise. Les légats manquaient de vigueur, et bien que n'agissant plus que *comme personnes privées*, « nominibus propriis, » ils ne revendiquaient pas

comme ils auraient dû le faire, les prérogatives du Siège Souverain. Dans la dix-septième session on leur enleva jusqu'à leur place et le rang de préséance qu'Eugène IV avait avant tout exigé pour eux. Le Pape refusait d'approuver ces étranges choses, il ne cessait d'adresser aux Pères de Bâle les reproches les mieux mérités, mais ceux-ci n'en continuaient pas moins le chemin du schisme. Telle devint, en 1437, la violence des revendications schismatiques, telle aussi la rupture du Concile et du Pape, que le Concile lui-même, comme un corps sans vie, se décomposa. Les esprits les plus sages virent l'abîme, reculèrent et se déclarèrent pour le Pape. Comme sur ces entrefaites les prélats de l'Église Grecque avec l'empereur Jean Paléologue II s'étaient rassemblés à Ferrare. Eugène IV saisit cette circonstance pour appeler dans cette ville tout ce qui voulait rester orthodoxe et en communion avec lui. Ainsi, en 1438, à la grande joie du monde chrétien, le Concile fut-il transféré à
Ferrare (8 janvier 1438).

Uni à celui de Florence ou plutôt ne faisant qu'un avec lui, le saint Concile fut un des plus importants de l'Église. L'Orient y eût trouvé son salut s'il l'eût voulu.

A Bâle, vide de tous les éléments de justice et de bon sens, on ne se livra plus qu'à des actes d'une violence insensée : déclarer Eugène IV suspens, supprimer les bulles, défendre aux princes chrétiens de communiquer avec lui, enfin créer un anti-pape, Amédée VIII, duc de Savoie, homme doux et sans portée, qui, tiré un instant des délices de Ripaille, y retourna mourir las de son ridicule fardeau (1449). La mort de cet anti-pape (Félix V), termina le schisme de Bâle. Quant au Concile de Bâle, à partir de sa XXVIe session il est universellement rejeté comme conciliabule schismatique. Au milieu du fatras de ses insanités, on est surpris dans la XXXVIe session de voir traitée si sagement la question de l'Immaculée-Conception et soutenu clairement et avec force le glorieux privilège de la Mère de Dieu.

A Ferrare, le Concile véritable devenait de plus en plus nombreux ; les Grecs s'y étaient réunis aux Latins, le Pape en était l'âme et la vie ; dans seize sessions successives, on traita les points les plus importants : l'addition du *Filioque* au Symbole, la procession du Saint-Esprit du Père *et du Fils*, l'usage du pain azyme au Saint-Sacrifice, la primauté du Pape, la nature du purgatoire et de ses peines (1). Sur tous ces points de profondes discussions s'engagèrent, qui mirent en relief le savoir et l'éloquence du cardinal Julien et de l'archevêque de Nicée, Bessarion. Les Latins usèrent de beaucoup de modération et firent paraître en tout le plus sincère désir de la conciliation ; les Grecs, et avant tous Bessarion, montrèrent de la bonne volonté et de la droiture (2). Enfin le décret fut signé. Mais il était dit que l'Orient ne serait plus sauvé. Marc d'Éphèse qui pendant les débats de Ferrare était demeuré intraitable, se fit, au retour, le brandon de la discorde, brouilla tout, accusa ses frères, ameuta contre eux et le décret d'union toutes les populations et toutes les Églises : dès 1451 aucun vestige des heureux résultats du Concile de Ferrare et de Florence ne restait plus. — Ce que nous venons de dire des travaux entrepris par le Concile pour réunir l'Église Grecque s'était accompli, non plus à Ferrare, mais à

Florence (1439).

Eugène IV à cause d'une peste dont Ferrare était menacée y avait transféré le Concile, le 10 janvier 1439. — Après le départ des Grecs, le Concile de Florence tint encore cinq sessions. Dans l'une d'elles (la seconde) on rédigea la cé-

---

(1) Les Grecs admettaient un purgatoire et des peines, mais ne voulaient pas admettre la peine du feu, réservée selon eux aux seuls réprouvés, et encore, seulement à partir de la fin du monde.

(2) Sauf Marc d'Éphèse qui resta un Grec orgueilleux et entêté.

lèbre constitution connue sous le nom de *Décret aux Arméniens* qui répondait aux doutes, aux questions, aux erreurs, que cette nation, tombée peu à peu dans l'hérésie Eutychienne, mais restée de bonne volonté et de bonne foi, avait fait transmettre au saint Concile par quatre députés. — On a essayé, mais peu sérieusement, de contester l'œcuménicité des cinq dernières sessions de Florence.

2. Ce triomphe sur l'esprit d'insubordination et de schisme était à peine à Florence remporté par la Papauté, qu'une lutte nouvelle s'offrait à elle, lutte terrible et désespérée d'où allait dépendre une fois encore le sort de l'Occident. L'Islamisme triomphant déborde comme une mer furieuse, fait tomber la trop faible barrière de Constantinople et s'apprête à envahir l'Europe chrétienne. Seuls les Papes semblent avoir conservé, au milieu des nations endormies dans leur égoïsme ou épuisées dans leurs luttes fratricides, quelque coup d'œil et quelque énergie. Seuls ils voient le danger, et s'efforcent de sauver une Europe qui semble elle-même s'abandonner.

En 1453 Constantinople tomba au pouvoir des trois cent mille Ottomans que le féroce Mahomet II précipitait contre elle. Un grand spectacle se vit alors : au milieu d'une Europe endormie et insensible, en face de ces tristes Grecs criant au monde : « Mieux vaut le turban de Mahomet que la tiare du Pape! » la Papauté seule intelligente et seule brave fit mille efforts pour arracher à la barbarie musulmane cette société Européenne, œuvre de dix siècles de foi et de vertu. Dès 1442 Eugène IV prévoyant la grande catastrophe avait armé la Pologne et la Hongrie avec leurs héros Jagellon, Huniade et Scanderberg. Constantinople tombée, *Nicolas V* (1)

---

(1) Eugène IV était mort le 23 février 1447, et le 6 mars de la même année Thomas de Sarzane, cardinal-évêque de Bologne, était élu Pape sous le nom de *Nicolas V*.

écrivit à toutes les cours d'Europe des lettres, véritables cris de détresse et d'appel : toutes restèrent sourdes. L'Angleterre commençait sa guerre des Deux-Roses, la France était meurtrie de sa guerre de Cent-Ans, l'Allemagne pleine de troubles et d'anarchie n'avait plus en son empereur Frédéric III qu'un prince sans puissance, l'Espagne se débattait héroïquement contre les forces musulmanes et tout près de vaincre chez elle ne pouvait pas disséminer ses défenseurs. Abandonnés de tous sauf des Vénitiens, des Gênois et du Pape, les malheureux Grecs s'abandonnaient plus encore eux-mêmes en ne tendant vers Rome qu'une main toujours perfide et sans énergie.

Mais déjà ce n'était plus Constantinople, c'était l'Europe qu'envahissait le torrent : les deux dernières années de Nicolas V se passèrent à pacifier l'Italie et à armer contre les Turcs. — *Callixte III* (Alphonse Borgia, évêque de Valence, élu Pape le 8 avril 1455), reprit son œuvre. Deux hommes éminents, Æneas Sylvius dans les cours, Jean de Campistran au milieu des masses, furent par lui chargés de remuer l'Europe. Les cours firent des promesses, les foules plus généreuses se levèrent, 20,000 hommes accoururent au secours de Belgrade où Huniade allait succomber, et le Croissant pour la première fois recula. Æneas Sylvius, élu Pape sous le nom de *Pie II*, succéda le 27 août 1458 à Calixte III, mort le 6 août de la même année (1). C'est l'une des plus brillantes figures du quinzième siècle. Poëte, historien, savant, diplomate profond, politique et administrateur de premier ordre, aucun genre de mérite ne semblait lui manquer. Une grande pensée : sauver l'Europe à deux doigts de sa ruine absorba toute sa vie. La réunion des puissances en une vaste assemblée lui ayant paru le plus puissant moyen

---

(1) Pie II était mort le 14 août 1464, le cardinal de Saint-Marc, Vénitien, Paul II, lui succéda le 31 août de la même année.

de réveiller l'Europe, il la fit à Mantoue, déroula l'état effrayant de la chrétienté : Huniade et Campistran avaient succombé, les Comnène étaient vaincus à Trébizonde, l'Asie-Mineure ne résistait plus, l'Italie, la France, l'Espagne étaient plus que jamais menacées : les puissances restèrent insensibles et l'assemblée de Mantoue échoua. Pie II, plus grand que les rois, conçut alors le dessein d'entreprendre la guerre à lui seul. A ce coup l'Europe stupéfaite d'un pareil héroïsme s'ébranla, 300,000 hommes se levèrent, comme aux jours d'Urbain II les chemins se couvrirent de croisés, Mahomet II trembla pour la première fois. Il avait tort : l'Europe, comme un malade épuisé, retomba vite après cet effort, Pie II mourut et la croisade se désorganisa. — *Paul II* (1464-1471), se trouva en face de débris épars et impuissants, l'entreprise entière était à recommencer. A sa voix et grâce à son or, les Hongrois unis aux Vénitiens et aux Albanais conduits par deux héros, Scanderberg et Mathias Corvin, repoussèrent Mahomet II et gagnèrent bataille sur bataille. Scanderberg pour sa part en remporta vingt-deux.— *Sixte IV* (élu le 9 août 1471) continua la guerre espérant comme Pie II émouvoir enfin les princes chrétiens et les pousser à la croisade. Trois cardinaux partirent comme légats, le cardinal d'Aquilée en Allemagne, en Hongrie, en Pologne ; le cardinal Bessarion en France ; le cardinal Borgia en Espagne. Le Pape pour sa part équipa une flotte dont le cardinal Caraffa prit le commandement. Les succès couronnèrent d'abord les armes pontificales, mais trahi et abandonné par l'Europe Sixte IV dut plier, le Croissant parut jusque sous Venise, et Venise, marchande bien plutôt qu'héroïne, acheta une paix honteuse, qui à cette heure était une vraie trahison puisqu'elle livrait à Mahomet l'empire de la mer et pouvait perdre définitivement l'Italie. Un nouveau héros, Pierre d'Aubusson, arrêta cependant la marche de Mahomet en repoussant avec une poignée de braves une flotte de soixante galères et une armée de 100,000 hommes; mais ce succès inouï en rendant Mahomet furieux devint un danger de plus. 800,000 Turcs marchent sur l'Italie que Mahomet a résolu d'envahir et de subjuguer. Sixte IV, dans une encyclique pleine de larmes, fait un appel qui trouve Louis XI de France insensible mais suscite ailleurs quelques dévouements, et met sur pied les troupes confédérées de Naples, de Florence, de Milan, de l'Aragon, du Portugal et du brave Mathias Corvin : une lutte héroïque allait s'engager quand l'Europe apprit avec une indicible joie la mort de Mahomet II (1481).

3. Telle fut la première et la plus ardente préoccupation des Papes de cette époque : le salut de l'Europe menacée par l'Islamisme. La seconde fut donnée aux affaires intérieures et surtout à l'affranchissement de l'Italie. — Sixte IV avait par son népotisme donné trop d'occasions aux mécontents pour que les ambitieuses maisons Italiennes n'en profitassent point. Elles se remuèrent, et les neveux du Pape faits cardinaux ou comtes, Riario et Jéronimo le jetèrent dans des affaires difficiles. La féodalité Italienne, un instant immobile et glacée devant l'invasion Musulmane, reprit son audace et Rome se vit parfois encore ensanglantée. — C'est sous le pontificat de Sixte IV qu'eut lieu le Jubilé de vingt-cinq ans fixé par Paul II pour l'année 1475.

Le mouvement hérétique ne cessait pas de s'accentuer. En Allemagne, Richard de Wessel soutenait déjà contre l'autorité de l'Église, la grâce, les sacrements, etc., les doctrines même de Luther. Pierre d'Osma à Salamanque faisait de même s'attachant surtout à ruiner l'autorité infaillible du Siège Apostolique. Sixte IV déploya contre lui toute la sévérité des censures. En Allemagne le même Pape dut intervenir pour défendre les droits des curés contre les envahissements et les prétentions intolérables des Franciscains et des Dominicains, d'auxiliaires devenus vite maîtres et supplantateurs. En 1476, Sixte IV étendit à l'Église entière la fête de l'Immaculée-Conception et y attacha de riches indulgences. C'est pendant son pontificat que commença, avec l'imprimerie, la vaste révolution que cette invention entraîna après elle.

A Sixte IV succéda le 29 août 1484 le Pape *Innocent VIII* dont le règne, comme celui de ses prédécesseurs, fut durant huit années rempli par le double soin de repousser les Turcs et de comprimer les factions Italiennes de plus en plus tyranniques et audacieuses.

En 1492 nous rencontrons sur le trône pontifical un nom à part, marqué à des flétrissures spéciales, et contre lequel toutes les fureurs paraissent s'être déchaînées : *Alexandre VI*. Telles sont les charges que la plupart des chroniqueurs et des historiens ont fait peser sur ce cardinal Borgia que les meilleurs esprits, un Joseph de Maistre, ne font pas difficulté de passer condamnation sur ce qu'on est convenu d'appeler la honte du Siège Romain (1). —

---

(1) La conduite des historiens catholiques a été et est encore trop souvent inexplicable. Leur timidité va jusqu'à la trahison et leur inadvertance jusqu'à la duperie. Aux calomnies des chroniqueurs, aux haines des protestants, aux fureurs grossières de l'incrédulité, à la conjuration de tout ce que trois siècles ont amoncelé d'hommes prévenus ou vicieux, ont-ils cherché à opposer la vraie histoire ou au moins la logique et la réflexion? Nullement. Ils ont accepté des mains des chroniqueurs éhontés, des protestants hostiles, des universitaires plus hostiles encore, l'Alexandre VI qu'il a plu à tous de caricaturer. Or quand on remonte aux documents, c'est un résultat tout autre que le résultat attendu auquel on aboutit.

1° *On s'explique très bien qu'il ait été calomnié;*
2° *On s'explique très mal qu'il ait été coupable.*

I. Que de son temps et en Italie Alexandre VI ait été poursuivi de haines implacables et traduites dans des calomnies de toute sorte : il n'en pouvait être autrement. Alexandre fit rentrer dans le devoir les maisons féodales habituées à fouler aux pieds le domaine de la Papauté.

Il est néanmoins manifeste que c'est un procès à réviser.

Mais sans nous occuper encore de ce point, entrons au vif du pontificat d'*Alexandre VI* (11 août 1492 — 18 août 1503). Quand il monta sur le trône il trouva l'Italie bouleversée par les factions, Rome en feu et les États pontificaux opprimés sous les plus odieuses tyrannies. Le Sacré Collège avait élu Rodrigue Borgia à cause de son énergie dès longtemps connue : les oppresseurs ne tardèrent pas à l'expérimenter. L'Italie respira, le peuple trouvant un soutien bénit Alexandre : « la joie du peuple fut grande, ne peut s'empêcher de dire son plus haineux ennemi, Guichardin ; tout le monde appréciait la sagesse de Borgia, sa

---

Il le fit avec énergie et avec succès. Les Colonna, les Orsini, les Savelli, les Cajetan, les Conti, les Malatesta, les Baglioni, les Bentivogli se soumettent, mais c'est en vouant à leur vainqueur la plus inextinguible des haines. Eux combattent du glaive : les chroniqueurs qui servent leur vengeance combattent avec une plume plus homicide que le glaive et plus empoisonnée. — Alexandre fut-il cruel dans la répression ? L'étude détaillée de ces guerres le montre aussi généreux dans la victoire qu'énergique dans les mesures qui la lui assurent. Seulement les vaincus le chargèrent de tous les crimes, et leurs cris trouvèrent d'iniques échos.

II. Si nous remontons aux sources des accusations accumulées contre Alexandre VI : ces sources sont toutes sans valeur. — C'est *Burchard*, homme méprisé de ses contemporains qui le connaissent ; « brutal, dit Paris de Grassis, au delà de toute expression, haineux et jaloux ; » Burchard l'ennemi juré des Borgia ; Burchard qui, dans son *Diarium*, ne procède que par des « on dit, » « s'il faut croire, » « selon le bruit qui courut, » etc.; Burchard enfin pris à chaque instant en flagrant délit d'erreur. — Après Burchard voici l'*Infessura* aux gages des Cajetan plein de haine pour les Papes. — Voici *Guichardin*, qui révoltait Voltaire lui-même pour le cynisme de ses mensonges !

Tous ces fondements sont manifestement ruineux. On produit une lettre de Pie II où ce Pape blâme une certaine légèreté de tenue du cardinal Borgia dans une soirée. De là à être « un monstre de luxure » il y a loin ! Puis si une simple légèreté provoque un blâme de Pie II, que n'eussent donc pas fait les Papes devant l'inconduite et le scandale ?

Les cardinaux accusèrent Borgia : oui ; mais on oublie de produire leur acclamation précédente et leurs postérieures rétractations.

On parle de l'ambassadeur Martino Sanuto et de ses accusations ; on

rare perspicacité, sa pénétration, son éloquence, son indomptable énergie et son invincible persévérance. » Aux félicitations que de toutes parts lui amenait son élévation, Alexandre répondit : « Nous avons pris la résolution de procurer le meilleur service de Dieu aussi bien que la plus grande gloire et exaltation de la Chaire Apostolique. » Or, la tâche était rude, elle était grosse de représailles et de haines. Dès son début il s'attaqua hardiment à la féodalité Italienne qui opprimait l'Église et lui arracha ses vols les plus audacieux. Après elle il se trouva en face de Charles VIII qu'il irrita en lui refusant courageusement l'investiture du

---

oublie de relever les erreurs et les fables grossières qui enlèvent tout sérieux au récit de Martino.

Voilà les sources! Les protestants les ont agrémentées, et nos universitaires les copient; nos catholiques tremblent et se taisent......

III. Reste à examiner la personne même d'Alexandre VI. — Tous conviennent qu'il est de haute intelligence. — Ses détracteurs les plus haineux sont, par l'évidence, forcés de nous le montrer austère, réglé dans sa vie, homme de travail incessant. — Il est pieux ; il a pour la sainte Vierge la dévotion la plus tendre et la plus active.

Il est cardinal sous de saints Papes, qui tous l'estiment et l'emploient. Pie II seul lui fait un jour la remontrance que nous avons vue.

Il est élu Pape à *l'unanimité*. — Le peuple manifeste une joie incroyable ; — toutes les cours partagent les ovations et la joie universelles.

Les accusations de quelques cardinaux ne sont que tardives et furent rétractées.

IV. On parle des enfants d'Alexandre VI. — Jamais on n'a pu établir sérieusement cette paternité. — Des écrivains plus nombreux et infiniment supérieurs aux chroniqueurs hostiles et légers appellent ces enfants les *neveux* du Pape. — Deux pièces authentiques n'ont de sens que dans cette interprétation (Voir Leonetti).

Détail topique : aucun des écrivains qui suivirent Charles VIII en Italie n'accusent les mœurs d'Alexandre VI.

Tout fait conclure que Vannozza, mère des Borgia, était mariée soit à un frère soit à un neveu du Pape.

Ouvrages à consulter : Leonetti. — Ollivier. — Chantrel. — Roscoë. — Grégorovius. — *Revue des sciences eccles.* Année 1882.

Il est est surtout nécessaire d'étudier le bel ouvrage de Leonetti et la préface du P. Ollivier.

royaume de Naples que le prince Français voulait conquérir. Charles irrité gagna plusieurs cardinaux, les factions Italiennes profitèrent des embarras du Pape, pour prendre leur revanche; bientôt la position d'Alexandre fut des plus critiques; elle eût été perdue si Charles VIII lui-même n'eût perdu son éphémère conquête. Délivré de la guerre Française, Alexandre se tourna avec une force nouvelle contre les princes Italiens oppresseurs du Saint-Siège. Cette guerre était juste et nécessaire. Ceux qui ont taxé de crimes ses rigueurs ont soin de taire d'une part les félonies, les guet-à-pens, les cruautés des princes Italiens, de l'autre la magnanimité avec laquelle Alexandre VI pardonna souvent aux vaincus. Les Colonna, les Orsini, les Rovère furent soumis successivement par Gonzalve de Cordoue; comme l'écrasement de cette féodalité turbulente et hostile ne pouvait s'obtenir qu'en fortifiant et en agrandissant la famille des Borgia, Alexandre VI s'agrandit en effet mais trouva dans ce dessein la plupart de ses chagrins et des haines dont il fut poursuivi.

Au dehors la puissance d'Alexandre VI apparut dans la fameuse bulle *Inter cætera*. Le Nouveau Monde venait d'être découvert par les Espagnols et les Portugais, et il s'agissait de leur tracer la ligne de séparation entre leurs possessions immenses. Alexandre VI attribua aux Portugais la partie Orientale, la partie Occidentale aux Espagnols. En même temps le Pape posait comme condition à l'investiture qu'il donnait de ces vastes régions, que les rois enverraient aux Indiens des missionnaires, et leur procureraient en retour de leur or les richesses plus précieuses de la foi. Les Bénédictins, les Franciscains, les Dominicains partirent, travaillèrent, souffrirent; mais aux prises avec les cupidités âpres et dénaturées des conquérants, leur zèle échoua.

Avec ses vues grandes et son infatigable activité, Alexandre VI ne pouvait négliger la plus vaste des causes chrétiennes aux xv⁰ et xvi⁰ siècles : la défense de l'Europe contre l'invasion Musulmane. En l'an 1500, quand il ouvrit au monde catholique les trésors du grand Jubilé, les aumônes recueillies furent envoyées aux Vénitiens, mais les dissensions obstinées des princes chrétiens rendirent une véritable croisade impossible. Alexandre VI mourut en 1503. Son œuvre capitale avait été l'abaissement de la féodalité et l'inauguration de l'unité Italienne.

Comment apprécierons-nous Alexandre VI? Il est clair qu'il faut juger autrement que le roman, le pamphlet et le théâtre; il est tout aussi clair que les déclamations furieuses de nos universitaires sont des coups de massue frappés dans le vide : mais à quelle limite s'arrêter et dans l'accusation et dans la défense? Que fut au juste Alexandre? Nous ne parlons pas de ses premières années : chose étrange ou plutôt ridicule : tous en parlent, et nul n'a pour en parler de documents sérieux. La vraie question, la voici : Cardinal et Pape, Rodrigue Borgia a-t-il été un monstre de cruauté et de luxure? Est-ce le « Néron et le Tibère » de Rome chrétienne comme parlent les Aimé Martin et autres auteurs de la même légèreté ou du même parti pris? — Trois points, trois sortes d'études arrêtent court l'homme de bonne foi sur ce chemin du dénigrement et de l'accusation : les *sources* où l'on puise, la *carrière* parcourue par Alexandre VI, enfin les *qualités* irréfutablement certaines de ce Pape. — On puise à deux sources, l'une étroite et presque furtive : les pamphlétaires; l'autre large et prolongée : les témoignages du peuple. Le premier auteur consulté est *Burchard*. Burchard est l'ennemi juré de l'Italie et du Pape, il est d'ailleurs de l'aveu de tous, violent, haineux, partial, sans bonne foi souvent comme sans critique, accueillant tous les bruits jusqu'aux plus absurdes, et les transformant en documents historiques. Son *Diarium* est un simple journal qui circule dans l'ombre en dehors du contrôle de la publicité. Encore tout nous fait croire que des interpolations protestantes ont passé par ces pages déjà si enfiellées. Quant à *Guichardin*, Voltaire lui-même l'accusait d'être un menteur. L'*Infessura* n'est plus une œuvre contemporaine, le plagiat y est manifeste, les données précédentes sont manifestement copiées. Voilà les sources, au moins les principales : est-on bien sûr qu'elles suffisent pour appuyer un semblable réquisitoire, et faire d'un Pape *un Tibère* et *un Néron?* Le peuple, nous l'avons vu, ne jugeait d'Alexandre VI ni comme Burchard, ni comme Guichardin. Il s'applaudissait de voir en lui la sagesse du gouvernement et l'énergie de la répression. — Si nous nous en tenons aux pamphlets, aux romans, aux pièces de théâtre, Borgia est un monstre de luxure; Pape il souille le trône pontifical de ses infamies. Très bien! Mais voici l'embarras : ce cardinal scandaleux nous apparaît partout l'homme grave, studieux, austère, travailleur infatigable; les meilleurs Papes le gardent, l'élèvent, l'exaltent, le mettent en vue dans les plus hautes charges et les légations les plus solennelles. Le voilà tout ensemble dans la même ville, au même temps, et un objet d'estime, et un opprobre innommé! Il est tout entier à ses vices, et les Papes les plus irréprochables l'absorbent dans un océan d'affaires! Avouons que c'est tout au moins peu clair. — Quant aux détails de sa vie privée, ses ennemis eux-mêmes n'ont pu donner le change, tant son austérité, son travail du jour et de la nuit, sa sobriété excessive, sa bienfaisance et sa sollicitude pour les pauvres étaient choses connues et avérées.

Le soin qu'il prenait de l'Église était incessant; nous avons vu son arbitrage réclamé dans le Nouveau Monde. Pas un seul jour il ne cessa de préparer des expéditions contre les Turcs. Il donna leurs statuts à l'ordre de sainte Jeanne de Valois (les Annonciades) et aux *Minimes* de saint François de Paule. Il ramena la Géorgie à la foi, il travailla avec un zèle infatigable à faire rentrer les Hussites dans le sein de l'Église, il chargea l'illustre Ximenès de la réforme des ordres religieux dégénérés, et Ximenès lui portait une affection et une vénération profondes (1). « Le zèle pour la gloire de Dieu et le salut des âmes, cette attention à n'investir des plus hautes fonctions que des hommes pleins de science et de vertu, cette vive sollicitude qui tient ses yeux attentifs aux périls de la foi et au premier essor de l'esprit de réforme, attestent-ils un Pape corrompu et sans mœurs, l'opprobre de l'Église et du genre humain (2)? » — Nous le répétons, c'est là un procès à réviser. Sauf au théâtre, on ne sait où trouver dans une pareille vie place pour des crimes et des orgies infamantes. Ne serait-ce pas le cas de dire avec le judicieux Capefigue : « Il serait juste de discuter enfin avec quelque critique les sources mêmes d'où ce Pontificat est tiré (3). »

A Alexandre VI, mort d'une fièvre pernicieuse en 1503, à l'âge de 74 ans, succéda *Pie III* (23 septembre 1503) qui ne fit que passer et laissa le trône au cardinal Julien de La Rovère, *Jules II* (31 octobre 1503).

4. Jules II travailla avec une habileté profonde et un

---

(1) Ferreras, *Histoire d'Espagne*.
(2) Cardinal Mathieu, *Œuvres*.
(3) Une figure assez étrange, un moine illustre, sur lequel plane aussi un problème historique que la critique n'a pu encore pleinement éclairer, paraît en Italie sous le règne d'Alexandre VI. *Jérôme Savonarole*, né à Ferrare en 1452, prieur des Dominicains de Saint-Marc à Florence, s'acquit dans cette ville par sa parole entraînante et ses prédications de feu, un extraordinaire prestige. Peut-être eut-il le tort d'en abuser, de se faire homme public, de régner sur Florence, et de s'y revêtir d'une sorte de dictature. Ardent ennemi des Médicis, le moine se laissa entraîner à des déclamations contre le clergé et le Pape. Cité à Rome par Alexandre VI, il refusa de comparaître; interdit de la prédication, il prêcha malgré la défense et devint plus violent que jamais. — En 1498, les Médicis le saisirent, le jugèrent et l'exécutèrent comme perturbateur public. *Savonarole* périt sur le bûcher : martyr pour les uns, révolutionnaire pour les autres.

infatigable zèle au maintien des droits du Saint-Siège, et à l'indépendance nationale. Il dut pour parvenir à ce double but froisser des intérêts étrangers, user de ses foudres, recourir aux armes temporelles, briser des résistances illégitimes ; il rencontra tour à tour sur sa route les ambitions Italiennes et la politique Française, une partie de son pontificat fut troublé de cette double hostilité. C'est de là encore que jaillirent contre ce Pape aux vues si élevées et à la main si ferme la multitude des pamphlets et des satires, que beaucoup de nos historiens trop légers de science ou de bonne foi ont pris pour des arguments historiques sérieux.

Dans sa lutte contre l'oppression et les envahissements des familles Italiennes, Jules II combattit tout autrement qu'Alexandre VI, quoique poursuivant le même but. Alexandre cherchait sa force dans sa propre famille qu'il éleva ; Jules II n'eut en vue que l'Église, son affranchissement et son exaltation. Aussi quand il le fallut, combattit-il les Borgia comme les autres ambitieux, et prétendit-il arracher de leurs mains les domaines du Saint-Siège. Les Vénitiens étant les plus coupables de ces usurpateurs sacrilèges, c'est par eux que Jules II commença. Il marcha contre Pérouse qu'il désarma, sur Bologne dont il défit le tyran Bentevoglio, puis renforcé par la *Ligue de Cambrai* (1508), formée entre lui, l'Allemagne, la France et l'Espagne, il s'attaqua à Venise et la réduisit à l'extrémité.

Venise battue à Agnadel par Louis XII de France, s'était soumise, mais après cette guerre, Louis XII ne prétendit pas se retirer, et d'allié devint lui-même agresseur. Jules II dépensera contre ce nouvel adversaire le reste de sa vie agitée. Louis XII ne s'était battu que pour lui, et prétendait découper dans la Péninsule une vaste et solide domination ; Jules II voulait à tout prix l'indépendance nationale : la guerre éclata. Louis XII, bon roi d'ailleurs, mais égaré ici par un rêve d'ambition chevaleresque, conduisit malheureusement cette guerre par deux moyens dont le second était bien peu loyal : le schisme. En même temps que ses troupes soutenaient le duc de Ferrare en révolte, il assemblait à Pise, puis à Milan, puis à Lyon, un conciliabule qui périssait à la fois par le ridicule de sa convocation et de sa tenue et l'odieux de ses actes. Ses armes plus heureuses remportaient sous la conduite de Gaston de Foix, trois grandes batailles. Mais à la fin la fortune le trahit. La *Sainte Ligue* formée par l'intrépide Pontife battit l'armée française coup sur coup. Un grand Concile fut assemblé à Rome (1512), le :

XVIIIe *Concile œcuménique* (le cinquième de *Latran*).

L'on y compta plus de cent évêques, archevêques, patriarches et un nombre considérable de docteurs, de chefs d'ordre et d'abbés. Dans les cinq premières sessions on anathématisa le conciliabule de Lyon, on condamna les cardinaux alliés de Louis XII et on frappa de censure la Pragmatique-sanction. Louis XII avait été précédemment excommunié et son royaume soumis à l'interdit. — Chaque jour le prince Français perdait un allié ou une province, il évacuait successivement Florence, Milan, Bologne, Gênes, et bientôt son armée repassait les Alpes sans laisser en Italie ou des domaines ou de l'honneur. L'œuvre de Jules II était accomplie, l'Italie était libre, et dans la cinquième session du Concile général de Latran, Jules II affranchissait de nouveau le Saint-Siège en portant un décret qui déclarait nulle toute élection papale entachée de simonie. Ce fut le dernier acte de ce Pape qui mourut en 1513.— Si on lui reproche ses guerres, où il prit souvent en personne le commandement de ses armées, qu'on n'oublie pas le noble et patriotique but qu'il ne cessa d'y poursuivre, et les talents qu'il y déploya. D'ailleurs sa carrière politique n'est pas son seul titre de gloire : c'est à partir de lui que Rome se plaça à la tête de l'Europe savante et artistique. La merveille du monde catholique, la basilique de Saint-Pierre surgissait avec le génie de Bramante. Michel-Ange décorait la chapelle Sixtine, et Raphaël, dans les peintures du Vatican, lui enlevait la palme du coloris en lui disputant celle du dessin. — Avec Jules II nous touchons au Protestantisme. Cette vaste et terrible hérésie, la plus subversive qui ait désolé l'Église éclata sous *Léon X* (le cardinal Julien de Médicis), élu le 4 mars 1513.

Avant d'entrer dans cette douloureuse période, jetons un coup d'œil sur la société nouvelle qui surgit, société brillante, vive, féconde au premier aspect, mais où nous ne tardons pas à voir des germes de plus en plus nombreux et puissants de révolution religieuse et d'apostasie.

II. **Situation de l'Europe.** L'étude de l'Europe au commencement du seizième siècle achève de nous la montrer mûre pour la révolte protestante. Nous ne nions pas les brillantes conquêtes dont cette époque est illustrée, mais nous les voyons fatalement tourner à la révolution religieuse. Déjà nous avons vu les pouvoirs publics fatigués de dix siècles de sujétion filiale; les schismes se sont multipliés; pires que les schismes les *idées régnantes* ont dans leur courant emporté loin de l'Église et de la Papauté les volontés comme les intelligences.

Les choses en sont là quand s'ouvre l'époque nouvelle circonscrite entre la fin du quinzième siècle et le début du seizième; époque étrange, pleine de vie, de mouvement, d'effervescence. « L'Europe est alors, dit Balmès, comme un coursier jeune et indompté, qui veut briser toute entrave et s'élancer dans des espaces infinis. » Les découvertes extraordinaires, la conquête de tout un monde, l'étude effrénée de la littérature païenne absorbent désormais toutes les âmes, mais aussi elles les *matérialisent* : adieu le grand et noble spiritualisme du treizième siècle. Au quinzième, l'égoïsme a refroidi le cœur de l'Europe chrétienne pour Dieu et l'Église. Les choses terrestres avec leurs cupidités dévorantes ne lui communiqueront plus qu'un feu sans divinité ni noblesse.

1. Reprenons. Tout d'abord la *découverte du Nouveau Monde* tourne brusquement vers des perspectives et des préoccupations nouvelles l'Europe entière. Vasco de Gama en doublant le cap de Bonne-Espérance ouvre la route des Indes Orientales. Christophe Colomb trouve un nouveau monde, où Fernand Cortès pénètre avec une troupe de héros; l'Europe se sent transportée d'un immense enthousiasme, et un esprit d'entreprises ne cesse plus de l'envahir. — Il ne nous faut pas étudier longtemps l'histoire de la conquête du Nouveau Monde pour nous convaincre que la Papauté n'a plus son ancien règne ni l'esprit chrétien sa primitive vigueur. Sans doute Calixte III intervient pour presser les rois de Portugal d'envoyer des missionnaires; Alexandre VI fait de même auprès de Ferdinand le Catholique, les missonnaires partent, mais le souffle chrétien ne traverse plus une Europe ambitieuse et conquérante. Sans doute encore Christophe Colomb fut aussi saint qu'il fut savant illustre et conquérant magnanime, mais les aventuriers qui suivirent, les gouverneurs cupides et cruels qui reprirent son autorité, tous les Européens qui n'entrèrent dans le Nouveau Monde que comme dans une exploitation, n'apportèrent aux Indiens que le scandale, et ne gardèrent pour eux-mêmes qu'un détestable esprit d'avarice et de cruauté. Des voix généreuses se firent entendre qui rappelèrent l'Europe aux idées d'humanité et de foi, Las Casas fut le plus éloquent de ces défenseurs des Indiens, Ximenès le seconda de tous ses efforts, un certain nombre de coupables furent châtiés ; mais l'évangélisation du Nouveau Monde n'en souffrit pas moins longtemps encore de la sécularisation de l'Ancien.

2. En Europe une invention merveilleuse était à elle seule dans les régions de l'intelligence plus que la découverte d'un nouveau monde. Inventée vers le milieu du xve siècle par Guttemberg de Mayence ou Jean Mantel de Strasbourg, l'*imprimerie* inonda bientôt l'Europe de ses productions. Voilà les esprits avides, inquiets, ardents à se précipiter dans toutes les hardiesses de la pensée, les voilà soustraits à la sage lenteur du manuscrit et ils cessent d'être protégés contre leur propre fougue par la rareté des aliments. Ils sont munis de toutes armes, l'erreur comme la vérité a désormais des ailes ; le sophisme léger, la négation railleuse, le mensonge éhonté, vont circuler dans les masses et les pénétrer de toutes parts.

3. Au même moment la chute de Constantinople remplit l'Europe des savants étrangers ; une littérature riante, légère, sans profondeur, fait mépriser Aristote et Thomas d'Aquin. Cette révolution intellectuelle porte le nom de *Renaissance*, c'est un mensonge à l'histoire (1). Jamais, même aux plus mauvais jours du Moyen-âge, l'étude de l'antiquité classique n'avait cessé. Cette étude vivait dans l'Eglise et par l'Eglise. Nicolas de Cuse avait sur la demande d'Eugène IV rapporté de Grèce une riche collection de manuscrits ; l'étude des

---

(1) Voy. Alzog, *Hist.* — Dans le grand ouvrage de Mgr Gaume sur la Révolution on trouvera d'excellents aperçus sur la Renaissance. — La Bilardière, *Vie d'Erasme.* — Nisard, *Etudes sur la Renaissance.* — Levesque de Bussigny, *Hist. de la vie et des ouvrages d'Erasme.* — Audin, *Hist. de Léon X.* — Artaud de Montor, le IVe vol. de son *Hist. des Souverains pontifes.* — Roscoë, *Hist. de Léon X.*

langues orientales florissait avant la Renaissance; Pétrarque s'était empreint du génie Grec et Romain; bien avant eux, dès le ixe siècle, les classiques anciens étaient copiés, étudiés, reproduits dans les monastères; une religieuse, Hroswitha, en offrait un reflet dans ses chants héroïques, Scot Erigène les avait étudiés à fond. — Seulement, c'était alors une étude sage et judicieuse, on prenait la forme, on s'écartait des idées, on évitait l'inanité philosophique du fond, et surtout on ne comprimait pas dans ce moule exclusif les littératures nationales. Ces littératures devenaient originales et puissantes, la Renaissance a plutôt été leur mort. Quand ce mouvement se produisit à la fin du quinzième siècle, ce fut pour les chefs-d'œuvre d'Athènes et de Rome de l'enthousiasme et de la fureur. Tout ce qui n'était pas pensé et parlé par eux était barbare : Platon était le dieu de la pensée, Horace et Virgile les dieux du sentiment, un vrai culte asservissait les intelligences chrétiennes à ce paganisme Grec et Romain.

Inutile de se le dissimuler ou de le taire, l'effet de cet engouement sur l'Europe du seizième siècle fut désastreux. La prétendue Renaissance porta un coup terrible aux études chrétiennes. Si nous avons encore, au milieu de ce délire tout païen, de grands noms et des travaux illustres à opposer, ce n'en est pas moins un fait indiscutable que la foule des intelligences abandonna la puissante méthode scholastique, les substantielles doctrines, la solide et robuste argumentation du Moyen-âge pour les formes brillantes et les bagatelles harmonieuses du Paganisme classique. La théologie semblait âpre et grossière, le dogme dans ses sobres et austères formules irritait des oreilles habituées aux cadences cicéroniennes et aux suavités de Platon. De plus l'étude inconsidérée, exclusive du Paganisme menait droit à la libre pensée et tout au moins à une inexactitude désastreuse dans l'énoncé de la doctrine. Si

Bessarion évitait cet écueil, d'autres s'y heurtaient en foule. Laurent Valla ressuscitait Épicure ; Marcile Ficin, platonicien obstiné, ne retenait plus qu'un Christianisme vague et flottant comme les doctrines du maître. Pomponat, passant plus outre, commençait à faire, au profit de la philosophie antique, bon marché de la Révélation. La digue une fois rompue, qui peut dire où s'arrêtera le flot ? Bientôt pullulèrent en Europe, multipliées à l'infini par l'imprimerie, de licencieuses imitations de Tibulle, de Catulle et d'Horace ; la Papauté devenait impuissante à arrêter un torrent dont Luther allait si puissamment précipiter le cours. Un rationalisme naquit de cette licence, qui lui-même fit naître dans les esprits les désirs d'émancipation, la gêne du dogme, le mépris du passé chrétien. Luther n'est pas encore apostat que déjà la pensée est en Europe sécularisée, libertine, licencieuse, incrédule. Sur beaucoup de points du sol chrétien le clergé est sans défiance, sur d'autres, il conserve une ignorance qui prête au rire, sur d'autres encore les préoccupations du luxe et de l'ambition l'enchaînent en le déshonorant. Ni en Allemagne, ni en Angleterre, ni en Italie, ni en France, il ne semble se douter du profond abîme qui se creuse sous l'orthodoxie catholique, ni de la révolution radicale qui s'opère dans l'esprit public. Selon le mot d'Érasme, le bel esprit du temps, « l'œuf est pondu, Luther n'a plus qu'à le couver. »

4. Un phénomène que nous aurons à observer tout à l'heure nous force dès maintenant à une explication. Quand le Protestantisme aura envahi l'Allemagne, la Suisse, l'Angleterre, la Suède et qu'il aura fortement entamé la France, un seul pays catholique bravera ses violences comme ses ruses, et battu de ses flots envahissants leur fermera victorieusement tout accès : c'est *l'Espagne*. Au milieu du bouleversement des croyances, de l'effroyable confusion des doctrines, du morcellement presque infini des sectes, l'Espagne garde son unité religieuse et se préserve, pour longtemps encore, des commotions violentes dont le reste de l'Europe va se trouver ravagé, et sa période la plus brillante et la plus prospère coïncide avec le déchirement et les décadences des autres États. Sous Ferdinand et Isabelle (1492), elle enlève aux Maures, après une guerre héroïque, Grenade leur capitale et s'affranchit pour toujours de la domination Musulmane qui l'écrase depuis huit cents ans. Après les avoir tolérés quelque temps à la condition de les trouver soumis et inoffensifs, Ferdinand le Catholique les chasse quand il les voit traîtreusement occupés à révolutionner le royaume. Ce prince ne jugeait pas bon de perdre, par une folle idée de tolérance, un affranchissement et une sécurité que l'Espagne avait, sur trois mille sept cents champs de bataille, payés de son plus noble sang. — Même conduite envers les Juifs qui continuellement s'alliaient avec les Maures et les Arabes pour perdre le pays qui leur donnait un asile et leur servait de patrie. Sans doute l'expulsion de deux cent mille Juifs fut une mesure rigoureuse et l'emploi d'un grand moyen; sans doute l'industrie et la fortune publique purent en souffrir, mais Ferdinand n'était pas chef d'usine, il était roi, il raisonnait à fond le problème social et il concluait que la vie d'un peuple est toute entière dans son unité, l'unité politique et sociale dans l'unité de croyance et l'unité de croyance dans la garde vigilante qui défend un peuple du morcellement de l'erreur. Nous voici amené à parler de l'Inquisition d'Espagne (1).

---

(1) Voir Joseph de Maistre, *Lettres sur l'Inquisition.*
Ce ne sont pas seulement les protestants qui ont calomnié l'Inquisition. Les seigneurs ennemis de Philippe II exploitèrent perfidement les sévérités de ce tribunal pour soulever contre le souverain les populations trompées.
Nous voyons, dans les Pays Bas l'Inquisition imposer des pénitences publiques aux coupables relaps et impénitents. — Tant que l'amendement

Ferdinand et Isabelle firent, auprès de Sixte IV, les plus pressantes instances pour obtenir l'établissement dans leurs États du tribunal de l'Inquisition. Le Pape, non sans quelque difficulté et en leur imposant les nombreuses précautions et garanties de la charité, leur délivra en 1478 la bulle d'institution qu'ils sollicitaient. Ici plus que jamais il faut quitter les haines de parti pris, les routines du demi-savoir, les mensonges du théâtre et du roman, pour se placer froidement et avec une invincible impartialité en face des faits.

Le tribunal de l'Inquisition espagnole est absolument indépendant du clergé, il dépend immédiatement du roi. Dans le plan et les idées des rois d'Espagne, leur inquisition n'était autre chose que l'organisation de leur police de sûreté, tellement que les règlements furent dressés par Ferdinand dans son conseil royal. Si ces règlements furent sévères, si des exécutions eurent lieu, il faut s'en prendre à la Cour et non pas à l'Église; puis il faut tenir compte de la situation toute exceptionnelle de l'Espagne, qui à peine affranchie, se voyait trahie et traquée par les traîtres innombrables qu'elle recélait encore dans son sein. Il est aisé de faire des tableaux sinistres, de dresser des bûchers, de faire apparaître victimes et bourreaux : mais là n'est pas l'histoire. L'Espagne attaquée se défendait par sa ferme vigilance contre des ennemis qui avaient juré de la perdre une seconde fois.

Contre qui l'Inquisition espagnole procédait-elle? Avant tous contre les chrétiens tombés ou retombés dans l'erreur. Les coupables avaient quarante jours pour se repentir et obtenir grâce; l'Inquisition ne frappait que des obstinés.

était espéré, les inquisiteurs se contentaient d'une admonestation secrète. — Quand les fautes étaient publiques le coupable, clerc, était renvoyé aux tribunaux ecclésiastiques; laïc, aux tribunaux séculiers. — Cette extrémité était toujours précédée de nombreux efforts pour ramener le coupable par la persuasion.

Pour ceux qui avouaient, la pénitence de l'Église remplaçait les rigueurs du bras séculier. Qu'on cite un seul tribunal où les criminels en soient quitte avec de pareilles commutations ! — Les témoins à charge étaient connus des prévenus et leur degré de crédibilité soigneusement discuté. Si, durant quelque temps en Aragon et en Castille, il fallut taire les noms des témoins, cette dérogation locale et temporaire aux règlements, fut motivée par l'audace et le nombre des faux témoins et surtout les épouvantables représailles que les témoignages ne manquaient pas d'engendrer. — La question était employée là comme partout ailleurs, mais on obligeait les ecclésiastiques à y assister pour en tempérer les rigueurs.

Instituée d'abord contre les Judaïsants et les Maures, l'Inquisition, à partir du milieu du seizième siècle, fonctionna contre ceux qui, par mille ruses perverses, s'efforçaient d'ouvrir l'Espagne au Protestantisme ; elle finit sous les Bourbons en dirigeant ses salutaires rigueurs contre l'impiété Voltairienne.

Quant au nombre des victimes de l'Inquisition Espagnole, au témoignage absolument irrécusable du chancelier de l'Hôpital, plus protestant que catholique, durant le règne de Philippe II, le vrai règne de l'Inquisition d'Espagne et qui dura un demi-siècle, on ne compte pas plus de QUARANTE-HUIT condamnations capitales. L'illustre Espagnol Balmès a pu affirmer solennellement : « Quant au nombre des personnes qui périrent sur l'échafaud ou moururent en exil, durant le fonctionnement de l'Inquisition, nous mettons au défi la France et l'Angleterre, les deux nations qui se prétendent à la tête de la civilisation, de nous montrer, sur le même sujet, leur statistique de la même époque et de la comparer avec la nôtre. Rien dans ce parallèle n'a de quoi nous inquiéter. » Quand on proposa au chancelier de l'Hôpital l'idée d'établir l'Inquisition en France, au temps de l'invasion Calviniste, il répondit « qu'il adopterait bien volontiers cette idée si le mal n'avait déjà fait en France de trop considérables progrès. » L'Inquisition eût prévenu en France, en Allemagne et en Angleterre, les guerres religieuses avec leurs atrocités et leurs dévastations, elle eût conservé l'unité de croyance, et avec cette unité la vitalité et la paix. — Une tolérance insensée perdra tout et Luther pourra à l'aise soulever des haines sanglantes et inaugurer en Europe une Révolution dont notre époque est destinée à voir et à subir les dernières fureurs.

APPENDICE.

Il ne nous reste plus, avant d'entrer dans la troisième grande époque de l'Église, l'époque de la *Révolution religieuse et sociale*, qu'à recueillir çà et là quelques traits et quelques matières forcément laissés dans l'ombre.

1. Disons d'abord un mot des *Études ecclésiastiques* durant la période que nous venons de parcourir. Nous avons vu le Concile de Vienne, en 1211, décider l'établissement de chaires de langues orientales : l'herméneutique sacrée en bénéficia largement : *Nicolas de Lyre* s'attacha avant tout à élucider le sens grammatical de nos Écritures. Un autre savant, *Alphonse Tosta*, compléta son œuvre en rédigeant avec une érudition très riche des commentaires sur l'Ancien Testament et l'Évangile de saint Matthieu. Citons quelques orientalistes distingués : *Philippe de Bergame*, *Pic de la Mirandole*, *Palmieri*, *Giavozzo*, *Manetti*. — *Thomas de Walden*, carme Anglais, écrivit contre les Wicléfistes; *Nicolas Clemangis* se montra littérateur distingué et souvent satirique plein de fiel; *Léonard Bruni* écrivit une histoire de Florence; *Thierry de Niem*, évêque de Cambrai, auteur souvent peu sûr, nous a laissé une histoire du schisme d'Occident; *Nicolas de Cuse*, archidiacre de Liège, puis cardinal en 1448, fut le savant universel et écrivit des ouvrages sur presque toutes les branches du savoir. C'est lui qui enseigna le premier le double mouvement de la terre sur elle-même et autour du soleil. Nicolas de Cuse partagea trop les doctrines erronées de Gerson et de Pierre d'Ailly. *Æneas Sylvius* (qui fut le pape Pie II), l'un des plus savants hommes de son temps, nous a laissé un grand nombre d'œuvres dont les principales sont des « Mémoires sur le conciliabule de Bâle, » une « histoire de l'Europe durant le règne de Frédéric III, » un recueil de Lettres, etc. *Jean de Torquemada*, dominicain, élevé au cardinalat en 1439, se signala par son éloquence aux Conciles de Bâle et de Constance, et par son zèle intrépide contre les hérétiques. *Bessarion*, qui, venu d'Orient, s'attacha à l'Église Latine et fut créé cardinal en 1439 se montra grand diplomate dans des légations nombreuses et difficiles, et savant dans de beaux et profonds écrits de théologie et de controverse. *Pic de la Mirandole* fut un prodige d'érudition, mais non pas toujours de jugement et de tact. Sa présomption et sa légèreté le firent tomber dans des erreurs. *Marcile Ficin*, chanoine de Florence, se fit connaître comme littérateur, philosophe et érudit (1499). — Mais la vraie gloire des lettres comme de la vie politique est l'illustre cardinal *Ximenès*. Né en 1437, Ximenès d'humble cordelier devint, par son génie et ses talents extraordinaires, primat d'Espagne et ministre d'État. Tous les dons, toutes les vertus, toutes capacités semblent s'être réunies dans ce grand homme. Par lui l'Espagne protégée puissamment au dehors contre ses ennemis jouissait au dedans d'une paix et d'une sécurité délicieuses. Quand l'Europe commençait à s'agiter en tumulte sous l'aiguillon de l'hérésie, l'Espagne, sous l'administration de Ximenès, parvenait à l'apogée de sa force et de sa gloire. Les sciences trouvèrent en lui un protecteur, il fonda l'Université d'Alcala et fit paraître la première *Bible polyglotte*. — Un autre nom fait ombre à cette grande et pure lumière, l'italien *Machiavel*. Païen d'instinct et d'études, le fameux Florentin exposa dans son *Livre du Prince*, avec une effronterie sans égale, l'immora-

LES TEMPS PRÉCURSEURS DU PROTESTANTISME. 311

lité de la politique moderne et du gouvernement sans Dieu. Machiavel est l'homme de la force brutale, de la ruse, du mensonge. Il ne veut la vertu que quand la vertu profite là où le vice échouerait. Né en 1462, Machiavel mourut en 1527.

2. Nous n'avons à signaler la naissance d'aucun grand *ordre religieux*. Dieu les a déjà donnés à son Église, mais nous voyons des hommes éminents, des saints, des Conciles, notamment celui de Constance, s'occuper de la réforme des abus, glissés çà et là dans ces grands ordres.

Durant l'époque présente nous voyons naître plusieurs *congrégations religieuses*. — Saint François de Paule (1), né en Calabre en 1416, jeune ermite, livré aux plus rudes austérités, se vit bientôt si entouré de disciples qu'il fut comme forcé à la fondation de la congrégation des *Minimes*, qui aux trois vœux ordinaires faisait le quatrième d'un carême perpétuel. L'ordre se répandit en France quand le saint y eut été appelé pour aider le vieux roi Louis XI à bien mourir. — L'angélique Jeanne de Valois, fille de Louis XI, épouse répudiée de Louis XII, n'usa de sa liberté douloureuse que pour donner au jardin de l'Église une fleur nouvelle. L'Ordre des *Annonciades* fondé par elle en 1500, répand encore de nos jours ses plus délicats parfums de piété et d'humilité. — L'héroïque association des *Pauvres volontaires*, commencée au XIIe siècle, érigée en ordre religieux seulement au XVe, ajoutait au dépouillement complet des biens de ce monde le soin des malades et la sépulture des morts. — La même sève de la charité catholique faisait naître la congrégation des *Pénitents noirs de la Miséricorde* pour préparer les criminels à bien mourir.

---

(1) Coste, *Portrait de S. Franç. de Paule*, Paris, 1655. — Dondé, *Abrégé de la vie, etc., de S. Franç. de Paule*, Paris., 1671. — Giry, *Vie de S. Franç. de Paule*. — Thuillier, *Diarium Ord. Minim.* Paris., 1709.

L'Europe voyait aussi à la même époque, des saints extraordinaires dont les œuvres égalaient celles d'un ordre religieux tout entier. — Saint *Vincent Ferrier*, religieux dominicain, né en 1357, devint, après de courtes années de professorat, le prédicateur et le missionnaire de toute l'Europe : Espagne, France, Angleterre, Écosse, Allemagne, Flandre, Italie. Sa réputation le poussa, et plus encore son zèle, jusque chez les Maures qu'il frappa d'étonnement. Ses œuvres égalaient sa parole en sainteté comme en puissance, ses miracles étaient continuels, et il convertit les pécheurs par milliers. Il intervint dans le grand schisme, et son concours y fut plus d'une fois précieux : ses travaux immenses ne l'empêchèrent pas d'écrire des ouvrages de prédication et d'ascétisme d'une grande valeur. Il mourut en 1419. — Saint *Bernardin de Sienne*, franciscain, administra l'ordre avec une haute sagesse, et lui laissa des ouvrages de suave et forte piété. — Saint *Laurent Justinien*, patriarche de Venise, mérita pour ses œuvres et sa sainte et admirable vie d'être appelé par Eugène IV, « l'ornement de l'épiscopat » (1455). — Nous avons vu saint *Jean Campistran* se faire l'héroïque défenseur de la chrétienté contre les Turcs. Il est aussi l'auteur de plusieurs traités estimés (1456). — Le dominicain et archevêque de Florence saint *Antonin* devint l'oracle de son temps, et légua des œuvres théologiques d'une haute valeur. — Citons encore sainte *Colette*, réformatrice des Clarisses; sainte *Catherine de Bologne*, sainte *Marguerite de Savoie*, le B. *Amédée IX* de la même maison, saint *Casimir de Pologne* et le solitaire de la Suisse, le B. *Nicolas de Flue*.

3. L'art marchait de pair avec la sainteté, et donnait à Dieu et à l'Église ses plus brillants chefs-d'œuvre. Le premier de tous est assurément la *cathédrale gothique* destinée à en renfermer tant d'autres dans son sein. Tout parle dans ces incomparables monuments de la foi de nos pères. L'ogive qui s'élance vers le ciel y élève nos pensées avec elle, les ornements de toutes sortes qui la décorent, empruntés à la nature, apportent dans le temple saint comme les souvenirs résumés de l'univers. La plante y couvre les chapiteaux de ses boutons et de ses feuilles; l'animal ou terrible ou doux et inoffensif, le lion ou l'agneau, y servent de leçons et de symboles. Le sol lui-même s'anime par les figures des monstres marins. D'autres monstres aux faces grimaçantes, à l'aspect hideux, stigmatisent en les représentant les puissances infernales. — Plus précis et plus nobles sont les souvenirs que rappellent dans le temple gothique les innombrables statues qui le remplissent. Toutes les illustrations saintes ont leur place, toutes les scènes, ou de l'Évangile, ou de l'Ancien Testament, ou de la Tradition y sont écrites et éternisées dans le bois ou la pierre. Sur ces spectacles d'un autre monde et d'une demeure plus haute que la demeure terrestre, un autre soleil, une mystérieuse lumière devront tomber. Les vitraux aux mille reflets donneront cette nouvelle et splendide illumination. Ces vitraux eux-mêmes seront pour l'âme fidèle le plus beau des livres à lire et à méditer, tant ils se chargeront des divines histoires de la piété et de la foi. — La basilique entière, symbole du Christ Rédempteur vrai temple, vrai sanctuaire, est presque toujours construite en forme de croix.

Telle est la demeure sainte; les arts vont maintenant la remplir à l'envi. Florence eut les prémices de la nouvelle sculpture adaptée à l'idée gothique et au plan des nouveaux sanctuaires. Sous le ciseau de *Nicolas de Pise* et d'*André de Pise,* le marbre commença à prendre des formes délicates et éthérées. D'autres artistes coulèrent le bronze comme *Ghiberti Luc; Della Robbia* couvrit de ses bas-reliefs le dôme de Florence.

Dès 1221, la peinture prenait son essor avec *Guido de Sienne*; avec *Cimabué* (1240) elle atteignait déjà un haut degré de perfection. Vers 1270 *Giotto* commence l'illustration de l'école de Florence que grandirent successivement *Dominique Ghirlandajo*, *Angelo de Fiesole*, *Massacio*, *Léonard de Vinci*. Le nom de *Michel-Ange* est comme le résumé de tout l'art à cette brillante époque. L'école Franciscaine de l'Ombrie donnait le *Pérugin* (1447). *Raphaël d'Urbain* répandit en 1500 dans la chapelle Sixtine et le Vatican ses inimitables chefs-d'œuvre; après lui, le *Corrège* et le *Titien* soutinrent brillamment la gloire de la peinture chrétienne.

Ainsi, tout était vivant et splendide dans l'Europe du XVIe siècle. Un réveil étrange de l'activité humaine s'y faisait partout sentir; on marchait vers quelque magique conquête, vers des siècles d'une puissance inouïe : hélas! non, le Protestantisme allait naître, avec lui la discorde, le trouble, l'épuisement des âmes, le dessèchement des cœurs, la froide indifférence, le grossier matérialisme, l'incrédulité ou rieuse ou fanatique, ou voluptueuse ou sanglante : c'est Luther, c'est Calvin, c'est Voltaire, c'est la Révolution.

VINGT-SIXIÈME LEÇON.

LA RÉVOLTE RELIGIEUSE DU XVIE SIÈCLE.

1. Dans la période qui s'ouvre devant nous le spectacle que l'histoire de l'Europe nous réserve est d'une part le même que celui des siècles qui précèdent, d'autre part très différent et très nouveau. — Il est le même par rapport à l'Eglise : il est tout différent par rapport à la société civile. Si l'Eglise demeure immuable dans sa foi, indéfectible dans sa divine vie, toujours également puissante contre ses ennemis, également féconde en œuvres, également riche en bienfaits : la société civile subit de profondes modifications. De chrétienne qu'elle était dans sa vie publique, dans son organisation intime, dans ses lois, ses coutumes, ses aspirations, ses actes, ses entreprises, elle tend à devenir *indifférente*. Sur une grande partie de sa surface, l'Europe est bouleversée par la révolution religieuse. Même dans les parties qui sont restées saines, un indéfinissable malaise, une torpeur inconnue au Moyen-âge, un *indifférentisme* profond paralysent le fonctionnement de la vie chrétienne. Cette *vie chrétienne* chassée des pouvoirs publics, se concentre dans les âmes, dans les œuvres, dans des congrégations puissantes, et prête à d'autres conquêtes une force, dont les nations, en tant que corps politiques, ne veulent plus.

Bossuet a jeté son regard d'aigle sur cette transformation de l'Europe à partir du XVIe siècle, et les trois phases successives que parcourt la société après son apostasie lui ont ainsi apparu : « La source de tout le mal est que ceux qui n'ont pas craint de tenter au siècle passé la réformation par le schisme, ne trouvant point de plus fort rempart contre toute leur nouveauté que la sainte autorité de l'Eglise, ils ont été obligés de la renverser. Ainsi les décrets des Conciles, la doctrine des Pères et leur sainte unanimité, l'ancienne tradition du Saint-Siège et de l'Eglise catholique n'ont plus été comme autrefois des lois sacrées et inviolables. Chacun s'est fait à soi-même un tribunal où il s'est rendu l'arbitre de sa croyance : et encore qu'il semble que les novateurs aient voulu retenir les esprits en les renfermant dans les limites de l'Ecriture sainte, comme ce n'a été qu'à condition que chaque fidèle en deviendrait l'interprète et croirait que le Saint-Esprit lui en dicte l'explication, il n'y a point de particulier qui ne se voie autorisé par cette doctrine à adorer ses inventions, à consacrer ses erreurs, à appeler Dieu tout ce qu'il pense. Dès lors on a bien prévu que la licence n'ayant plus de frein, les sectes se multiplieraient jusqu'à l'infini; que l'opiniâtreté serait invincible, et que tandis que les uns ne cesseraient de disputer, ou donneraient leurs rêveries pour inspirations; les autres, fatigués de tant de folles visions, et ne pouvant plus reconnaître la majesté de la religion déchirée par tant de sectes, iraient enfin chercher un repos funeste et une entière indépendance dans l'indifférence des religions ou dans l'athéisme » (1).

2. Et qu'est-ce que le protestantisme? Ce n'est point une erreur nouvelle ; on la retrouve, quant à ses éléments principaux, dans toutes les erreurs qui ont travaillé les

---

(1) Bossuet, *Oraison fun. d'Henriette d'Angleterre.*

nations anciennes et troublé parfois les siècles croyants du Moyen-âge : négation de toute autorité religieuse ; rébellion contre le dogme révélé et imposé par une Église divine : émancipation complète de la raison et surtout des passions de l'homme : finalement ruine et dévastation de l'ordre social comme de l'ordre religieux, chaos absolu de doctrine comme de conduite et d'événements. Tout cela est vieux : c'est le Gnosticisme, le Pélagianisme, la théorie Vaudoise et Albigeoise, l'erreur de Jean Hus, de Wiclef et de Jérôme de Prague. Luther redit ce qu'avaient avancé les erreurs de tous les autres siècles.

Mais ce qui est nouveau c'est le terrain sur lequel son système d'hérésie s'implante; ce qui est nouveau, c'est l'Europe (1). L'autorité publique de l'Église y a été méconnue ; bien avant Luther un ferment de révolte y a été déposé et s'y développe. Les intelligences rêvent une liberté sacrilège, qui, les séparant de la révélation enseignée par l'Église, les livre à toutes les témérités du libre examen. Les volontés regimbent contre le commandement de la Papauté, les pouvoirs publics veulent régner sans contrôle, un sourd murmure de révolution s'entend au sein des peuples : *dirumpamus vincula!* Le premier cri de révolte poussé par n'importe qui sera infailliblement un signal que tous attendent et auquel tous répondront.

Ainsi s'introduit et s'étend le Protestantisme. Fondé sur la révolte, il ne peut produire que le désordre et le chaos (2).

---

(1) « Dans ce malaise universel, et parmi les cris de réforme cent fois répétés, dit Bossuet, les cœurs gâtés, les esprits superbes, levèrent la tête, les faibles la perdirent, et, au lieu de se souvenir que le Fils de Dieu avait enseigné à respecter la chaire de Moïse, malgré les œuvres mauvaises des docteurs qui y étaient assis, un grand nombre de personnes succombèrent à la tentation, qui porte à haïr la chaire en haine de ceux qui l'occupent. Tout était prêt pour une grande rupture, les matériaux d'un schisme étaient amassés, et il ne fallait plus qu'un habile architecte. »

(2) Il va sans dire que les protestants et les universitaires qui les co-

C'est là son œuvre immédiate. Un demi-siècle n'est pas écoulé que mille sectes différentes se combattent et se déchirent dans une arène sanglante, l'Europe est en feu, l'Église catholique affreusement torturée, les trônes ébranlés et chancelants sous la pioche des démolisseurs.

3. Quelle marche suivra l'erreur? Comment la révolte envahira-t-elle l'Europe? L'erreur grandit progressivement, elle franchit trois sphères différentes, sphères de plus en plus étendues. — D'abord la révolte paraît se concentrer dans quelques hommes, dont elle ravage l'intelligence et plus encore le cœur, et qui deviennent rapidement les apôtres de la Révolution religieuse du seizième siècle. Nous devons tout d'abord et à fond étudier ces hérésiarques et leurs doctrines. — L'Allemagne est le premier théâtre de la révolte : c'est sur elle que nous tournerons notre second regard. L'attitude de l'Empire, sa faiblesse, ses hésitations, ses désastreux compromis, ne nous font que trop pressentir quels succès attendent la révolte du moine Luther. — Ces succès grandissent d'heure en heure. Sous l'empire de causes qu'il nous importera d'étudier sérieusement, le Protestantisme envahit l'Allemagne, l'Angleterre, les pays du Nord et elle entame gravement la France.

Avant de suivre cet itinéraire de la révolte, faisons, dans la leçon présente, connaissance avec les révoltés du seizième siècle et avec leurs erreurs.

---

pient font dater du protestantisme les progrès de l'esprit humain. Voici sur ces prétendus progrès ce que pensent deux hommes éminents. Le premier, quoique libre penseur écrit : « Il suffit de se rendre un compte sévère des développements de la métaphysique au Moyen-âge, pour constater que les erreurs religieuses du xvie siècle ont singulièrement retardé la marche de l'esprit humain » (Morin, *Dict. de Scholastique*, t. I, p. 615). Le second s'exprime ainsi : A cette époque, le progrès ne fut nulle part plus frappant qu'en Italie, en Espagne et en France, c'est-à-dire dans les pays qui demeurent catholiques » (Dareste, *Hist. de France*, t. III, p. 579).

I.

Les révoltés du XVIe siècle.

L'explosion du Protestantisme et sa rapide propagation dans l'Europe du seizième siècle ne sont assurément pas dues à Luther ni aux autres hérésiarques ses contemporains; la naissance et les progrès de l'erreur Protestante tiennent à des causes que nous avons déjà analysées plus haut et que nous achèverons d'analyser tout à l'heure. Faut-il en conclure que l'étude de ces hérésiarques et de leurs doctrines soient sans importance? Non assurément. Cette étude, outre que l'histoire la réclame, a une portée dogmatique considérable. — Ce que sont ces hommes et leur prédication, leur religion le sera. — Ils s'annoncent comme *réformateurs;* à les entendre, la vraie Église de Jésus-Christ ne peut plus être l'Église de Rome, cette Église est répudiée pour les abus qui la souillent, Rome est la « prostituée » et la « Babylone » qu'ils viennent détruire, afin de refaire sur ses ruines la véritable société des enfants de Dieu.

Ce sont donc des envoyés de Dieu...?

Tous le disent, tous s'en vantent et agissent en cette qualité auguste. — Une question immense s'attache donc à ces individualités. Si nous les trouvons vulgaires, vicieux, pervertis dans leur vie comme dans leurs œuvres; si au lieu de prophètes, de thaumaturges et de saints, nous constatons dans ces hommes des révolutionnaires audacieux et violents, si leur vie est souillée, leurs œuvres mauvaises, les fruits de leur prédication amers et empoisonnés, cette doctrine elle-même un tissu de contradictions, d'erreurs, d'impiétés et d'immoralité : ce sera chose absolument jugée ; cette prétendue *réforme* ne sera plus qu'une *révolte* pernicieuse, le Protestantisme l'une de ces vulgaires hérésies, qui de tout temps ont été rejetées du sein de l'Église, comme la balayure expulsée de la demeure qu'une main diligente nettoie et purifie. — Étudions donc à la fois ces hommes et leurs doctrines. Leur vie donne la mesure de leur orthodoxie, leur doctrine donne la mesure de leur mission, qu'ils prétendent divine et qui n'est que la révolte d'audacieux imposteurs : ainsi « l'arbre se reconnaît aux fruits, » et les fruits sont dignes de l'arbre empoisonné qui les porte.

I. Les hérésiarques de l'Allemagne. 1. *Luther* (1) ouvre cette honteuse liste. Luther fils d'un mineur naquit à Eisleben en 1483. Tour à tour étudiant à Magdebourg, à Eisenach, à Erfurt (1501-1505), il obtint à la fin de ses études le grade de Maître en 1505. Le jeune Luther est l'image parfaite de l'époque où il naît et grandit, époque où rien n'est plus fixe et suivi, mais où tout flotte incertain entre des souvenirs puissants encore de religion et d'obéissance et des désirs impétueux de licence et d'affranchissement. Luther est, ou plutôt veut être, d'une piété ardente (2), mais dans cette piété même se montre je ne sais quoi d'irrégulier et d'insoumis. Son être est le théâtre éternel des luttes les plus terribles : la chair l'entraîne dans ses saillies impétueuses, son intelligence le ravit au sommet des plus hautes spéculations ; à

---

(1) Audin, *Hist. de Luther*, t. I. — *Etudes historiq.*

(2) « Si jamais, disait-il lui-même, Augustin alla droit au ciel par les murs d'une abbaye, je mérite d'y entrer. C'est un témoignage que tous mes frères me rendront : je jeûnais, je veillais, je me mortifiais, et je pratiquais les rigueurs cénobitiques jusqu'à compromettre ma santé, etc. » « J'étais, dit-il encore, *tellement noyé dans le papisme,* que j'aurais tué, ou aidé à tuer, quiconque aurait dénié une seule syllabe d'obéissance au souverain Pontife. »

des joies désordonnées succèdent des mélancolies incurables; à de terribles éclats de colère, des affaissements profonds; mais ce qui domine déjà en lui c'est l'orgueil et à côté d'un orgueil démesuré, d'effroyables tentations d'angoisse et de désespoir (1). Ce flux et ce reflux sans frein, ces irrégularités et ces soubresauts perpétuels nous les retrouvons dans toutes les phases de sa vie et les péripéties de son œuvre. — Luther touchait à l'adolescence quand un événement extraordinaire, la mort d'un de ses amis frappé de la foudre, le chassa malgré ses maîtres, ses condisciples et ses parents, dans l'ordre des Augustins (1505), et à ce moment même, où il reconnaît avec une anxiété douloureuse que ses passions ont déjà acquis en lui un invincible empire, il reçoit avec la prêtrise un joug de chasteté et de vertu qu'il sera bientôt incapable de porter (2). Ses angoisses de conscience sont perpétuelles, et quand, pour les rassurer, un religieux Augustin lui propose un texte de saint Bernard sur l'efficacité de la foi, ce texte, en lui apportant une sérénité factice, dépose à son insu dans son âme les germes d'une erreur qui lui fera corrompre tant d'autres textes des Pères et de l'Écriture (3). En 1508 nous le trouvons plongé dans une étude

---

(1) « Il mène dans le cloître une vie fervente, mais que gâte la singularité et qu'empoisonnent la tristesse et une sorte de désespérance sombre et irritée. Jamais il ne connut la douceur fortifiante de l'amour de Dieu. Dieu ne cessait de lui être une énigme poignante, la justice de Dieu un abîme sans clarté et sans issue, ses fautes même légères, un objet de terreur et d'irritation, jamais de contrition humble et tranquille. Dans Luther l'orgueil perça toujours en tout et corrompit jusqu'à ses premières vertus.»

(2) Voir Audin, *Hist. de Luther*. — On trouvera encore d'excellents détails dans un travail de Iarcke *Étude psychologique sur Luther* (*Correspondant*, juillet et août 1854).

(3) Audin, ch. I. — Dès lors il se fixa dans ce sentiment absurde plus encore qu'impie que nous sommes justifiés par la foi, quelques crimes que nous commettions, de quelque outrage que nous soyons résolus à déshonorer Dieu. Le malheureux appelait cette folie « son paradis. » « *Hic me prorsus renatum esse sensi et apertis portis in ipsum paradisum intrasse* (t. I, préface).

déjà téméraire et mal réglée de saint Augustin; il professe la dialectique puis la théologie à Wittemberg, fait un voyage en Italie en 1510, et revient en Allemagne en 1512 professer l'Écriture sainte après avoir fait le *serment d'enseigner la doctrine catholique et de la défendre même au prix de son sang* (19 oct. 1512).

Mais déjà il était possible de discerner le futur hérésiarque dans le professeur mal assuré de la doctrine et imbu des erreurs des sectaires précédents. La guerre inexplicable d'abord qu'il déclare à Aristote et à toute la scholastique laisse bientôt voir qu'une trop puissante dialectique le gêne et qu'il a dessein d'innover. Saint Augustin mal compris par lui achève de brouiller ses idées et de faire choir son othodoxie. Quatre-vingt-dix-neuf thèses qu'il publie à cette époque renferment en germe les plus pernicieuses erreurs. Il y soutient que la volonté humaine est incapable d'elle-même de se diriger d'après la saine raison, il nie le libre arbitre, et fait l'homme incapable de lui-même d'aucune bonne action. Ainsi tandis que par ignorance la plupart de nos historiens saluent dans le Protestantisme le triomphe et l'émancipation de la raison naturelle, jamais elle n'eut d'adversaire plus acharné que le moine de Wittemberg. Il l'appelle la *fiancée du diable*, la *prostituée* digne d'être foulée aux pieds, etc. » Luther est gnostique comme Marcion. Pour lui l'homme est une pure machine, un être inerte, abandonné sans initiative propre ni énergie personnelle entre les mains de la grâce qui le sauve ou de la chair qui l'entraîne et le perd, de Dieu qui le tire au ciel ou du diable qui le pousse en enfer. Comme les anciens hérétiques, Luther témoigne une aversion instinctive pour l'Église. Après sa rupture audacieuse, il appelle l'Église une *Babylone* et une *prostituée*. Comme d'après lui l'homme est sauvé par la foi sans autre intermédiaire, il est porté à rejeter le culte extérieur et les sacrements. Enfin, semblable aux hérétiques de tous

les temps, il déclare inutiles les bonnes œuvres et la vertu.
— Telles étaient les erreurs qui perçaient déjà dans l'enseignement et les sermons du moine Luther à Wittemberg.

L'orgueil blessé va forcer ce moine déjà dévoyé à rompre toute barrière et à se jeter à corps perdu dans la révolte. — Quatre aspects différents de cet hérésiarque ne montreront que trop en lui le menteur et le faux prophète : *indécision et variations perpétuelles; — contradiction absolue avec Jésus-Christ, son Évangile et son œuvre; — violence et luxure; — impiété et absurdité doctrinales* (1).

La physionomie que nous offre perpétuellement Luther est celle d'*un homme entraîné*. Son symbole se fait à l'aventure et d'après les plus fortuites circonstances; il en ferme et rouvre le canon, le rétrécit et l'étend suivant le besoin de l'heure présente. Le caractère de l'indécision se montre partout. — Au premier moment, nous ne trouvons en lui qu'un orgueil blessé qui s'irrite contre des adversaires plus

---

(1) Voici quelques indications sur les sources : *OEuvres de Luther*, en latin, Wit., 1545 sq., 7 vol. in-fol.; Jena, 1556-58, 4 vol. in-folio; en allemand, Wit., 1539 sq., 12 vol. in-fol.; Jena, 1555 sq., 8 vol. in-fol. En outre, deux suppléments par Aurifaber, Eisleben, 1564 et 65. On ne trouve que les écrits allemands de Luther dans l'édition de Sagittarius, publiée à Altenbourg en 1661-64, 10 vol. Volume supplémentaire à toutes les éditions précédentes, et publié par Zeidler, Halle, 1702; Leipzig, 1729-40, en 22 vol. in-fol. L'édition la plus complète est celle de J.-G. Walch, Halle, 1740-50, 24 parties in-4°. (On n'a donné que la traduction allemande des œuvres latines dans les deux dernières éditions.) *Lettres circulaires et mémoires de Luther*, édités par de Wette, Berlin, 1825-28, 5 part. Melanchthon, *Hist. de vita et actis Lutheri*, Nit., 1546; ed. Augusti, Vrat., 1817. On peut consulter aussi les biographies de Luther par Cochlæus, Ulenberg, et, dans les temps modernes, par Ukert (Gotha, 1817, 2 vol.) et Pfizer (Stuttg., 1836). Ils ont poétisé la vie de l'hérésiarque. Audin, *Hist. de la vie, des écrits et des doctrines de Martin Luther*, Paris, 1839, 2 vol.; 2ᵉ édition. Paris, 1841. Luther, *Essai de solution d'un problème psychologique* dans les *Feuilles historiques*, t. II, p. 249 sq., p. 313 sq; t. III, p. 275 sq. *L'OEuvre et les œuvres de Luther*, par J. de Gœrres, dans le *Catholique*, 1827, t. XXVI, p. 68 (Alzog, *Hist.*, édit. française).

favorisés. Le 13 septembre 1517, Léon X avait accordé une indulgence plénière à tous les fidèles qui, vraiment repentants de leurs fautes, contribueraient par leurs aumônes à l'achèvement de la basilique de Saint-Pierre. Rien n'était moins nouveau, moins abusif que cette indulgence. Innocent VIII avait agi de même pour la reconstruction de la cathédrale de Freyberg, en Saxe. Christophe de Forli, général des Frères Mineurs, chargé de la publication de cette indulgence, avait délégué pour l'Allemagne le nonce Arcimbold, qui lui-même avait choisi pour l'un des prédicateurs le dominicain Jean Tetzel. Luther vit ce choix avec dépit, et de Tetzel ce dépit retomba sur les indulgences, que le moine orgueilleux commença à attaquer dans 95 thèses qu'il afficha à la porte de l'église du château de Wittemberg (31 octobre 1517). Ce premier essai de révolte parut d'abord assez inoffensif : beaucoup voyaient dans l'indulgence une charge onéreuse, méprisaient la faveur spirituelle que le sacrifice d'argent faisait acquérir : Luther fut d'abord plutôt encouragé que retenu et puni. — La vigilance catholique força le moine de Wittemberg ou à reculer ou à faire vers l'hérésie un pas de plus. Aux thèses erronées de Luther, Tetzel opposa d'autres thèses vengeresses de l'orthodoxie (1). D'autres docteurs entrèrent en lice, entre autres, Pierias et Hoogstraten, qui eurent peut-être le tort

---

(1) On a accusé Tetzel d'exagération sur la valeur et la concession des indulgences. Qu'on juge. Tetzel écrivit expressément dans son Instruction sommaire aux curés : « Quiconque s'est confessé et éprouve une véritable contrition de ses fautes (confessus et contritus) peut recevoir l'indulgence des peines temporelles et canoniques, s'il donne l'aumône (eleemosynam, c'est-à-dire l'argent pour l'indulgence). » Voir Lœscher (loc. cit., 1, 414) et la formule ordinaire d'absolution que Seckendorf lui-même (Hist. lutheranismi, lib. II, sect. 6) donne en ces termes: Misereatur tui Dominus noster Jesus Christus, per merita suæ sanctissimæ Passionis te absolvat, et ego, auctoritate ejusdem, et beatorum Petri et Pauli Apostolorum et sanctissimi domini nostri papæ tibi concessa et in hac parte

d'attaquer au vif les étudiants, et par là d'en faire des ennemis et de les livrer à Luther. Eck vice-chancelier de l'université d'Ingolstadt fut plus habile, et dans son traité des *obélisques* plus fort et plus victorieux. — Luther hésitait. — « Je ne suis pas assez téméraire, écrivait-il, pour préférer mon opinion particulière à celle de tous les autres. » En 1518, il écrivait à Léon X : « Je me jette aux pieds de Votre Béatitude et me remets à Elle avec tout ce que je suis et tout ce que j'ai. Donnez la vie ou la mort; appelez ou rappelez, approuvez ou réprouvez, comme il vous plaira, j'écouterai votre voix comme la voix même de Jésus-Christ. » Le Pape, tout à l'heure, sera dans les grossières diatribes du même Luther « un âne, » « un ânon, » « un mulet, » « une taupe, » « une truie. » En attendant Luther se débattait entre la vérité qu'il n'abandonnait encore ni définitivement ni dans sa plénitude, et entre l'erreur à laquelle le liait déjà fatalement son orgueil.

Lorsque Léon X, qui l'avait d'abord cité à Rome, l'eut ensuite, par condescendance, remis à l'enquête du savant cardinal Cajétan, Luther avoua et rétracta tout ensemble, se révolta et se soumit. « Oui, je l'avoue, écrivait-il au cardinal, j'ai été violent, hostile, insolent. » Il fit une profession de foi, et déclara en même temps ne rien rétracter de ce qu'il avait enseigné jusqu'alors. Le 9 novembre 1518

---

mihi commissa te absolvo : primo ab omnibus censuris a te quomodolibet incursis; deinde ab omnibus peccatis, delictis et excessibus,... etiam Sedi Apostolicæ reservatis, in *quantum* claves sanctæ matris Ecclesiæ se extendunt; remittendo tibi per plenariam indulgentiam omnem pœnam in *purgatorio* pro peccatis debitam, et restituo te sanctis sacramentis Ecclesiæ et unitati fidelium ac innocentiæ et puritati in qua eras quando baptizatus fuisti, etc., etc. In nomine Patris, et Filii, et Spiritus Sancti. Amen. »
Cf. *Corresp. entre deux catholiques sur la querelle des indulgences, entre Tetzel et Luther*, Francfort-sur-le-Mein, 1817. Grœne, *Tetzel et Luther, ou Vie et justification des prédicateurs d'indulgences*, Le Dr Jean Tetzel, Soest., 1853 (Alzog, *Hist.*, t. III).

il en appela au Pape mieux informé, puis du Pape au futur Concile; puis, dans une conférence avec le docteur Eck (juin 1519), il exposa les principales erreurs dont sa révolte avait besoin pour s'expliquer et se soutenir; le salut sans les œuvres, la prédestination au mal, la négation du libre arbitre, la négation de la primauté du Siège Romain. Dans cette conférence, Eck resta vainqueur, mais la révolte du moine, en s'accentuant davantage, grossit davantage son parti. Miltiz, chargé par Léon X de le ramener par la douceur, n'obtint de Luther que de fallacieuses promesses, pendant que ses erreurs et ses négations croissaient en nombre et en violence. Déjà la haine de la Papauté avait envahi son âme, et le malheureux apostat, alors qu'il affectait avec Miltiz des airs de filiale docilité, niait l'autorité de l'Église, invectivait contre les vœux et le célibat des prêtres, et jetait en avant son fameux *sacerdoce laïc*, qui, en transportant à chacun la dignité et les prérogatives sacerdotales, devait bientôt exalter tous les orgueils et armer toutes les convoitises. Dès 1520 Luther, déjà moine révolté et lubrique, devenait le révolutionnaire et l'agitateur public. « La réforme, écrivait-il à Spalatin, ne peut s'opérer sans tumulte, sans scandale, sans sédition. La parole de Dieu est un glaive, c'est la guerre, la ruine, la perdition, le poison. » Entraîné à ces erreurs et ces violences par les premières contradictions qu'il avait à essuyer des docteurs catholiques, sa fureur ne connut plus de bornes quand Léon X, à bout de ressources, dut enfin prononcer sa condamnation (1). Cette condamnation fut la réponse à un

---

(1) Léon X avait, dans une bulle de 1518, exposé la doctrine de l'Église sur les indulgences.

Dans cette bulle il est dit : « Romanum Pontificem — potestate clavium quarum est aperire tollendo illius in Christi fidelibus impedimenta, culpam scil. et pœnam pro actualibus peccatis debitam, culpam, quidem mediante sacramento pœnitentiæ, pœnam vero temporalem pro actualibus

traité impie, *Traité de la liberté chrétienne*, où Luther soutient que tout homme, roi et prêtre, n'est soumis à aucune loi, qu'il n'est tenu à aucune bonne œuvre, qu'il est sauvé fatalement et par la seule foi.

Comme tous les hérésiarques, Luther savait reculer, s'esquiver, reprendre sa parole et nier ses affirmations. Il est essentiel de le bien connaître à ce point de vue. Nous venons de voir ses plus formelles erreurs, erreurs théologiques, erreurs révolutionnaires et anti-sociales : il rétractait tout au besoin; au besoin aussi il savait rétracter ses rétractations, toujours à la merci des circonstances, toujours entraîné dans le torrent qu'il avait fait surgir. Un jour il appelle le peuple à la révolte, un autre jour, quand les paysans fidèles à sa voix se révoltent, il dénonce aux seigneurs leu émancipation armée et les fait écraser dans la plus épouvantable des guerres. Il avait commencé par construire la religion nouvelle sur la libre interprétation de l'Écriture, bientôt quand il vit à quelles révoltes, à quelle confusion infinie menait cette liberté insensée, il rétracta son principe, revint au système d'autorité et eut le courage d'écrire que « ne pas s'en tenir au principe d'autorité, c'était renier l'œuvre divine toute entière; » « Quiconque en doute, c'est comme s'il ne croyait plus à l'Église chrétienne et s'il condamnait, non seulement la sainte Église comme hérétique et réprouvée, mais le Christ lui-même, les Apôtres et les

---

peccatis secundum divinam justitiam debitam mediante ecclesiastica indulgentia, posse pro rationabilibus causis concedere eisdem Christi fidelibus — sive in hac vita sint, sive in purgatorio, indulgentias ex superabundantia meritorum Jesu Christi et Sanctorum, ac tam pro vivis quam pro defunctis — thesaurum meritorum Jesu Christi et Sanctorum dispensare, per modum absolutionis indulgentiam ipsam conferre, vel per modum suffragii illam transferre consuevisse. Ac propterea omnes tam vivos quam defunctos, qui veraciter omnes indulgentias hujusmodi consecuti fuerint, a tanta temporali pœna secundum divinam justitiam pro peccatis suis actualibus debita liberari, quanta concessæ et acquisitæ indulgentiæ æquivalet.

Prophètes qui l'ont établie quand ils ont dit : Voyez, je suis avec vous jusqu'à la consommation des siècles; l'*Église de Dieu est la colonne et la base de la vérité* (1). » Lui qui, répudiant l'enseignement de l'Église, la *Babylone* et la *prostituée*, avait tant exhorté les hommes à se faire eux-mêmes leur symbole dans la lecture de l'Écriture sainte, écrivait ces mots : « Quant à l'Écriture sainte, personne ne peut en avoir un goût suffisant s'il n'a gouverné l'Église pendant cent ans avec les prophètes Élie et Élisée, avec saint Jean-Baptiste, le Christ et les Apôtres. » D'après son principe fondamental, que l'homme justifié par la foi n'a besoin d'aucune autre grâce et par conséquent d'aucun intermédiaire qui nous la transmette, il avait nié et rejeté les Sacrements, et par une contradiction étrange il retenait le roi et le centre de tous les sacrements de la Loi nouvelle, l'Eucharistie. Mais ici encore quelles prodigieuses contradictions! Longtemps il enseigna la présence réelle et en même temps l'impanation. C'était de l'incohérence, un autre révolté Carlostad en profita pour nier tous les sacrements sans distinction. Luther dut se rendre, et dès l'année 1524 il écrivait à Bucer : « Si le docteur Carlostad ou quelque autre avait pu m'apprendre, il y a cinq ans, qu'un sacrement n'est autre chose que du pain et du vin, il m'aurait rendu un grand service et m'aurait singulièrement aidé à battre en brèche la Papauté; mais je suis pris, je n'en puis sortir, le texte est trop évident, tout artifice de langage est ici impuissant (2). » Chose curieuse, Luther, éclairé par Carlostad sur l'inanité du Sacrement de l'autel, n'enseigna pas moins la présence réelle : pourquoi? Pirkheimer nous apprend que ce fut par haine de Carlostad et désir de le contredire. Ainsi, en haine de l'Église Romaine,

---

(1) Lettre au Margrave de Brandebourg.
(2) *OEuvres de Luther*, t. XV, p. 2448.

Luther professait l'*impanation;* en haine de Carlostad, il conservait l'élévation de l'hostie, « afin, disait-il lui même, qu'on ne pût pas dire que le diable en personne lui eût appris quelque chose. » Carlostad était son ennemi abhorré. Dans leur entrevue à l'*Ours-Noir* d'Iéna, leur discussion dépassa tout ce qu'il est possible d'imaginer en grossièreté et en haine : ils se séparèrent en se criant, l'un : « Puissé-je te voir bientôt roué ! » l'autre : « Puisses-tu te casser le cou, avant de sortir de la ville ! »

Luther avait voulu renverser l'Église catholique sous prétexte qu'elle était déchue de sa sainteté primitive, qu'elle était devenue une « Babylone » maudite, une « prostituée : » Voici ce qu'il fut réduit à dire de cette *pure* doctrine du saint Évangile qu'il donnait au monde en la place de l'Église Romaine condamnée pour ses crimes et répudiée : « Depuis la prédication de notre doctrine, le monde devient de jour en jour plus mauvais, plus impie, plus éhonté. Les diables se précipitent en légions sur les hommes, qui, à la pure clarté de l'Évangile sont plus avides, plus impudiques, plus détestables qu'ils n'étaient jadis sous la Papauté. Paysans, bourgeois et nobles, gens de tous états, du plus grand au plus petit, ce n'est partout qu'avarice, intempérance, crapule, impudicité, désordres honteux, passions abominables (1). » Voici le comble : ces hommes qui ne peuvent s'entendre entre eux, ni avec eux-mêmes, en arrivent à ce degré effroyable de perversion intellectuelle et morale, digne châtiment de leur révolte, qu'il leur devient impossible de se croire eux-mêmes quand ils parlent, et, quand ils annoncent une religion au monde, de se prendre eux-mêmes au sérieux. « Ah ! s'écria un jour Luther, j'ai pu croire tout ce que me disaient le Pape et les moines, mais aujourd'hui ma raison se refuse à croire ce que me dit le

---

(1) Luther, *Serm.*

Christ. » Une autre fois, après le chant du *Benedicite* : « Tout aussi peu que vous croyez ce chant véritablement bon, tout aussi peu que je crois à la vérité de la théologie..... Ma foi devrait être plus vive..... O mon Dieu, n'entrez pas en jugement avec votre serviteur. » A Antoine Musa qui se plaignait à lui de ne pouvoir croire ce qu'il prêchait : « Quel bonheur, s'écria Luther, qu'il y en ait d'autres que moi dans cette position (1) ! » Voilà les apôtres de la vraie religion de Jésus-Christ.

Au début Luther déchaîna toutes les passions et appela tous ses disciples à la liberté. Plusieurs prenant ces appels au sérieux et se montrant logiciens impitoyables, Luther prit peur et les combattit. En 1520 il avait jeté dans la masse ses écrits tout révolutionnaires : *les vœux monastiques* et *l'abus des messes*. A cette voix, la partie déjà grangrénée du clergé se précipita dans la licence la plus effrénée, les curés prenaient femme, les moines rompaient leurs vœux, Carlostad à la tête d'une troupe fanatique se mit à renverser les autels, Nicolas Storch avec ses douze apôtres et ses soixante-douze disciples argumentait contre ce qu'il appelait les inconséquences de Luther et embarrassait jusqu'au subtil Mélanchthon, les Anabaptistes déclamaient contre le Baptême, Dydime tonnait contre les études et les connaissances profanes, un dévergondage inouï, une confusion indicible, gagnaient tout : Luther revenant sur ses pas s'efforça d'entraver cette révolution dont il avait été l'instigateur et le plus ardent panégyriste. « Il donna sur le museau des visionnaires, » selon son expression triviale, et prêcha sans relâche contre ces hommes dont le seul crime était d'être conséquents et logiques.

Ses appels à la modération furent vains et parurent méprisables. Que fit-il alors? par une nouvelle évolution il se mit à

---

(1) Cf. Menzel, t. II, p. 427.

la tête des fanatiques qu'il n'avait pu contenir, et devint plus violent qu'il ne l'avait jamais été. « Qu'on dise à Dieu, prêchait-il, je te promets de t'offenser toute ma vie; ou qu'on lui dise : je te promets de garder toute ma vie la pauvreté et la chasteté, afin de devenir juste et saint, c'est absolument pareil. Il faut donc, non seulement rompre les vœux mais punir sévèrement ceux qui les font; il faut détruire les couvents, pour empêcher tout vœu de se faire encore. » Pendant que ces paroles incendiaires mettaient le feu à l'Allemagne monastique, Luther lui-même était à la tête des fanatiques qui couraient sus au clergé, renversaient les autels et proscrivaient le Saint Sacrifice. « La prêtraille, les diseurs de messe méritent la mort tout autant qu'un blasphémateur et un profanateur public qui maudit Dieu et ses saints dans la rue. » Ces excitations meurtrières trouvaient un écho puissant dans les masses, le peuple se remuait et se révolutionnait partout. « Je vois ces hommes, écrivait Érasme, sortant de leurs prêches les yeux hagards, le regard menaçant comme des gens échauffés par des discours sanguinaires. Ce peuple évangélique est toujours prêt à en venir aux mains, il aime autant les batailles que les disputes. » Les batailles couvrirent bientôt le sol entier de la Suisse, des contrées du Rhin, de la Franconie, de la Thuringe et de la Saxe. Les gens du peuple et les paysans s'en allaient par bandes, courant les pays, pillant et brûlant les couvents, renversant les châteaux. Thomas Münzer déclarait l'égalité de tous les hommes, l'abolition des privilèges, la destruction de toute autorité quelle qu'elle fût. Luther ne trouva rien de plus habile que de rejeter sur les évêques et les seigneurs ces insurrections, dont sa première révolte était la seule cause, puis, ces mêmes seigneurs il les appela bientôt aux armes et les poussa contre ces masses populaires, que naguère lui-même fanatisait et précipitait à la rébellion. Il suppliait les princes de ne pas pratiquer la patience ni la miséricorde, mais « d'assommer comme des chiens enragés ces paysans damnés qui appartenaient corps et âme au diable. » Il étouffait dans le sang les révoltes dont il était le seul fauteur. Mais personne ne s'y trompait et on lui jetait à la face le sang que sa lâcheté perverse faisait verser à flots. Érasme son contemporain exprimait en ces termes les terribles reproches qu'il avait encourus et qu'on ne lui ménageait pas : « Voilà les fruits de votre esprit : on en est venu jusqu'à des luttes sanglantes, et si Dieu ne vient à notre aide, nous redoutons des excès plus épouvantables encore. C'est là, dites-vous, le caractère de l'Évangile. Vous dites encore : je ne reconnais pas pour miens ces hommes. Mais eux vous reconnaissent, et chacun sait que plusieurs de ceux qui se targuent de l'Évangile sont les instigateurs de ces terribles soulèvements. Il est vrai que dans un écrit fougueux contre les paysans, vous avez protesté de votre innocence, mais qui empêcherez-vous de croire que vos écrits, principalement vos diatribes en allemand contre le Pape et les moines, pour la liberté et contre la tyrannie sont la cause de tous ces malheurs. » Tel fut le malheureux hérésiarque étudié sous son premier aspect : c'est toujours l'homme indécis, l'homme *entraîné*, l'homme à la merci d'événements qu'il soulève et n'arrive jamais plus ensuite à dominer.

Il ne saurait être inutile, puisque nous sommes en face d'un prétendu *réformateur*, de montrer dans Luther le contrepied même de la doctrine et de la morale de Jésus-Christ (1), l'audacieux contradicteur de cet Evangile qu'il

---

(1) Le langage seul de Luther suffit à prouver sa révolte. Luther vomit sans cesse la haine, l'injure, le blasphême. « Il faut, dit Bossuet, malgré l'horreur qu'on éprouve, transcrire quelques-unes de ses expressions, afin qu'on connaisse une fois quelles furies possédaient le chef de la nouvelle Réforme. » — « Le Pape est un âne, un ânon, un mulet, une taupe, une truie, l'antechrist, etc. » — « Il est si plein de diables, qu'il en crache, qu'il en mouche..... » « N'achevons pas, ajoute Bossuet, ce que Luther n'a pas eu honte de répéter trente fois. » Impossible de traduire ce qu'il écrit.

prétend rendre à sa pureté primitive. — Luther est manifestement *impie*, il outrage Dieu dans l'effroyable idée qu'il en a. Si l'Evangile fait de nous des enfants de Dieu, Luther fait de nous mille fois pire que des esclaves menés au fouet; le même Dieu qui sauve les uns, *damne positivement* les autres; Dieu est auteur du mal. Proudhon lâchera de nos jours cet épouvantable blasphème : « Dieu, c'est le mal! » Ce blasphème a ses racines dans la doctrine impie du moine Saxon.

Luther est avant tout, toujours, partout, *orgueilleux*. L'orgueil est la cause première de sa révolte, c'est l'orgueil qui décide de son symbole et lui dicte presque toutes ses erreurs. Luther est orgueilleux envers tous. Il l'est en face des seigneurs et des princes, il l'est plus encore en face de ses supérieurs ecclésiastiques, il l'est à un degré et avec des excès inouïs en face du Pape et de l'Eglise, il l'est d'une façon absurde en face de nos docteurs et de nos génies chrétiens (1) ; il l'est avec une impiété sacrilège devant cette Ecriture sainte (2) qu'il donne au monde comme la seule règle de la foi. Toute autorité l'irrite, toute supériorité provoque sa colère jalouse et ses persécutions impitoyables.

---

(1) « Tous les Docteurs ont erré dans la foi, et s'ils sont morts sans repentir, ils sont tous damnés. — Saint Grégoire est le premier auteur de toutes les fables sur le purgatoire. Il a fort mal connu le Christ... Le diable le dupait. — Augustin s'est fort souvent trompé. Impossible de se fier à lui... La vraie foi lui manquait ainsi qu'aux autres Pères. — Jérôme est un hérétique qui a écrit beaucoup de choses impies. Il n'y a pas de Père que je déteste à l'égal de celui-ci ; il a toujours à la bouche les mots de jeûne et de virginité. — Je ne fais non plus aucun cas de Chrysostome, c'est un bavard, un vrai sac à paroles au fond duquel il y a très peu de laine. — Basile n'est bon à rien, c'est un moine tout pur, je n'en donnerai pas un cheveu. — Thomas d'Aquin n'est qu'un avorton théologique, comme bien d'autres. C'est un puits d'erreurs, un pot pourri de mensonges et d'hérésies qui anéantissent l'Evangile. »

(2) Voici comment Luther traitait l'Ecriture sainte. — « Nous ne voulons ni voir ni entendre Moïse. » — Sur l'Ecclésiaste : « Ce livre aurait

Que d'efforts ne fit-il pas pour chasser Carlostadt, quand il le vit devenir influent? Il ne trouvait aucune rigueur trop excessive contre Zwingle, « ce serviteur de Satan, ce misérable contre lequel aucune mesure n'aurait été trop rigoureuse. » Sa vanité se repaissait des plus grossiers mensonges, il mentait quand il affirmait qu'il avait le premier fait connaître par sa traduction la Bible en Allemagne. Zwingle lui ripostait sans pitié : « Tu es injuste en te vantant ainsi, tu oublies ceux qui avant toi nous ont fait par leurs traductions connaître les Saintes Ecritures : Erasme, Walla et le pieux Reuchlin. Je t'épargne, cher Luther, et beaucoup! car tu mériterais de bien rudes leçons pour toutes tes vanteries dont regorgent tes livres, tes lettres et tes discours. » La plus légère contradiction le mettait en fureur et faisait jaillir de ses lèvres des torrents d'injures. Aux réfutations qu'Henri VIII fit de ses erreurs, il répondit : « On ne sait si un fou peut être aussi fou; » puis il lui lance les épithètes d'« âne, » d' « idiot, » de « rebut de pourceaux : » « tu n'es pas un roi, tu es un blasphémateur, une vraie mâchoire de roi..., etc. » On le lui rendait bien! Minzer attaqué furieusement par ses grossières diatribes lui jetait celles-ci à la tête : « Am-

---

besoin d'être plus complet, il est tronqué, il n'a ni bottes ni éperons, il chevauche en chaussons, tout comme moi quand j'étais encore moine. — Sur Judith et Tobie : « Judith, ce me semble, n'est qu'une tragédie qui nous apprend quelle est la fin des tyrans. Quant à Tobie, c'est une comédie, où l'on parle beaucoup des femmes. » — Sur l'Ecclésiastique : « L'auteur est un bon prédicateur, mais ce n'est pas un prophète, il ne sait absolument rien du Christ. » Sur le IIe livre des Machabées : « Je suis l'ennemi de ce livre ainsi que du livre d'Esther, je voudrais qu'ils n'existassent pas, parce qu'on y trouve une foule de juiveries. » — Sur les quatre Evangiles : « L'Evangile de saint Jean est le seul vraiment tendre. » — Sur l'Epître de saint Jacques : l'Epître de saint Jacques est une véritable épître de paille en comparaison des Epitres de saint Paul. » — Sur l'Apocalyse : « Je ne trouve absolument rien d'apostolique, ni de prophétique dans ce livre. *Que chacun en pense ce que lui dicte son esprit, pour moi mon esprit y répugne et cela me suffit pour le repousser.* »

bitieux et rusé écrivassier, fou orgueilleux, moine éhonté, docteur de mensonge, docteur Ludibrius, pape de Wittemberg, impie, homme de luxure. » Erasme, grossièrement apostrophé lui aussi par Luther (1), lui répondait par une flagellation plus calme mais non moins sanglante : « Le monde connaît votre caractère, vous avez conduit votre plume de telle façon que vous n'avez jamais écrit contre personne avec plus de fureur, et, ce qui est plus odieux encore avec plus de méchanceté..... C'est une douleur pour moi et pour tout homme de bien, qu'avec votre caractère orgueilleux, insolent, révolutionnaire, vous ébranliez le monde entier par les plus funestes discordes, et que vous l'armiez pour la révolte d'une manière impie et tumultueuse. »

Nous voilà loin de l' « Auteur et du Consommateur de notre foi, » du Dieu fait Homme qui disait de lui et voulait que son disciple pût dire avec lui : « *Apprenez de moi que je suis doux et humble de cœur!* » — Étrange *réforme* que celle qui commençait dans la cruauté et le sang. Dans la guerre des Paysans Luther fut atroce : « Assommez-les, écrivait-il à la noblesse, comme des chiens enragés! » Trois ans auparavant, voyant ce malheureux peuple courir aux armes, Luther ne se possédait pas de joie, et écrivait triomphalement à Linck : « Partout le peuple se soulève, il a enfin ouvert les yeux : » — Le même Jésus-Christ qui disait : « Heureux ceux qui sont doux! » disait encore : « Heureux ceux dont le cœur est pur! »

Luther ne fut pas plus chaste qu'il n'était doux. Jeune étudiant nous le voyons emporté déjà aux plus impérieuses passions; la chaste solitude du cloître n'est pour lui qu'une fournaise impure où sa chair brûlée de convoitises ne connaît rien des divins apaisements de la vertu. Moine en

---

(1) « A de tels ânes ne répondez rien, Luther le veut, Luther l'ordonne. Il est un docteur au-dessus de tous les docteurs du papisme. »

révolte, sa bouche profère des propos que leur débauche rend intraduisibles. Et si l'on croit que cette luxure du moine impudique déborde seulement de ses *propos de tables*, de ses lazzis éhontés, de ses facéties conjugales, on se trompe : l'étrange *réformateur* Saxon est descendu plus bas, il sanctionna la bigamie du landgrave de Hesse, et ne recula pas devant les plus honteuses excitations au vice (1). Quant à lui il trouva moyen de scandaliser par l'opprobre de son mariage avec une religieuse arrachée à son cloître, Catherine de Bora, même les plus avancés de ses disciples et les plus fidèles de ses partisans. — Enfin signalons comme trait final de cette universelle et flagrante contradiction entre Luther et l'Évangile, la plus écœurante grossièreté de paroles et de procédés. Dans la haine, toutes les expressions jusqu'aux plus ignobles lui étaient familières. « Le pape est si plein de diables qu'il en crache, qu'il en mouche... » Les saints ne sont plus « qu'une race de pourceaux d'Épicure, » « des libertins ivres, » « des chiens qui noient leurs pieds dans le sang. » Les écrivains, les docteurs, les prédicateurs catholiques « une race d'insectes dégoûtants; » quant aux Dominicains ce sont des « *porcs* ; » les docteurs de Leipsig, « des ânes coiffés du bonnet doctoral. » Les Saints Pères sont « des imbéciles qui, sur le célibat, n'ont écrit que des sottises. » Tout le reste est de cette force, et combien de ces débauches de la pensée et de l'expression que leur lubricité dégoûtante protège contre toute indiscrétion! La parole ne lui suffisant pas pour propager ses turpitudes, il y ajouta la caricature, dans laquelle Cranach déshonora son pinceau.

En vérité, que reste-t-il de Luther? Incontestablement

---

(1) « Si la femme légitime refuse, vienne la servante..... Si celle-ci ne veut pas, procure-toi une Esther et envoie promener la Vasthi, comme fit le roi Assuérus. » (*De la vie conjugale*, édit. d'Iéna, II, fol. 168.)

une riche et vive nature, une vérve incomparable, de la puissance de conception, par-dessus tout un feu, un entrainement, un pittoresque, qu'aucun autre hérésiarque n'a possédé. Mais tout cela accordé, rien de bon, de grand, de pur, même de sérieux ne peut former son patrimoine moral et dogmatique (1). Comme science, Luther s'affuble des erreurs qui l'ont précédé, et l'absurde coule à plein bord de ses théories sur Dieu, l'homme, le salut, le bien et le mal, etc. Rien d'extravagant comme ce passage d'une lettre écrite de la Wartbourg à Mélanchthon : « *Esto peccator, et pecca fortiter; sed fortius fide et gaude in Christo, qui victor est peccati mortis et mundi. Peccandum est quamdiu hic sumus.* » La folie des premiers hérétiques a rarement égalé celle-ci et ne l'a certainement jamais surpassée.

2. Un nom fuyant et équivoque se retrouve constamment auprès de celui de Luther, c'est celui de *Mélanchthon*. Mélanchthon, délicat et timide, autant que Luther était grossier et violent, se laissa moins encore fasciner qu'écraser par le moine de Wittemberg. Il se fit son séide, et, toujours gémissant, toujours honteux, toujours bourrelé de remords, n'en fut pas moins l'un des plus tenaces propagateurs de la nouvelle hérésie. Mélanchthon prêta au Luthéranisme son talent délicat et sa plume élégante, sans lui accorder jamais sa confiance et ses convictions; aussi les autres hérétiques se défièrent-ils presque constamment de lui, et lui reprochèrent-ils amèrement ses incertitudes et ses fluctuations. Littérateur distingué et disciple de Reuchlin, il fut, en 1518, nommé professeur de langue grecque à l'université de Wittemberg, c'est là qu'il subit l'ascendant de Luther et s'attacha à sa fortune et à ses excès. Ce fut là

---

(1) Voy. Audin, *Vie de Luther.* — Bossuet, *Hist. des variat.*, liv. I. *Disc. amic.*, t. I.

une faute dont sa vie demeura empoisonnée. « L'Elbe, disait-il, n'aurait pas assez d'eau pour pleurer les malheurs de la Réforme. » Les grossièretés, les faiblesses, les errements et les impuretés de Luther lui étaient insupportables, les folies doctrinales des sectaires le mettaient à la torture, il changea quatorze fois de sentiment sur le seul dogme de la justification ! Mélanchthon mourut à Wittemberg en 1560, à l'âge de soixante-quatre ans (1).

3. Autour de Luther se meuvent d'autres sectaires qui ne tardent pas à lui devenir des adversaires et des ennemis acharnés. Comme nous avons eu l'occasion de le remarquer déjà, le principe luthérien de l'affranchissement de toute autorité, de l'impeccabilité par la foi (2), de l'inutilité des moyens de salut, etc., brisait toute barrière et emportait les intelligences vers toutes les négations et tous les renversements. Luther préférait être illogique et inconséquent, mais d'autres ne le lui permirent pas. *Zwingle* fut un des plus terribles de ces logiciens. Né en 1487 à Weldehausen en Suisse, Zwingle, après ses études faites à Berne, fut reçu docteur en théologie à l'université de Bâle, élevé en 1506 à la cure de Glaris, puis à celle de Notre-Dame-des-Ermites et de Zurich. C'est dans cette dernière cure que l'orgueil le mordit au cœur comme Luther, quand pour la prédication de l'indulgence il se vit préférer un religieux Cordelier. Comme Luther il se rua furieux sur les dogmes catholiques, et plus hardi que Luther il alla jusqu'au bout dans ses négations et ses impiétés. De concert avec *Carlostadt* et un religieux de l'ordre de Sainte-Brigitte, *Œcolam-*

---

(1) A sa mère catholique il recommanda de rester catholique ! Voy. Bossuet, *Hist. des variat.*, liv. III, c. 2 ; — liv. V, c. 1, 3, 4.
Sur Mélanchthon voyez encore Doëllinger, *La Réforme*, t. I, p. 340 et suiv.

(2) Le fameux principe de Luther : *esto peccator et pecca fortiter*, se trouve dans une lettre à Mélanchthon. Voy. Mœlher, *Symbolique*, t. I, p. 195.

pade, il jeta les fondements de la secte des *Sacramentaires* qui nièrent la présence réelle. — Zwingle par l'impiété de ses doctrines était odieux même aux autres protestants. « Les dogmes des Zwingliens, a dit Brentius, sont des dogmes diaboliques remplis d'impiétés et de dépravations. » « Zwingle, dit Mélanchthon, était un homme brutal, sans esprit, sans science, sans aucune lumière du sens commun, qui, bien loin d'avoir quelque marque de l'Esprit de Dieu, n'a jamais su ni pratiqué aucun des devoirs de la civilité humaine. L'impiété était évidente en lui. » La plus révoltante luxure ne l'était pas moins. Dès longtemps brûlé du feu impur de ses passions, irrité du célibat sacerdotal dont il se déclarait impudemment incapable de porter le fardeau, il ne recula pas devant les plus honteuses démarches. Chassé d'une première cure pour ses désordres publics avec une femme de mauvaise vie, quand il fut nommé à celle de Zurich, il réclama avec instance le mariage des prêtres : « Votre Grandeur, écrivait-il en 1522 à l'évêque de Constance, connaît la vie honteuse que nous avons menée, hélas! jusqu'à présent avec des femmes (nous ne voulons parler que de nous-mêmes) et qui en a scandalisé plus d'un. Nous demandons par conséquent (puisque nous savons par expérience que nous ne pouvons mener une vie chaste et pure, Dieu ne nous l'ayant point accordé), qu'on ne nous refuse pas le mariage. Nous sentons avec saint Paul l'aiguillon de la chair en nous, cela nous met en danger. » Zwingle, quand il présentait cette sacrilège et honteuse requête, vivait avec une veuve, Anna Reinhard, qu'il épousa bientôt. L'un de ses acolytes, Hetzer finit par être décapité à Constance pour ses crimes et ses adultères. Les Zwingliens cependant se jetèrent sur les églises, brisèrent les autels qu'ils remplaçaient par des tables de festins ou plutôt d'orgies et de débauches. Le récit historique nous amènera tout à l'heure à décrire ces honteuses scènes comme celles que la révolte multiplia dans presque toute l'Europe sous des aspects divers. — *Carlostadt* l'un des plus puissants adversaires de Luther fut surtout remarquable par sa grossièreté inouïe. Un protestant contemporain l'appelle « un homme brutal, sans esprit comme sans savoir, plutôt juif que chrétien. »

4. A côté de ces malheureux, tous honorés du sacerdoce catholique, l'histoire nous montre en Allemagne, autour de Luther, défendant ses excès, protégeant sa révolte, propageant ses erreurs, des membres tarés et ignobles de la noblesse et de la chevalerie. Ces hommes, perdus de vices, ivres de débauches, en rupture depuis longtemps avec l'honnêteté publique et l'ordre religieux et social, saisirent avidement dans la révolte de Luther l'occasion de mettre à l'aise leurs propres crimes en détruisant l'autorité du sacerdoce et de l'empire, qui les eussent infailliblement frappés de censures et de châtiments (1). Le plus décrié et le plus infâme de ces seigneurs allemands est *Hutten*, auquel son libertinage avait attiré le mépris et la haine de sa propre famille, et qui ne se servit de sa verve oratoire et de ses talents d'écrivain que pour attaquer avec acharnement le clergé et les moines; c'est lui qui fit circuler avec la plus meurtrière activité les bouffonneries obscènes, les caricatures diffamatoires et ordurières, et prépara au Pro-

---

(1) Il faut lire dans la belle histoire d'Allemagne de Mgr Jenssen le portrait de ces misérables.

Il s'était formé dès avant la révolte de Luther et en dehors de ses tendances pseudo-mystiques, une conjuration toute païenne contre l'Église, et une véritable réaction matérialiste contre les idées religieuses et révélées.

Hutten, appartenant par sa naissance à la chevalerie, sut faire partager la haine originelle des humanistes et des philologues contre le clergé et la noblesse, qui, tout en pillant souvent les trésors de l'Église, n'avait jusqu'alors jamais songé à s'insurger contre son autorité. (Alzog, *Hist.*, III.)

testantisme les plus honteux chemins dans le bas peuple, dans la bourgeoisie et même chez les princes (1). Il voulait à tout prix gagner la complicité et le concours, du moins la tolérance de ces derniers. « Il les faut, écrivait-il à son ami Pirkheimer, gagner de toutes façons et s'attacher à eux sans relâche. » Un autre type aussi méprisable de cette chevalerie en décadence, c'est *Sickengen*. Pas plus que Hutten, il n'a à cœur la doctrine, ni ne se soucie des querelles dogmatiques de Luther et de ses contradicteurs; dans la prédication nouvelle il trouve une occasion de rompre avec toute autorité légitime et d'ouvrir à ses crimes une large voie d'impunité.

II. Calvin. Cet hérésiarque et ce révolté s'offre à nous sous une nouvelle physionomie. Ce n'est plus le brillant et fougueux moine de Wittemberg, joyeux buveur des tavernes, jamais plus puissant dogmatiseur que le verre à la main, au milieu d'un auditoire aviné : c'est le sectaire froid et rigide, le moins éloquent de tous, mais le plus méthodique. Un seul trait le confond avec tous les autres, le vice et la cruauté. « C'est la figure la plus sinistre que nous offre en se déroulant le tableau de la prétendue Réforme. Monstre de corruption et d'hypocrisie, il marche dans l'ombre, tous ses pas sont calculés, et l'on dirait que ses yeux brillant d'un feu impur, lancent des regards mortels comme ceux du basilic. Il moissonne où d'autres ont semé, et surpasse en habileté et en ruse, mais aussi en corruption et en orgueil ceux qui l'ont précédé (2). » Jeune homme il doit fuir sa patrie marqué d'un fer rouge pour un crime infamant; le reste

---

(1) Voyez Järke, *Esquisse et étude historique sur la Réforme*. — Audin, *Histoire de Luther*, ch. VI.
(2) Freudenfeld.

de sa vie se passe dans le libertinage le plus avéré, et la plus abominable débauche. Et plus que tous les autres, à la débauche il joint la férocité. Au moment où il faisait périr dans le feu (1) le malheureux Michel *Servet*, coupable de l'avoir contredit, il accueillait avec un rire et des plaisanteries atroces les cris de douleur de la victime, et trouvait que le patient « beuglait à la manière des taureaux espagnols. » La froideur venimeuse de ses paroles et de ses écrits ne comprimait pas toujours les grossières injures que Luther et les Allemands s'étaient rendues familières. Pour Calvin aussi, ses ennemis étaient « des bêtes, » « des enragés, » « des pourceaux. » La tyrannie qu'il fit peser sur Genève tient du prodige, et l'esprit qu'il souffla sur le Calvinisme fut avant tout un esprit de haine sauvage et de destruction. Si une plume catholique le flétrissait comme il ne le mérite que trop bien, l'on crierait peut-être à la partialité et à la haine : laissons parler des sectaires et sachons ce qu'ils pensaient de cet étrange fondateur de religion. « Calvin, disait Wolmar, est violent et pervers, je le sais; mais tant mieux! car c'est l'homme qui avancera nos affaires. » Bucer ajoutait : « Calvin est un vrai chien enragé, c'est un mauvais homme dont les jugements n'ont pour fondement que la faveur ou la haine. » « Qui fut jamais plus tranchant, plus impérieux, plus décisif plus divinement infaillible à son gré que Calvin? La moindre opposition qu'on osait lui faire était toujours une œuvre de Satan, un crime digne du feu (2). » Un de ses amis, le jurisconsulte Baudouin, n'a pu s'empêcher de dire de lui : « qu'il ne l'avait pu souffrir, trouvant continuellement en lui une soif de vengeance et de sang (3). »

---

(1) Voy. dans Audin les pièces authentiques de cet atroce procès de Michel Servet.
(2) J.-J. Rousseau.
(3) Calvin naquit à Noyon en 1509 d'un père ouvrier tonnelier. Il fut élevé et instruit, grâce aux charités d'une famille catholique, celle des Memmor.

Autour de Calvin nous trouvons les noms suivants, tous flétris pour leurs vices autant que pour leurs erreurs. C'est *Viret*, c'est *Farel*, dont Érasme disait qu'il ne vit jamais rien d'aussi menteur, d'aussi âpre, d'aussi séditieux ; c'est *Théodore de Bèze* dont la vie ne fut qu'une longue et immonde orgie, qui montrant une prostituée, avait l'effronterie de dire : « pour moi c'est là l'Évangile. »

Tels sont les deux pères de la Réforme en Allemagne et en France. Passons en Angleterre : un digne pendant nous y sera montré.

III. Henri VIII d'Angleterre(1). Le vice tout seul fit de ce triste roi un promoteur de l'hérésie protestante. Au moment où la révolte religieuse éclate en Allemagne, et où Luther en jette partout les germes destructeurs, Henri VIII est non seulement orthodoxe mais encore il s'arme pour la défense de la vérité catholique. Ses mordantes, parfois triviales, souvent justes et habiles réfutations firent pleuvoir sur lui le torrent fangeux des colères luthériennes. Mais Luther s'aperçut bientôt qu'il n'avait pas à faire à un contradicteur sérieux, et qu'au contraire le royal théologien, déjà entraîné par ses passions à se révolter contre Rome, pourrait être un précieux auxiliaire. Il le fut bien vite en effet. Henri VIII par la série de ses crimes s'est justement attiré le mépris et le dégoût de l'histoire. Peu de princes s'offrent à nous avec une pareille ressemblance des Tibère et des Néron. On trouve-

---

A Bourges il eut pour professeur le luthérien Wolmar qui lui insinua le venin de la nouvelle erreur. Après une vie assez errante en France, en Suisse et en Italie, il se fixa à Genève dont il fit bientôt un centre puissant et actif de l'hérésie. — Ouvrages à consulter : Audin, *Vie de Calvin*. — Bolsec, *Hist. de Calvin*. Genève, 1835. — Stæhelin, *Joh. Calvin*, Genève, 1864. — Herminjard, *Correspond. des réformat.*, Genève, 1866.

(1) William Cobbett, *Lettres sur la Réforme*.

rait difficilement un vice que n'ait pas eu ce fondateur de la religion protestante : luxure, tyrannie, cruauté, rapacité basse et effrénée : tels sont les traits principaux de cette repoussante figure. Impatient de répudier Catherine d'Aragon, sa femme légitime depuis 24 ans, irrité des sages lenteurs de Clément VII, Henri VIII se fit proclamer par son parlement chef suprême de l'Église d'Angleterre. Cette usurpation sacrilège ouvrit la plus intolérable tyrannie et la plus épouvantable persécution. Malheur à qui niait la suprématie de ce nouveau pape, il était décapité sur-le-champ. Il devint, dit William Cobbett, le plus vil et le plus sanguinaire des tyrans. En 14 ans il fit pendre SOIXANTE-DOUZE MILLE de ses sujets, et parmi ces victimes 2 reines, 2 cardinaux, 3 archevêques, 18 évêques, 13 abbés, 500 prieurs, 38 docteurs, 14 archidiacres, 60 chanoines, 12 ducs, marquis ou comtes, 29 barons, 335 nobles, 110 femmes de distinction. Les caprices de sa luxure étaient épouvantables et rappelaient les plus affreux tyrans de Rome païenne. Il épousa six femmes, en répudia deux, Catherine d'Aragon et Anne de Clèves (1540), il en envoya deux à l'échafaud, Anne Bouleyn, première cause du schisme (1536), et Catherine Howard. Catherine Paas faillit y monter pour ses opinions religieuses ; Jeanne Seymour mourut en donnant le jour à Édouard VI (1537) après avoir été accablée de mauvais traitements. Impossible de retracer, ni même de faire pressentir les débauches de ce nouveau réformateur, que des plumes protestantes n'ont pu elles-mêmes s'empêcher de dénoncer et de flétrir (1). Son avarice bénéficiait toujours de sa cruauté, et la spoliation se joignait au meurtre. Tous les biens meubles et immeubles avaient été saisis ; le roi multiplia dans une mesure effrayante les amendes, les confiscations, les impôts, il altéra les monnaies, et finit, après des extorsions

---

(1) Voyez William Cobbett, Burnet, etc.

de tous genres, par faire peser sur le royaume le lourd fardeau d'une banqueroute. Ainsi la malheureuse Angleterre, après avoir avec une docilité déplorable livré au tyran sa conscience et sa foi, se vit ravir encore ses biens temporels, et dut renoncer pour de longs jours à son antique prospérité (1).

Que voulait Henri VIII en religion? Ni l'erreur luthérienne, ni l'erreur de Zwingle; il voulait se débarrasser de Rome et devenir lui-même et lui seul le chef de la religion et le dominateur absolu des consciences. Il retint les dogmes de la présence réelle et de la transsubstantiation, il conserva la messe, la confession auriculaire, la communion sous une seule espèce, le célibat ecclésiastique et le vœu de chasteté. L'ignoble Cranmer disait la messe. Le vrai protestantisme est postérieur à Henri VIII.

II.

Les erreurs protestantes.

La *Réforme* est jugée, née de pareilles sources et se servant de pareils organes. Toutefois le rôle de l'histoire ne saurait se borner à cette esquisse des premiers *hérésiarques*: un exposé plus complet de leurs *doctrines* est nécessaire, et il nous reste à le tracer. — Quatre traits distincts, ou plutôt quatre flétrissures signalent ces doctrines au mépris de toute intelligence droite et de tout cœur loyal: elles sont des redites d'*anciennes erreurs*; elles sont en flagrante *contradiction* avec l'enseignement de Jésus-Christ et des Apôtres

---

(1) William Cobbett montre d'une façon victorieuse tout ce que, sous le rapport matériel, le Protestantisme fit perdre à l'Angleterre.

fondateurs de la vraie Eglise; elles n'offrent qu'un *chaos* et une *perpétuelle contradiction*; enfin elles aboutissent de toutes parts à l'*extravagant* et à l'absurde.

1. Donner la révolte religieuse du xvi° siècle pour l'explosion de la pensée moderne, pour la victoire d'un âge nouveau sur la vieille science théologique des siècles passés, est une de ces fantaisies historiques dont on a étrangement abusé. Le vrai c'est que les doctrines des sectaires du xvi° siècle sont identiques aux doctrines des hérésiarques des premiers siècles et empruntent aux erreurs du milieu et de la fin du Moyen-âge leurs éléments principaux. Rien d'original en Luther que l'audace de son cynisme, rien de nouveau dans les fureurs des Sacramentaires, des Anabaptistes, des mille autres sectes nées de la confusion protestante. — Parcourons les erreurs, nous nous en convaincrons aisément (1).

Luther et les autres révoltés du xvi° siècle attaquent l'*Eglise* sans cesse et avec fureur. Elle est à la fois vérité et autorité : à ce double titre elle devait disparaître. Luther brûla la bulle du Pape, appela l'Eglise la *grande prostituée*. Telle avait été la précaution préliminaire des premiers hérétiques : les Gnostiques, après eux Marcion et toutes les sectes nées de son erreur, nièrent de concert l'autorité de l'Eglise.

---

(1) Mœlher caractérise ainsi les écrits de Luther : « En tous on retrouve un mélange étonnant de la vérité et de l'erreur, une hardiesse imperturbable à confondre l'abus avec l'usage légitime, les vices ou les imperfections des personnes avec la hiérarchie même : nulle mention des travaux estimables et glorieux d'un évêque ou d'un pape quelconque; la longue période de l'histoire de l'Eglise est considérée et flétrie comme une ère de ténèbres, de barbarie, d'impiété et d'idolâtrie. D'autre part, Luther ne néglige rien pour soulever les passions du peuple, flatter sa vanité et lui faire admirer sa grandeur idéale, tout en lui dissimulant les misères de l'homme et ses plus pressants besoins. Les biens d'églises, ceux du pape principalement, nés du pillage, ne sont bons qu'à être pillés : tous les droits, toutes les relations historiques sont foulés aux pieds. »

Toujours le condamné maudira le tribunal qui le juge. Chaque fois qu'une erreur ou une révolte éclate au Moyen-âge, la puissance de l'Eglise est repoussée. Combien ne déclamèrent pas contre elle Jean Huss, Wiclef et Jérôme de Prague ? Le procédé même d'après lequel le Protestantisme prétendit se passer de l'Eglise, était vieux comme les siècles. Depuis douze cents ans l'erreur avait fait la commode trouvaille d'une *Eglise invisible,* qui se compose d'une foule d'élus qu'aucun signe extérieur ne peut faire reconnaître, qu'aucun lien visible ne retient entre eux et ne forme en société. Les Gnostiques se prétendaient les seuls *spirituels*, les seuls vrais enfants de Dieu ; les autres, le reste, toute l'Eglise catholique, n'étaient que la grossière troupe des hommes matériels et voués au mal. Bien avant Luther, les Vaudois, les Albigeois, après eux Wiclef et Jean Huss avaient déclamé contre toute hiérarchie ecclésiastique, toute succession régulière des pasteurs, toute l'Eglise enseignante, et avaient prêché le sacerdoce laïc et l'égalité de tous dans la négation absolue du principat sacré.

Mais l'Eglise niée qu'arrivait-il ? La révolte du xvie siècle s'appuyait sur l'Ecriture, « la Bible et la Bible seule, » sans s'apercevoir qu'elle s'appuyait sur un terrain mouvant et un fondement ruineux. Tous pouvaient-ils comprendre la Bible ? qui l'oserait prétendre ? Dans la confusion des sens et des interprétations diverses, à qui recourir pour fixer la croyance ? Si la religion véritable se trouve dans cette confusion même et cette contradiction éternelle des interprètes, quelle monstruosité ! Si enfin il est permis à chacun de la comprendre à sa guise, de lui faire dire toutes les extravagances, d'y trouver la confirmation de tous les vices, et, comme un grand nombre l'ont fait, l'amnistie de tous leurs crimes, quelle infamie et quel sacrilège ! Où aboutira infailliblement la raison humaine dans cette voie du *libre examen ?* — à la fatigue, au doute, au scepticisme, à la plus effrayante incrédulité; en attendant, à la confusion, au morcellement funeste des sectes dissidentes, à une confusion indicible des intelligences, et souvent aux sanglantes fureurs des guerres de religion (1).

En renversant l'Eglise, les sectaires du xviᵉ siècle croyaient trouver l'affranchissement complet de la raison et du cœur, de la croyance et de la morale : ils ne virent pas qu'ils allaient droit à la tyrannie, et la tyrannie la plus honteuse, comme la plus insupportable. Il fallut entendre un Luther, un moine en rupture de vœu, dire ces paroles aussi insensées qu'oppressives : « Vous croirez ainsi, parce que moi, Martin Luther, je le veux et l'ordonne. » Il fallut s'attacher aux rêveries des illuminés, se laisser écraser par l'impiété des philosophes, et, pour n'obéir pas à une autorité divine, subir toutes les tyrannies humaines. C'est ainsi que le double principe proclamé par la Réforme : la Bible fondement unique de la foi, la raison individuelle seule interprète de la Bible, amena les intelligences à la confusion des croyances et à des servitudes aussi honteuses qu'insensées.

Si Luther dans sa révolte contre l'autorité et l'enseignement de l'Eglise imita les hérétiques de tous les temps, ses erreurs sur Dieu et sur l'homme ne furent ni plus nouvelles ni plus originales. La *fatalité* est vieille comme l'histoire des aberrations de l'esprit humain. Toujours l'homme, quand il a abandonné la révélation et sa lumière, a heurté contre cet écueil terrible, a fait Dieu l'auteur du mal, a expliqué par un blasphème la persistance du mal dans l'humanité. Luther ne s'éleva pas au-dessus des extravagances sombres et désespérées qui avaient dans tous les siècles nié le Dieu véritable souverainement et substantiellement bon, pour façonner un Dieu mauvais, inique, vengeur du mal dont il est la

---

(1) Voy. Bossuet, *Or. fun. d'Henriette d'Angleterre*. — Id., *Hist. des variations*.

première cause, et torturant à plaisir des êtres innocents qu'il refuse de sauver. — Quant à l'homme, Luther le dégrade et le découronne de ce qui fait sa gloire et son prix : *le libre arbitre*. Remarquons que cette mutilation fut le rêve de presque tous les hérétiques. Tous voulurent aboutir au fameux mot de Luther : *pecca fortiter*. Repassez, depuis celle des Gnostiques, les erreurs qui ont combattu la vérité catholique : toutes organisèrent leur symbole en vue de la licence et de l'impunité des vices. Les chemins ont pu être différents, le but fut le même toujours. Généralement l'hérésie a trouvé plus commode et plus court de nier le *libre arbitre*. L'homme, sans la puissance du choix, sans la force de la résistance, appartient tout entier à qui le sauve ou à qui le perd. Si dans ces conditions de sa nature il pèche, il n'est pas coupable; s'il se condamne aux crucifiants labeurs de la vertu il n'en est pas plus innocent (1).

Les erreurs luthériennes sur la *Justification* visent le même but et tendent à la même amnistie de tous les vices et de tous les excès. « La foi seule justifie. » Et encore quelle foi? Cette foi noble, généreuse, désintéressée, qui pour glorifier Dieu adhère aux vérités insondables qu'il plaît à sa souveraine sagesse d'imposer à notre raison? Nullement : l'homme doit croire qu'il est sauvé, voilà tout; cette foi aussi intéressée qu'elle est folle et injurieuse à la

---

(1) Voici dans son texte et son cynisme l'abominable doctrine de Luther : « Dieu fait en nous le mal comme le bien. La grande perfection de la foi, c'est de croire qu'il est juste quoiqu'il nous rende nécessairement damnables par sa volonté, en sorte qu'il semble se plaire aux supplices des malheureux. Dieu vous plaît quand il couronne les indignes; il faut qu'il vous plaise quand il condamne les innocents. C'est là le véritable évangile et une inspiration que m'a donnée le Saint-Esprit. L'empereur, le Pape et tous les diables n'oseront y toucher. »
Voir : Erasme, l. 19, *epist*. 3. — Mélanchthon, *Const. théol.* — Bérault, t. IX, p. 59. — *Discuss. amic.*, t. I, p. 144. — Bossuet, *Conf. avec Claude*. — P. Lacordaire, *Lettre sur l'Eglise*.

justice divine, est par excellence et même uniquement la foi du Luthérien. Étrange contradiction! L'homme, qui est sûr de son salut, n'est pourtant pas sûr dans le système de Luther d'avoir le repentir de ses fautes; bien plus, toutes nos actions, même les bonnes, sont autant de péchés. — Tout ce tissu d'absurdités révoltantes pour arriver à délivrer l'homme du noble travail de son salut, et le mener à sa destinée éternelle dans le lâche repos de la vie sensuelle et les plus abjectes jouissances de ses passions! Calvin ajouta au symbole Luthérien un nouvel article ou plutôt une nouvelle monstruosité; d'après lui, l'homme est non-seulement justifié par la foi, mais il l'est de telle sorte que, une fois justifié, quelques crimes qu'il commette, il ne peut plus perdre cette justification.

On le voit, si rien n'est plus absurde, rien aussi n'est moins complexe que le salut de l'homme dans le système protestant. L'homme est sauvé sans lui, par le seul fait de la foi. De cette absurdité découlent les plus révoltantes conséquences, que les protestants acceptèrent dans leur plénitude. L'égalité, par rapport à la justification, du vice et de la vertu; l'inutilité des bonnes œuvres pour le salut. Ce dernier point était cher avant tous les autres aux prétendus réformateurs. De plus tous les sacrements devenaient superflus et devaient être rejetés comme vains et inutiles. Si Luther n'alla point de suite jusque-là, d'autres, les Anabaptistes et les Sacramentaires, Zwingle, Carlostadt, Calvin, furent plus logiques et poussèrent jusqu'à cette immense ruine leur audace de destruction. On commença par dire que le sacrement n'était qu'un signe d'une grâce reçue déjà et d'ailleurs, on déclara ce signe inutile, puis on le supprima tout à fait. Mais auparavant il y eut sur le nombre et la nature des sacrements des luttes terribles entre les hérétiques; bien plus, chacun d'eux fut en perpétuelle contradiction avec lui-même : tantôt Luther admit un seul sacrement, tantôt il en reconnut deux, puis trois : le Baptême, l'Eucharistie et la Pénitence. Calvin admettait l'inutilité du baptême pour les enfants, quoiqu'il conservât le Baptême avec l'Eucharistie et l'Ordre. Mélanchthon retenait quatre sacrements : aux trois de Luther il ajoutait l'Ordre. — La lutte et les contradictions furent plus furieuses encore par rapport à l'Eucharistie (1). Ici la confusion n'a plus de bornes, « l'iniquité se ment à elle-même » avec autant de continuité que d'impudence. Luther rejeta la Messe, et, détail aussi monstrueux et aussi incroyable qu'il est avéré et authentique, il la rejeta *sur l'instigation du démon*. Lui-même l'affirme, ses écrits en font foi. Il eût voulu rejeter la présence réelle ; jamais il ne l'osa en face de ce texte si simple, si clair, si formel, si inébranlable : *Ceci est mon corps*. Il dévasta néanmoins ce grand dogme autant qu'il le put (2). Comme homme aussi bien que comme Dieu, Jésus-Christ fut doté de l'ubiquité ; au dogme de la transsubstantiation il substitua la consubstantiation, encore varia-t-il continuellement sur ce point et imposa-t-il sans cesse de nouveaux sentiments. Carlostadt, le verre à la main en pleine auberge, paria de vaincre Luther sur ce dogme, et de renverser la présence réelle. Zwingle se joignit à Carlostadt, combattit la présence réelle, d'après les instructions que lui avait, durant la nuit, apportées « un fantôme blanc ou noir. »

Tels étaient les apôtres du nouvel Évangile ! Après quinze années de lutte, Calvin parut dans la mêlée, et sur les ruines des deux partis voulut asseoir sa propre croyance, mais il ne le fit qu'en escamoteur, et en se payant lui-

---

(1) Voy. Bossuet, *Hist. des variations*, l. I, c. 5-20. — *Id.*, livr. II, c. 4. — Balmès, *Cath. comparé*, t. I. — Mœlher, *Symbolique*, t. I, p. 368. — Th. More, t. II, p. 158. — Bossuet, *Hist. des var.*, l. II, c. 19, 26, 37, 59, 82.
(2) Voy. Bossuet, *Hist. des variat.*, liv. II, n° 1. — Audin, t. II, ch. 22. — Alzog, t. III, p. 315.

même et les autres de formules creuses et de mots vides de leur signification. A Zwingle il opposa la manducation réelle du corps de Jésus-Christ : « Nous recevons vraiment le Corps, le Sang de Jésus-Christ. » A Luther il opposa l'horreur et l'absurdité de cette manducation de la chair du Sauveur et appela les Luthériens, « des hommes fascinés par le diable, » des « mangeurs de chair humaine ; » leur cène : « un repas de cyclopes ; » leur théologie : « une puante étable à pourceaux. » Lui-même que professait-il ? quelle était sa théologie sur la communion ? Au fond Calvin n'admit guère qu'une présence et une manducation *de foi et de vertu*.

2. Si les prétendus réformés du seizième siècle sont les plagiaires de tous les hérétiques qui les ont précédés, si leur symbole n'est qu'un vulgaire tissu des erreurs de tous les âges ; comme tous leurs prédécesseurs, ils furent pris continuellement en flagrant délit de contredire l'Évangile dont ils se faisaient les nouveaux apôtres, qu'ils avaient, disaient-ils, mission de ramener à sa pureté primitive.

Ils rejettent l'autorité de l'Église ; or l'Évangile affirme que cette autorité est bâtie sur un roc inébranlable. Ils prennent l'Écriture comme le fondement unique de la religion nouvelle ; or l'Écriture est postérieure à l'Église : nous voyons l'Église naître, travailler, régir, régner, soumettre les âmes, « en faire les captives du Christ, » alors que pas une ligne du Nouveau Testament n'est écrite encore. Ils livrent cette Écriture à l'examen individuel ; or Jésus-Christ fait un commandement exprès d'écouter l'Église, d'obéir à l'Église, menaçant de rejeter lui-même quiconque rejetterait le magistère infaillible et souverain qu'il institue dans l'Église. Luther hésite sur la valeur et la nécessité des sacrements, Zwingle n'y voit qu'un superflu inutile, Calvin fait du baptême un simple signe d'une justification déjà opérée dans l'enfant : or Jésus-Christ déclare que « si on ne mange sa chair, on n'a pas la vie en soi, » et que « quiconque ne renaît pas de l'eau et de l'Esprit-Saint, ne peut entrer dans le royaume des cieux. » Les novateurs rejettent les bonnes œuvres comme inutiles : or Jésus-Christ dans tout le cours de son enseignement en fait le pivot du salut. Ils font Dieu l'auteur du mal et de la damnation : or l'Écriture affirme que l'homme-Dieu est venu pour sauver tous les hommes, et les appeler tous au salut promis. Ils veulent que l'homme soit un être inerte, entraîné fatalement au mal comme il l'est au bien : or partout dans l'Évangile l'homme nous est présenté comme librement invité, et toujours libre de refuser sa place au banquet. Calvin nie que l'homme puisse perdre la grâce, une fois qu'il l'a reçue : or Jésus-Christ nous montre une âme pécheresse dont il chasse le démon : c'est l'âme rentrée dans la grâce qu'elle avait perdue ; mais sept autres démons plus pervers que le premier l'envahissent et la souillent : voilà de nouveau l'âme privée de cette grâce qui venait de lui être rendue.

Prodigieux aveuglement des révoltés du seizième siècle ! Ils prétendent asseoir leur prétendue réforme sur l'Écriture comme sur un fondement aussi unique qu'inébranlable, et pas une de leurs téméraires affirmations que l'Écriture ne contredise et n'anéantisse ! *mentita est iniquitas sibi.*

3. A trois nouveaux traits l'erreur se fait reconnaître, mais ces traits eux-mêmes, ou nous en avons déjà parlé, ou la narration des faits ne nous y remènera que trop continuellement. Le premier, c'est la *variation*. Jamais l'erreur ne fut moins sûre d'elle-même, jamais elle ne montra une indécision, des incertitudes, des tâtonnements plus pitoyables. Les novateurs du xvie siècle bâtirent le Protestantisme comme des architectes mal avisés, sans idée fixe, sans plan préconçu. Après la volonté de se révolter et de détruire, rien chez eux ne fut plus ni clair ni assuré. Bossuet a composé un volumineux ouvrage avec leurs perpétuelles variations, L'œuvre de Luther ne comptait pas un quart de siècle que la confusion, une confusion brutale, violente, batailleuse, armait déjà les novateurs les uns contre les autres. Luther désespéré s'écriait : « La multiplicité des explications données par les Sacramentaires prouve que le diable a sa main dans le jeu. » « Quel est cet esprit si incertain dans une affaire et si divisé d'avec lui-même, qui pourtant n'empêche pas le premier venu de jurer ses grands dieux qu'il a raison et de condamner les autres? » C'est ainsi qu'au caractère d'incertitude et de *variation* s'ajoutait, comme conséquence inévitable, le tumulte et la *confusion*. Par-dessus tout et toujours se retrouve dans les interminables querelles des novateurs le plus vil et le plus repoussant des traits qui caractérisent cette honteuse révolte : celui de la *grossièreté* et de la *violence;* une plume honnête se refuse à écrire les injures de carrefours et de tavernes que ces étranges *réformateurs* se jetaient continuellement à la tête.

A cette première esquisse, le Protestantisme n'est-il pas déjà irrévocablement jugé (1)?

---

(1) Tout est erreur et mauvaise foi dans les écrivains hostiles à l'Église. Vous les entendez répéter à satiété que la liberté de conscience date du Protestantisme. Les hérésiarques du XVIe siècle affirmaient tout le contraire et se montraient les implacables ennemis de toute liberté de conscience. « Le mot seul de liberté de conscience soulevait l'indignation de Théodore de Bèze : *Libertas conscientiarum diabolicum dogma*, et il écrivait son traité *De hæreticis a civili magistratu puniendis*. Calvin disait qu'il fallait tuer les Jésuites, ou les accabler sous des masses de calomnies et de mensonges; Calvin reprochait au comte Tarnowski de ne pas avoir extirpé par la force le catholicisme de la Pologne; Calvin conseillait au duc de Somerset de dompter par la force les anciens catholiques et les nouveaux anabaptistes indépendants; Calvin, enfin, persécutait le protestant Castalion, et faisait brûler le protestant Servet, avec l'approbation de Mélanchthon et des églises helvétiques consultées. Nulle part le Luthéranisme, le Calvinisme, l'Anglicanisme ne se sont présentés comme des doctrines admettant la discussion et ne demandant qu'à vivre en paix avec d'autres croyances. » (Henri de l'Epinois, *Critiq. et réfutat.*, p. 312.) Voy. les *Études relig.*, t. XII.

VINGT-SEPTIÈME LEÇON.

PREMIÈRE INTRODUCTION DU PROTESTANTISME.

Nous ne pouvons aborder le récit historique sans traiter une question qui s'impose à quiconque veut se rendre compte sérieusement des événements. — Dès son apparition, le Protestantisme fait une immense fortune, jamais erreur ne fut plus victorieuse, jamais incendie n'eut de plus rapides envahissements. Nous sommes en face d'une erreur manifeste; la prédication des révoltés du seizième siècle offre tous les traits réunis de l'imposture; eux-mêmes, qui prétendent réformer l'Église, ne se présentent guère que sous les stigmates du vice, ils sont tous des hommes corrompus, violents, souvent pervers et cruels. — Alors, comment expliquer le prodigieux succès de cette imposture? D'où vient cette force à cette hérésie? Ne renfermant en son sein que des germes de dissolution et de mort, il est clair que le Protestantisme n'a pas en lui-même de force; révolte pernicieuse et erreur née du vice, il est plus clair encore qu'il ne tire aucune force surnaturelle d'une intervention divine. — Reste une hypothèse unique qui est celle-ci : le Protestantisme dut ses succès aux circonstances et au milieu dans lesquels il naquit et se développa. —

Luther et les autres chefs de la révolte religieuse furent l'étincelle tombant sur des matières inflammables, et qui, assez impuissante par elle-même, peut déterminer grâce à ce secours un vaste incendie. Au seizième siècle, l'Europe était prête à la révolte; au premier cri qui en fut poussé et par n'importe quelle voix, les éléments de rébellion se révélèrent de toutes parts, une armée se trouva debout, la Révolution fit son entrée en Europe pour n'en plus sortir. — Raconter l'apostasie des peuples Européens et le triomphe de la Réforme sans étudier auparavant l'état de la société Européenne du seizième siècle, ce ne serait lui présenter que des effets sans leur cause, et rendre inintelligible le plus vaste événement des temps modernes.

I. Situation de l'Europe. On s'est beaucoup préoccupé de la question des *abus*. La théorie protestante est celle-ci : L'Église catholique était tellement déchue, les *abus* l'avaient à ce point rendue méconnaissable qu'il fallut à tout prix lui substituer un Évangile, une prédication, un système religieux, qui, en prenant sa place, fût capable de recueillir et de sauver les âmes qui se perdaient dans cette « Babylone » condamnée de Dieu (1).

1. Il y avait des abus dans l'Église au seizième siècle, parce qu'il y en eut dans tous les siècles. L'Église est comme son chef : elle vit au milieu des pécheurs, parce qu'elle est venue sauver les pécheurs. S'étonner de voir des abus dans l'Église ce serait s'étonner de voir des malades dans la salle d'attente d'un médecin. « Ce n'est pas pour les bien portants qu'elle est venue, mais pour les

---

(1) On pourra consulter : Erasme, *Epist.* — Bérault, t. VIII, t. IX. — Card. Pacca, *Mémoires*, t. II.

malades. » L'Église comptait à peine quelques jours d'existence que Pierre châtiait Ananie et Saphire; saint Paul pleurait sur le scandale de Corinthe, et tonnait contre la défection des fidèles de Galatie. Dans les deux premiers siècles, il fallut purger la communauté chrétienne des scories impures qui allèrent former les sectes Judaïsantes et Gnostiques. Le moment des grandes invasions fut pour l'Église un moment de trouble, de décadence, de perturbations et d'abus de toutes sortes. Quand la Féodalité eut envahi l'Église que l'épée et le génie d'un Charlemagne ne gardaient plus, ces abus furent plus nombreux et plus déplorables encore. Au déclin du Moyen-âge, sous l'influence des causes diverses que nous avons eu occasion d'étudier déjà, il est incontestable que les abus reparurent, que la réformation accomplie tant de fois par l'Église allait exiger de nouveau sa sollicitude et son énergie, et que selon l'expression de Bossuet, la société religieuse aussi bien que la société civile éprouvait « un malaise universel. » C'était chose connue, ancienne, naturelle. Il n'y avait en rien là de quoi motiver les cris de révolte que les « esprits superbes et les cœurs gâtés » commencèrent à pousser de tous côtés (1).

Allons plus loin. Non-seulement les abus dans l'Église ne motivèrent pas la révolte du seizième siècle, mais ces abus eux-mêmes étaient beaucoup moins nombreux et moins graves qu'ils ne l'avaient été dans certaines périodes précédentes. « Au commencement du seizième siècle, c'est-à-dire

---

(1) « Dans ce malaise universel et parmi les cris de réforme cent fois répétés, les cœurs gâtés, les esprits superbes, levèrent la tête, les faibles la perdirent, et, au lieu de se souvenir que le Fils de Dieu avait enseigné à respecter la chaire de Moïse malgré les œuvres mauvaises des docteurs qui y étaient assis, un grand nombre de personnes succombèrent à la tentation de haïr la chaire en haine de ceux qui l'occupent. Tout était prêt pour une grande rupture, les matériaux d'un schisme étaient amassés, et il ne fallait plus qu'un habile architecte. » Bossuet.

à l'époque où le Protestantisme prit naissance, nous voyons les abus incomparablement moins nombreux, les mœurs améliorées, la discipline devenue plus vigoureuse et observée avec une suffisante régularité. Ce temps où déclama Luther n'est plus le temps où saint Pierre Damien et saint Bernard déploraient les maux de l'Eglise. Au sein du chaos à demi débrouillé, l'ordre, la lumière, la régularité faisaient des progrès rapides. Une preuve incontestable que l'Église n'était pas alors plongée dans une ignorance et une corruption telles qu'on l'a dit, c'est qu'elle présenta l'excellent assemblage des hommes qui brillèrent par une sagesse si éminente au Concile de Trente, et des saints qui jetèrent sur ce siècle même un si vif éclat (1).

Voulons-nous même, par hypothèse, supposer qu'au XVIe siècle les abus aient été, dans l'Église, universels et criants comme ils ne l'avaient jamais été? En quoi ce fait légitimerait-il la révolte Luthérienne? Et comment d'une révolte absolument illégitime aurait pu naître la vérité religieuse et le salut? Non, au XVIe siècle comme dans tous les autres, c'était à l'Église seule qu'il appartenait de se réformer. Que des audacieux lèvent la tête, crient à la réforme, et, que impies et libertins eux-mêmes, ils démolissent tout sous prétexte de tout corriger, c'est là une tentative coupable, une œuvre perverse, bien loin que ce puisse être l'origine d'une pure et sainte réformation. Le protestant Guizot n'a pas osé se jeter dans cette vieille ornière, il a senti le ridicule qu'il y aurait à transfigurer le moine impudique de Wittemberg, Calvin marqué au fer rouge pour un crime infamant, Carlostadt, Zwingle, Münzer, et les autres chefs du Protestantisme, tous couverts de sang et de crimes; en *réformateurs* d'une Église mille fois plus sainte qu'eux; Guizot dit nettement que la Réforme fut une *insurrection de l'Esprit humain*,

---

(1) *Hist. de la civilisation en Europe*, XIIe leçon.

— Nous voici donc replacés devant cette même question : Quelles causes facilitèrent à cette *insurrection*, son extension si rapide et ses triomphes si étendus (1)?

2. La question est singulièrement vaste, efforçons-nous de l'embrasser toute entière, et, pour obtenir une solution juste et profonde, examinons tour à tour : La société européenne dans son ensemble : La societé politique : La société religieuse.

Depuis un demi-siècle la société européenne subit une transformation, lente et assez imperceptible d'abord, mais qui, vers le temps du grand schisme et l'époque déjà tourmentée des fanatiques de Bohême, s'étend et se précipite. Au Moyen-âge la Papauté dominait en Europe et y maintenait, avec la foi, l'unité d'idées, de tendances, d'action; aujourd'hui ce rôle prépondérant de la Papauté a subi des échecs nombreux et profonds : il est plus que contesté, il est incriminé ou nié. On ne se lasse plus seulement de cette autorité papale qui avait donné au Moyen-âge ses seuls jours fortunés, glorieux et féconds, mais on n'admet plus même qu'il y ait une autorité religieuse à laquelle il faille obéir ; on nie qu'il y ait une puissance, une hiérarchie de pouvoirs institués par Dieu sur la terre. Les légistes qui entouraient Philippe le Bel et Louis de Bavière avaient préparé les oreilles catholiques à cette énormité; Jean Huss avait désigné l'autorité à l'animadversion et aux fureurs de la foule, Luther n'aura plus qu'à annoncer l'affranchissement universel et à proclamer que tout fidèle *est prêtre et roi*. — Dans le même sens on remarque en Europe une tendance de plus en plus prononcée à séparer le civil du religieux. La piété chrétienne du Moyen-âge était née de l'étroite alliance des

---

(1) L'un des plus beaux ouvrages à lire dans ces questions est celui de Balmès : *Catholicisme comparé au Protestantisme*. Paris, Vaton.

deux pouvoirs; l'Église unie étroitement à l'Empire avait donné sa vie, sa forme, son esprit, ses vertus à la société toute entière. Maintenant on va s'efforcer d'écarter l'Église et de déclarer le pouvoir séculier indépendant d'elle et libre sans elle de se mouvoir et de se régir. Nous ne terminerons pas cet ouvrage sans voir où le pouvoir civil aboutit sans l'Église, comment l'émeute arrive à ses derniers développements, et comment le fruit dernier de la révolte religieuse du xvi⁰ siècle est notre *radicalisme* contemporain.

Au temps de Luther un système d'*indépendance* s'est déjà quelque peu substitué au système d'*autorité* qui avait présidé à la formation du Moyen-âge. Cette autorité toujours gênante est maintenant décriée, et le retour aux études exclusivement païennes a offert aux yeux le fantôme brillant des républiques anciennes, sans en révéler assez les oppressions sauvages et les dégradantes tyrannies. On avait bien vu qu'il fallait se défaire de ce qu'on commençait à appeler l'usurpation papale, mais on perdit totalement de vue les luttes sanglantes que cette papauté avait soutenues contre le Césarisme et pour la liberté. On prit des classiques grecs et romains, étudiés avec un fol engoûment, sans esprit de discernement et de critique, le rêve malsain d'un État fondé en dehors de Jésus-Christ et de son Église; on ne garda plus même le respect que les anciens vouaient aux dieux de la Patrie. Avant que Wiclef, les Sacramentaires, Zwingle. Carlostadt et tous les chefs de la Réforme déclamassent contre l'autorité divine de l'Église, on s'était épris en Europe des théories insensées d'un affranchissement sans règle et sans frein.

Constatons dans la société Européenne du xvi⁰ siècle l'absence de plus en plus sensible des *idées élevées*. L'Église, lorsqu'au temps des invasions elle fit la difficile éducation de la société nouvelle, avait tout d'abord pris à tâche d'y faire régner l'*idée élevée*. Tous ses points de vue étaient hauts, ses aspirations magnanimes, ses mobiles empruntés aux plus sublimes régions de la dignité humaine et de la foi catholique. Elle avait *spiritualisé, divinisé* toutes choses, les lois, les coutumes, les institutions. En dépit de la fougue des passions et des appétits de la chair, l'Église avait fini par obtenir des Barbares que leurs yeux se levassent vers les nobles objets de la foi, et que l'*idée* dominât la matière. De là dans la société du Moyen-âge cette incroyable puissance de la raison philosophique et théologique, et cette faiblesse relative des études expérimentales. Au xvie siècle la situation se renverse, la force de l'intelligence et l'énergie de la volonté que l'homme du Moyen-âge avait élevées vers le spiritualisme chrétien, l'homme moderne les abaissa et les enfouit dans l'étude effrénée de la matière. Une révolution considérable s'opéra : l'idée théologique, d'abord abandonnée, ne tarda guère à être méprisée; les questions de la foi, qui avaient exclusivement passionné le Moyen-âge, passèrent à l'arrière-plan, et la génération nouvelle, toute entière à ses conquêtes matérielles, parut se préoccuper assez peu des coups que l'hérésie portait à la vérité.

Les vices achevèrent de préparer à Luther et à sa révolte un large et puissant chemin. Peu avant Luther, tout concourut à faire tomber la discipline dans l'Église, et à accroître les vices dans la chrétienté. La Papauté, durant l'exil d'Avignon et le grand schisme, n'avait pu déployer son énergie ancienne, et un nouveau Grégoire VII ne s'était pas rencontré. D'autre part, le Paganisme de la Renaissance qui jetait largement dans les esprits ses idées d'émancipation, jetait plus largement encore dans les cœurs toutes ses corruptions et ses débauches. Les productions licencieuses fourmillaient et les plus obscènes imitations des érotiques d'Athènes et de Rome devenaient la quotidienne nourriture d'une génération déjà tristement déchristianisée. L'Italie était comme ivre de volupté et de licence.

chacune de ses mille petites cours était devenue un foyer de corruption et un théâtre éternel de fêtes et de réjouissances païennes. La philosophie épicurienne trouvait dans les petits princes Italiens autant de partisans cyniques, la volupté païenne coulait partout à pleins bords, sa dernière écume n'épargnait pas toujours le seuil du sanctuaire ; beaucoup de prêtres, d'évêques, de cardinaux paraissaient ignorer où menait cette folie licencieuse de faire revivre la Rome des turpitudes innommées.

Cette triste peinture de l'Italie ne convient que trop à la France, et quant à l'Allemagne, sa chevalerie dégénérée, ses princes chargés de vices devaient avidement saluer dans le Protestantisme l'amnistie de leurs forfaits et l'apothéose de leurs infamies. Nous avons vu dans les *Hutten* et les *Sickengen* les types de cette noblesse devenue par ses idées et ses mœurs bien plus païenne que chrétienne. Luther appellera ces seigneurs « des anges envoyés du ciel pour le protéger et le défendre. » De fait sa révolte qui les mettait si à l'aise trouva chez eux les plus chauds défenseurs (1).

Tel est, dans une vue d'ensemble, l'aspect que nous offre la société du seizième siècle : tout y est prêt à recevoir, à accepter, à propager la doctrine luthérienne. Achevons de chercher dans la société politique les auxiliaires tout-puissants que la prétendue Réforme se trouvera. Le même esprit de rébellion et d'indépendance qui sépare de l'autorité religieuse, éloigne déjà par un contrecoup aussi naturel qu'inévitable de la puissance civile. Autour de l'Empire nous trouvons une multitude de princes qui n'obéissent plus qu'en frémissant, et n'attendent qu'une occasion favorable pour briser violemment des liens de subordination qui

---

(1) On trouvera le portrait de cette noblesse allemande dans l'ouvrage de Jarcke. *Esquisses et études*, Paris, Casterman. — Voir aussi Goschler, l'article : *Frères Bohêmes et Moraves*.

se détendent de jour en jour davantage. L'empire lui-même s'est affaibli. Ses luttes sacrilèges contre l'Église et les catastrophes qui les ont infailliblement suivies n'ont plus laissé aux successeurs de Charlemagne qu'une pourpre sans prestige et une épée sans force. Quand, au premier cri de révolte du moine apostat, la noblesse allemande se lèvera pour conquérir au détriment du pouvoir impérial des dominations indépendantes, Charles-Quint manquera de lucidité dans le coup d'œil autant que d'énergie dans la répression; il capitulera avec une révolte qu'il lui eût été facile d'étouffer dans son germe, et de compromis en compromis, de défaite en défaite, il en arrivera à briser l'unité religieuse, à ouvrir le Nord à l'anarchie et à asseoir pour des siècles l'erreur sur un trône égal au trône de la vérité.

D'ailleurs, depuis longtemps les rois sont en Europe déserteurs des causes sacrées du Christ et de son Église. Leurs intérêts personnels, leurs préoccupations d'ambition ou de fortune ou de plaisir les tiennent éloignés du théâtre où se jouent les destinées de la société chrétienne. Bientôt ils paieront dans les larmes et le sang leur égoïsme et leur insensibilité. Dieu méprisé par les rois les méprisera à son tour, et ils se verront bientôt les premières victimes de l'erreur que leur indifférence laissa s'introduire et régner. « Les rois en ont souffert, mais aussi les rois en ont été cause. Ils ont trop fait sentir aux peuples que l'ancienne religion se pouvait changer. Les sujets ont cessé d'en révérer les maximes quand ils les ont vu céder aux passions et aux intérêts de leurs princes. Ces terres trop remuées et devenues incapables de consistance, sont tombées de toutes parts et n'ont fait voir que d'effroyables précipices (1). » Quand les princes se furent révoltés contre l'Église, par un juste et nécessaire contre-coup les peuples se révoltèrent

---

(1) Bossuet.

contre leurs princes. Nous verrons tout à l'heure à quels effroyables tumultes, à quelles tragédies sanglantes Luther poussa dans toute l'Allemagne, princes et rois, rois et peuples. La prétendue Réforme n'avait pas vingt ans d'existence qu'en de vastes pays tout était à feu et à sang.

Reste un dernier regard à jeter sur la société religieuse. Nous l'avons dit, le mal était entré dans l'Église d'Allemagne, d'Angleterre et de France, non pas un mal plus grand et plus inguérissable que les autres qui avaient précédemment envahi de temps à autre le clergé et l'épiscopat, mais un mal qui néanmoins avait, en relâchant la discipline, prédisposé les âmes sacerdotales et monastiques ou aux aspirations vers la licence, ou du moins au sommeil et à l'inertie quand il eût fallu le plus puissamment agir. L'ennemi se montrait terrible, son armée allait se faire innombrable : les soldats de la vérité ne furent pas partout ni sûrs de leur cause, ni pleins de leur force, ni appliqués à leur tâche, la plus sacrée et la plus pressante qui leur pût être jamais confiée. Erasme, le bel esprit, rieur et folâtre, élégant diseur de frivoles choses, aussi porté à rire des catholiques qu'à flageller les inepties grossières de la Réforme, est un type que nous ne voyons que trop souvent reproduit. — Un secours manquait désormais à la société chrétienne, et c'est son absence qui, en somme, perdit tout : la Papauté ne régnait plus assez vigoureusement en Europe, son rôle politique et social avait été trop repoussé, pour qu'elle pût encore sauver les peuples et les rois de leurs propres défaillances et de leurs propres fautes, comme elle l'avait autrefois fait si souvent. A force de pouvoir bafouer le Pape et renverser ainsi la seule puissante barrière, il fut bientôt facile à Luther de faire couler dans toute l'Europe un torrent dévastateur.

Tout ce qui précède se résume donc dans ce mot connu

et qui est d'Erasme : « *L'œuf est pondu, Luther n'a plus qu'à le faire éclore.* »

II. Récit historique. Cette esquisse faite, notre récit historique moins embarrassé dans sa marche, sera plus lucide et plus vif. Nous le commençons aux premières prédications de Luther et nous le poursuivons jusqu'à la diète d'Augsbourg.

Cette première période n'est pas encore sanglante : on discute, on est victime des fourberies de Luther, c'est la période des stériles pourparlers.

1. Peu avant son éclatante rupture avec Rome, Luther écrivait cette sinistre parole au prêtre Leitskein : « Chaque jour je fais un pas vers l'enfer. » Nous lui avons vu plus haut faire les premiers : il commence par attaquer les indulgences, sans trop savoir encore où le mènera cette première révolte. Après quelques luttes doctrinales avec les théologiens catholiques et grâce à des interventions bienfaisantes, il promet de retirer ses thèses : à ce moment même il les fait afficher aux murs de la collégiale de Wittemberg, et il abuse de la bonne foi de ses supérieurs et de ses adversaires. Bientôt ses erreurs, qu'il vient de traduire en allemand et qu'il répand traîtreusement dans la foule, suscitent les premiers troubles; l'empereur Maximilien le dénonce, il est cité à Rome. Tout en se moquant des brefs du Pape, il affiche la plus complète déférence pour le chef de l'Église, il feint de se soumettre, mais se sauve la nuit, en interjetant un appel à Léon X, que dans une lettre privée il vient de traiter de « polisson. » Nous en sommes là en novembre 1518. Telle est comme l'entrée du funeste drame. Luther passe par une phase d'indécisions, de soumissions équivoques, de retours audacieux d'orthodoxie hypocrite; il tâtonne encore et semble hésiter devant la révolte ouverte et définitive. A cette révolte un incident fait prendre tout à coup son intensité et sa direction. Nous voulons parler de :

L'entrevue de Leipsig.

Déjà en octobre 1518, à la demande de l'empereur et sur l'ordre de Léon X, Luther avait paru et discuté à la diète d'Augsbourg, en présence du savant et pacifique cardinal Cajétan. Sans rétracter ses erreurs il avait quitté Augsbourg, en en appelant à Léon X, « mieux informé. » Après d'autres efforts du Pape, après les négociations de son légat Miltiz qui fut si sévère pour Tetzel et si plein de longanimité pour l'hérésiarque qu'il espérait encore ramener, après une conférence à Altembourg (janvier 1519) durant laquelle Luther, avec la plus honteuse duplicité, affirmait son respect filial et son zèle pour l'Église, pendant qu'à son ami Spalatin il écrivait « qu'il ne savait trop dire si le Pape n'était pas lui-même l'Ante-Christ, » les théologiens catholiques, Eck à leur tête, s'efforcèrent d'obtenir une conférence plus publique et des débats plus éclatants. Il importait de mettre un terme aux tergiversations et aux perfidies du sectaire. La conférence eut lieu à Leipsig (juillet 1519). Luther y parut avec son disciple Carlostadt. Le tenant de l'orthodoxie était le docteur Eck d'Ingolstadt, homme profondément versé dans les sciences ecclésiastiques, et dont la prodigieuse mémoire faisait comme une vivante patrologie. Luther subit une défaite qui ulcéra son âme et surtout mit à nu la gravité de ses erreurs. Les erreurs touchaient, pour les ébranler, à tous les fondements de la doctrine chrétienne, et se rattachaient, comme nous l'avons vu plus haut, à toutes les erreurs les plus subversives des Gnostiques, des Cathares, des Hussites : l'homme n'a point de libre arbitre; Dieu opère seul; l'homme dans l'œuvre de sa justification est purement passif; la rémission des fautes excluant toutes sortes de peines, le purgatoire ne peut exister; quant au Pape il n'a qu'une puissance usurpée, et sa suprématie sur les autres évêques n'est vieille que de quatre siècles.

Luther, convaincu d'erreur grossière sur ces points différents, se retire honni des habitants de Leipsig, mais il se retire comme ce démon que nous dépeint l'Évangile, méditant de rentrer dans la place avec sept démons plus pervers que lui. Écrasé par la science il veut triompher par le scandale populaire; vaincu de vive voix, sa plume va rétablir sa fortune de sectaire et de révolté. Il se met à l'œuvre, et ce malheureux, doué d'une force d'esprit prodigieuse, d'une imagination de feu, d'une irrésistible fougue, tour à tour prophète et bouffon, caricaturiste immonde et théologien subtil sinon profond, n'usera plus jusqu'à sa mort de ses immenses ressources que pour ébranler la foi dans les masses et jeter les peuples dans l'hérésie, le vice, le trouble et le sang. Toutes les armes lui sont bonnes; ce qui lui résiste, il ne songe plus qu'à le fouler et à l'écraser. L'adversaire dont il ne peut soutenir la discussion savante il le tue sous la caricature et le quolibet. N'attendez plus de cette intelligence en délire ni suite ni logique, ni raisons solides, ni érudition profonde, ni même tradition et histoire : il parle à la foule et pour la foule, il la passionne, il l'entraîne, sans jamais chercher à l'instruire. Perpétuellement il revient sur le despotisme sacrilège de l'Église et le droit imprescriptible qu'a l'homme à l'affranchissement de toute autorité, et à la liberté absolue. L'homme est de soi seul sa règle de croyance; il est dispensé de toute obligation morale, le vice et la vertu sont choses indifférentes au salut; ce qui importe c'est de courir à l'assaut de la Papauté, de détruire l'Église qui asservit, corrompt, perd l'humanité. Sans cesse Luther flatte l'orgueil, fait briller aux yeux de la foule une grandeur idéale, tous les pouvoirs du sacerdoce, tous les droits de la royauté. A l'orgueil exalté, il unit les cupidités meurtrières; d'un geste il montre les couvents si riches, les domaines des Églises si opulents et si vastes : voilà des proies faciles à quiconque embrassera son Évangile et le suivra dans sa rébellion.

Des écrits plus incendiaires encore qu'hétérodoxes étaient lancés par Luther et volaient avec la rapidité de la foudre dans toute l'Allemagne; tout se préparait pour la « grande apostasie. » A la suite de la conférence de Leipsig l'hérésiarque avait gagné un disciple dont la science, la pénétration d'esprit et l'urbanité de caractère apportèrent à sa cause le plus précieux appui : Philippe *Mélanchthon*, né à Bretten en 1497, qui s'était acquis après d'excellentes études une grande réputation de littérateur et de savant (1513). Sur la recommandation d'Erasme, on lui avait accordé une chaire de littérature grecque à Wittemberg, et c'est de là qu'il répandit dans l'Allemagne sa première œuvre de révolte contre l'Église, son *Apologie de Luther*. Sans feu et sans verve Mélanchthon calme et doux agissait sur les esprits modérés, en même temps que le héros de sa triste et déloyale apologie agissait bruyamment sur la foule. Luther ne gardait désormais plus de mesure, se sachant à la veille de quelque solennelle condamnation, après avoir dans tous ses écrits flétri la puissance de l'Église et vomi contre le Pape des torrents d'injures, il préparait les esprits de ses disciples et des masses en répandant à profusion son *sermon sur l'excommunication*, et les années 1520 et 1521 furent remplies de ses efforts désespérés pour armer l'opinion contre les coups que l'Église allait lui porter. Tel est le but des différents traités : *A la noblesse allemande, Du perfectionnement du chrétien, De l'esclavage de Babylone* (1), *De la liberté chrétienne*. Il avait

---

(1) On trouvera le résumé de ce libelle dans Rohrbacher, LXXXIV, § III. — Voy. aussi Jager, t. XIV, p. 277.

à cœur aussi, comme tous les hérésiarques, de mettre sa révolte à l'ombre de l'épée séculière, et il ne négligeait rien pour attirer à lui cette noblesse allemande qui ne demandait elle-même qu'une occasion de rompre avec l'Église et la foi catholique, d'entrer en lutte avec l'Empire et de l'écraser. Un parti déjà considérable, formé dans cette féodalité allemande perdue de vices et avide de troubles et de pillage, défendait Luther quand la condamnation de Rome tomba sur lui.

Eck, après la conférence de Leipsig, s'était rendu auprès de Léon X afin d'en finir avec les lenteurs désastreuses de Miltiz, et presser la condamnation. Le 14 juin 1520, la bulle d'excommunication (1) fut lancée. L'Allemagne était déjà trop malade et l'hérésiarque trop puissant. Une partie notable des évêques recula devant la publication de la bulle, les étudiants des universités, déjà épris des doctrines subversives du sectaire et toujours ravis des occasions de désordre, cette noblesse gangrénée que nous connaissons, ces masses ou ignorantes ou surexcitées, prirent parti pour le révolté contre l'autorité légitime. Luther pût être impunément audacieux. Quelques villes restèrent fidèles au Saint-Siège et à la cause de l'ordre, Mayence, Cologne, Halberstadt, Freisingen, Eichstadt, Mersebourg, Meissen, Brandebourg; ailleurs l'incendie était prêt d'éclater : à Leipsig, à Erfurth, où le docteur Eck fut grossièrement insulté et la bulle brûlée en public. Quant à Luther, sur le conseil de l'électeur de Saxe, il s'adressa au Pape, mais bien plutôt pour l'insulter que pour attendre une décision quelconque.

Il se tournait plus avidement du côté du nouvel empereur. Maximilien était mort, et son successeur *Charles-Quint* venait d'être couronné à Aix-la-Chapelle (22 oct. 1520), prince dont les principes religieux sont incontestables, dont l'am-

---

(1) C'est la bulle : *Exurge, Domine, et judica causam tuam.*

bition l'est pareillement, mais dont la fermeté et le tact politique sont loin d'être aussi prouvés. Nous verrons Charles V, mal comprendre la grave situation où l'erreur et la révolte luthérienne mettaient les affaires de l'Empire, tergiverser, osciller inconsidérément entre les deux partis, et refuser à la fois à la vérité catholique la protection qu'elle avait droit d'attendre et à l'erreur la tolérance absolue qu'elle réclamait déjà impérieusement. Dans l'attitude de Charles V, nous voyons poindre le mal funeste de l'*indifférentisme*; avec lui et son époque l'erreur *libérale*, dont le fond est le respect égal du mal et du bien, de la vérité et de l'hérésie, fait son entrée en Europe pour n'en plus sortir. Un droit nouveau s'inaugure, droit fatal qui est à Dieu la plus sanglante insulte et aux nations un germe assuré de mort. Charles V reçut de Luther des lettres perfidement flatteuses, et des légats Caraccioli et Aléandre la bulle d'excommunication. Bien des hommes déjà malades de l'hérésie conseillaient les voies d'une douceur sans limite et sans terme, Érasme s'efforçait de tout endormir, l'électeur de Saxe de tout amnistier. Luther seul continuait à provoquer la répression par ses croissantes violences. Après avoir lancé son impudent libelle *contre la bulle de l'Ante-Christ*, il fit placarder partout le sort qu'il réservait à la bulle de Léon X, et effectivement, le 10 décembre 1520, il la brûla publiquement sur la place de Wittemberg avec le corps du droit canon, la collection des Décrétales des Papes, la *Somme* de saint Thomas, les ouvrages d'Eck, d'Emser et de tous les théologiens catholiques qui avaient réfuté ses erreurs. Le lendemain il s'écriait en chaire : « Si vous ne rompez avec Rome, point de salut pour vos âmes; que tout chrétien y réfléchisse, communiquer avec Rome c'est renoncer au paradis. » Dans son traité *de la captivité de Babylone* il jeta dans toute l'Allemagne l'ensemble de ses plus audacieuses erreurs. Il envoya en même temps aux évêques une sorte de lettre-circulaire dans laquelle, se donnant le titre d'Ecclésiaste, de Prophète, de Prédicateur de Wittemberg, il faisait connaître la mission qu'il avait reçue de Dieu de *réformer*. Ce dernier mot était le mot de fortune, il vibrait dans toutes les âmes inquiètes, mécontentes, vaguement éprises des idées de réformation, et impressionnées outre mesure des abus réels qui existaient, mais pouvaient être facilement et pacifiquement extirpés.

Charles-Quint entre ici en scène et il y entre malheureusement. Le légat du pape Aléandre s'opposait justement à la résolution d'appeler Luther en pleine diète, et là de le laisser exposer ses griefs contre le Pape et ses plans de réformation. Luther était un moine en révolte qu'il fallait faire rentrer dans le devoir, Charles V et son entourage en voulaient faire un juge et un accusateur. Entêté dans cette idée malencontreuse, l'empereur écrivit à Luther une lettre dont le seul effet devait être d'exalter l'orgueil et l'audace du sectaire. Il le citait à la diète de Worms, mais désormais traitait avec lui de puissance à puissance : Luther le comprit et il écrivait à Spalatin : « J'irai à Worms, dussé-je y rencontrer plus de diables qu'il n'y a de tuiles sur les toits. » La :

Diète de Worms (1521)
fut en effet un second triomphe pour lui. De Wittemberg à Worms, son voyage fut une perpétuelle ovation. Un mauvais vent de révolte soufflait partout et partout on saluait l'homme qui s'insurgeait contre la Papauté et se disposait par là à combattre l'Empire. A Worms, on put mesurer tout le chemin qu'avait fait le sectaire et toute la force qu'il sentait derrière lui. Il rejeta effrontément l'autorité du Pape et de l'Eglise, ne reconnut plus d'autre juge que l'Écriture et refusa de rétracter ses erreurs. Il fut mis au ban de l'Empire et chassé de Worms avec un sauf-conduit de vingt et un jours. Son protecteur et son ami

Frédéric de Saxe craignait pour lui quelque excès de provocation insolente, il le fit arrêter par ses gens et enfermer dans la *Wartbourg*, dont l'hérésiarque fit son « île de Pathmos, » et où il resta enfermé dix mois (mai 1521 à mars 1522.)

De la Wartbourg partirent pour toutes les directions des écrits violents, des libelles incendiaires, destinés à soulever le peuple, à vider les cloîtres, à pousser clergé et fidèles à la plus audacieuse révolte. Tout ce que l'ordre monastique comptait de dégénéré et de gangréné comprit cet appel et s'y rendit. Les moines Augustins de Wittemberg rompirent leurs vœux et se livrèrent à tous les excès : pendant que Calorstadt se mettait en devoir de briser les images et de renverser les autels. Comme la Bible était donnée au peuple pour sa seule autorité, sa seule lumière et son seul guide, et qu'il fallait tout au moins que le peuple la pût lire, Luther ne quitta pas la Wartbourg sans en donner une traduction allemande. Son audacieuse forfanterie à prétendre que cette traduction était la première lui attira les plus sanglantes railleries. Mais désormais la révolte luthérienne était populaire, rien ne pouvait plus en arrêter le cours dévastateur. Au moment où Charles-Quint et sa chambre impériale de Nuremberg avaient la bonhomie de croire « l'affaire » terminée, une immense conflagration commençait en Allemagne, et de l'Allemagne devait rapidement incendier le reste de l'Europe.

2. Ici se termine ce que nous pourrions appeler l'histoire privée de la révolte protestante et commence son histoire sociale et politique, c'est-à-dire l'histoire des commotions qu'elle suscite, des divisions qu'elle amène, des ruines qu'elle amoncelle. — Les forces qui entourent ou vont entourer Luther sont imposantes. Comme nous l'avons dit, le peuple aime le trouble, la jeunesse des universités et des écoles est sympathique au sectaire, la petite noblesse voit dans le Protestantisme une admirable occasion de combattre et d'abaisser la puissance impériale et de conquérir son indépendance. Aussi le nombre de ces petits princes qui entreront dans le mouvement va-t-il s'accroître tous les jours; c'est l'électeur de Saxe, Frédéric III, homme bon mais simple que Luther a su fasciner; c'est Louis comte palatin et vicaire de l'empire; c'est Albert de Brandebourg, impudique à soixante-dix ans et avide des biens de l'ordre Teutonique dont il est le grand-maître; c'est Philippe, landgrave de Hesse, ravi de trouver dans la Réforme l'élasticité de doctrine et de morale qui lui permettra d'avoir deux femmes à la fois. Bientôt le « Néron du Nord » Christian II (1523) fera monter l'hérésie avec ses propres vices sur le trône de Danemark et de Suède, où Frédéric de Holstein et plus tard Gustave Vasa l'y consolideront. L'apostasie de deux archevêques de Cologne sera pour la révolte luthérienne un puissant appui. Cette révolte étant fondée sur la licence et amnistiant tous les vices, tous les vices devaient courir à elle et la servir.

D'atroces guerres ne tardèrent pas à montrer que la prétendue Réforme n'était pour l'Europe que le principe de toute révolte et de toute violence.

L'époque que nous allons parcourir, c'est pour l'Allemagne le chaos dans le sang : la doctrine luthérienne fructifiait partout ses fruits de mort. Léon X était mort (1521) et son successeur *Adrien VI* (1522) recevait avec la tiare une véritable couronne d'épines. Pendant qu'il s'efforçait de réformer la cour romaine et n'essuyait de ses sujets que peines, contradictions et affronts, pendant que son légat Chieregati n'éprouvait en Allemagne que mauvais vouloir et lâche abandon, l'ère de la violence s'ouvrait par la :

Guerre des paysans (1525).

Luther avait trop déclamé contre toute autorité pour que

le peuple, grossier et implacable logicien, consentît encore à sentir sur lui un joug quelconque. Tout était pris à la lettre. L'homme du peuple se déclarait « prêtre et roi. » Si on entravait son autorité souveraine, il rugissait et dévorait (1). A Zwickau les habitants se prétendaient tous favorisés de révélations; Nicolas Storch au milieu de ses douze apôtres et de ses soixante-douze disciples versait à flots ses prophéties incendiaires; le brutal et implacable Carlostadt, rejetant toute autorité doctrinale même celle de Luther son ancien maître, allait dans les ateliers se faire expliquer l'Ecriture par les ouvriers, « hommes simples que l'étude n'avait pas corrompus. » Mais en même temps qu'il expliquait pacifiquement l'Ecriture, Carlostadt jetait ses bandes fanatisées à l'assaut de l'ordre social. Comme Adrien VI l'avait annoncé, de religieuse la révolte luthérienne allait rapidement devenir sociale et politique. Les *Anabaptistes* se levèrent en masse contre toute autorité; à Altstadt, à Mulhouse, dans la Souabe, sur les bords du Rhin, jusqu'aux frontières françaises, des troupes de paysans commandées par Münzer et d'autres fanatiques firent à la noblesse en même temps qu'au clergé une guerre atroce de dévastations, de massacres et de pillages. Le socialisme et le radicalisme modernes débordaient déjà des prédications de Nicolas Storch et de Thomas Münzer. « Frères, alors que nous sommes tous égaux, tous fils du même père, voyez ce qu'ont fait les hommes; comme ils ont détruit l'œuvre de Dieu. Ils ont créé des titres et des privilèges : à eux le pain blanc, à nous les travaux qui nous écrasent; à eux les vêtements de prix, à nous les haillons misérables. » L'audacieux sectaire écrivait aux sei-

---

(1) L'un des meilleurs travaux à consulter est celui de Jarcke dans ses *Esquisses et études sur la Réforme* (Paris, Casterman.) — Il existe une bonne histoire de la Guerre des Paysans par de Bussière. — Une autre dans un sens tout révolutionnaire par Weill.

gneurs et aux villes que l'oppression du peuple allait avoir un terme, que sur l'ordre de Dieu il allait exterminer tous les tyrans.

Les seigneurs effrayés trop tard des suites d'une doctrine à laquelle ils venaient de faire un si complaisant accueil, se liguèrent pour étouffer dans le sang la révolte des paysans. Luther qui avait précédemment poussé ces malheureux à la guerre, se montra devant leurs sauvages voies de fait tout ensemble embarrassé, poltron et traître. De toutes parts, on lui reprochait la révolte des Anabaptistes, on lui montrait, dans ses prédications et dans ses livres le germe de toutes ces commotions sociales : il essaya misérablement de s'en tirer avec le texte de saint Jean : « Ils sont sortis de nous, mais ils n'étaient pas nôtres. » En même temps il s'efforçait de donner le change en accusant le clergé catholique, et protestait aux Anabaptistes qu'ils avaient méconnu ses intentions et mal compris sa doctrine (1). Un dernier expédient lui réussit mieux. Rendu féroce par la peur, il se mit à supplier les princes d'exterminer les révoltés : « Les temps sont venus, écrivait-il, où avec du sang un prince peut gagner plus facilement le ciel que nous avec des prières. Frappez, transpercez, massacrez, assommez ces chiens enragés. Si vous succombez, vous êtes martyrs de Dieu, parce que vous combattez pour son Verbe. » De même qu'à sa voix les paysans avaient couru sus aux seigneurs, à cette même voix, deux fois perverse, les seigneurs se ruèrent sur les paysans. Philippe de Hesse, Henri de Brunswick, Georges de Saxe écrasèrent les bandes Anabaptistes et littéralement noyèrent leur révolte dans le sang. Münzer fait prisonnier mourut sur l'échafaud, maudissant à la fois

---

(1) Luther essaya d'abord d'apaiser les révoltés ; ayant échoué il poussa les seigneurs à la guerre. — Voy. Audin, ch. IX. — Iarcke, *Esquisses*, p. 156.

Luther et son malheur (1525). Il n'y eut pas jusqu'au *doux* Mélanchthon qui n'exhortât la noblesse à écraser le peuple sous les charges et les impôts, afin d'empêcher leur rébellion (1). Rien ne soulève autant l'indignation et le dégoût que la conduite de Luther et des autres chefs de la prétendue Réforme dans cette sanglante phase de leur œuvre. En 1522, Luther écrivait plein de joie et d'orgueil : « Partout le peuple se soulève : il a enfin ouvert les yeux : il a compris qu'il ne doit plus se laisser opprimer par la violence. » En 1526 : « Assommez comme des chiens enragés ces damnés de paysans. »

Cependant qu'avait fait l'Empire? Comment Charles-Quint avait-il prévu et combattu ces graves événements? Des colères stériles, des injonctions sans résultat, surtout des défaillances et des irrésolutions continuelles : voilà ce qui remplit l'année 1524 et les suivantes. Tel se montre encore le titulaire du Saint-Empire à la diète de :

Nuremberg (1524).

A Adrien VI mort en 1523 avait succédé l'excellent pape *Clément VII* (1523) qui comprit la profondeur du mal et l'urgence du remède. Son légat Campeggio partit pour la diète et put se rendre compte le long de la route, par les témoignages hostiles qu'il recueillit, du terrain qu'avait perdu la Papauté en Allemagne et de celui que la Révolution y avait gagné. A la diète même, quand les ennemis du Pape et de l'orthodoxie catholique purent enfin se compter, il se trouvèrent presque les plus nombreux. — On récrimina amèrement contre Rome, on présenta « cent griefs, » *centum gravamina* contre l'administration romaine et la cour papale, et quand le légat voulut répondre que ces récriminations n'étaient pas l'expression de la nation Allemande mais l'œuvre de quelques ennemis, il ne fit plus que soulever dans

---

(1) Lettre au prince Louis « contre les douze articles des paysans. »

la diète un presque universel murmure. Il eut de la peine à obtenir que les États feraient exécuter l'édit de Worms, et il essuya pour son maître Clément VII l'injurieuse résolution de remettre à l'étude les *centum gravamina*. — Sans de nouvelles violences de Luther, la diète de Nuremberg eût eu pour l'Église et l'Empire la plus pitoyable issue. — Heureusement Luther, blessé dans son orgueil par cette menace de l'édit de Worms, éclata en plaintes des plus violentes et effraya par son audace jusqu'aux princes qui le voulaient protéger. Des mesures quelque peu énergiques furent prises à ce moment. On résolut d'opposer une digue solide aux mariages des prêtres et des moines, d'empêcher la jeunesse Allemande d'étudier à Wittemberg, enfin de multiplier les mesures propres à arrêter les progrès du Luthéranisme. Bonne intention, mais il était trop tard! Le Luthéranisme était formé en parti politique, et à la diète de Nuremberg on ne vit que trop nettement se dessiner les deux Allemagnes dont les luttes vont traverser les siècles, l'Allemagne catholique et l'Allemagne protestante. Une alliance fut conclue à *Torgau* entre les princes Luthériens; Philippe de Hesse gagna au parti de l'erreur le nouvel électeur de Saxe, Jean le Constant. Bientôt Mecklenbourg, Anhalt, Mansfeld, la Prusse, les villes de Brunswich et de Magdebourg entrèrent dans la coalition : tout était gros d'orages, tout se préparait pour de sanglants conflits.

3. Avant d'en aborder le récit nous devons parcourir dans une phase intermédiaire : l'histoire des déchirements intimes de la Réforme. Avant de désunir l'Europe, la Réforme subissait la première le travail de désunion et de dissolution dont le principe fondamental de Luther, le *libre examen*, était l'infaillible cause.

Ni l'Europe catholique ne pouvait sans protestation se laisser envahir par d'aussi monstrueuses erreurs ; ni le principe dissolvant du Luthéranisme ne pas produire ses effets naturels, le trouble, la confusion, les négations s'entrechoquant l'une l'autre, les antagonismes opiniâtres, et les « batailles de mots (1). » De là pour Luther et son œuvre deux imminentes luttes : l'une au dehors, engagée par la vérité catholique, l'autre au dedans perpétuellement suscitée au sein même du protestantisme par des intelligences dévoyées, sans principe, sans frein, poussées l'une contre l'autre dans la plus épouvantable confusion.

Trois puissantes voix catholiques s'étaient élevées contre l'hérésiarque pour la défense de la vérité : celles d'Adrien VI, d'Henri VIII d'Angleterre, de Clément VII. — Adrien VI était un profond théologien. Nous l'avons vu réclamer énergiquement les droits de la vérité en face de cette Allemagne qui s'abandonnait elle-même lâchement. Son zèle échoua contre la pusillanimité des uns, la malveillance des autres, l'inertie de tous (1523). Clément VII reprit son œuvre, réclama l'exécution des décrets de Worms, fit mille efforts, lui et son légat Campeggio, auprès des princes allemands pour obtenir d'eux des mesures répressives. — Le roi d'Angleterre, qui devait sitôt après désoler l'Église par son schisme, éleva à son tour contre les absurdités luthériennes une voix qui ne manqua ni de justesse ni de force. L'écrit dans lequel il défendit contre Luther les sacrements de l'Église lui valut du Pape le titre de « défenseur de la foi, » et de l'hérésiarque un torrent des plus grossières injures. Mais chez Luther la ruse s'unissait toujours à la violence et la lâcheté à la fureur. Quand Henri VIII se montra disposé à faire succéder aux écrits théologiques les ressources de la puissance et la pression de la diplomatie, Luther lui écrivit des lettres pleines de la plus indigne adulation (1525). Henri se vengea en donnant à ces lettres une sanglante publicité.

---

(1) S. Paul, *Epist.*

— A côté de ces défenseurs courageux et convaincus, voici un nom équivoque et qui a laissé planer sur lui la plus humiliante incertitude, c'est *Érasme*. Dès longtemps avant l'éclat de Luther il avait aiguisé sa verve contre les moines et demandé la réforme de l'Église en rhéteur qui s'amuse, et en sectaire qui méprise et dénigre. Luther, qui avait démêlé cet étrange catholique, vaniteux, léger et flottant, capable d'altérer le dogme pour sauver l'harmonie d'une période, et incapable absolument de se sacrifier à la vérité, avait recherché son amitié, en le prenant par son faible, la vanité, et en l'appelant « la gloire et l'espérance de l'Allemagne. » Érasme descendit tard et péniblement dans l'arène, encore donna-t-il à penser qu'il y descendait bien plutôt comme ennemi personnel de Luther que comme athlète de la foi. Luther lui répondit comme il avait répondu à Henri VIII par l'outrage et l'absurde. A « la défense du libre arbitre » d'Érasme (1), Luther riposta par les monstruosités suivantes : « la volonté de l'homme est comme le cheval. Que Dieu la monte, elle va comme Dieu veut et où il veut; que le diable la monte, où le diable l'emporte elle va pareillement. Dieu fait en nous le mal comme le bien. De même qu'il nous sauve sans mérite de notre part, de même aussi il nous damne sans qu'il y ait de notre faute. » Luther tenait tant à ces blasphèmes qu'il écrivait à Capito en 1537 : « Tous mes livres peuvent périr pourvu que mon traité du *serf* arbitre et mes deux catéchismes subsistent. »

C'est à ce moment, celui de la guerre des paysans et des luttes doctrinales, qu'à l'ignominie de ses erreurs il joignit celle de sa conduite. En 1524 il avait déposé le froc monacal, en 1525 il épousa publiquement une jeune religieuse, *Catherine de Bore*, qu'un autre débauché Bernhard Kope avait enlevée de son couvent de Nimptschem et amenée

---

(1) *De libero arbitrio diatribe.*

à Wittemberg. Les disciples de Luther furent consternés de cette triviale issue donnée aux prophéties et aux splendeurs du messie nouveau; Mélanchthon s'en plaignit amèrement à Camérius, Érasme prodigua aux nouveaux époux les traits les mieux effilés de sa verve (1); en Allemagne on rit largement des amours du docteur Luther, *réformateur* de l'Église catholique dégénérée, qu'il voulait ramener à sa pureté primitive!

Mais Luther bientôt n'eut plus seulement à repousser le rire et les plaisanteries de ses disciples, il dut s'armer contre leurs contradictions et leurs révoltes. Il avait dit en parlant des catholiques : « A de tels ânes ne répondez rien ou répondez à peu près ainsi : Luther le veut, il l'ordonne, il est un docteur au-dessus de tous les docteurs du Papisme, la chose restera. Je les méprise, je les mépriserai tant qu'ils seront des ânes. » Bientôt les « ânes » ne furent plus seulement les papistes, mais les plus purs luthériens, Carlostadt, Bucer, Capito, Zwingle. La lutte se déplace, elle a son principal théâtre dans le plein cœur de l'hérésie, et ce sont les reptiles eux-mêmes qui déchirent le sein qui les a portés.

Carlostadt commença la révolte. Luther avait dit des Sacrements qu'ils étaient de simples signes d'un pardon obtenu sans eux; Carlostadt conclut : L'Eucharistie simple signe, ne contient donc rien de réel, le Christ n'y est pas; et pour appuyer sa théologie Carlostadt rejetait à la tête de Luther les épithètes qu'il en avait reçues et dont « stupide, » « bête malfaisante, » « idolâtre, » « faquin, » étaient les plus doux. Luther pour réfutation le jeta à la porte d'Orlamunde et le fit poursuivre par les hommes d'armes du

---

(1) « On crut longtemps que l'œuvre de Luther serait une tragédie : je n'y vois, moi qu'une comédie, où tout, comme toujours, se termine par un mariage. »

Prince Électeur (1). — Bucer, Capito, Zwingle en Suisse, reprirent, développèrent, propagèrent la même négation logique de Carlostadt. Pourquoi Luther ne sacrifiait-il pas la présence réelle lui qui détruisait tout le reste? D'abord parce qu'il était Luther et qu'il ne reconnaissait à nul homme au monde le droit de fronder son enseignement; ensuite parce qu'il croyait impossible d'esquiver la force invincible du texte évangélique : *Ceci est mon Corps, ceci est mon Sang.* Il se consolait d'être ainsi, selon son expression, « pris au piège, » en enseignant l'absurdité de l'*impanation,* » le meilleur tour, disait-il, qu'il pût jouer à la Papauté. »

Rien n'écœure comme le spectacle qu'offrit dès lors le Luthéranisme se déchirant lui-même, et se combattant, non plus avec des raisonnements mais avec d'ignobles injures, non plus avec une science quelconque mais avec les plus violents procédés. Pour Luther les Luthériens étaient presque tous « possédés du diable, » « pires que les démons, » « des bêtes puantes, » « des pourceaux enragés, » « que Dieu devra cuire au four. » Le malheureux avait rompu toute digue en détruisant le principe d'autorité, il l'invoquait en vain pour la défense de ses propres sentiments : Zwingle et tous les dissidents n'avaient pas renié une Eglise infaillible pour reconnaître un infaillible Luther. « Dès lors, comme le dit Bossuet, on a bien prévu que la licence n'ayant plus de frein les sectes se multiplieraient jusqu'à l'infini. » Sans les analyser, sans même les pouvoir compter toutes, jetons néanmoins dans cette confusion affreuse et ces bruyantes évolutions de l'erreur quelque rapide regard. Pour rendre le tableau plus complet et notre marche plus simple et plus lucide, nous y devancerons parfois les années.

---

(1) Voir Audin, *Hist. de Luther,* t. II, ch. 10. — Bossuet, *Variat.*, le liv. II, n. 11.

En 1536 Simonis Menno fonda une secte d'Anabaptistes modérés qui prirent de lui le nom de *Memonites*. Une autre secte, celle des *Antinomistes*, fut mise au jour par Agricola d'Eisleben. Ces sectaires ne voulaient plus des commandements de Dieu et rejetaient comme fausse et dangereuse la loi des douze tables. « L'homme avait selon eux assez de force et de lumière pour se sauver sans être soumis à une loi.

Une autre secte naquit des scrupules et des terreurs de Mélanchthon. Depuis longtemps déjà la tyrannie de Luther, ses absurdités, ses violences, le scandale de ses noces avec une religieuse, lui pesaient comme un lourd cauchemar : il rêva un système mitigé, assez élastique selon lui pour permettre aux catholiques et aux protestants de s'y mouvoir à l'aise. Quant aux points de doctrine sur lesquels catholiques et protestants ne voulaient rien se céder, il leur donnerait le nom et le caractère d'Indifférents, de là le nom d'*Adiaphoristes* donné aux partisans de ce commode mais ridicule système.

Ce même besoin d'échapper aux excès et aux crimes auxquels le Luthéranisme ouvrait si fatalement la porte, fit inventer un quatrième système théologique aussi illusoire que le précédent. Luther rejetait toute bonne œuvre comme attentatoire aux mérites du Christ : on en profita mais si largement que l'Allemagne se vit bientôt, selon la remarque d'un chroniqueur contemporain, « changée en une forêt de loups et une étable à pourceaux. » Une voix courageuse s'éleva, celle du luthérien Georges Major, pour redemander les bonnes œuvres comme élément essentiel du salut. Un tolle général, des malédictions et des coups accueillirent seuls le malencontreux réformateur de la Réforme. Mélanchthon s'offrit comme toujours pour tout concilier, et voici son misérable expédient. « La foi sera déclarée seule nécessaire au salut comme le veut Luther, mais on déclarera, suivant les désirs de Georges Major, que les bonnes œuvres ne pourront pas lui nuire, et y pourront même ajouter quelque chose. » Voilà où en arrivaient ces hommes qui venaient remplacer l'Église catholique !

Le système de prédestination de Luther paraissant par trop abominable et par trop absurde, ici encore Mélanchthon essaya ses timides palliatifs, et mit au jour son *Synergisme*, selon lequel l'homme n'était plus tout à fait une inconsciente machine, mais donnait à l'action divine quelque peu de coopération. A ce coup ce ne fut plus seulement la foule qui anathématisa le théologien mitigé, mais un pape d'un nouveau genre, le duc de Saxe, enjoignit de condamner le *Synergisme* et défendit d'enseigner que l'homme pût et dût coopérer à faire le bien.

Un dernier schisme ne tarda pas à s'ouvrir devant ces malheureux, fatigués de leurs propres erreurs et incapables de remonter aux purs horizons de la vérité. En 1546 apparurent Lélio et Fauste *Socin* qui poussèrent les négations protestantes à leurs dernières extrémités. Sans doute les *Sociniens* firent éclore trop tôt l'impiété qui est le fond de leur doctrine, ils se montrèrent prématurément, dans une société encore trop peu pervertie pour les supporter ; ils furent persécutés, mais le germe maudit qu'ils jetèrent dans le sol Européen au XVIe siècle produira dans le XVIIe et le XVIIIe une ample moisson de doutes et de négations subversives. Pour les Sociniens, le christianisme entier n'est qu'une vaste imposture, Jésus-Christ n'est qu'un homme qui vint il y a dix-huit siècles, non pas pour racheter un monde qui n'avait nullement besoin de rédemption, mais pour lui donner la sagesse et l'exemple, la philosophie humaine dans le spectacle d'un homme de bien. La secte Socinienne végéta assez misérablement en Pologne d'abord, puis méprisée et persécutée, alla chercher en Transylvanie, en Silésie, en Prusse, dans les Pays-Bas une vie précaire jusqu'au jour où le Protestantisme tombant de chute en chute fut assez descendu pour le comprendre et l'adopter.

4. A la révolte des paysans et aux atrocités de cette première guerre, va succéder toute une longue période de troubles profonds, de divisions ardentes, de haines créées irrémédiablement par la révolte de Luther entre les deux Allemagnes, la catholique et la protestante.

A partir de la révolte religeuse du XVIe siècle, nos sociétés européennes pourront sans doute traverser des périodes brillantes, accomplir de puissantes conquêtes, se parer des dehors les plus éblouissants du progrès matériel : elles n'en portent pas moins au cœur un mal qui les dévorera lentement, causera de temps à autre d'effroyables crises et même dans la paix leur enlèvera la force et la vitalité. Elles n'ont plus *l'unité*, ce principe unique de la vie des peuples. Dans chaque État deux sociétés ennemies sont désormais en présence. Pendant deux siècles ces deux tronçons de la patrie mutilée verseront dans des luttes intestines leur plus noble sang; l'ère des *guerres religieuses* est fatalement ouverte par Luther; à cette ère funeste en succédera une seconde, la nôtre, où le Protestantisme est parvenu au Socialisme et au Radicalisme par sa dernière et logique évolution. Désormais voici la physionomie que nous offriront les peuples Européens. Au sommet restera une fraction catholique dépositaire de la foi religieuse, et avec elle des principes d'ordre social; dans les bas-fonds la tourbe révolutionnaire, fille des fureurs de Luther et de Zwingle, acharnée à détruire non seulement l'Église, mais aussi l'ordre social tout entier; entre ces deux extrêmes va se placer, sous le nom ridicule de *juste milieu*, une classe imbécile qui semble n'avoir plus la moindre idée de ce qui fait vivre et prospérer une nation, qui a peur du Catholicisme autant que de la Révolution, qui capitule sans fin avec celle-ci, et sans fin aussi trahit celle-là, utopistes insensés qui caressent la Révolution sous prétexte qu'ils la pourront dompter, et, faisant toujours tout pour tout compromettre et tout perdre se flattent éternellement de tout sauver. Dès l'époque qui nous occupe nous allons voir ces hommes à l'œuvre, nous y reconnaîtrons sans peine les ancêtres de nos *conservateurs* et de nos *catholiques libéraux*. En effet, faire remonter notre *Libéralisme* à la Révolution française, c'est une erreur, il date de la révolte religieuse du XVIe siècle, dont notre révolution n'a été qu'une phase dernière et une dernière application. L'étude de l'Allemagne que nous allons continuer, nous en convaincra aisément.

Trois acteurs s'y agitent et en remplissent l'histoire ; le *Catholicisme* qui se bat noblement pour l'ordre social tout autant que pour la foi religieuse. Le *Protestantisme* qui de plus en plus renverse les principes sociaux et religieux : entre les deux le parti des *politiques*, faible, indécis, inintelligent, qui ménage l'hérésie au lieu de la combattre, et souvent entrave l'Église qu'il devrait fortifier et protéger. Reprenons l'histoire au moment de la :

Diète de Spire (1526-1529).

Le Protestantisme était devenu, grâce à la faiblesse ou à la complicité des princes allemands, un parti politique redoutable. Ainsi que nous le disions plus haut, à sa tête et en arme étaient le landgrave, Philippe de Hesse, Georges de Saxe, les ducs de Brunswick, Lunebourg, et Mecklembourg, les comtes de Mansfeld, etc. Ils avaient formé une alliance bien plus offensive encore que défensive, toujours prêts à se soulever contre l'Église catholique et l'empereur Charles-Quint, inaugurant une politique de ruse et de déloyauté, et semant partout des bruits d'attaque et de trahison pour mieux couvrir leurs armements formidables. — Voici s'ouvrir, de 1529 à 1555, une série de diètes, de conférences, d'essais de conciliation, de paix fallacieuses, où les catholiques sont trop souvent dupes de leur droiture et victimes de la faiblesse du pouvoir, où les protestants, contempteurs audacieux de tout principe, trouvent moyen de faire profiter à leur cause jusque leurs défaites, où Charles-Quint apparaît parfois peu digne de lui-même et surtout des intérêts sacrés qu'il est chargé de défendre.

La première de ces diètes est celle de *Spire* en 1529, où la révolte luthérienne prit pour la première fois le nom de *Protestantisme*. Charles-Quint, vainqueur de l'Italie et de la France, apportait à la diète la préoccupation d'une guerre contre les Turcs dont les bataillons se ruaient avec fureur contre l'Empire. Cette préoccupation fut la fortune des Luthériens qui commencèrent par obtenir la liberté civile et une véritable révocation implicite des entraves si légitimes que l'édit de Worms mettait à leur révolte. « Jusqu'à la tenue du Concile œcuménique, chaque État fera, quant à l'édit de Worms, comme il pourra (1). » Qu'était-ce autre chose que de fléchir ? Mais les Luthériens ne se contentèrent pas d'obtenir la liberté pour eux, il leur fallait encore la ravir aux catholiques. Ils s'opposèrent avec une hauteur et une intolérance incroyables à cette proposition plus que modérée des princes catholiques : « Les États qui jusqu'à présent avaient gardé l'édit de Worms le garderaient à l'avenir, les autres s'en tiendraient aux doctrines nouvelles, qu'on ne pourrait abroger sans danger jusqu'au Concile universel. Cependant on s'abstiendrait de prêcher publiquement contre le Sacrement de l'autel, on n'abolirait point la Messe là où elle se disait encore. » C'est contre cette proposition qu'à deux reprises les hérétiques protestèrent et prirent de là le nom de *protestants*. Il fut convenu qu'on tiendrait une nouvelle diète pour trancher toutes ces

---

(1) Voyez Kapp, Append., P. II, p. 680 ; *id.* Walch, t. XVI, p. 124.

difficultés. — Quant aux secours que Charles V payait si cher, ils arrivèrent trop tard, et quand Louis roi de Hongrie avait à Mohacz été écrasé par l'armée de Soliman, laissant sa couronne à Ferdinand d'Autriche.

Diète d'Augsbourg (1530).

Elle s'ouvrit pour Charles-Quint sous les plus sinistres auspices. Les hérétiques, intolérants jusqu'à la fureur, excitèrent des troubles durant la solennité de la Fête-Dieu. Consommée toute entière en discussions stériles, elle n'eut finalement d'autre résultat que de fortifier le parti luthérien en l'amenant à l'alliance de la *Smalckade*. Mélanchthon avait rédigé une profession de foi dite « Confession d'Augsbourg, destinée à ramener à un seul *credo* Catholiques et Luthériens. Ce travail n'avait que deux défauts : il escamotait dans un astucieux silence les principaux points en litige : la primauté du Pape, le purgatoire, les sept sacrements, la transsubstantiation, etc.; de plus dans ce qui restait il redonnait le poison des erreurs de Luther sur le péché originel, le libre arbitre, la foi et les œuvres. Cette profession de foi luthérienne ayant été lue en séance publique, les théologiens catholiques, Eck, Conrad Wimpina, Cochlæus, Faber en firent deux réfutations, une que Charles V refusa comme trop énergique, une seconde, dont les Luthériens repoussèrent la force victorieuse par leurs réclamations et leurs cris. L'empereur, toujours pressé par les Turcs, toujours abusé sur la situation et croyant par la conciliation ramener les révoltés, ménagea des conférences où les catholiques et Mélanchthon firent des efforts surhumains pour arriver à se rejoindre tout en restant dans des chemins opposés. Tout le monde se retira mécontent, Luther plus irrité que tous les autres, Mélanchthon maltraité par tout son parti. Luther avait bien vu l'impossibilité du résultat que Charles-Quint avait eu en vue. « Il ne me convient nullement, écrivait-il d'un ton irrité à Mélanchthon, qu'on prétende traiter de l'unité dans la doctrine. Cette unité est tout à fait impossible, à moins que le Pape ne consente à laisser là tout son attirail de Papauté. » A côté de la Confession d'Augsbourg » et de l' « Apologie » de cette confession qu'avait composées Mélanchthon, deux autres professions de foi avaient été lues à la diète. L'une d'elle fut appelée « Confession des quatre villes (1), » (*confessio tetrapolitana*). Elle était assez semblable à celle d'Augsbourg, sauf en ce qui touchait la Cène, où Bucer le rédacteur ne voyait qu'une représentation sans réalité. Une troisième représentée par Zwingle, faisait justice des hypocrites et fallacieuses réticences, des équivoques des deux premières et exposait l'hérésie dans toute sa crudité. Mélanchthon ne comprenait rien à cette sauvage franchise et écrivait à un de ses amis : « Il faut que Zwingle soit fou ! » — Zwingle n'était qu'audacieux et il pouvait l'être. Sans doute l'empereur condamna nettement les trois confessions de foi luthérienne; sans doute la diète rappela l'ancienne constitution de l'Empire d'après laquelle nul ne pouvait être ni empereur, ni roi, ni prince, s'il n'était catholique; Charles V parla bien, mais agit faiblement (2), tandis que le parti protestant qui avait faiblement parlé à Augsbourg chercha dans les armes une revanche à ses défaites doctrinales. Luther, qui prêchait souvent que la Réforme ne devait connaître d'autres armes que la parole, et d'autre force que la persuasion, changea tout à coup de langage, et

---

(1) Strasbourg, Memingue, Lindau, Constance.

(2) Il faut néanmoins pour être juste lui tenir compte des embarras qui l'enveloppaient. L'invasion turque était imminente, Charles ne trouva auprès des princes catholiques qu'un accueil assez froid et un concours assez stérile, et se vit réduit à demander des secours aux protestants (1532), secours que ceux-ci firent payer par des concessions désastreuses à la vérité catholique.

Voy. Rohrbacher, liv. LXXXIV, § 5.

prêcha dans toute l'Allemagne la guerre à outrance. « Résister à ces chiens, disait-il, dans un manifeste, ce n'est pas faire de la rébellion, » et il concluait qu'on devait se jeter sur les papistes, les tuer, les piller, les rôtir. On s'y disposa par un armement formidable, et les princes luthériens conclurent à la *Smalckade* une ligue de six années. Charles-Quint n'était pas prêt à soutenir cette guerre, il dut reculer et entrer en négociations avec les révoltés. Commencés à Francfort, ces pourparlers ignominieux autant que funestes à l'Église et à l'Empire se terminèrent à : *Nuremberg* (23 juillet 1532).

C'est cette conférence qui porte dans l'histoire le nom de *Paix de Nuremberg*, paix sinistre, que l'on signait au milieu des cris de guerre des protestants et des cris de détresse des populations catholiques écrasées par l'intolérance luthérienne. Les Anabaptistes venaient de créer leur *cité de Dieu* et promenaient partout le ravage et la mort; Jean de Leyde dans les Pays-Bas, terrorisait le peuple ou le fanatisait. Un bourreau à ses côtés, il jugeait les procès, prononçait les plus arbitraires sentences, et surtout multipliait dans une mesure effrayante les condamnations à mort. — La paix de Nuremberg rendait ces horreurs toujours possibles en laissant à la révolte religieuse toute sa vitalité. D'après cette paix les Luthériens pouvaient garder la confession d'Augsbourg et ne pas rendre les biens volés aux catholiques. Comment les princes, déjà ligués entre eux contre Charles V profitèrent-ils de cette condescendance ? En se détachant de plus en plus de leur empereur. Philippe de Hesse fit alliance avec François Ier; Ulric de Wurtemberg, mis au ban de l'Empire, fut rétabli dans son duché les armes à la main, et les Luthériens pour se fortifier encore conclurent avec les Zwingliens une alliance, grâce à des réticences et des sous-entendus (1538).

Avant de continuer l'historique de ces défaillances et de

ces désastreux compromis qui livraient toujours davantage l'Allemagne et l'Europe aux fureurs de l'hérésie, jetons un coup d'œil sur les événements qui s'accomplissent autour de nous. Depuis l'année 1520, la Suisse est travaillée par l'hérésie, fanatisée par Zwingle et les autres protestants et bientôt livrée à la plus déplorable confusion. — L'année même de la triste paix de Nuremberg, *Calvin* commence à Paris ses prédications, et ouvre dans la boutique d'Étienne de la Forge ses conférences clandestines. Découvert, il passe à Angoulême, à Nérac et de là à Genève où il s'établit. — En Angleterre, dès l'année 1530, Henri VIII inaugure par l'affaire de son divorce toute une carrière de schisme et de forfaits. Là comme partout, c'est le vice qui introduit l'hérésie.

Revenons en Allemagne et continuons à voir monter le flot de l'erreur qui chasse devant lui les trop faibles essais de résistance que lui opposent Charles-Quint et les catholiques qui l'entourent. Après les *confessions* et les *paix* dérisoires, voici venir sous le nouveau nom d'*interim* les anciennes défaillances du pouvoir. — Lorsqu'après la guerre des paysans, le parti luthérien se réunit à la Smalckade (février 1537), il avait des forces imposantes. A l'électeur de Saxe et au landgrave de Hesse s'étaient joints les ducs de Lunebourg, le duc de Wurtemberg, les princes d'Anhalt, ceux de Mensfeld, les comtes de Nassau et de Reichlingen, le duc de Mecklembourg, les princes des Deux-Ponts. L'esprit violent de Luther prévalait de plus en plus sur la timidité conciliatrice de Mélanchthon. Toute idée de Concile œcuménique, de réunion à l'Église, de retour quelconque à l'unité était rejetée avec force grossièretés, et l'on se séparait avec cette salutation et ce vœu sataniques : « Que Dieu vous remplisse de haine pour la Papauté! » Après la réconciliation de Bucer et de Luther, les cantons suisses grossirent le parti des princes, le margrave Jean de Neumark s'y rangea de même ainsi que son frère Joachin II, électeur de Brandebourg (1536). En 1539 Henri de Saxe renia le Catholicisme pour l'erreur luthérienne et acheva de fortifier la ligue des protestants.

Cependant que faisait Charles-Quint? Charles-Quint était très certainement catholique, dévoué à l'Église, mais plus dévoué peut-être à ses ambitions personnelles. Toujours en guerre avec la France, toujours dévoré du désir des agrandissements, il ne lui restait plus d'armées disponibles pour la cause de l'orthodoxie, il vivait d'expédients, il faisait tenir des conférences, telles par exemple que celle de *Ratisbonne*, il proposait des *interim*. *Interim* veut dire : « en attendant; » c'est l'attermoiement, c'est le provisoire, c'est la faiblesse. A chacun de ces reculs misérables, l'hérésie avançait et conquérait tout le terrain laissé vide. Déjà plus aucune fraction protestante ne voulait plus d'un Concile, et aucun des efforts de Clément VII faits dans ce sens ne put aboutir. *Paul III* (1534) qui reprit plus ardemment encore le dessein de Clément VII échoua de même, car lorsqu'il eut convoqué le Concile de Mantoue (1537), les protestants répondirent d'abord que dans ce Concile ils voyaient un piège, ensuite que l'assistance de l'Esprit-Saint les en dispensait grandement, enfin qu'un Concile convoqué par un Pape n'était plus qu'un acte autoritaire auquel le principe même de la Réforme ne pouvait se plier. Une nouvelle guerre éclatée entre Charles V et François Ier leur servit même de prétexte, et ces pourparlers n'eurent d'autre issue que de faire renouveler la ligue de la Smalckade pour dix nouvelles années. Quelques années plus tard, les propositions d'un Concile ayant été présentées de nouveau, de nouveau aussi les protestants tinrent à Smalckade (février 1537) une réunion où l'on se déchaîna plus furieusement que jamais contre la Papauté. Luther, dans « les vingt-trois articles de Smalckade » rompit par sa violence avec les ménagements d'Augsbourg et poussa la haine du Pape et de l'Eglise catholique jusqu'aux dernières extrémités. — Charles-Quint remplaça l'idée du Concile par la vieille et malheureuse idée des conférences et des discussions. Rien ne rappelle mieux l'attitude des empereurs du Bas-Empire. Les *interim* d'Allemagne, ce sont les *Hénotiques* et les *Types* de l'Église d'Orient. Après les conférences de Spire, d'Haguenau (juin 1540) et de Worms (1541), aussi stériles que peu rassurantes, l'empereur remit les discussions à la prochaine diète de :

Ratisbonne (1541).

Comme toujours la conciliation se heurta à des écueils impossibles à éviter autant qu'à franchir, et l'*Interim de Ratisbonne* ne fut comme les autres essais du même genre qu'une amère mystification. Charles-Quint sans doute eût pu davantage, puisque dans la guerre qui venait d'éclater avec les partisans de la Smalckade (1547) il avait complètement défait l'armée protestante près de Muhlberg. Vainqueur sur le champ de bataille, il fut vaincu sur le champ de la conciliation. De sa propre autorité il proposa un formulaire de doctrine, inacceptable aux catholiques et qui ne fit qu'irriter les protestants. Rome vit avec peine que l'empereur eut franchi sans mandat les frontières du dogme; d'autre part le mariage des pasteurs luthériens ainsi que la communion sous les deux espèces que l'*Interim* de Ratisbonne permettait n'étaient plus, bien qu'exorbitants, des concessions capables de satisfaire les révoltés. Quelque temps néanmoins Charles-Quint eut la force et en usa pour imposer son *Interim*; un bon nombre de Protestants promirent de se présenter au Concile de Trente, Mélanchthon lui-même se mit en marche avec plusieurs docteurs luthériens. Mais tout à coup Maurice de Saxe trahit sa parole, fait contre l'empereur une alliance puissante avec Henri II de France, le Brandebourg et le Wurtemberg; Charles-Quint s'échappe avec peine d'une embuscade qu'il lui dresse à Inspruck (1552), et conclut le traité de *Passau* où il renonce à l'*Interim*, rend la liberté au landgrave de Hesse et s'engage à réunir une nouvelle diète dans le délai d'un an. Cette diète, quelque peu retardée par la guerre contre les Français qui venaient d'envahir la Lorraine, fut la diète d'Augsbourg, d'où sortit l'accord incomplet et la paix fragile qui porte dans l'histoire le nom de :

Paix d'Augsbourg (1555).

La conclusion de cette paix finira cette étude, qui contient *la première introduction du Protestantisme* en Europe.

5. Mais avant d'y arriver nous devons, revenant quelque peu sur nos pas, recueillir des événements importants laissés en arrière. Le premier imprima à la prétendue Réforme la plus sanglante flétrissure, c'est la *bigamie du landgrave Philippe de Hesse* (1540). Comme une foule d'autres seigneurs allemands, Philippe de Hesse n'avait vu dans la révolte luthérienne qu'une occasion facile de se débarrasser du regard et de l'étreinte de Rome, et de se livrer sans plus de crainte à toutes les convoitises et à toutes les passions. Ce fut si bien là le fond de la situation du Luthéranisme allemand que nous avons entendu un contemporain se plaindre que depuis la Réforme l'Allemagne s'était changée « en une forêt pleine de loups et en une étable à pourceaux, » et Luther lui-même constater que sa prédication avait amené une licence et une corruption effrayantes. Le scandale de Philippe de Hesse vint aggraver encore la situation, en renversant les dernières barrières de la pudeur. Déjà Jean de Leyde, qui dans un manifeste annonçait qu'on se mettrait en campagne et qu'on tuerait tous les riches, avait pris plusieurs femmes et avait rendu la polygamie générale parmi ses sectaires. Cette infamie fut contagieuse. Philippe de Hesse prit deux femmes, et voulut, après quelques années de liberti-

nage *régulariser* sa bigamie. Il remit à Bucer pour Luther et Mélanchthon une lettre dans laquelle « le landgrave de Hesse, marié depuis seize ans à Christine fille de Georges de Saxe et père de huit enfants, demandait à épouser comme seconde femme Marguerite de la Sahl, fille d'honneur de sa sœur Élisabeth. » Grande perplexité de Luther et de Mélanchthon : accorder c'était jeter sur la Réforme la plus sanglante ignominie; refuser c'était s'exposer à voir Philippe rompre avec eux et retourner selon sa menace au Catholicisme. On accorda. Bucer, Luther, Mélanchthon, *aidés* de six théologiens Hessois, motivèrent leur dispense sur la nécessité de pourvoir au salut d'une âme et à la gloire de Dieu! Seulement il fut jugé plus prudent que ce mariage se célébrât en secret (1540). Mélanchthon en tomba malade de chagrin ; quant à Luther il paya d'audace comme toujours et en face de ce grand scandale devenu public il déclara « qu'il n'avait pas plus à justifier qu'à nier la dispense accordée par lui ; que si l'on trouvait à redire, il entendait bien pour lui ne pas demander grâce et ne pas reconnaître qu'il avait commis une erreur. » Il avait bien, lui, Martin Luther, moine défroqué de Wittemberg, épousé Catherine du Bore, religieuse enlevée à son couvent !

En 1546 le malheureux moine apostat allait rendre à Dieu le compte terrible de tant de crimes et de tant d'infamies. Ses dernières années furent sombres et perpétuellement irritées. Il ne dominait plus ; les passions qu'il avait déchaînées ne reconnaissaient plus sa parole, et il était de toutes parts débordé par le mal qu'il avait fait jaillir. Deux mots résument ses derniers jours : amertume et insensibilité. D'amertumes, il en fut accablé. Par un juste retour, ses passions étaient devenues ses premiers bourreaux. Ce moine débauché, aux aspirations bestiales, au langage impossible à redire (1), ce moine qui, en 1526, avait profané sa virginité sa-

---

(1) Oui, un grand nombre de ses saillies, surtout de ses *propos de table*,

cerdotale dans la prostitution d'une autre virginité, et avait fondé dans la honte un foyer domestique honni des hommes et maudit de Dieu, ce moine recevait coup sur coup les sévérités vengeresses de la terre et du ciel. Les hommes l'accablaient sous les plus cruels sarcasmes, Dieu le frappait dans sa famille. Sa chère *Kheta*, sa religieuse salie, se chargeait par son humeur acariâtre, ses fréquentes colères et les orages de l'intérieur, d'une troisième expiation. Du dehors ne lui venaient plus que déplaisirs, chagrins et terreurs. Nous n'avons désormais devant nous que le spectacle écœurant d'un misérable qui vit dans des irritations et des haines éternelles, et qui cherche dans d'ignobles rasades l'oubli du passé, l'allégement du présent et l'insensibilité en face de l'avenir. Son siècle et son œuvre lui faisaient peur (1), et nul plus énergiquement que lui n'invectivait contre cette Allemagne qu'il avait fait naître de sa révolte et qu'il avait marquée du « signe de la bête. » Nous l'entendons se plaindre de tout le monde, et tout le monde le lui rend amplement. En 1530, il est si impopulaire en Saxe qu'il n'ose plus même sortir et se montrer. « Vous savez, écrivait-il à son vieux père malade, jusqu'à quel point les seigneurs et les paysans m'en veulent. » A la haine des hommes Luther joint encore la haine de l'Eglise ; le Pape et les papistes excitent en lui d'affreuses colères ; il n'est pas d'ignobles injures et d'atroces souhaits que ces colères ne fassent jaillir de ce cœur ulcéré. Ne croyons pas toutefois que Luther soit mort dans l'agitation du remords et les commotions d'une conscience bourrelée. Il mourut comme meurt le prêtre apostat qui a longtemps bu « au calice d'assoupissement. » Il se savait dans l'erreur, il avait reconnu l'impossibilité de comprendre

---

défient par leur obscénité grossière la plume la moins délicate et la plus osée.

(1) Voyez : Jarcke, *Esquisses et études*, p. 36. — Id., Doëllinger, *La réforme*. — Audin, *Hist. de Luther.*

l'Ecriture et par conséquent de la donner à la foule comme une règle unique de la foi, il était devenu sceptique, il ne croyait plus même à la théologie (1); les plus authentiques documents nous le montrent obsédé du démon (2); Luther mourut dans l'orgueil de l'apostat (3) et l'épouvantable insensibilité de l'impénitent, presque le verre à la main et le blasphème à la bouche. Erasme put écrire publiquement, sans crainte d'être démenti : « La raison la plus vulgaire m'apprend qu'un homme qui a excité un si grand tumulte dans le monde, qui n'avait de plaisir que dans les paroles indécentes ou railleuses, n'a pu faire la chose de Dieu. Une arrogance comme celle de Luther, que rien n'égala jamais, suppose la folie, et une humeur bouffonne comme celle du docteur de Wittemberg ne s'allie point avec l'esprit catholique. »

6. Pendant que ses disciples l'honoraient comme un saint, l'Allemagne, dans le feu et le sang, payait cher de l'avoir reçu et cru comme son apôtre. Nous avons suivi d'une part ces commotions violentes, de l'autre, la faiblesse, l'inintelligence, les compromis funestes de l'Empire en face d'audacieux sectaires. Nous en étions au dernier de ces compromis, à la *paix d'Augsbourg* en 1555.

---

(1) Voy.: Menzel, t. II, p. 29-32. — Alzog, t. III, p. 82, la note.
(2) Voy.: Audin, t. II, ch. 20 et suiv. — Doëllinger, *La réf.*, t. III, p. 237. — Michelet. — Voy. Migne, Dem. Evang.
(3) Voici un passage bien tristement curieux de son testament. « *Notus sum in cœlo, in terra et inferno, et auctoritatem ad hoc sufficientem habeo ut mihi soli credatur, cum Deus mihi homini, quamvis damnabili et miserabili peccatori, ex paterna misericordia, Evangelium Filii sui crediderit dederit que ut in eo verax et fidelis fuerim, ita ut multi in mundo illud per me acceperint, et me pro doctore veritatis agnoverint, spreto banno papæ, Cæsaris, regum, Principum et sacerdotum, imo omnium dæmonum, odio.* » Et comme son testament violait dans ses clauses la loi civile, Luther ajoutait : « *Quidni igitur ad dispositionem hanc in re exigua sufficiat, si adsit manus meæ testimonium, et dici possit : « Hæc scripsit D. Mart. Luther notarius Dei.* »

« La paix » religieuse d'Augsbourg ouvre définitivement en Allemagne l'ère des implacables guerres de religion, en consacrant deux Allemagnes rivales et acharnées l'une contre l'autre. La liberté des cultes était pleinement accordée aux protestants comme aux catholiques, l'erreur obtenait la même place officielle que la vérité, elle avait désormais sans conteste possible une existence légale. — Un point resta indécis d'où jailliront bientôt de sanglantes et interminables querelles. L'évêque ou le dignitaire qui abjurait la foi catholique pour embrasser le Luthéranisme perdait-il sa prélature et sa charge, ou bien, au contraire, le laissait-on entraîner dans son apostasie l'Eglise dont il avait le gouvernement? Ce n'était pas une difficulté oiseuse, mais éminemment actuelle et pratique en face de la double apostasie d'Albert de Brandebourg et d'Hermann de Cologne. Sans doute le parti catholique l'emporta, et sous le nom de *reservatum ecclesiasticum*, il fut stipulé que les titulaires et les États qui passeraient au Protestantisme perdraient leur dignité, et que de nouvelles élections pourvoieraient. En regard les Luthériens firent officiellement consigner leur protestation, et cette protestation leur fut une arme terrible contre les plus légitimes revendications des catholiques.

Après ce dernier acte de faiblesse et cette dernière faute politique nous voyons Charles-Quint disparaître de la scène de l'histoire (1556). Abreuvé d'amertumes, déçu dans toutes ses espérances, fatigué même de ses ambitions, il se retira en Espagne dans le couvent de Saint-Just où il mourut en 1558. — Un jugement sur ce prince est chose singulièrement difficile, tant les questions sont complexes, les situations pénibles et ardues, et tant aussi les jugements sont divers (1).

---

(1) Sa correspondance a été publiée par Lanz, ses commentaires, par Kervyn de Lettenhove. — Fr. Guiccardini, *Storia d'Italia* (1493-1532). Pisa, 1819, 10 tomes. — P. Giovio, *Historia sui temporis* (1498-1513,

Tous reconnaissent en lui un prince bon et pieux. Eut-il la force, la loyauté, la magnanimité du prince chrétien? L'indécision commence. En général les protestants le ménagent plus que ne le doivent désirer les catholiques. Ceux-ci n'ont pas cessé de lui reprocher ses concessions perpétuelles, son immixtion maladroite dans les affaires religieuses. Pour rester juste il faut tenir compte des extrémités où fut souvent réduit un prince laissé seul, sans alliés, trahi quelque-

---

1521-1527). Flor., 1550, 2 tomes in-fol. — De Thou, *Historia sui temporis* (1543-1607). Francf., 1625, 4 tomes in-fol. — *Monumenta habsburgica* (1473-1576), Wien, 1853. — Will. Robertson, *History of the emp. Charles V*. Lond., 1769, 3 tomes in-4º (en allem., par Remer. Braunschw., 1772, 3 tomes). — P. Salazar, *Cronica del emperador D. Carlos quinto*. Sevilla, 1552, 1 vol. in-fol. — *Historia de la vida y hechos del emperador Carlos V*, por Pr. de Sandoval, O. S. B. (évêque de Tuy et Pampelume), Pampl., 1634, 2 vol. in-fol. — *Epitome de la vida y hechos del emp. Carlos V*, por D. Juan Anton de Vera y Zunniga. Madr., 1622, 1 vol. in-4º. — *Commentario de la guerra de la Alemana, hecha de Carlo V*, por E. Avila y Zunniga, Anvers, 1550, 1 vol. in-8º. — *Historia de la guerra y presa de Africa*. Napoles, 1550, 1 vol. in-fol. — *Nouvelles de la cité d'Africque en Barbaria*. Antw., 1554. — *Rerum a Carolo V in Africa gestarum commentarii* (a Cornel. Scheppero collecti, Antw., 1554 (1555). — *Histoire du règne de Charles-Quint en Flandre*, par Alex. Henne. Bruxelles, 1858-1860, 10 vol. in-8º.

Lettres de Guill. van Male sur la vie intérieure de l'empereur Charles-Quint, publ. pour la première fois par le baron de Reiffenberg. Bruxelles, 1843.

Cloister-life of the emperor Charles V, par Stirling, 3º édit., enlarged. Lond., 1858, 1 vol. in-8º (W. Stirling, *Das Klosterleben Karl's V, aus dem Engl. von Lindau*. Dresde, 1853). — Prescott, *Klosterleben Karl's V, aus dem Englischen*. Leipz., 1857 (W. Prescott, mort en 1859, a publié une nouvelle édition de l'histoire de Charles V, due aux soins de W. Robertson, en y ajoutant : *An account of the emperor's life afte his abdication*. Bost., 1856 (1857), 3 vol. in-8º). — *Charles-Quint, son abdication, son séjour et sa mort au monastère de Yuste*, par M. Mignet, 3º édit., Par., 1857. — *Retraite et mort de Charles-Quint au monastère de Saint-Juste. — Lettres inédites*, publiées par M. Gachard. Bruxelles, 1854-1855, 3 vol. in-8º. — *Relations des ambassadeurs vénitiens sur Charles-Quint et Philippe II*, publ. par M. Gachard. Bruxelles, 1856. — *Correspondance de Charles-Quint et d'Adrien VI*, publiée pour la première fois par Gachard, 1859. — Gams, dans son édit. de l'*Hist de Mœlher*, t. III.

fois et toujours placé en face d'implacables et d'audacieux révoltés.

7. Une tache néanmoins reste ineffaçable, c'est l'atroce expédition de Rome par les bandes luthériennes en 1527, sous le commandement du connétable de Bourbon, expédition qui fut tout au moins tolérée par Charles-Quint. L'infortuné Clément VII réduit à toute extrémité avait comme toujours cherché en France quelque appui. L'Allemagne irritée médita une vengeance. Des bandes luthériennes poussées au pillage et au massacre par le connétable de Bourbon s'en chargèrent; Charles V les laissa partir. L'œuvre fut affreuse de cruautés, de ruines, d'attentats de toute sorte, et ce sac de la Ville Sainte laissa de bien loin derrière lui les dévastations des Barbares du IVe siècle. Dès le premier jour, 8,000 Romains étaient massacrés, les maisons livrées au pillage, les monuments incendiés, les choses saintes livrées à des profanations épouvantables. Durant neuf mois entiers, ce ne fut plus à Rome qu'une orgie qui s'étalait dans le sang. Clément VII, enfermé avec les cardinaux dans le château Saint-Ange, recueillait dans l'impuissance l'écho de ces horreurs, et signait une paix humiliante et onéreuse. Mais au sein de cet abandon de l'Europe, mûre pour l'apostasie, Dieu restait à son Église, et terribles furent ses coups. Les assassins de Rome jonchèrent de leurs cadavres le sol qu'ils avaient dévasté; leurs deux chefs, Georges de Frondsberg et le connétable de Bourbon les avaient précédés dans l'expiation. Charles V avait laissé faire : en moins d'un siècle sa maison si brillante et si forte s'abaissa misérablement, sa race s'éteignit sans honneur, la maison de Lorraine lui prit l'Autriche et les fils de saint Louis les trônes d'Espagne et de Naples.

VINGT-HUITIÈME LEÇON.

PROPAGATION DU PROTESTANTISME EN EUROPE.

De l'étude qui précède nous avons pu conclure qu'une seule chose, dans la prétendue Réforme, était solide et persistante : la haine de l'Église, de la Papauté, de cette domination puissante, qui depuis plus de dix siècles tenait les passions en bride, punissait les vices du peuple et des grands, faisait plier l'orgueil des despotes, et protégeait l'humanité chrétienne contre ses propres excès. Les doctrines des révoltés du XVIe siècle témoignaient par leurs variations perpétuelles du peu de sérieux qu'y mettaient leurs auteurs; mais en revanche prétendre, en face de Rome, à la liberté c'est-à-dire à la licence qui pense, parle et agit sans règle et sans frein, c'était la force invincible comme la plus ardente volonté du Protestantisme. Ce fut aussi la cause de sa rapide propagation. Nous connaissons l'Europe du XVIe siècle, nous y avons précédemment trouvé à peu près partout les germes féconds d'une révolution religieuse. Cette révolution n'a éclaté d'abord qu'en Allemagne, mais comme les autres pays, l'Angleterre, les Pays du Nord, la Suisse, sont atteints du même mal et offrent les mêmes pentes, il n'est que trop certain que le fléau s'y étendra.

C'est cette invasion du Protestantisme dans les différentes contrées de l'Europe qu'il nous reste à étudier.

I. Le Protestantisme en Suisse (1). L'hérésie s'y prit à deux fois pour pervertir la Suisse, deux invasions successives, deux hérésiarques, Zwingle et Calvin, s'efforcèrent d'arracher ces populations à l'antique bercail de l'Eglise catholique. La première de ces invasions protestantes, contemporaine de Luther et de la révolution d'Allemagne, commence en 1516, la seconde avec Calvin en 1534.

1. Zwingle, comme nous l'avons vu, né en 1484 d'un paysan de Wildhausen, était, après plusieurs postes dont son inconduite l'avait fait successivement chasser, devenu vers 1516 prédicateur de la cathédrale de Zurich. Sa vie dissolue l'avait depuis longtemps entraîné dans les impiétés les plus révoltantes, il avait déjà dans sa cure d'Einsiedeln prêché contre les œuvres saintes et le culte de la Sainte Vierge, et quand les prédicateurs de l'indulgence promulguée par Léon X arrivèrent à Zurich, à la plus furieuse jalousie Zwingle joignit la plus complète impiété. Appelé à Rome par Léon X pour répondre de ses erreurs, averti paternellement par Adrien VI, Zwingle en 1522 rompit complètement avec l'Église et se maria. Dès cette année 1522 nous n'avons plus devant nous qu'un sectaire ardent à détruire tout le symbole et tout le culte catholique. Il provoque dans des conférences publiques les évêques de Constance et de Bâle, se fait par le grand conseil déclarer vainqueur de leur théologien Faber, puis, aidé de ses deux

---

(1) Maimbourg, *Hist. du Calvinisme.* — Buchat, *Hist. de la réformat. en Suisse.* — Charpenne, *Hist. de la réforme et des réformateurs de Genève.* — Gaberel, *Hist. de l'Église de Genève*, 3 vol., 1862.

compagnons Léon Judæ et Hetzer (qui fut plus tard décapité à Constance pour ses crimes), soutenu par la majorité gangrénée des membres du grand conseil et des magistrats de la ville, il se mit à abolir la Messe, le culte des images et le célibat ecclésiastique. Plus encore qu'en Allemagne, l'introduction et la propagation de l'erreur furent dues à la force. C'est de force que les sectaires arrachaient au peuple ses autels, ses églises, ses prêtres, son culte, sa foi. Si pour la montre on essayait des conférences, les cris et les voies de fait avaient aisément raison de la valeur morale et de la science des catholiques. Le plus souvent les magistrats gagnés à l'erreur tenaient un conseil où il était décidé que pour se rendre *au vœu ardent des populations* le culte catholique était aboli. Les évêques et les prêtres restés fidèles étaient bannis quand ils avaient pu échapper à la mort. C'est ainsi que par une série de coups de main et à l'aide des plus odieuses violences, villes, bourgades, provinces, étaient déclarées *réformées*; ainsi que pour de longs siècles Bâle, Mulhouse, Berne (1), tant d'autres villes, se virent privées du bienfait de la vérité.

Parcourons rapidement la série de ces iniquités odieuses. — A Zurich, les membres du conseil opposé à Zwingle furent chassés, l'intervention de Lucerne resta sans fruit, le conseil trouvant dans la Réforme un moyen de satisfaire

---

(1) C.-L. de Haller, *Hist. de la révolution religieuse ou la Réforme protest. dans le canton de Berne et les environs*, Lucerne, 1836. Zwingle avait déjà donné au prêtre Klob de Berne les instructions suivantes sur la manière de propager les nouvelles doctrines : « Cher Frantz, allons tout doucement dans l'affaire, ne jette d'abord aux ours qu'une poire amère parmi les poires douces que tu leur donneras; puis deux, trois; et quand ils se mettront à les manger, jette-leur-en de plus en plus en entremêlant les douces et les amères. Enfin, vide tout le sac, doux et dur, aigre et sucré, car ils avaleront tout et ne voudront plus se laisser chasser du plat. Donné à Zurich, le lundi d'après la Saint-George. Ton serviteur en Christ. Huldrich Zwingli. »

sa cupidité et son ambition, et dans le réformateur un flatteur et un complice, demeura obstiné dans ses plans d'apostasie. D'ailleurs, aussi despotique contre les sectes dissidentes que contre la vérité catholique, il fit aux Anabaptistes une guerre sanglante, jeta à l'eau Félix Manz et fit fouetter cruellement Blaurock. — A Bâle, trois des principaux curés ouvrirent par leur défection sacrilège l'accès facile à l'erreur : Wofgang Capito, Reublein et le plus célèbre des trois OEcolampade. Ce dernier, né à Weinsberg en 1482, curé à Bâle en 1515, prédicateur à Augsbourg, puis, après divers autres postes, rappelé à Bâle, fut de bonne heure infecté des erreurs nouvelles, rompit entièrement avec l'Église catholique, et comme tous les autres montra, en se livrant à une femme, que les passions seules fondaient la religion nouvelle. L'émeute audacieuse triompha à Bâle comme dans les autres villes de la Suisse, et dès l'année 1527 les sectaires obtenaient le libre exercice de leur hérésie. A peine tolérés ils devinrent despotes. En 1529 ils réussirent à s'emparer de la citadelle et des armes, se ruèrent sur les églises, chassèrent le clergé, mirent les membres catholiques à la porte du conseil et régnèrent en maîtres, c'est-à-dire en tyrans. Les mêmes scènes firent tomber tour à tour les autres villes dans la même hérésie et la même oppression. — Cependant la vieille Suisse résista énergiquement; les cantons où la pureté des mœurs avait conservé aux âmes l'amour du bien et l'attachement à la foi restèrent fidèles à l'Église. Uri, Schwitz, Unterwald, Zug, Lucerne, prirent les armes pour la défense de la religion et la garde de l'indépendance, et formèrent une ligue défensive avec le Valais (1528). Les protestants formèrent une contre-ligue à Berne (1529) et la guerre devint bientôt inévitable. Les catholiques furent vainqueurs à Cappel, où les Zuriquois furent taillés en pièces et où Zwingle, qui se battit avec la fureur du désespoir, tomba mortellement frappé (1531). Chaque canton resta maître de régler souverainement son culte, mais les protestants ne cessèrent plus de travailler à la propagation de leur hérésie.

Cette hérésie de Zwingle et des autres sectaires Suisses, quelle était-elle? Zwingle adopta la plupart des erreurs de Luther, mais néanmoins s'en sépara par un point capital. Comme Luther il nia le libre arbitre, attribua à Dieu seul les crimes de l'homme, enseigna le fatalisme, et prétendit que l'homme prédestiné au salut se sauve quelques crimes qu'il commette, comme l'homme prédestiné à l'enfer y tombe quelques vertus qu'il ait pratiquées. Le terme est identique, mais Zwingle y arrive par un chemin tout opposé. Pour Luther, l'homme est si complètement détruit par le péché originel, que Dieu doit le jeter lui-même comme une masse inerte dans le paradis ou dans l'enfer. Pour Zwingle, le péché originel n'existe pas, il ne l'accepte que pour la forme. « Dieu, selon lui est tout en tous, l'homme n'est qu'un phénomène passager, une force de Dieu, il est donc privé du libre arbitre et prédestiné de toute éternité (1). » C'est là un vrai panthéisme. L'homme ne faisant qu'un seul tout avec Dieu : quel besoin avait-il des sacrements? Que lui importait le culte? Zwingle supprimait tout cela, et il n'est resté de lui qu'un système religieux sec et froid que l'aridité discrédita très vite et fit abandonner.

2. En 1536 *Calvin*, dont nous avons vu plus haut les commencements, arrivait à Genève et y fixait le Protestantisme définitivement. Voici dans quelle situation il trouva la ville. Son évêque avait dû, pour des dissensions intes-

---

(1) Mœlher, *Histoire de l'Église.* — Ouvrages à consulter : Miguet, *Introduct. de la réforme à Genève.* — Audin, *Hist. de la vie, des ouvrages, etc, de Calvin.*

tines l'abandonner et l'excommunier. Deux sectaires violents travaillaient le pays, Guillaume Farel et Pierre Viret, et préparaient les voies à Calvin. La politique aussi jouait son rôle dans la question religieuse, et quand les ducs de Savoie voulurent faire valoir leurs droits sur Genève, Genève passa à l'hérésie, s'allia à Berne et ne conquit son indépendance qu'au prix de sa trahison. Calvin qui y arriva en 1536 et qui devait bientôt y exercer un pouvoir si étrangement absolu, en fut cependant une première fois chassé pour avoir voulu s'opposer trop brusquement à la licence et au débordement des mœurs. Il se retira à Strasbourg, enseigna, forma des disciples et se maria. Rappelé à Genève en 1541, il sut autant par ruse que par audace, s'emparer des corps comme des âmes, de la puissance civile comme du gouvernement religieux. On s'imaginerait malaisément jusqu'à quelle limite il poussa l'absolutisme de son gouvernement, mais aussi quelle activité il sut déployer, et quelles ressources il eut l'habileté de mettre en œuvre. Genève était devenu le refuge de toutes les nations, et les défroqués de tous les pays. Italiens, Anglais, Espagnols, Flamands et Français semblaient s'y être donné rendez-vous. Calvin sut les dominer, les grouper, s'en faire d'ardents auxiliaires. Aux plus intelligents et aux plus instruits, il donna pour mission de composer des pamphlets, des brochures, de petits écrits propres à tourner le Catholicisme en ridicule. Les moins habiles devenaient ouvriers imprimeurs, les incapables colportaient cette multitude d'écrits hérétiques, de la chaumière jusqu'au château. Une légion de marchands ambulants s'échappait de Genève pour toutes les directions, formés par Calvin au plus adroit espionnage, et ouvrant de tous les côtés, en dépit des policiers, des accès à l'hérésie. A Genève même, un consistoire de la création de Calvin et vendu à son despotisme jugeait les moindres délits comme des crimes, et soumettait la population à un régime de véritable terreur. Un mot, une plaisanterie innocente, un plaisir léger, surtout une réflexion sur Calvin et sa doctrine entraînait le bannissement, la fustigation et même la mort (1). Penser autrement que Calvin, c'était se condamner à une perte certaine. Pour ce grand crime, Castellio fut chassé de son emploi, le médecin Bolsec exilé, le conseiller Amaux emprisonné. Pour quelques paroles menaçantes à Calvin qui l'avait publiquement traité de *chien* Jacob Grüner fut exécuté. Gentilis, condamné au supplice pour avoir accusé le despote de s'être trompé, n'échappa à la mort que par une rétractation publique. Nous avons relaté plus haut l'atroce exécution de Servet, et le cynisme plus atroce encore de Calvin devant les contorsions et les cris de douleur du malheureux.

Calvin mourut en 1564, laissant à Théodore de Bèze et à Jean Knox le soin de consolider et d'étendre son œuvre impie (2). Et de fait le *Calvinisme* devint la plus tenace et la plus diffusive des sectes protestantes : nous le retrouverons dans les Pays-Bas, dans la France, dans certaines parties de l'Allemagne, dans l'Angleterre, dans l'Ecosse, et de là plus tard dans les Etats-Unis d'Amérique.

II. **Le protestantisme dans les Pays-Bas** (3). Les Pays-Bas avaient trop de contact avec l'Allemagne pour n'être pas infectés de son hérésie. Là d'ailleurs comme en tant d'autres contrées la politique fut mise au service de l'erreur.

---

(1) Voy. Audin, *Hist. de Calvin*, t. II, ch. IV. — *Etudes des P.P. Jésuites*, juin 1875.

(2) Voy. : Ch. Chenevière, *Farel, Froment, Viret, réformat. relig.*, Genève, 1835.

(3) Voy. le bel et savant ouvrage de Kervyn de Lettenhove, *Les Huguenots et les Gueux*, Brux., 6 vol., 1885. — Henne, *Hist. de Charles-Quint en Belgique*, Brux., 1858. — Gachard, *Correspondance de Philippe II sur les aff. des Pays-Bas*, Paris, 1848.

Une aristocratie turbulente aspirait à secouer la domination de Charles V et de Philippe II, et souvent l'administration de ces deux princes donna prise à la défection en fomentant des mécontentements. Cependant ce ne sont là que des causes secondaires, la véritable c'est qu'un esprit mauvais travaillait ces contrées depuis plus d'un demi-siècle. Les disputes religieuses et les discussions littéraires y avaient depuis longtemps prédisposé les âmes à l'apostasie. — Charles-Quint était visiblement inquiet, aussi prit-il les devants, en publiant dans les Pays-Bas les dispositions de l'édit de Worms contre Luther, en y instituant des inquisiteurs, et en se montrant sans pitié pour deux dangereux sectaires, Henri Voes et Jean Esch (1523). Mais déjà le mal débordait comme un torrent furieux, la Hollande était le théâtre des folies dévastatrices des Anabaptistes, les bibles et les écrits hérétiques y étaient semés à foison, toute la sévérité de l'empereur échoua contre le mal victorieux. Sa sœur la gouvernante des Pays-Bas déployait, avec beaucoup de modération et de douceur, un attachement profond à la vraie foi et une grande science du gouvernement. Mais dès 1555, Philippe II joignit à une volonté ferme de donner la victoire à l'orthodoxie des fautes de gouvernement qui lui aliénèrent les esprits (1). Il toucha aux privilèges et aux anciennes garanties des Flamands, il donna trop les hautes charges aux Espagnols, il multiplia les évêchés, pour cela mutila des intérêts et amoindrit d'anciens droits : bref, les populations étaient déjà mécontentes, quand les sévérités du cardinal-ministre Granvelle tournèrent ces mécontentements en révolte. A la tête de la révolte se trouvèrent de suite les seigneurs ambitieux et insoumis, le sous-gouverneur des Pays-Bas, Guillaume d'Orange, les comtes d'Egmont et de Hoorne. Guillaume d'Orange, sans aucune conviction religieuse, se

---

(1) Voy. : Baumstarck, *Philippe II,* traduction Kurth., Paris, Lecoffre.

fit du Protestantisme un marche-pied pour arriver au pouvoir. Chose triste à dire! la ligue protestante se grossit de seigneurs catholiques qui voulaient par la peur arracher à Marguerite de Parme des concessions et des faveurs. Ainsi fut constitué dans les Pays-Bas le parti des *gueux*, qui de politique devint bientôt religieux et voué à l'hérésie nouvelle. En 1561 parut dans les Pays-Bas une confession de foi connue sous le nom de *Confessio Belgica* et dont les tenants constituèrent une sorte d'Eglise séparée. A côté de ces modérés, les furieux, réfugiés Français calvinistes, pillaient et dévastaient la Belgique sans respecter ses plus splendides monuments (1), et le parti des seigneurs entreprenait une guerre, où heureusement il était complètement vaincu. Guillaume d'Orange s'enfuyait en Allemagne. Le comte d'Egmont renonçait à l'hérésie (1567).

Les affaires religieuses entraient ainsi dans une phase heureuse, où la douce et prudente Marguerite eût peut-être fait régner l'apaisement. Philippe II crut le moment venu de remplacer la bonté par une rigueur sans merci, rappela Marguerite et lui donna pour successeur le rude et énergique duc d'Albe. Est-ce une faute? En face de l'humeur intraitable de ces peuples et des agressions sans

---

(1) Les documents contemporains et absolument authentiques qui font la description des pillages, incendies, dévastations des *Gueux* dépassent en atrocité tout ce que l'imagination la plus sombre eût pu rêver. — En 1566 Ypres voit toutes ses églises dévastées ainsi que ses monastères. — D'Ypres les gueux se ruent sur Courtray qu'ils mettent à sac. « Pendant six jours la ville fut abandonnée à la cruauté des sectaires qui brisèrent, rasèrent innombrables églises, abbayes, monastères » (*Lettres du magistrat de Courtray*: archiv. de Brux.). — Menin, Marquette, Bruges, Gand subissent le même sort (22 août 1566). D'horribles scènes d'orgies accompagnèrent, à Gand, les dévastations de l'Église Saint-Bavon (voy. l'Annaliste de Tronchiennes). A Anvers la cathédrale fut entièrement pillée et dévastée; puis, après elle, les monastères, les couvents, les sépultures. — Valenciennes, Tournay, le Limbourg, la Frise, la Hollande devinrent tour à tour le théâtre des mêmes impiétés et des mêmes horreurs.

cesse renouvelées de l'hérésie il est assez difficile de prononcer quel parti eût été le meilleur. En tout cas l'administration du duc d'Albe réussit assez mal. Un *Conseil des troubles* institué par lui pour la recherche et la punition des hérétiques déploya une vigueur qui irrita des peuples déjà aigris. Une insurrection éclata, Guillaume d'Orange devint gouverneur de Hollande, Seelande et Utrecht, le duc d'Albe fut rappelé, et un homme doux et prudent, Requesens, mis en sa place. Mort presque aussitôt après Requesens eut pour successeur Don Juan d'Autriche qui se rendit odieux aux Flamands et par là grandit l'influence de Guillaume d'Orange (1576). Ce fut le signal de la persécution. Guillaume qui, en 1568, s'était engagé à tenir entre les catholiques et les protestants la balance égale, en 1582 publia une ordonnance qui interdisait le culte catholique en Hollande. Ce coup frappé traîtreusement fit tomber la Hollande catholique qui ne cessa plus depuis lors d'être la victime de l'hérésie. Sans doute il y resta un grand nombre de fidèles, le sud de la Belgique échappa même tout entier à la contagion, mais le Calvinisme ne cessa plus de promener ses ravages dans les Pays-Bas; la France et l'Angleterre leur envoyèrent des ministres ardents à les corrompre, les synodes de Dordrecht (1574, 1618) adoptèrent formellement les erreurs que défendait et propageait l'université de Leyde.

III. Le protestantisme dans les Pays du Nord.

1. Dans la *Prusse* (1). — La Prusse, depuis les défaites essuyées par les chevaliers Teutoniques en 1466, était au moment de la Réforme, divisée en deux parties, la partie

---

(1) Dœllinger, *La réforme*, I, p. 481. — Simon Crunau, *Chronic. pruss.*

Occidentale soumise à la Pologne, la partie Orientale possédée par l'Ordre à titre de fief. L'erreur lui vint de ces deux côtés à la fois. Le grand-maître de l'ordre Teutonique apostasia, le roi de Pologne trahit la cause de la foi en laissant faire.

Depuis longtemps déjà Albert de Brandebourg poursuivait le rêve d'une royauté indépendante (1). Malheureux dans ses armes, incapable de rompre la chaîne dont la Pologne l'enserrait, il alla vers 1521 en Allemagne réclamer du secours. L'Empire les lui refusa à la diète de Nuremberg (1521), mais Albert et deux évêques trop enclins déjà aux nouveautés religieuses, Jacques de Dobeneck et Jean de Polenz, trouvèrent des auxiliaires prêts à les aider dans leurs ambitieux desseins. Ces auxiliaires furent Ossiander, Luther et Mélanchthon. Dans une conférence avec ces hérétiques, on offrit à Albert la triple satisfaction d'abolir un Ordre dont la règle le gênait depuis longtemps, d'accorder à sa luxure la violation de ses vœux, enfin de poser sur sa tête une couronne si ardemment convoitée. Il fut convenu que la Prusse serait Luthérienne, et qu'Albert devenu séculier et marié en serait roi. L'exécution fut d'ailleurs assez facile. Des Luthériens vinrent d'Allemagne prêcher la confession d'Augsbourg aux populations qu'Albert, sous les peines les plus graves, forçait à l'apostasie. Le haut clergé trahit le pauvre peuple ; plusieurs évêques comme celui de Samogitie remirent leur évêché aux mains du pouvoir civil, « parce que l'évêque est fait pour prêcher non pour régir. » Quand Albert épousa la fille du roi de Danemarck et livra l'ordre Teutonique à la destruction, le Pape éleva sa voix suprême, l'empereur

---

(1) Theiner a voulu établir qu'Albert de Brandebourg était mort converti et revenu à la foi. Mais Voigt attaque les documents sur lesquels Theiner s'appuie. — Voy. Goschler.

mit le coupable au ban de l'Empire. Le roi de Pologne para tous les coups. En vain le Pape fit-il appel à sa loyauté et à sa foi, tout fut inutile; Sigismond reconnut et protégea l'université de Kœnigsberg qui devint le plus actif foyer du Luthéranisme. En 1568 l'erreur était définitivement maîtresse de toute la Prusse orientale.

2. *Le Protestantisme dans la Silésie* (1). — D'abord réunie à la Pologne, puis régie (1163) par des ducs indépendants, la Silésie à la suite de dissensions intestines tomba presque toute entière sous la domination des rois de Bohême (1335). — Elle avait subi dans une large mesure la décadence générale des mœurs et des idées; son clergé n'avait plus le prestige ni de la sainteté ni de la science; ses monastères n'étaient plus des forteresses armées contre l'erreur. Or l'erreur hussite déborda sur elle par la Bohême et prépara l'invasion du Luthéranisme. Cette invasion trouva une aristocratie usée de sensualisme et un clergé amolli et sans vigueur. Tout plia, tout se rendit, tout apostasia. Les évêques et les moines furent les premiers apôtres du Protestantisme dans cette contrée malheureuse; Breslau la capitale donna le signal de la défection. Le conseil municipal profita d'un conflit avec le chapitre de la cathédrale pour chasser les vicaires, appeler des Luthériens et permettre à la populace toutes sortes d'avanies au culte catholique. Puis, d'audace en audace et profitant des embarras que donnait à l'Empire et aux princes orthodoxes une nouvelle invasion des Turcs, ce conseil appela devant lui les chapelains des différentes églises, et leur intima l'ordre de ne plus reconnaître pour maître qu'un docteur luthérien. Ce lâche clergé s'inclina, sauf le prieur de Saint-Albert qui fut

---

(1) Dœllinger, *La réformation*, t. I, p. 226-273. — Fibiger, *Luthéranisme en Silésie*. — Hensel, *Hist. de l'Egl. protest. en Silésie*.

chassé de Breslau. L'évêque lui-même ne sut pas combattre, tout le troupeau abandonné fut dévoré par les loups. Un seul prince aurait pu sauver la Silésie, l'archiduc Ferdinand, élu roi de Bohême en 1526; mais outre que son autorité était encore trop peu affermie, les menaces des Turcs absorbaient ses préoccupations comme ses forces. — En somme, trois causes perdirent ce pays comme beaucoup d'autres : la décadence universelle au XVI° siècle, la corruption et l'ignorance du clergé Silésien, l'incurie de quelques princes et l'ambition des autres.

3. *Le Protestantisme en Pologne* (1). — Ce nom de Pologne réveille assurément dans l'âme la pitié et l'indignation. L'indignation tombe de tout son poids sur les trois puissances lâches autant que cruelles qui ont cyniquement et contre tout droit des gens égorgé la Pologne et l'ont déchirée en lambeaux, sans que les cris de la victime aient pu émouvoir l'Europe ni faire tomber le rire atroce de Voltaire et des philosophes. Le partage de la Pologne fut un crime, nul ne peut ni en douter ni le taire. L'histoire néanmoins doit scruter au delà du crime, et aller droit aux premiers coupables. Or le premier de tous c'est le Protestantisme. C'est lui qui en minant sourdement la Pologne, en dévorant ses forces vives, en désunissant ses défenseurs, en en faisant trop souvent des traîtres, l'a livrée ensuite à la plus inique des agressions. Sans doute plus heureuse que ses meurtriers, la Pologne a gardé la foi, mais à quelles traces sanglantes ne la suit-on pas à travers l'histoire ?

Au moment où, par l'invasion du Protestantisme allait se

---

(1) Consulter : Lubieniecki, *Hist. de la réforme en Pologne*, Friest, 1865. — Friese, *Docum. pour l'hist. du protestant. en Pologne*, Breslau, 1786. — Krasinski, *Historical. of the reformat. in Poland.* — Lukaszewiz, *Hist. de l'Égl. réform. en Pologne*, Leipzig, 1848.

préparer, avec sa ruine, son séculaire martyre, la Pologne se trouvait déjà sans force pour repousser la mortelle étreinte de l'hérésie. Sa noblesse était presque libre-penseuse, détachée de l'Église, irritée du joug de la foi, avide de nouveauté et surtout d'indépendance, par suite très disposée à flatter et à accueillir la révolution religieuse de l'Allemagne. — De plus, remarque essentielle, cette aristocratie dominait à ce point que le peuple s'était habitué à ne vivre et à ne penser que par elle. Quand l'aristocratie et le clergé défaillirent, c'en fut fait de la foi du peuple.

Voici la marche fatale de la perversion et de la ruine de la Pologne, depuis 1501 jusqu'à son premier partage par la Russie, la Prusse et l'Autriche en 1772. — Sous le roi Sigismond le Protestantisme fit peu de progrès apparents. Le roi sincèrement dévoué à la foi catholique interdit à la jeunesse Polonaise l'université de Wittemberg, fit rechercher les livres hérétiques qui circulaient furtivement, agit avec vigueur contre les tentatives du protestant Knade et son cortège de moines et de religieux qu'il avait séduits et mariés. Néanmoins toute la sollicitude de Sigismond ne put fermer à l'erreur luthérienne l'entrée de l'université de Cracovie, de Posen, de Dantzig, et à la mort du roi nous trouvons le Protestantisme répandu sous le patronage de la haute noblesse dans un grand nombre de provinces. — Sous le successeur de Sigismond, Auguste, moins vigilant, moins ferme, moins dévoué, le mal fit des progrès effrayants. La Pologne sous la désastreuse faiblesse du pouvoir se fit le rendez-vous de tous les hérétiques, chassés des pays voisins, Bohêmes, Luthériens, Sociniens, moines apostats, sectaires fanatiques. En 1555, c'en était fait de l'unité religieuse. Au Concile de Patrikau, orthodoxes et hérétiques, placés sur le même pied, étaient admis à donner leurs avis et à formuler un symbole, qu'Auguste II sanctionnait de son autorité. On allait jusqu'à réclamer du pape Paul IV la messe en langue vulgaire. Le péril grandissait d'heure en heure; une noblesse déjà toute protestante dans ses sentiments, un clergé incapable, impuissant, sans plus aucun zèle ni aucune vigueur apostolique, des ordres religieux toujours sans influence, souvent indignes d'en obtenir, concouraient à ouvrir libre passage à la dissolution religieuse et sociale. A la mort d'Auguste II les catholiques dans la catholique Pologne en étaient à demander aux hérétiques une paix que ceux-ci signaient au traité de Varsovie, bien résolus à ne la point garder (1573). — Après Henri de Valois qui ne fit que passer sur le trône de Pologne, Étienne Bathory élu roi se montra catholique, sans néanmoins oser reprendre le chemin lâchement perdu par Sigismond-Auguste. D'ailleurs sous son règne le clergé donna le plus désastreux scandale : Jacques Uchanski, archevêque de Gnesen et primat de Pologne, favorisa l'hérésie, prépara une rupture avec Rome, et rendit impossible l'action des légats du Saint-Siège (1556).

Dieu cependant eut grandement pitié de la pauvre Pologne, et lui envoya l'homme qui eût pu la sauver. A Bathory succéda Sigismond III, qui prit enfin d'une main vigoureuse et habile la défense de la foi et de la patrie catholiques. La Providence lui suscita des prêtres éminents, tels qu'Hosius, Kharkowiski, puissamment soutenus eux-mêmes par les Jésuites Wijeck, Pierre Skarga, le dominicain Fabien Birkowski, l'évêque suffragant de Cracovie Bialobrzeski (1587-1632).

Mais atteinte au cœur, rien ne devait plus sauver de la mort cette malheureuse nation. Le règne réparateur de Sigismond III ne refit pas la noblesse et le clergé, le pays demeura ce qu'il était depuis longtemps. Les divisions s'accentuèrent chaque jour davantage, l'étreinte du protestantisme acheva d'étouffer les derniers sentiments nobles et héroïques, tout se prépara pour la crise dernière. Suivant prédiction du bon roi Wladislas IV (1632-1648) les divisions intestines, l'abandon par la noblesse des traditions catholiques et par le clergé de sa mission de préservation et de salut, rendirent des voisins déjà trop puissants capables de tout oser contre un peuple qui ne savait plus se défendre. Catherine de Russie et Frédéric de Prusse unis à l'Autriche entretinrent traîtreusement au cœur de la Pologne des divisions à l'aide desquelles en plusieurs différents partages, ils la mutilèrent et ne firent plus d'elle qu'un cadavre ensanglanté (1772, 1793, 1795). Le reste de son histoire n'est plus que celle d'une victime qui se débat contre des meurtriers et qui à chaque résistance nouvelle reçoit des coups plus profonds.

4. *Le Protestantisme dans la Livonie, la Courlande, la Hongrie, la Transylvanie* (1). — Commencée par la révolte du grand-maître de l'ordre Teutonique, Walter, qui voulait secouer ses vœux et se soustraire à la domination de l'archevêque de Riga (1521), l'apostasie de la Livonie fut consommée par un archevêque de Riga, frère du duc de Prusse, Guillaume de Brandebourg. — Un autre grand-maître de l'ordre Teutonique, Gothard Kesseler, introduisit le Luthéranisme en Courlande (1561). Aidé dans son apostasie par une autre apostasie plus honteuse encore, celle de l'indigne évêque de Courlande Jean de Mœnighausen, qui vendit son évêché au Danemark pour 30,000 écus et alla ensuite se marier en Allemagne.

En Hongrie le Luthéranisme pénétra par les étudiants de Wittemberg. La foi fut faiblement défendue en dépit d'ordonnances sévères promulguées par la diète de Pesth de 1526. L'Eglise Hongroise avait vu baisser sa puissance ; son

---

(1) Tetsch, *Hist. ecclés. de la Courlande*, Riga, 1767. — Gebhardi, *Hist. de la Livonie*, Halle, 1785.

clergé et ses ordres religieux en décadence n'eurent plus ni la vigueur ni le prestige nécessaires pour faire face à l'ennemi : cet ennemi d'ailleurs était formidable. Les discordes civiles du dedans, le contre-coup des guerres religieuses du dehors, les vices et la rapacité d'une noblesse qui se donnait à l'hérésie pour pouvoir piller les biens des Eglises et des couvents, tout concourait à détruire l'œuvre du Christianisme longtemps si florissante. A la faveur des démêlés de Ferdinand d'Autriche et de Jean Zapolya, le zwinglien Mathias Devay tint des synodes dont chacun entraînait quelques villes dans l'hérésie. Au synode d'Epéries cinq villes se déclarèrent pour la confession d'Augsbourg. D'autres embrassèrent l'erreur de Zwingle, d'autres celle de Calvin. Le synode de Tarczal (1563) ordonna d'enseigner le symbole de Théodore de Bèze. La foi eut cependant dans l'archevêque de Gran et les Jésuites des défenseurs vigoureux, mais le mal fut plus fort que la défense et le Calvinisme prédomina bientôt dans la Hongrie.

La Transylvanie perdit sa foi au contact des marchands de Hermannstadt, suivis eux-mêmes quelque temps après des prédicants Luthériens de Silésie. Comme partout les nobles se jetèrent sur les biens d'Eglise et payèrent leurs richesses sacrilèges au prix de leur conscience et de leur foi. La funeste bataille de Mohacz enhardit les sectaires; partout on chassa les religieux et les fidèles catholiques, un disciple fanatique de Luther, Jean Honter, prêcha l'erreur avec une activité infatigable et sema à profusion les écrits hérétiques; la Messe commença à être abolie, puis enfin au synode de Medwisch la masse de la nation passa à la confession d'Augsbourg. En 1571 le Protestantisme se déchirait lui-même avec fureur et la Transylvanie était en pleine confusion.

5. *Le Protestantisme dans la Suède* (1). — En 1513 la Suède, assez tourmentée par ses discordes politiques et ses continuels démêlés avec le Danemark, était florissante sous le rapport religieux. Les désastres politiques amenèrent la ruine de la religion. En 1519 l'intrépide Suédois Sture ayant voulu secouer le joug du Danemark fut battu et jeta sa patrie dans le sang. Un jeune homme, Gustave Vasa, échappa aux massacres, s'enfuit, puis revint en Suède, animant ses compatriotes à la résistance, les poussant de nouveau au combat, taillant les Danois en pièces et se faisant au milieu d'un indescriptible enthousiasme proclamer, d'abord administrateur, puis généralissime, puis roi de la Suède (1523). Possesseur du trône Vasa songea à le garder; pour le garder, il fallait rendre docile et vénale la fière et noble race des princes ecclésiastiques, et pour abâtardir cette aristocratie vigoureuse il fallait la mettre aux prises avec l'hérésie. Tel fut le plan, et en Suède comme partout il se trouva des traîtres pour entreprendre sous ses ordres cette apostasie nationale. La persécution violente acheva ce que la perfidie avait commencé. Les traîtres, à la tête desquels furent les frères Plater, Laurent, Péterson, prêchèrent partout le Luthéranisme, les évêques furent emprisonnés, les Dominicains chassés, le peuple terrorisé. Cependant Gustave dissimulait encore et trompait indignement le pape Adrien VI, mais les résistances du clergé fidèle le forcèrent à lever le masque et la persécution ne garda plus de mesure. Si nous voyons le clergé inférieur garder un lâche silence, au moins sommes-nous en Suède consolés par l'énergique attitude de plusieurs membres du haut clergé, et souvent par l'héroïque défense du peuple.

---

(1) Thyselins, *Handlingar till Sverges reform.*, Hafn., 1817. — Theiner, *Johann. III, Sigismund III, Karl. IX*, Augsb.,1838. — 1839, Rapports de la Suède avec le Saint-Siège.

Vasa fut obligé d'appeler à son aide l'astuce qui ne lui réussit que trop bien. Le haut clergé, dépouillé de ses biens, vexé de mille manières, entravé par les Luthériens que Vasa favorisait en tout, perdit bientôt toute influence, et à la diète d'OErebro (1529) le Protestantisme fut définitivement maître du pays. — A partir de cette date, nous voyons l'hérésie produire en Suède les fruits amers dont les autres contrées protestantes se voyaient empoisonnées : décadence des mœurs, divisions intestines, troubles profonds, combats acharnés des sectes, écrasement de toutes sous le pouvoir séculier. Vasa fut le chef unique de la religion et tyrannisa sans frein les consciences.

En 1568 on put espérer un instant, sous le règne de Jean III, le retour de la Suède à l'orthodoxie. Les dispositions de Jean étaient excellentes, les Jésuites travaillaient avec une activité prodigieuse, le nonce de Grégoire XIII le savant père jésuite Possevin reçut l'abjuration de Jean, tout semblait gagné : tout fut perdu de nouveau. Les intrigues protestantes circonvinrent le roi; après la mort de la pieuse et dévouée Catherine sa première femme il épousa une luthérienne fanatique Guncila Bjelke, qui le détourna de ses bonnes résolutions. Jean III laissa faire et l'hérésie eut la liberté de tout envahir de nouveau. La Suède aurait pu se relever sous Sigismond III le dernier des Jajellons, élevé comme nous l'avons vu plus haut sur le trône de Pologne, la Suède n'en fut pas digne; quand les sénateurs Suédois lui eurent posé comme condition au trône de Suède qu'il reconnaîtrait la confession d'Augsbourg, il leur fit cette noble réponse : « Je n'estime pas assez le pouvoir temporel pour le prendre au prix de mon royaume éternel. » Son oncle le duc Charles était loin de cette magnanimité chrétienne, il se fit du Protestantisme un moyen d'arriver au trône, et joignit à cette ambition basse une révoltante impiété : il promit que désormais le pays n'aurait plus de concile tenu par des « hommes tondus et frottés d'huile. » On voyait dans cette forfanterie de sectaire percer la trahison. « Sigismond, ajoutait-il, ne régnera pas ici, qu'il ne souscrive à ce que nous avons fait. » Quand Sigismond revint il n'est pas de ruses, d'embûches, de violences, dont Charles et les Luthériens ne le circonvinrent. Il dut s'éloigner (1594). L'indigne Charles profita de sa retraite pour achever de tourner le pays contre lui. Ce que n'avait pas fait la perversion des mauvaises doctrines, la terreur des échafauds dressés partout l'accomplit. Les diètes déclarèrent Sigismond III déchu de la couronne de Suède et ceux qui restèrent fidèles périrent dans les supplices. C'est ainsi que deux sanguinaires tyrans, Gustave Vasa et Charles IX furent les fondateurs de la Suède hérétique.

6. *Le Protestantisme dans la Norwège, le Danemark* (1) *et l'Islande.* — L'introduction du Protestantisme en Danemark fut l'œuvre de la cupidité et de l'ambition. Christian II commença (1513-1523). Sans rien connaître aux doctrines religieuses, il voyait dans le Luthéranisme le moyen de dépouiller les églises et de se débarrasser de Rome. Sa persécution fut atroce. Après lui Frédéric Ier continua plus astucieusement encore de trahir la foi catholique au profit de la Réforme et apostasia même publiquement en 1521. Christian III compléta l'œuvre, malgré quelque résistance, en constituant une église nationale entièrement soumise à son autorité. La partie fidèle du clergé fut traquée furieusement et donna des martyrs. Les catholiques furent privés de tous droits et chassés sans pitié du pays. Dès lors le Protestantisme régna sur les ruines silencieuses et solitaires de l'ancien culte. — Le Danemark perverti pervertit

---

(1) Voy. Grico Pontoppidano, *Hist. de la réform. en Danemark.* — Münter, *Hist. ecclés. du Danemark.* — Holberg. *Hist. du Danemark.*

lui-même la Norwège et y implanta l'erreur à main armée. Comme partout, un traître, l'archevêque de Dronheim, se chargea d'y organiser la nouvelle église hérétique (1537). — L'île d'Islande tenta d'abord de repousser le fléau, mais le meurtre de son évêque Jon Aresen intimida cette population que les doucereuses perfidies des hérétiques parvinrent ensuite à gagner (1551).

IV. Le Protestantisme en Angleterre. L'hérésie qui devait faire de la Grande-Bretagne l'une de ses plus vastes proies, y fut d'abord vaincue par deux grands et nobles athlètes de la foi, Jean Fischer et Thomas Morus. Mais l'Angleterre, comme les pays du Nord que nous venons de parcourir, était mûre elle aussi pour le schisme et l'erreur. Son aristocratie n'avait plus le souffle chrétien, ni son clergé la vigueur apostolique, ni ses couvents l'antique science et l'antique discipline, ni les mœurs publiques leur pureté première, ni les populations leur primitive ferveur. Wiclef avait montré que la révolte contre l'autorité de l'Église était possible et que les dogmes catholiques s'ébranleraient aisément dans *l'île des saints*. Ce qu'eurent les pays du Nord, l'Angleterre le posséda : un tyran ambitieux et débauché, un clergé lâche, un peuple indifférent, une noblesse avide.

1. Henri VIII (1), que nous avons vu en 1521 combattre Luther, nous le retrouvons en 1527 asservi par une honteuse passion, voulant à tout prix casser son mariage avec l'aimable Catherine d'Aragon, afin d'épouser une dame de la cour, Anne Bouleyn, et assiégeant le pape Clément VII de ses demandes inconsidérées et violentes. Clément VII

---

(1) Audin, *Hist. d'Henri VIII*.

espérait trouver dans les lenteurs de la procédure la solution de cette difficile affaire, mais le roi poussé par son conseiller, l'indigne Cranmer, poussé plus violemment encore par sa passion, rompit les négociations avec Rome et le légat Campeggio, et se résolut à arracher à toutes les facultés de théologie d'Angleterre et de l'étranger, des décisions favorables à son incontinence. A l'étranger les réponses furent défavorables. Les facultés de France et d'Italie n'admettaient la possibilité de la rupture que dans le cas où le mariage précédent de Catherine avec Arthur frère du roi aurait été consommé, ce que Catherine déclarait faux. Les facultés d'Allemagne repoussèrent absolument la demande royale. En Angleterre tous les moyens furent employés pour faire plier les consciences, deux seules universités, celles de Cambridge et d'Oxford se montrèrent favorables aux prétentions de Henri VIII. Le grand obstacle était le Pape, qui refusait de se prononcer avant que l'affaire eût été étudiée à fond. Henri VIII irrité rompit avec lui définitivement et commença la guerre. En 1531 il supprima les annates, se réserva de faire consacrer évêques tels sujets qu'il lui plairait, et plaça sur le siège archiépiscopal de Cantorbéry l'ignoble Cranmer, prêtre apostat, homme perdu de mœurs, qui sous les dehors de l'orthodoxie cachait toutes les haines et les audaces du sectaire. Rome qui le connaissait peu et voulait ménager Henri VIII jusqu'au bout confirma cette triste élection. Aidé d'un tel auxiliaire, le roi put exécuter son dessein rapidement. Cranmer le débarrassa d'abord de sa femme légitime, et le *conjura* d'épouser Anne Bouleyn au moment même où Rome se prononçait pour l'indissolubilité de ses premiers liens. Marie la fille légitime fut déclarée incapable de régner, la fille adultérine Elisabeth fut reconnue reine présomptive. Du même coup Henri VIII fut déclaré chef de l'Église d'Angleterre. Cette déclaration donnée à signer à tous les grands du royaume, séculiers comme ecclésiastiques, fit de glorieux martyrs, mais aussi et en plus grand nombre des apostats. « Ce fut alors, dit Bossuet, que l'univers déplora la mort des deux plus grands hommes de l'Angleterre en savoir et en piété, le vertueux Fischer, évêque de Rochester et son illustre ami Thomas Morus, grand chancelier du royaume. » Morus monta sur l'échafaud avec la fermeté des martyrs, et repoussa les pleurs et les supplications de sa femme et de ses enfants avec l'une de ces réponses dont retentissaient les tribunaux de la Rome païenne. Jean Fischer montra le même héroïsme. Le cardinal Paulus ayant pu se soustraire aux perquisitions, le tyran irrité fit torturer sa vieille mère avec des raffinements atroces de barbarie. Les ordres religieux donnèrent des confesseurs en grand nombre, le clergé séculier abdiqua presque tout entier son indépendance et sa dignité. — Excommunié par le pape Paul III, l'année même de la sanglante exécution de Thomas Morus et de Jean Fischer (1535), Henri VIII ne vécut plus que d'une vie de cruautés et de crimes. Les exécutions s'étendirent et se perpétuèrent. Durant ses six dernières années, le tyran ne garda plus aucune mesure dans ses débauches comme dans ses atroces barbaries. En quatorze ans il fit périr *soixante-dix mille de ses sujets* : chiffre effrayant que la plume se refuserait à écrire si les plus invincibles preuves, les monuments les plus indestructibles, le témoignage de tous les auteurs protestants, ne l'établissaient, sans doute ni négation possibles. Ces écrivains, quand ils nous tracent le portrait du fondateur de la Réforme dans la Grande-Bretagne, ne nous le dépeignent que comme un épouvantable tyran.

2. En 1547 le trône d'Angleterre passa à Édouard VI, que Henri VIII avait eu de Jeanne Seymour. Sous ce prince qui commença à régner à l'âge de dix ans, Cranmer à l'espèce de schisme inauguré par le règne précédent substitua définitivement un Protestantisme, mélange des doctrines de Luther et de Calvin. Édouard fut comme son père déclaré chef de la religion, ordonna des prières, annonça qu'il allait visiter les églises, et menaça de suspension et d'excommunication les contrevenants à ses ordres suprêmes. L'Angleterre qui avait tant rejeté l'auguste pape de Rome, en retrouvait un dans un sanguinaire Henri VIII, dans Édouard âgé de dix ans, tout à l'heure dans une femme, Élisabeth, tyran aussi sanguinaire et aussi peu chaste que son père Henri. Comme il importait que l'erreur fût partout prêchée sans entraves, le roi se déclara seul le droit d'autoriser les prédicateurs. — Ces mesures prises, la corruption doctrinale de l'Angleterre commença activement. Le zwinglien Pierre Martyr et un apostat Bernardin Ochin (qui niait la divinité de Jésus-Christ) se mirent à prêcher partout. La présence réelle fut attaquée, tous les passages liturgiques qui rappelaient le Très Saint-Sacrement mutilés et retranchés, un nouveau catéchisme, un nouveau rituel, un nouveau livre de prières furent répandus dans toutes les églises et paroisses. Cranmer dirigeait tout, le parlement approuvait ce que faisait Cranmer, et complétait même son œuvre. Par son ordre les messes privées furent interdites, les saintes images enlevées, le mariage permis aux prêtres (1548). — Le malheureux peuple Anglais était bon, pieux, sincèrement attaché à la foi de l'Église. Chose navrante à dire! c'est le clergé qui doit porter presque seul la malédiction de son apostasie. Il n'y eut de protestations que de quatre évêques : Gardiner de Winchester, Bonner de Londres, Heath de Worcester, Day de Chichester. Le reste du haut clergé baissa la tête ou par lâcheté ou par trahison. Il se serait fait Turc au besoin, dit Mœlher! le clergé inférieur, moitié par ignorance, moitié insouciance et paresse, laissa faire les apostats. Les nobles, comme en Allemagne et dans les pays du Nord, accueillirent le Luthéranisme et la doctrine de Zwingle comme des bandits accueillent une occasion de pillage. Ils furent protestants pour devenir riches des biens d'églises et de couvents. L'un d'eux Sommerset vola à lui seul cinq ou six évêchés et se bâtit à Londres un palais superbe avec des débris d'églises. Les autres nobles ne l'imitèrent que trop fidèlement. Quant au peuple, trahi et abandonné par ceux qui avaient mission de le défendre et de l'instruire, il essaya d'abord quelque généreuse résistance, puis se plia bientôt aux sacrilèges exigences de l'apostasie. Une révolte des populations de Devon et de Norfolk fut par lord Russel étouffée dans le sang, et tout rentra dans l'immobilité et le silence : *Statuta desolatio*. Après Sommerset, ce fut Warwick qui continua le pillage des églises et la scandaleuse élévation de sa famille sur les ruines du Catholicisme proscrit. Il poussait l'ambition jusqu'à préparer le trône à ses descendants, quand le peuple Anglais déjoua ses plans en se donnant pour reine Marie la Catholique, fille de Catherine d'Aragon (1553).

3. Marie, ardente catholique, ne monta sur le trône que bien résolue à redonner aux Anglais la religion de leurs pères, à terminer les désunions religieuses, et à rendre à la Grande-Bretagne le précieux bien de l'unité de la foi. Mais déjà l'erreur envahissait l'Europe comme un océan redoutable, les digues qu'on opposait étaient emportées bientôt, l'œuvre de Marie la Catholique ressemble à ces îles qui n'émergent qu'un moment entre deux envahissements de la mer (1553-1558).

La reine commença par se montrer sévère pour les chefs de révolte qui troublaient le royaume ; plusieurs furent jugés et exécutés. Son mariage avec l'Infant d'Espagne Philippe, l'appui et les conseils de Charles-Quint, surtout les lumières et la direction du pape Jules III qui lui avait envoyé le légat Polus, la rendirent capable d'exécuter le grand dessein qu'elle avait conçu. Sacrée d'après le rite romain, elle commença par rétablir l'ancienne liturgie et parvint, non sans peine, à faire proclamer la suprématie du Saint-Siège. Les seigneurs enrichis des biens d'Église tremblaient pour leur richesse honteuse, Rome et les catholiques furent magnanimes, abandonnèrent les biens usurpés, rassurèrent l'aristocratie spoliatrice, qui sûre de son or vota à l'unanimité la reconnaissance de la suprématie pontificale (1555). Alors commença la répression des coupables : elle fut parfois excessive, et il ne faut en accuser ni le légat Polus qui ne cessait de réclamer les voies de la douceur, ni la reine dont le caractère n'était rien moins que violent et sanguinaire. Il faut juger les hommes et les choses d'après l'époque à laquelle ils appartiennent. L'époque actuelle est essentiellement troublée et violente, les passions sont sans frein, les oppressions sont odieuses et exécrées, les représailles sont impitoyables; les peuples surexcités sans cesse par les provocations de l'hérésie ne gardent plus le calme et la longanimité des âges sereins; d'ailleurs, rappelons-nous une notion historique que nos deux siècles d'indifférentisme religieux nous fait continuellement perdre de vue : toute la jurisprudence de l'ancienne société mettait l'apostasie et l'hérésie au nombre des plus grands crimes. Le Moyen-âge avait cru qu'insulter Dieu et le trahir valait bien en gravité l'insulte de l'homme et le dommage causé à sa vie et à ses biens. L'Allemagne luthérienne avait écrasé la révolte des Sacramentaires. Édouard VI avait condamné au feu les Anabaptistes, Catholiques et Protestants regardaient le crime religieux comme passible du dernier supplice.

Mais de plus dans l'Angleterre de 1553 les deux délits n'en faisaient qu'un, les mêmes hommes qui conspiraient contre la foi conspiraient contre la reine; Marie, dans les mêmes sévérités, punissait les traîtres au trône et à l'autel. Ils publiaient contre le gouvernement les plus violentes diatribes, ils priaient publiquement pour la mort de la reine, ils attentaient à la vie des prêtres catholiques, et fomentaient partout des rebellions contre l'autorité. Écoutons le protestant William Cobbett : « La plupart de ces prétendus martyrs étaient d'atroces bandits, continuellement occupés à machiner la mort de la reine et à amener, sous prétexte de conscience, une révolution nouvelle qui offrît l'occasion de nouveaux pillages. Ils étaient tous, ou des apostats, ou des parjures, ou des voleurs publics. Faire une mention spéciale de ces scélérats serait chose aussi fastidieuse que vaine. » L'ignoble Cranmer, l'assassin de tant de nobles victimes, expia ses crimes dans la plus juste des peines (1556). Un écrivain anglais protestant et étrangement hostile à tout ce qui est catholique, relève pour le règne de Marie Tudor deux cent soixante-sept condamnations capitales.

4. Marie la Catholique mourut de chagrin dans son royaume agité, au milieu d'ennemis implacables, en face des horreurs toujours imminentes de la guerre civile. Sa mort livra de nouveau l'Angleterre aux perversités et aux fureurs de l'hérésie (1559). Élisabeth qui lui succéda était née des relations criminelles d'Henri VIII avec Anne de Bouleyn, et se montra digne de sa mère par la licence de ses mœurs et de son père par ses instincts sanguinaires et despotiques. Elle rétablit le Protestantisme en Angleterre par le fer et par le feu. L'échafaud fut son grand auxiliaire et le terrorisme son plus efficace prédicateur. Donnons toujours la parole aux protestants anglais : « Les bourreaux, dit Cobbett, manquèrent à l'innombrable multitude des victimes, » et il ajoute que rien ne peut rendre l'horreur que fait naître l'étude de ces quarante-cinq années de persécution, d'exécutions, de tortures et de mort. Pourtant un spectacle est

plus lamentable encore, c'est celui du clergé anglais sous ce désastreux règne. La Papauté avait encore une fois donné l'alarme et jeté la lumière en excommuniant sous Pie V la criminelle princesse. Le chef suprême combattait magnanimement, mais déjà ses prêtres terrifiés abandonnaient la lutte. Sur 9,400 bénéficiers on ne vit que 14 évêques résister aux tyrannies sacrilèges d'Élisabeth; ces héros périrent dans les cachots ou sur les potences le reste plia lâchement. Un nouveau haut clergé formé d'apostats et de traîtres fut mis à la tête du clergé inférieur dont la défection fut presque universelle. Parker, que deux évêques (1), (ou prétendus tels), Barlow et Scorry, avaient sacrés dans une auberge de Londres et d'après une formule tout au moins insuffisante fut la souche d'un épiscopat auquel il faut assurément refuser la vie avec la légitimité. L'évêque consécrateur, Barlow, avait été ordonné sous Édouard VI d'après une formule tronquée et insuffisante, le consacré ne croyait guère lui-même à la vertu de son ordination. Le pouvoir séculier, la reine Élisabeth, était à elle seule toute l'ordination comme elle était toute l'Église (2).

---

(1) Encore a-t-on bien sujet de douter que l'évêque consécrateur ait jamais été évêque. Les Presbytériens et les Conformistes tiennent pour la négative.
C'est sur les preuves les plus péremptoires qu'on peut hardiment nier que Barlow le consécrateur de Parker fut vraiment évêque.
Voy. deux bonnes études sur cette question dans les *Etudes des PP. Jésuites* et dans la *Revue des sciences ecclés.* — Consulter de plus Kenrik, *Validité des ordin. angl.*, Philadelphie, 1841. — *Etudes des PP. Jésuites*, février 1866. — L'abbé Destombes, *Rev. des sciences ecclés.*, t. IX, 1869. — Encyclopédie du xix° siècle, art. *Anglicanisme*.

(2) Les autorités les plus sérieuses se sont prononcées contre la validité de ces ordinations épiscopales, ajoutons que les ordinands croyaient bien plus à l'efficacité du brevet de la reine. — Sur la nullité des ordinations anglicanes, voy. Lequien, Hardouin, Bergier.
Sur l'Église anglic. Voir Merlé d'Aubigné, *Hist. de la réforme en Angleterre*, Stuttg., 1851, — Teiner, *Vetera monumenta Hibereor.* — E. Cardwell, *Documentary Annals of the reformed church of England*. — Lingard, *Hist. d'Angleterre*. — Cobbett, *Hist. de la réforme protest. en Angleterre*.

Un nouveau symbole fut imposé à l'Angleterre, assez vague et assez élastique pour que toutes les erreurs et la vérité elle-même y fussent presque à l'aise. Ce symbole en 39 articles se nomma l'*acte d'uniformité* et est devenu la règle de foi dans l'Église anglicane. Les cinq premiers articles professent la foi dans les principaux mystères de la vie, de la mort et de la résurrection de Jésus-Christ. Les deux suivants déterminent les livres canoniques, avec des conclusions dont il est impossible de donner aucune raison raisonnable. D'autres articles renferment les dogmes mitigés du péché originel, de la prédestination et de la grâce. L'autorité doctrinale de l'Eglise est niée, l'Écriture prise comme unique règle de la foi, on nie le purgatoire, l'invocation des Saints, la prière pour les morts, on repousse le culte de la Très-Sainte Vierge, on anathématise le culte des saintes images. Les sacrements sont regardés comme simples signes de la grâce conférée d'ailleurs, et deux seulement sont conservés, le Baptême et la Cène. Pour la Cène anglicane elle rappelle l'Eucharistie, elle tâche de se trouver un milieu entre l'erreur luthérienne et l'erreur calviniste, et elle reste *un quelque chose* d'assez indéfinissable. La Messe, la transsubstantiation, la permanence des saintes espèces, tout ce qu'il y a d'*essentiel* dans l'Eucharistie est nié, reste néanmoins l'Eucharistie sous le nom de Cène : comprenne qui peut! Le mariage est permis à tous les degrés de la hiérarchie ecclésiastique ; on organise et on sanctionne un culte extérieur et public.

Un dogme souleva des tempêtes, et resta comme le plus cher monument de l'erreur et du despotisme : c'est le dogme anglican de *la subordination de l'Église à l'État*. Les hérétiques eux-mêmes se montrèrent froissés de ces articles (24-32), et jamais le Protestantisme anglican ne répondra victorieusement à cette objection décisive, qu'il doit la naissance, la vie, la grâce, les pouvoirs, la hiérarchie à une bâtarde de Henri VIII. Il faut savoir dévorer des monstruosités pour voir dans une Élisabeth l'envoyée de Dieu sur la terre, et la fondatrice de la vérité divine parmi les hommes.

Élisabeth, pour qui sait l'histoire, peut être une reine habile en politique, elle a élevé l'Angleterre à un degré de puissance incontestable ; les intérêts matériels sont sauvegardés, une marine surgit, le commerce devient prospère, les colonies se multiplient ; dans la politique du continent Élisabeth joue un rôle qui n'est pas sans puissance : elle se mêle, en ennemie acharnée de Philippe II, aux guerres des Pays-Bas, elle soutient les calvinistes de France (1); elle fait plier l'Écosse, elle écrase la malheureuse Irlande. Ce sont là ses titres, et ils sont les seuls. Le reste d'Élisabeth ne soulève que l'indignation et le dégoût (2). Cette *vierge* vit dans des infamies perpétuelles (3) ; se prostitue huit fois, à huit hommes connus et nommés par l'historien Lingard, et déclare ses bâtards aptes à lui succéder au trône (4). Son despotisme dépasse celui de son père, elle vit dans le sang et les victimes de son atroce cruauté ne se peuvent compter. « Je ne crains pas de dire, écrit le protestant Cobbett, que, en comparant l'épouvantable nuit de la Saint-Barthélemy à ces massacres continuels qui ensanglantèrent toute la durée du règne d'Élisabeth, on sera forcé d'avouer que l'horreur de cette désastreuse affaire diminue pour se reporter toute entière sur les quarante-cinq années du despotisme cruel de la *reine-vierge*. »

---

(1) Les complots des Calvinistes français sous Henri II, Charles IX, Henri III pour livrer la France aux Anglais sont incessants. On les trouvera tous détaillés avec documents à l'appui dans le savant ouvrage de Kervyn de Lettenhove, *les Huguenots et les Gueux*.

(2) Voy. Rohrbacher, t. XXIV, p. 584.

(3) Voy. Lingard, *Règne d'Élisabeth*. — Destombes, p. 436.

(4) Dans la seizième année de son règne elle fit rendre une loi qui assurait la couronne à ses enfants naturels « quel que fût leur père. » Voy. W. Cobbett, *Statuts d'Elisabeth.*, c. 1.

Les évêques fidèles furent tous ou emprisonnés ou exécutés; au besoin, pour aller plus vite, on inventait des complots catholiques et on tuait en masse. Les détails de cette persécution, tels que nous les tenons d'auteurs protestants, font frémir, et nous reportent aux sanguinaires fureurs des Néron et des Dioclétien (1). Une horreur couronna toutes les autres : le procès et le supplice de la noble Marie Stuart. Dans ce procès, Élisabeth révéla toute la perversité de sa nature, non pas seulement son royal despotisme et son insatiable ambition, mais sa jalousie féminine, cette coquetterie atroce qui tuait une rivale dont les charmes l'offusquaient. Avoir fait de cette femme souillée de crimes le chef suprême de la religion, lui avoir concédé de fabriquer un symbole, régler la liturgie, former un clergé, en un mot, avoir fait d'elle le représentant de Dieu et l'organe de sa vérité sur la terre, restera sans doute l'un des plus étranges monuments de l'aberration humaine. Jamais on n'expliquera comment, voyant à sa religion de pareilles origines, l'Angleterre protestante y ait persévéré et y confie ses destinées éternelles.

Quoi! cette prétendue Réforme ne donna pas même au peuple qui l'adopta les avantages matériels et terrestres qu'il y ambitionnait. D'abord c'en fut fait de la tranquillité et de la paix intérieures. L'Angleterre, comme l'Allemagne et la France, ne vécut plus, après la Réforme, que sur un volcan. Les plus sanglantes tragédies marquent seules son histoire, les révolutions s'y succèdent aux révolutions, et au travers de la confusion des sectes qui pullulent et réclament chacune sa portion du sol commun, une seule chose se montrera désormais : l'abrutissement du peuple

---

(1) Le 25 février 1570 Élisabeth fut excommuniée par S. S. Pie V. Bulle « *Regnans in Cœlis.* »

Sur le nombre et la qualité des martyrs sous Élisabeth, voy. l'ouvrage de l'abbé Destombes.

avec son inénarrable misère. La main sanglante d'Élisabeth avait bien pu imposer l'Anglicanisme, c'est-à-dire la religion d'État, elle ne put comprimer assez l'hérésie pour empêcher ses mille sectes différentes de se faire jour, jusqu'aux plus cyniques et aux plus extravagantes : Unitaires, Arméniens, Calvinistes, Sociniens, Quakers, Hernhutes, Piétistes, Presbytériens, Puritains, Méthodistes, Chercheurs, Trembleurs, etc. « Henri VIII, à son avènement, avait trouvé l'Angleterre heureuse et paisible, il la laissa à sa mort déchirée par les schismes et les factions (1). » On répétait au peuple que la révolution religieuse avait pour but de l'arracher au despotisme papiste, et la main de fer du pouvoir séculier tombait sur lui de tout son poids. Au lieu d'un père, la Réforme lui donnait des tyrans. Eut-il au moins le fruit des spoliations et des pillages? gagna-t-il à la destruction des couvents et à la dispersion des moines? Laissons un protestant nous répondre. « Le grand mobile des Réformateurs avait été le pillage; s'il n'y avait eu rien à voler ils n'eussent pas songé à réformer. » Le chiffre des monastères détruits durant les trois règnes qui établirent le Protestantisme en Angleterre s'élève à plus de cent mille. Henri VIII, Sommerset, Warwick, les seigneurs, les créatures du Pouvoir, se les arrachèrent comme une opulente proie. Dès lors ce qui advint, le voici. La masse des pauvres ne recevant plus la vie quotidenne de la charié monastique, le *paupérisme* se dressa sur l'Angleterre comme un fantôme hideux et implacable au milieu de la nuit. Rien jusqu'ici n'en a pu débarrasser l'Angleterre, les annales de ce paupérisme anglais font horreur, et dépassent jusqu'aux rêves de la plus sombre imagination. Les révélations qui, de temps à autre, en sont faites aux Parlements sont effroyables, et c'est un abîme qu'aucune mesure adminis-

---

(1) Aut. cit. supr.

trative, aucune sollicitude philanthropique, aucun secours d'aucune sorte ne réussissent jamais à combler. Le 12 mars 1844, la conférence d'histoire de l'université de Cambridge, sur la question de la suppression des couvents d'Angleterre par Henri VIII et Élisabeth, rédigea la proposition suivante : « La suppression des monastères par Henri VIII a été un désastre pour l'Angleterre, le malheur des temps réclame le rétablissement d'institutions analogues parmi nous. » Très bien ! mais ces naïfs Anglicans oubliaient qu'une religion fondée par des Henri VIII et des Élisabeth ne peut être la religion véritable, et que la religion véritable a seule en elle la sève divine dont les monastères naissent, vivent et deviennent féconds. Charles-Quint avait le vrai mot quand il disait de Henri VIII : « Il a tué la poule qui lui pondait des œufs d'or. »

5. Il est temps de jeter les yeux sur une autre partie de l'Angleterre que le Protestantisme envahit à son tour, nous parlons de *l'Écosse* (1).

En 1528, Patrick Hamilton aidé d'une troupe de novateurs jetait en Écosse les premiers germes de l'hérésie. Sans doute, il payait de sa vie sa tentative audacieuse, ses compagnons se sauvaient en Angleterre, mais l'erreur ne prenait pas moins possession de cette contrée que son clergé perverti et sans force ne savait plus ni guider ni défendre. Les rigueurs même du cardinal de Saint-André ne firent qu'exaspérer un parti d'opposition déjà formidable (1546). Jean Knox arriva qui décida du triomphe de l'hérésie. Jean Knox avait puisé en France le venin calviniste qu'il était venu une première fois verser sur l'Écosse. Fugitif

---

(1) Wiesener, *Marie d'Ecosse*, Paris, 1863. — Gil. Stuart, *Hist. de la réforme en Écosse*, Lond., 1780. — Cook, *L'Église d'Écosse et la réforme*. — Raumer, *Élisabeth et Marie*. — Brandes, *Joh. Knox*.

sous le règne de Marie la Catholique mais infatigable dans son œuvre de perversion, il ne cessa de correspondre avec les hérétiques d'Écosse et de les animer au combat. Lui-même en donnait le signal terrible dans son libelle : *premier son de la trompette de Dieu contre le gouvernement satanique des femmes.* Rentré en Écosse ce fut pour souffler la violence et y allumer l'incendie. En poussant ses fanatiques disciples à l'assaut des couvents et des églises, « la bonne manière, leur disait-il, de chasser les hiboux, c'est d'incendier le nid. »

C'est au sein de cette confusion sanglante qu'apparaît Marie Stuart (1). Sa minorité avait été pour l'Écosse une ère de troubles et de triomphes secrets des hérétiques. Épouse de François II roi de France, elle avait passé dans la patrie de son époux ses années les plus belles, et quand elle rentra en Écosse en 1561, ce fut pour y trouver la haine des calvinistes, les pièges d'Élisabeth, les tribulations les plus poignantes, la captivité et l'échafaud. Son second mari, Henri Stuart, comte de Darnlay, ayant assassiné le secrétaire de la reine, puis péri lui-même de la main de Bothwell, la position de la pauvre reine devint affreuse ; sans appui, sans secours, entourée de calvinistes acharnés à la perdre, circonvenue par Élisabeth plus acharnée encore à en faire sa victime, Marie Stuart fut par comble forcée à épouser Bothwell. Le parti de la révolte prit des proportions effrayantes, et conduit par Murray, fils naturel de Jacques V, menaça le trône de Marie et les jours de Bothwell qui dut fuir. Marie Stuart abdiqua en faveur

---

(1) Outre les ouvrages cités plus haut, voir : *Lettres, instructions et mémoires de Marie Stuart. — Marie Stuart et ses derniers historiens,* Revue des quest. historiq., 1868, avril et juillet. — Jules Gautier, *Hist. de Marie Stuart*, 3 vol., 1869.

Comment expliquer que M. Mignet ose encore parler « des crimes » de l'innocente et infortunée reine d'Écosse ?

de son fils âgé de treize mois et Murray obtint la régence. Une dernière et plus terrible infortune devait couronner toutes les autres : vaincue par ses adversaires, Marie demanda à la perfide Élisabeth un secours qui fut la trahison et un asile qui fut la captivité (1568).

La cause catholique succomba avec la catholique Marie Stuart. Knox devint tout-puissant, le parlement sévit atrocement contre les fidèles qui assistaient à la messe, la religion catholique fut déclarée abolie, un nouveau symbole fut donné à souscrire, et tout une nouvelle église fut organisée d'après le système presbytérien. Cette organisation démocratique faisait sortir le pouvoir, non de l'épiscopat mais de la « communauté des Saints. » Quant aux « Chananéens, » Dieu même dans son Écriture en commandait l'extermination. Knox faisait largement cette œuvre de sang, et après lui un autre fanatique du nom de Melvil continua la guerre d'extermination contre le Catholicisme.

Durant ce temps Marie Stuart était prisonnière, subissait un procès dont l'issue sinistre ne faisait de doute pour personne. La jalousie chez Élisabeth était implacable, et Élisabeth n'avait cessé d'être jalouse de la belle et noble Marie. La pauvre reine abandonnée de tous fut accusée de complot, d'adultère, de trahison (1), et contre toutes les

---

(1) Voyez de bons articles de Chantelauze dans *le Correspondant*, juin 1874.
Un ignoble faussaire, Buchanan, avait par ordre d'Élisabeth fabriqué des lettres, des pièces justificatives, des documents accusateurs, toute une prétendue correspondance galante de Marie Stuart avec Bothwell, le tout avec ce titre : *de Maria Scotorum regina, totaque ejus contra regem conspiratione, fœdo cum Bothwelio adulterio, nefaria in maritum crudelitate et rabie, horrendo insuper et teterrimo ejusdem parricidio, tragica historia.*

Chose plus abominable encore que cet abominable factum : un lord d'Angleterre, Cécil, le faisait répandre partout surtout en France « parce que, écrivit-il à l'ambassadeur en France, ces pièces nous rendront l'utile service de la déshonorer; ce qui est indispensable avant qu'on puisse parvenir à autre chose. » Wiesener. — Voy. aussi Janet, *La vérité sur Marie Stuart*.

règles de la procédure judiciaire condamnée à mort. Élisabeth, jouant une comédie indigne, se refusa d'abord à cette affreuse sentence, et pleura des larmes de désespoir sur sa « bonne cousine, sa chère sœur, » « le tendre oiseau qui s'était réfugié dans son sein. » En secret elle pressait de toute manière l'exécution. Enfin, quand la nation entière *eut exigé* le sang de la condamnée, Élisabeth dut faire taire sa douleur poignante et signer la sentence de mort.

Quand cette atroce sentence lui fut annoncée, Marie n'eut plus de regards que pour le ciel. Ses bourreaux poussant jusqu'aux dernières limites leur cruauté de sectaires lui avaient refusé les secours de la religion, mais Pie V lui avait envoyé une hostie et elle communia. Devant l'échafaud elle fut reine et opposa à l'inique sentence des juges ces grandes et solennelles paroles : « Je suis cousine de votre reine, je suis du sang royal d'Henri VIII, j'ai été reine de France, et je suis sacrée reine d'Écosse. » Ses dernières paroles furent, devant son crucifix, une sublime prière : « Mon Dieu, tes bras se sont ouverts sur cette croix, ouvre-les-moi aujourd'hui dans ta miséricorde. » L'assassinat de Marie Stuart révéla à l'Europe l'abîme où la Réforme faisait glisser la société chrétienne ; un frisson d'horreur la parcourut toute entière. Le fils de l'infortunée reine ne pouvait que pleurer, frémir et se taire. Philippe II d'Espagne eut la magnanimité de vouloir venger le crime de la protestante Élisabeth. Un armement formidable (*armada invincibile*) allait châtier la grande coupable et la renverser du trône ; mais l'Océan déchaîna ses fureurs contre la flotte espagnole et l'Angleterre fut sauvée de l'invasion. Détail merveilleux, les catholiques Anglais auxquels la tentative de Philippe II promettait la délivrance restèrent fidèles à Élisabeth et prirent magnanimement les armes pour sa cause ; le péril passé, Élisabeth les récompensa par un redoublement de persécution et de plus nombreuses exécutions capitales.

6. *Le Protestantisme en Irlande.* — Ce titre révèle un séculaire et douloureux martyre. La plume frémit d'indignation quand elle retrace cet écrasement d'un peuple, cette persécution atroce, froidement organisée, poursuivie avec une perversité et une opiniâtreté implacables. Nous voici devant le spectacle le plus hideux que nous offre l'histoire, rien de tel ne s'y est vu encore : cette puissante nation, ce géant, saisissant sa faible et innocente victime, la torturant, année par année, siècle par siècle, la dépouillant de tout, la meurtrissant, la découpant membre à membre, lui suçant la vie goutte à goutte et se repaissant du spectacle de son affreuse agonie. Non! rien de pareil ne s'est vu encore, et c'est le sinistre chef-d'œuvre du Protestantisme.

Au moment du schisme de Henri VIII, un Parlement imposé à l'Irlande dès l'année 1166 par Henri II entra dans les vues du tyran Anglais, reconnut sa suprématie religieuse, abolit la Primauté de la Cour de Rome ; un indigne archevêque de Dublin Brown servit la cause du schisme, et l'Irlande catholique courut ses premiers dangers. Des prédicants se firent entendre, des faveurs perfides furent accordées, plusieurs chefs séduits par l'or anglais faiblirent, l'Irlande fut érigée en royaume (1542) ; rien n'y fit, le peuple Irlandais demeura inébranlable dans sa foi.

Après la courte trêve que valut au pays le règne de Marie Tudor, Elisabeth reprit avec fureur le cours de la précédente persécution. On écrasa les Irlandais sous des lois draconiennes, on les soumit à des mesures atroces, et toute opposition à ces lois et à ces mesures était punie comme crime de lèse-majesté. On excitait secrètement l'Irlande à la révolte, et quand ce malheureux peuple exaspéré prenait les armes, fût-ce dans un coin du pays, l'île entière se trouvait mise à feu et à sang. Sous Jacques Ier la seule demande de la liberté de conscience fit jeter les envoyés dans les cachots. En 1605, tout le clergé catholique était chassé ou mis à mort, et tous les magistrats ou fonctionnaires recevaient l'ordre d'assister au culte réformé. Le droit de propriété fut même enlevé aux habitants de l'Irlande, des colons Anglais possédaient et dévastaient le sol sous leurs yeux, et eux-mêmes dans leurs propres domaines furent réduits à l'humiliante condition de serfs. La perfidie se joignait à la violence. Le roi exigeait que tout propriétaire Irlandais lui présentât ses titres de possession, puis, sous prétexte que ces titres n'étaient pas en règle (1), faisait rentrer les terres à la couronne et les livrait en proie à des Anglicans forcenés et à des aventuriers avides. Nous passons sous silence les supplices, les tortures, les bûchers, employés pour activer le zèle des juges et la soumission des victimes. Quand ces atrocités sommeillaient trop, la révolte soufflée au sein de ce peuple aigri et désespéré venait fournir de nouveaux prétextes de sévices et d'écrasement. Un mot cynique circulait qui formulait l'emploi de cette abominable ressource : « La rébellion est la poule aux œufs d'or. »

En 1641 le désespoir des Irlandais était monté à son comble : une formidable insurrection éclata. En mai 1642 à l'assemblée de Kilkenny la guerre fut proclamée pour la défense de la religion et de la patrie, l'indépendance du Parlement, le maintien des grâces accordées en 1628, l'exclusion des étrangers des charges publiques. L'irascible et partial Hume ne voit dans cette guerre qu'une rébellion coupable, tous y ont vu le magnanime réveil d'un peuple opprimé qui se lève pour sa conscience et pour sa liberté. Cet héroïsme fut payé d'un nouveau martyre. Des nuées de bourreaux fondirent sur l'Irlande, qui ne cessa plus d'être noyée dans son sang jusqu'à ce que les exécutions en masse commandées par Cromwell n'en firent plus qu'un tombeau. On vendait d'un

---

(1) Comment tous pouvaient-ils l'être dans un temps de persécution et de troubles ?

coup comme esclaves 20,000 Irlandais ; Cromwell donnait aux soldats l'ordre de massacrer tous ceux qu'ils rencontreraient, et ces malheureux ne sauvèrent leur vie qu'en s'entassant comme des troupeaux dans la province de Connaught. Chaque tête de prêtre fut mise au prix de 5 livres sterling, les terres furent de nouveau partagées et données surtout aux plus ensanglantés des régicides et des bourreaux.

Chose étrange, inexplicable, si l'on ne connaissait l'esprit despotique et inhumain de la Réforme, les Irlandais, torturés sous le règne d'un Cromwell, le furent pareillement sous la Restauration et restèrent dans leur propre patrie comme des ilotes et des parias. Ils se battaient pour la cause de leurs persécuteurs ; chaque roi les trouvait fidèles et chaque roi laissait sur leurs épaules le joug qui les écrasait. Sous Guillaume d'Orange une capitulation de Limerick leur garantit la liberté de conscience (1691) : dérision amère ! puisque de nouveaux vols de leurs terres achevèrent de les rendre étrangers dans leur patrie (1).

On ne tua pas toujours, mais toujours on opprima. L'histoire aurait peine à faire croire à cette oppression unique par sa violence et son opiniâtreté, si les documents les plus inébranlables ne l'établissaient. Quoi ! les documents eux-mêmes deviennent inutiles tant la publicité, le *naturel* de cette persécution effroyable la rendent authentique ! Lisez les dispositions légales, vous y verrez les choses les plus monstrueuses consignées avec le calme le plus absolu. Les écoles subissent des pressions qui y tuent la foi et la liberté de conscience, les catholiques sont, comme tels, exclus du droit d'hériter des terres ; pour supplanter le reste de sa famille et lui prendre l'héritage un fils n'a qu'à renier sa foi

---

(1) Sous les règnes précédents, l'Angleterre leur avait enlevé 10,636,837 acres de terrain : sous Guillaume d'Orange, 1,067,192 acres s'ajoutèrent aux vols précédents.

et embrasser l'hérésie; la femme agira de même pour se débarrasser de ses liens conjugaux; tout mariage mixte est déclaré invalide; le prêtre qui l'a béni est condamné à mort. Une dernière torture restait à subir : l'impôt. Cet impôt, inique comme aucun ne le fut jamais, n'a plus cessé de peser sur l'Irlande catholique. L'Irlandais a dû prélever sur son dépouillement et sa misère de quoi procurer à ses oppresseurs la vie la plus large et la plus opulente. Une dernière insurrection, celle de 1798, amena la dernière confiscation, celle de la nationalité Irlandaise elle-même.

7. Le Protestantisme qui s'entendait si bien à faire ou des apostats ou des martyrs, procurait-il, là où il était le maître, la paix publique et la sérénité sociale? Nous allons en juger en revenant en Angleterre et en poursuivant le récit de ses déchirements et de ses révolutions (1). A partir de la mort d'Élisabeth le trouble et les douleurs ne cessent plus guère de couvrir le trône. Le pouvoir public n'avait cessé de favoriser l'hérésie et de persécuter l'Église, Dieu lui redemandait un formidable compte du sang versé.

En 1603, à la mort d'Élisabeth et l'extinction des Tudor, Jacques VI d'Écosse fut appelé au trône, réunit en une les deux couronnes et devint Jacques Ier (2). Jacques n'avait rien de sa mère Marie Stuart, rien surtout de sa religion. Élevé par le protestant Buchanan, il était livré à la secte toute républicaine des Puritains qui ne voulaient voir de religion véritable que dans le Presbytérianisme et de pouvoir public que dans le peuple. Pour eux la puissance royale était amissible et tout roi coupable envers la nation

---

(1) Consulter l'ouvrage de l'abbé Destombes, *La persécution religieuse en Angleterre sous les successeurs d'Élisabeth*, Paris, Lecoffre.
(2) Son portrait peu flatteur a été tracé par Macaulay. — Voy. Rohrbacher, liv. LXXXVII, § iv.

pouvait légitimement périr de la main d'un quelconque de ses sujets. Monté sur le trône, Jacques Ier fit comme font tous les hommes sans principe, il ne retint de l'erreur presbytérienne que ce qui pouvait servir ses plans d'absolutisme royal. Un trait lui donne une physionomie ridicule : la manie de discuter et de faire le théologien. Un autre trait lui donne une physionomie odieuse. Il avait promis de ne pas proscrire la religion de sa mère, mais il voulait régner comme Henri VIII, et avait besoin pour y parvenir de l'appui des protestants. Ceux-ci mirent leurs services au prix de la persécution des catholiques : entre sa politique et son serment Jacques n'hésita pas et se mit à persécuter. Si le sang ne coula pas, les mesures de proscription de toutes sortes firent regretter son effusion. Les catholiques chassés de partout, déclarés incapables d'hériter, de tester, d'occuper aucune charge, furent précipités dans une misère pire que la mort.

Un crime politique qui fut habilement exploité contre eux acheva de rendre leur situation intolérable. Un gentilhomme anglais, sir Robert Catesby, conçut l'abominable projet, en tout conforme aux doctrines puritaines, de faire sauter le roi avec tout son Parlement dans le palais de Westminster. Le complot, appelé *conjuration des poudres* (1605), fut découvert et les quelques coupables exécutés. Aussitôt toutes les chaires hérétiques retentirent de déclamations violentes contre le Pape, les rois de l'Europe, les nations catholiques, tous coupables d'avoir machiné ce crime. Jacques Ier eut le bon sens de faire taire ces furieux, mais il eut la lâcheté de se prêter à des rigueurs absolument imméritées. On traqua les catholiques comme des bêtes malfaisantes, on établit entre eux et la cour et les édifices de la cité un cordon de sûreté. Aux peines déjà innombrables qui les écrasaient, on ajouta de nouvelles peines pour tous ceux qui n'useraient pas en tout du culte réformé. En même temps le roi rédigea un serment de fidélité assez perfidement tissu d'erreurs pour que ses sujets catholiques ne le pussent en conscience prêter. Paul V en condamna la formule, et Jacques entra avec les théologiens romains, Bellarmin entre autres, en de ridicules discussions. Il réussissait mieux dans la persécution. Les accusations de complicité dans la conjuration des poudres furent reprises contre les Jésuites et le Père Garnett fut condamné à mort avec d'autres confesseurs de la foi. L'effusion du sang commencée ne s'arrêta plus, et chaque année les Puritains qui terrorisaient Jacques lui arrachaient contre des prêtres catholiques des condamnations à mort. Dans un jour de clémence obligée (1), on trouva dans les prisons quatre mille victimes à délivrer. Et ces Puritains qui tournaient le roi contre les plus fidèles de ses sujets, lui escomptaient odieusement eux-mêmes leur obéissance et leur dévouement. Dans son voyage d'Écosse de 1617 il n'obtint, dans les *cinq articles*, que des concessions précaires, et qui témoignaient avant tout de la grande force des hérétiques.

Cette force éclata à l'avénement de son fils *Charles I*^{er} (1625). Charles arrivait au trône avec deux griefs que la nation lui pardonnait mal : son premier mariage avec une infante d'Espagne, son second avec Henriette de France. D'ailleurs la situation générale était désastreuse. La Réforme, en se divisant, avait enfanté une multitude de sectes, armées tumultueusement les unes contre les autres. Les deux principales se haïssaient à mort : les Anglicans et les Puritains. Les premiers avaient gardé quelques dehors de l'Église catholique, l'office, la liturgie, la hiérarchie ; les seconds étaient les révolutionnaires purs, professant la licence absolue sur les ruines de l'autel et du trône. C'est à eux que se heurta

---

(1) Quand Jacques Ier maria son fils à l'Infante d'Espagne, l'une des clauses obligatoires fut la mise en liberté des prisonniers catholiques.

de suite Charles Ier. Du parti des Épiscopaux et père d'une liturgie nouvelle plus rapprochée encore de l'antiquité ecclésiastique, il se trouva aussitôt enveloppé dans les intrigues et les complots puritains. On cria au papisme, et ce cri que le roi voulut réprimer devint une révolution. « Un homme s'est rencontré d'une profondeur d'esprit incroyable, hypocrite raffiné autant qu'habile politique, capable de tout entreprendre et de tout cacher, également infatigable dans la paix et dans la guerre,..... un de ces esprits remuants et audacieux qui semblent nés pour changer le monde (1). » Désormais dans *Cromwell* la révolte avait un chef, les sectes multiples et variées un lien qui allait en faire un faisceau formidable. Charles Ier fut, sur tous les champs de bataille (2), battu par ces sectaires fanatisés, et bientôt sa tête tomba sur l'échafaud (1649). Cet assassinat valut à Cromwell un règne despotique et sanglant de neuf années, durant lesquelles l'Anglicanisme fut détrôné par la secte presbytérienne, la chambre des Communes *purgée*, le Parlement mis à la porte et son honteux débris affublé du surnom de *rump* (croupion), les trois royaumes jetés dans la plus affreuse confusion. Une fourmilière de sectes extravagantes ou sanguinaires et furieuses donnaient à l'Angleterre entière l'aspect du chaos. Les Indépendants, les Quakers (3), les Niveleurs, les Brownistes, les Millénaires, les Antinomiens, les Anabaptistes, les Arméniens, les Libertins, les Familiers, les Enthousiastes, les Chercheurs, les Perfectionistes, les Arianistes, les Sociniens, les Antitrinitaires, les Antiscripturistes. Un point commun reliait toutes ces sectes : la haine de toute autorité et la plus effrénée licence.

---

(1) Bossuet, *Oraison funèbre d'Henriette d'Angleterre*.
(2) Nenburg, 1643, Marston-Moor, 1644, Naseby, 1645.
(3) Les *Quakers* eurent pour fondateur le cordonnier Fox (1643), qui se présenta comme inspiré de Dieu et donnait à ses disciples le nom « d'Enfants de lumière. »

A cette confusion Cromwell fit succéder le despotisme militaire, que les sectaires abusés finirent par acclamer et servir. Cromwell, grossissant d'eux tous ses armées dévastatrices, alla en Écosse écraser les royalistes à Édimbourg (1650), puis retomba avec ces Vandales sur la malheureuse Irlande et y massacra tout indistinctement, prêtres, soldats, royalistes, Anglicans, Catholiques. L'île entière fut vendue et donnée en proie aux massacreurs. — En quelques années, la révolution avait accompli son cycle fatal. La révolte religieuse avait enfanté la révolution, la révolution la licence effrénée des partis, la licence l'instinctif besoin de la répression, et cette répression le despotisme d'un soldat de fortune.

Richard Cromwell avait succédé à son père dans un absolutisme trop lourd pour lui. Les révolutions reprirent leur cours. En 1660, le général *Monk* fit remonter sur le trône le fils de Charles Ier, fugitif dans l'Europe entière, et qui ne revint en Angleterre que pour y subir les fureurs des protestants. Il était peu fervent pour l'hérésie, son frère le duc d'York était catholique déclaré : c'en fut assez pour déchaîner contre le Catholicisme toutes les colères des Puritains et des Anglicans réunis. Deux machines de guerre, l'une odieuse, l'autre absurde, furent mises en avant. D'abord le *serment du test*. Comme dans les serments précédents, on avait glissé dans celui-ci des erreurs formelles, et en le rendant impossible aux catholiques on trouvait un moyen toujours facile de les traquer comme traîtres au gouvernement. Le second moyen trouve à peine sa place dans les récits de l'histoire, tellement il fut invraisemblable et absurde. On imagina un complot dont le terme était le massacre universel des protestants d'Angleterre, le roi en tête, et dont les organisateurs étaient ni plus ni moins que le Pape, les rois de France et d'Espagne, le supérieur des Jésuites, le duc d'York et la reine (1678); cette conspiration était attestée par trois bandits sans aveu, aucune preuve sérieuse, pas une pièce, pas un document, et c'est sur cette monstrueuse inanité que fut appuyée une nouvelle et implacable persécution. Deux mille catholiques s'entassèrent dans les prisons de Londres, de nombreuses exécutions de Jésuites et de prêtres furent accordées à la haine des protestants. Les catholiques furent déclarés indignes de siéger dans les deux Chambres, partout les mesures vexatoires redoublèrent de violence, c'était une vraie guerre d'anéantissement. Charles II se montra faible jusqu'à la lâcheté. Le duc d'York, réfugié à Bruxelles, ne cessa plus d'être l'objectif de toutes les haines et des plus odieuses machinations. Lord Shaftesbury et la Chambre des Communes proposèrent de l'exclure du trône, et sous le nom de *Whigs* formèrent un parti terrible contre Charles II. Charles se redressa alors fièrement, s'unit aux nobles (les *Torys*), rappela son frère de Bruxelles, le mit résolùment à la tête des affaires, et se concilia par sa vigueur le gros de la nation. Les Whigs eurent recours aux conjurations et aux complots contre la vie du roi, furent découverts et furent châtiés. Shaftesbury alla mourir en Hollande et Mommouth fut banni (1683). C'était la victoire de l'Anglicanisme sur les sectes furieuses : ce fut aussi, quelque peu, l'apaisement de la persécution contre les catholiques. Charles II abjura l'erreur avant de mourir, et le duc d'York, catholique sincère et éprouvé lui succéda en 1686 sous le nom de Jacques II.

Sous Jacques II l'Angleterre eût pu retrouver l'inestimable bien de la foi, et du même coup cesser ses révolutions sanglantes et ses mortelles divisions. Le roi commença par accorder la liberté de conscience à tous ses sujets ; il eût procédé avec douceur et sagesse au rétablissement de l'orthodoxie catholique : le fanatisme puritain et anglican ne lui en laissa pas la liberté. Les complots recommencèrent de toutes parts, un ambitieux habile y fut mêlé, Guillaume d'Orange, stathouder de Hollande et gendre de Jacques II, et la chute des Stuarts catholiques fut énergiquement poursuivie. Guillaume détrôna son beau-père en 1688; le Parlement se chargea du reste. En 1701 il exclut du trône le fils de Jacques II, le prince de Galles, le prétendant Jacques III. En 1702, Anne, la seconde fille de Jacques, monta sur le trône. Quoique bonne et douce elle-même, les catholiques eurent sous son règne bien des vexations à subir, la plus poignante fut pour eux de livrer, sans aucune liberté possible du contraire, leurs enfants à une éducation absolument hostile à leurs convictions religieuses et à leur conscience. Plus que les autres parties de la Grande-Bretagne, l'Irlande continua à être écrasée sous son joug de fer. Comment ce peuple héroïque put-il ne pas mourir? C'est un miracle de force comparable au miracle d'inhumanité qui depuis des siècles épuisait son sang et sa vie. Les familles qui réussissaient à enlever à la rapacité des persécuteurs une parcelle de leurs biens rendaient à des frères en détresse tous les services de la plus inépuisable charité. L'élite de la jeunesse s'en allait dans les universités et les séminaires recevoir, avec le sacerdoce, la force de l'exercer en de nouvelles catacombes, ou de le couronner dans d'héroïques martyres. Rentrés furtivement dans leur patrie infortunée, ces nobles jeunes prêtres remplissaient dans le secret leurs fonctions saintes, et ils conservèrent ainsi la foi catholique jusqu'aux jours meilleurs qui se levèrent pour l'Irlande dans le cours du XIXe siècle. — Le prétendant Jacques III mourut à Rome en 1766, son fils Édouard en 1788 : ainsi s'éteignit la noble famille des Stuarts et s'éloigna pour l'Angleterre protestante le retour à la foi de ses ancêtres.

VINGT-NEUVIÈME LEÇON.

LE PROTESTANTISME EN FRANCE [1].

Depuis l'introduction du Protestantisme en Europe, un phénomène n'a pas cessé de nous apparaître. Où naît la prétendue Réforme là naissent avec elle les divisions, les troubles, les haines religieuses, les discordes civiles, le mépris de toute autorité, finalement la persécution, la violence, l'effusion du sang. L'Allemagne s'est morcelée en fractions turbulentes, et a dû étouffer dans le sang la révolte des Anabaptistes. L'Angleterre n'a plus été, sous le Protestantisme, qu'un théâtre de luttes acharnées, un foyer d'agitations furieuses, mais surtout une terre de proscriptions et

---

[1] On trouvera d'excellents détails dans une étude du Père Verdière, *Les commencements du Protestantisme en France*, *Etudes religieuses*, nouv. série, 1861, t. I, p. 560. — Kervyn de Lettenhove, *Les Huguenots et les Gueux*. — Mémoires de Castelnau. — René de Bouillé, *Hist. des ducs de Guise*. — Gandy, *La Saint-Barthélemy*, Paris, 1880. — Leforlier, *La Saint-Barthélemy, étude sur les premières guerres de religion*, Paris, 1887. — H. de l'Epinois, *La Ligue et les Papes*, Paris, Palmé, 1887. — Segretain, *Sixte-Quint et Henri IV*, Paris, Gaume. — Roisselet de Sauclières, *Hist. du protestant. en France*, 1837. — Haag, *La France protestante*, Paris, 1847-49. — De Félice, *Hist. des protestants en France*, Toulouse, 1851. — *Théâtre des cruautés hérétiques*, Anvers, 1588, in-4°. — Buchat, *Hist. de la réform. de la Suisse*. — Charpenne, *Hist. de la Réforme et des Réformateurs de Genève*.

d'intolérance inouïe. La France, dans la partie qu'atteindra le poison de l'hérésie, ressentira les mêmes convulsions, se couvrira des mêmes ruines, et sera inondée des mêmes flots de sang. — Une incroyable mauvaise foi a tiré grand profit, contre l'Eglise, des guerres religieuses du seizième siècle : mais à qui donc imputer ces guerres? Qui a suscité ces horreurs? Qui a mutilé et écartelé la France? Qui a mis aux mains de ses fils l'arme du fratricide, sinon le Protestantisme? Des guerres civiles de cette étendue et de cette intensité furent inconnues jusqu'au temps où les révoltés du seizième siècle, Luther en tête, eurent poussé contre les catholiques leurs sauvages cris de mort.

Les premières étincelles du feu qui devait dévorer le Midi et le Centre de la France jaillirent sur elle durant le règne de François Ier. Ce roi, plus chevaleresque que judicieux, revendiquait toute illustration littéraire comme toute expédition hasardée. L'astucieuse hérésie luthérienne lui envoya, sous le nom de littérateurs et d'érudits, de perfides sectaires qui sous l'enveloppe de leur élégante latinité et de leur atticisme cachaient les plus dissolvantes erreurs. Entré par cette issue le mal alla vite grandissant (1). — Mais avant d'en suivre les progrès arrêtons-nous un instant à considérer les pentes et les facilités que le torrent rencontrait en France

---

(1) Nous avons déjà quelque peu fait connaître Calvin, le père du Calvinisme qui infecta la France et y causa de si terribles bouleversements. Il importe ici de bien préciser l'erreur de cet hérésiarque. Calvin n'a de Luther que le fond de ses erreurs. La forme sous laquelle il les présente est nouvelle et à lui. Luther est l'homme de la foule, admirablement doué pour la séduire et l'entraîner, puissant jusque dans ses fureurs, ses délires et ses extravagances. Calvin est un esprit froid, précis, méthodique, qui s'efforce d'enlever à l'hérésie ce qu'elle a de trop visiblement absurde, et de soumettre ses incohérences à une suite logique et un tout harmonisé. Quant au fond, Calvin c'est Luther et Zwingle. Mêmes erreurs sur la grâce, la foi, le libre arbitre; Calvin accentue plus que ses maîtres la monstruosité de la prédestination absolue, et en fait le point de tout son système. — Sur l'Eucharistie il imagine une routine termédiaire entre l'affirmation ca-

au moment de son irruption. L'absolutisme royal déjà puissamment organisé laissait les choses religieuses comme les autres trop à la merci des caprices, des violences, des légèretés, des errements de la cour, et les livrait misérablement à l'ambition des favoris et des courtisans. — De plus cette cour, formée des représentants de toute la noblesse de France, était-elle une fois corrompue dans sa foi et ses mœurs, elle versait ensuite comme fatalement au pays tout entier les flots empoisonnés de son hérésie et de ses vices, et le peuple Français qui ne pouvait entrevoir encore à travers les splendeurs de la royauté du XVIe siècle les tragédies sanglantes où devait se perdre celle du XVIIIe, le peuple battait des mains aux luttes où une noblesse déjà à charge se déchirait et s'amoindrissait. Le peuple soutenait le roi sans avoir conscience des abîmes que la royauté creuserait bientôt sous ses pas. — De plus encore, pendant les longues années où l'objectif de la politique des rois de France fut l'écrasement de la maison d'Autriche, ces rois cherchèrent une alliance dangereuse avec les Protestants d'Allemagne, sans s'apercevoir que la même hérésie qui bouleversait l'Allemagne et s'acharnait contre les princes autrichiens, s'acharnerait bientôt contre eux-mêmes, et renouvellerait sur le sol français les mêmes sanglantes scènes dont les pays du

---

tholique et la négation des sacramentaires. C'est toujours sur l'autel le pain et le vin qui ne cessent jamais d'être tels, seulement quand le prédestiné communie, le Corps de Jésus-Christ exerce sur lui quelque influence en sorte qu'on peut dire qu'il communie au corps du Sauveur. — Les sacrements pour Calvin ne sont que les signes d'une grâce donnée sans eux. — D'ailleurs à quoi bon ce secours et cette force des sacrements? Dieu est l'auteur absolu du mal comme du bien. De toute éternité il a condamné au mal et au châtiment une partie de ses créatures comme il a appelé l'autre au bien et à la gloire. Dieu, pour avoir de justes motifs de haïr et de châtier, nécessite au péché l'homme qu'il veut perdre. Quant au prédestiné, non seulement il est assuré de sa justification, mais encore il ne peut jamais plus la perdre, couvert qu'il est, nonobstant ses propres crimes, de la justice et de la sainteté de Jésus-Christ.

Nord étaient le théâtre. — Enfin la prétendue renaissance des lettres avait dégoûté les esprits des fortes et vivifiantes doctrines chrétiennes, et préparé pour les âmes fatiguées de la foi les décevantes nouveautés de la révolte religieuse. Telle était la situation de la France quand l'hérésie s'y montra, vers 1520, pour s'y établir définitivement, y régner dans le sang et sur des ruines, faire à la patrie des blessures que les siècles ne réussissent pas à fermer, dont nous ressentons, au sein de nos révolutions politiques et sociales, les derniers dangers et les dernières douleurs (1).

Cette histoire du Protestantisme en France, nous la diviserons en deux périodes, suivant les deux aspects très différents sous lesquels l'hérésie se montre à nous. — Le Protestantisme nous apparaît d'abord dans ses premières tentatives et ses progrès isolés : il y a des hérétiques, il n'y a point encore de parti politique protestant. — Dans la seconde période, la France catholique, envahie par les armes calvinistes, mal défendue par ses rois, couverte de ruines fumantes, poussée jusqu'au bord de l'abîme, trouve son salut dans l'héroïque défense de ses populations, mais achète sa liberté et sa foi au prix des plus affreuses souffrances.

---

(1) Il est impossible de rester juste appréciateur des faits qui remplissent cette funeste période, si on ne se place pas de suite et pour toujours sur le vrai terrain. Qu'était la France? une nation catholique; un peuple ardemment attaché à sa foi. L'Aristocratie et la Cour trahissaient souvent le peuple Français, en accueillant les huguenots, mais le peuple Français voulait d'une volonté absolue rester Français et Catholique.

Qu'étaient les huguenots? des nouveaux-venus, armés pour enlever au vieux peuple franc sa foi et ses autels, des rebelles en conjuration permanente contre le pouvoir royal et la religion du peuple.

Pour eux appeler l'étranger et lui proposer d'envahir et de démembrer la France était un crime de haute trahison.

A Throckmorton qui objectait au duc de Guise que lui aussi avait réclamé le secours de Philippe II; « avec cette différence, repartit Guise, que le roi d'Espagne soutient le roi contre les rebelles, tandis qu'Elisabeth soutient les rebelles contre le roi. » Voir Forbes, t. II, p. 251.

I.

Première phase du Protestantisme en France.

Le Calvinisme employa tout le règne de François Ier à s'établir et à se consolider. Le caractère du prince le servait admirablement. Léger, superficiel, capricieux, sans suite dans ses conseils, sans profondeur dans ses vues, François Ier arrivait, en dépit de ses bonnes qualités très réelles, à livrer la cause de Dieu aux fluctuations de son humeur et surtout aux calculs de sa politique. Et sa cour, sans avoir ses vertus, multipliait ses vices. Sa sœur Marguerite de Valois, mariée en secondes noces à Henri d'Albret roi de Navarre, grand'mère de Henri IV, après avoir composé des poésies licencieuses, donna dans la théologie, de là dans l'erreur, et eut assez de mal à en revenir. Sa fille, Jeanne d'Albret mère de Henri IV n'en revint jamais, après que, poussée par son mari Antoine de Bourbon roi de Navarre qui l'était lui-même par un moine apostat, elle eut renié le Catholicisme et embrassé l'hérésie de Calvin. Avec de pareilles ouvertures, l'hérésie pouvait se montrer audacieuse, elle le fut au delà même des prévisions. Dès l'année 1535, Calvin avait envoyé à François Ier, avec son *Épître dédicatoire*, les premiers formulaires de son hérésie. A sa suite les calvinistes ne cessèrent plus d'inonder la France et surtout la cour de leurs écrits venimeux. Une première éruption publique du mal eut lieu de 1519 à 1525. La ville de Meaux se trouva infectée de Calvinisme par un cardeur de laine nommé Jean Leclerc. A Paris, en 1528, les calvinistes brisèrent avec mille outrages une statue de la sainte Vierge. A Lyon un dominicain, apostat par inconduite et livré à deux femmes à la fois, dogmatisait avec fureur. On allait à Genève visiter Calvin; Genève, comme la Suisse et l'Allemagne, envoyait ses émissaires par véritables essaims. En 1529 le président Minard fut tué d'un coup de feu par les hérétiques. Où résidait la cour, on affichait des placards remplis d'injures contre le clergé catholique et de menaces contre le roi. A la Ferté-sous-Jouarre on forma le complot de prendre les armes et d'abolir le Catholicisme à main armée. — Il était grand temps d'aviser : le clergé tint de nombreux conciles, le Parlement sévit contre les fanatiques qui, en plein Paris, prêchaient la révolte contre l'Église et contre le roi. Deux des plus coupables furent jugés et pendus.

François Ier qui rentrait de sa captivité s'alarma de cette rigueur, entrava la justice et laissa aux calvinistes un répit précieux. Bientôt pourtant les profanations des huguenots devinrent telles et les murmures des populations catholiques si énergiques, que le roi dut sortir de sa temporisation nonchalante. Des sectaires furent jugés et exécutés à Paris, à Toulouse, à Séez, à Vienne, et les progrès de l'erreur arrêtés un instant. Puis comme l'avait fait Charles-Quint en Allemagne, on entra dans une phase de chimériques conciliations : avances aux luthériens, lettre à Mélanchthon, rigueurs contre les catholiques qui défendaient leur foi. Comme toujours l'hérésie triompha de ces faiblesses et devint plus entreprenante et plus audacieuse. Un jour on trouva placardés sur la porte même de l'appartement de François Ier les plus abominables blasphèmes contre l'Eucharistie et la messe. — Le roi se montra un instant résolu d'en finir avec cette révolte calviniste qui ne respectait pas plus son autorité que celle de l'Église : de rigoureuses mesures furent décrétées; puis, durant la même année (1535), la cour revint à son système de conciliation. Par l'édit de Coucy, les peines encourues furent remises et les poursuites suspendues, Calvin dédia au roi le plus pernicieux de ses livres, le traité de l'*Institution divine*. Cette politique déplorable qui tournait au malheur de la France honnête et paisible et assurait l'impunité à une faction en révolte ouverte contre l'autorité divine et humaine, fut à peine modifiée par quelques rigueurs dans l'année 1538. Le roi, se préoccupant beaucoup plus du succès de ses armées et de la réussite de son ambition que de la paix et de l'unité religieuse, usait des armes protestantes pour conquérir Metz, Toul et Verdun, et nous devons arriver à l'année 1546 pour trouver dans François Ier le catholique généreux et l'homme d'État assez intelligent pour comprendre le danger que le Calvinisme faisait courir à sa couronne.

Le règne de Henri II (1547-1549) fut au moins aussi favorable aux sectaires. De lourdes fautes, une inertie invincible, des alternatives déplorables de rigueur et de conciliation forment le tissu de l'histoire de ce temps. Nous arrivons à la deuxième période dont nous avons parlé plus haut. En 1559 les calvinistes se comptèrent et se groupèrent; ils tinrent un premier synode à Paris, rédigèrent leur confession de foi et établirent un consistoire à l'instar de celui de Genève. Désormais la France était scindée, il y avait deux Frances comme il y avait deux Allemagnes, et des luttes fratricides étaient imminentes.

Les deux grands partis qui se partageaient ainsi le pays étaient celui des Guise, qui représentaient la vieille France catholique, protégeaient le trône, et, malgré des fautes d'ambition personnelle, méritèrent avec la haine furieuse des huguenots la reconnaissance de la catholicité. L'illustre famille des Montmorency se rattachait aussi au parti catholique, mais non dans son intégrité, car l'hérésie lui avait enlevé Louise, sœur du connétable et femme de

Gaspard de Coligny, seigneur de Châtillon. Le parti huguenot comptait trois Coligny fils de Louise et du seigneur de Châtillon, c'étaient l'amiral de Coligny, Andelot, et le cardinal Odet de Châtillon qui donna le scandale de son mariage (1). Les Coligny avaient attiré à eux le prince de Condé qui devint le général du parti huguenot, plus un gentilhomme perdu d'honneur, nommé Geoffroy de la Renaudie. — Ainsi à l'époque où nous sommes parvenus, en 1560, le Calvinisme a envahi tous les ordres de l'État et y a fait de nombreuses recrues; les membres du haut clergé, la magistrature, les corps savants, le professorat, au-dessous la bourgeoisie, le commerce, l'atelier lui apportent déjà de larges contingents. Mais rien n'est aussi entamé que la noblesse et la cour (2). — Néanmoins la masse de la nation est restée intacte et inébranlable, la vieille nation de Clovis et de Charlemagne est toujours orthodoxe, elle voit en frémissant les tentatives de l'erreur, et ne pas la combattre et la repousser lui semblerait à la fois une lâcheté et une trahison. La vraie France n'est pas avec le parti des Coligny qui brise ses autels et blasphème son antique croyance, elle est avec les Guise qui la protégent et la défendent. Quand nous rencontrerons des fautes dans le parti catholique et ses chefs, blâmons ces fautes, mais n'oublions pas que ce parti représente dix siècles de conquêtes et de gloire, et que la véritable nation française est là.

---

(1) Il poussa le cynisme jusqu'à se marier en soutane rouge. — Ce malheureux avait été fait cardinal à 18 ans, à 19 archevêque de Toulouse, à 20 évêque de Beauvais, — puis apostat, puis frappé des censures ecclésiastiques et déposé. Son mariage mit le comble à ses précédents scandales.

(2) Quelle était au juste la force numérique des révoltés huguenots? Il est assez difficile de le dire exactement, tant les intérêts et les passions opposés ont jeté d'incertitude dans cette question. La noblesse et la cour étaient largement entamées. Au contraire dans le peuple l'hérésie comptait à peine un vingt-cinquième. — Voy. Chalambert, *La Ligue*, Introduc., p. LXII. — Rohrbacher, t. XXIV, p. 122.

II.

Deuxième phase du Protestantisme en France.

Commencée en 1560, à la *conjuration d'Amboise*, cette seconde période de l'histoire du Calvinisme en France se poursuit jusqu'à Henri IV, en passant par les tristes règnes de François II, Charles IX, Henri III. — Tout est sombre et sinistre dans cette période que l'on pourrait résumer en ces trois péripéties successives. 1° Tentatives et audace du parti huguenot : en regard expédients misérables, politique toute machiavélique de la cour. On n'a pas eu l'intuition d'une grande et noble guerre à l'hérésie envahissante, on l'a laissée multiplier ses conquêtes et accumuler ses ruines, maintenant pour s'en défaire on l'attire dans des guet-apens, on la tue en traître, et en la tuant on accroît ses forces. — 2° Les représailles sont sanglantes, les guerres succèdent aux guerres et montrent un acharnement et une cruauté inouïs. — 3° Enfin, fruit dernier de ces horreurs, nous n'apercevons plus, sous Henri III, qu'une France mutilée et sanglante, plongée dans une confusion affreuse, déchirée en trois factions qui s'acharnent l'une contre l'autre.

1. L'histoire politique du Calvinisme en France s'ouvre en 1560. François II est trop jeune pour régner, et la France a pour régente la reine-mère, la trop fameuse Catherine de Médicis (1). Sous elle la royauté trahit presque constam-

---

(1) « Recourant dans les situations extrêmes à tous les moyens, aux crimes qui n'effraient pas sa conscience, » « toute son habileté prétendue

ment ses devoirs, poursuit une politique sans loyauté, sans principes comme sans force, politique de tergiversations et d'expédients, où le poignard vient en aide quand la force ouverte paraît impossible, où les partis favorisés et répudiés tour à tour se livrent aux plus âpres ambitions.

Catherine commença par appeler les Guise au pouvoir et à rassurer ainsi la France catholique qu'alarmaient de plus en plus les envahissements des huguenots. François de Guise et le cardinal de Lorraine son frère, si déchirés et si salis par les plumes protestantes et universitaires, étaient dignes de ce choix et capables de sauver la France des luttes qui allaient la meurtrir. Les huguenots consternés cherchèrent leur salut dans la révolte et les guet-à-pens. La :

Conjuration d'Amboise (1560),

est restée célèbre (1). Leur projet était de s'emparer du jeune roi et de tenir la France entière sous leur pouvoir. Deux fois

---

n'a consisté que dans l'emploi de lâches et misérables artifices » (Sully, *Mémoires*). Voyez Kervyn de Lettenhove, *Les Huguenots et les Gueux*, t. I, p. 14-15.

Voy. *Études des PP. Jésuites*, juin 1860, p. 25.

(1) Elle ne prétendait à rien moins qu'à se défaire du roi, à changer le gouvernement, à s'emparer de la France et à la traiter en pays conquis. Rien que cela ! « Messieurs, disait de Danville, vous voyez que je suis pressé de prendre les armes contre mon roi » (Brantôme, VII, p. 245). — Les huguenots, dit Montluc (*Mém.*) parlaient outrageusement du roi. — Les ministres protestants enseignaient publiquement qu'il ne fallait plus ni servir le roi ni payer d'impôts (Montluc, *Mém.*, t. II, p. 366).— « Ceux de Genève, écrit Chantonay (archives de Vienne, mars 1560), ont conclu expressément que *jure licito* l'on pouvait tuer tous les Contrarians. » — Parlant des Conciliabules relatifs à la Conjuration d'Amboise, Sturm (*Rev. hist.*, t. II) écrit au conjuré Hosman : « Tu te glorifiais qu'aucun de la maison de Lorraine n'aurait survécu. » — Dans l'assemblée de Nantes des Conjurés vont jusqu'à réclamer l'extinction entière de la lignée de Henri II (Mézerai, t. III, p. 14). — La conjuration d'Amboise échoua, mais quand peu après le jeune François II mourut, « il y eut, dit Kervyn de Littenhove, soupçon de poison. »

Consulter sur la Conjuration d'Amboise, outre Kervyn de Lettenhove, Jager, *Hist.*, t. XIV, p. 255.

déjoués, les coupables furent punis, le prince de Condé fait prisonnier ne dut son salut qu'à l'intervention de François II.

Le chemin était tout tracé au pouvoir : garder ses avantages et contenir ses adversaires dans le respect. Catherine de Médicis prit la route opposée. Elle eut peur des Guise, et se rejeta du coté des huguenots. Par l'*édit de Romorantin* on défendit de rechercher et d'inquiéter les protestants (1560).

A l'assemblée de Fontainebleau le roi confirma cette cessation de poursuites, et promit de pourvoir aux moyens d'extirper les abus de l'Église catholique. Le huguenot Antoine de Bourbon fut appelé à la lieutenance du royaume, un sectaire caché, l'Hôpital, devint ministre, les Guise furent écartés, le parti catholique fut dérouté et désemparé, finalement on lança des édits de tolérance en faveur de l'hérésie et l'on prépara le *Colloque de Poissy* (1561) entre le cardinal de Lorraine, Claude d'Espence, le Jésuite Laynez du côté des catholiques, Théodore de Bèze, Pierre Martyr du côté des protestants. Comme toutes les conférences tentées depuis la Réforme, la conférence de Poissy fut aussi animée qu'elle fut stérile. Acte de désastreuse faiblesse, les suites en furent plus désastreuses encore (1). L'hérésie confondue par la vérité catholique, connut mieux que jamais ce qu'elle pouvait attendre de la royauté.

Les Guise s'étant alliés à Antoine de Navarre et au connétable de Montmorency, Catherine chercha une contre-alliance dans le parti huguenot, et cet accord valut à celui-ci les plus larges concessions (1562). Il obtenait le libre exercice de ses erreurs, pouvait tenir ses assemblées hors des villes. Quant à la clause « qu'on s'abstiendrait de toute vio-

---

(1) De là ces paroles graves autant que judicieuses de Lezeau : « Ces deux grands personnages (card. de Lorraine et le chanc. de l'Hôpital), par ce colloque et par cet édit furent cause que les hérésies s'espandirent merveilleusement par toute la France, l'un par une présomption de savoir, l'autre par une secrète faveur qu'il portait à ce parti. »

lence envers les catholiques, » ce ne fut durant toute cette funeste époque qu'une amère dérision. Dès cette année 1562, les prêtres et les moines étaient mis à mort, les passants étaient traînés de force aux prêches hérétiques, des bandes armées abattaient les églises, insultaient aux plus vénérables croyances des populations catholiques, une immense haine s'amoncelait, et les guerres civiles allaient éclater furieuses et implacables.

Ce nouvel acte du drame calviniste commence en 1562 par ce que l'on a nommé le massacre de *Vassy*, appellation fallacieuse que nous allons contrôler. Le mercredi des Cendres, le duc de Guise entend la messe dans la petite ville de Vassy en Champagne, les huguenots la troublent par leurs chants et leurs cris. Le duc leur fait demander un quart-d'heure de silence, leurs vociférations redoublent. Alors les gens du duc indignés en viennent aux voies de fait, et le duc qui veut apaiser ce tumulte est blessé au visage d'un coup de pierre. C'est la vue de cette blessure qui, en aiguisant la fureur des gens du duc de Guise, causa la mort de soixante huguenots et les contusions de deux cents autres. Le parti protestant transforma cette rixe, très regrettable sans doute mais absolument fortuite, en *massacre* prémédité. Ses cris remplirent le royaume (1), Catherine, qui haïssait de plus

---

(1) Ce fut constamment la tactique des protestants, comme ce fut constamment aussi celle des Juifs : taire leurs excès véritables; accréditer à force de cris et de tumulte de prétendus forfaits de leurs adversaires.

L'histoire à eu en France ce malheur inouï d'être, depuis trois siècles, presque exclusivement tombée aux mains des ennemis les plus effrontés de l'Église catholique. Le protestantisme ment ; Voltaire est ravi de ses mensonges; les auteurs universitaires, fils dévoués de l'un et de l'autre, perpétuent dans leurs écrits, surtout dans leurs ouvrages classiques, les plus manifestes et les plus révoltantes iniquités.

Toutes les oreilles ont été assourdies des noms de la Saint-Barthélemy, de l'Inquisition, des Dragonades, etc...... Qui connaît les atrocités commises par les Huguenots, à Nîmes, à Orléans, dans le Midi, la Saint-Barthélemy du Béarn, la Michelade, les massacres de Lauzerte, de Caylus,

en plus les Guise, lui fut favorable, et alla même jusqu'à vouloir lui confier le jeune Charles IX. De Fontainebleau, où était la cour, elle écrivit secrètement à Condé : « Venez, enlevez-moi, sauvez le fils et la mère. » Condé et Coligny s'armèrent pour ce coup de main, mais les Guise furent avertis, les prévinrent et ramenèrent le roi à Paris.

C'en était fait : les Huguenots, trop engagés pour faiblir, n'hésitèrent plus à se ruer sur la France ; ils levèrent des troupes contre leur roi, contractèrent des alliances avec l'étranger, soulevèrent les provinces, suscitèrent des troubles dans Orléans, Bourges, Tours, Grenoble, beaucoup d'autres villes, et jetèrent la France dans les horreurs de trois guerres civiles (1).

---

du Quercy, de Barjols, de Crussol? qui a compté les ruines d'églises par milliers, les sacs de couvent, les profanations, les sacrilèges, les cruautés de tous genres, les crimes de tout nom? — Dès 1567, cinquante villes surprises par les huguenots, trois cents villes et villages dévastés et remplis de sang (Voyez les *Mémoires* de Castelnau, liv. VI, ch. 4. — Collect. Petitot, t. XXIII, p. 377. — Montluc, liv. VI. — V. Ménard, *Hist. de Nîmes*. — Rivières, *Hist. de l'Égl.*, etc. — Verdière.

(1) Elle serait longue autant qu'odieuse la liste des cruautés, des vexations, des dévastations et des ruines par lesquelles les Huguenots exaspéraient le peuple catholique de France. A Orléans et dans tout le sud de la Loire des bandes d'étrangers à la solde du parti erraient partout saccageant et pillant, se faisant un jeu des plus horribles sacrilèges et livrant les prêtres et les moines à d'effroyables tortures (Chantonay, lettre du 9 juin 1562. — Tornabuoni, let. déc. 1561. Arch. de Simancas, 2º s., t. I, p. 127. — Claude Haton, t. I, p. 249. — Meseray, t. III).

Pour les auteurs contemporains ces invasions protestantes l'emportaient en atrocités sur celles des barbares du IVe siècle (Arch. nation. à Paris). Qu'on lise jusqu'aux vers indignés du poète Ronsard faisant écho aux plaintes poignantes des chroniqueurs. — Les tombes étaient violées à Orléans, à Bourges, à Angoulême, à Vendôme. — Les Huguenots brulaient jusqu'aux bibliothèques par exemple celles de Cluny et de Fleury-sur-Loire. — Coligny écrivait à son frère d'Andelot : « Avons délibéré de ne plus épargner les papistes. » — Voici le comble! « Je vous ay escript qu'il faut proposer le sac de Paris » (Lettre de Coligny à d'Andelot 3 août 1552, Arch. de Simancas. Copié au minist. des aff. étrang. à Paris) Hotman connaissait les mêmes projets quand il écrivait à l'Électeur Pa

2. La première occupa les années 1562-1563. Les chefs catholiques étaient le duc de Guise, le connétable de Montmorency et le maréchal de Saint-André; les Huguenots, le prince de Condé et l'amiral de Coligny. L'acharnement dépassa tout ce que la plus sombre imagination peut rêver. Si les armes catholiques frappèrent durement, qu'on juge si l'exaspération ne devait pas monter à son comble et qu'on ose faire un crime d'une défense suscitée et conduite par trop de douleurs et de désespoirs. Il est aisé de donner, comme le font les historiens protestants et universitaires, les Huguenots comme victimes, les catholiques comme bourreaux : tout peut s'écrire, mais cette partialité ne résiste pas au plus léger contrôle des faits. Le vrai c'est que partout où ils étaient les maîtres les Huguenots poussaient à bout les populations en dévastant les églises, en souillant et en pillant les vases sacrés, en brisant les saintes images, en jetant au feu les reliques les plus vénérées, en profanant à Tours le corps de saint Martin, en massacrant partout prêtres, moines, religieuses, paysans sans défense, femmes, enfants et vieillards. « Un chef des Huguenots se signala par ses cruautés envers les catholiques, il en fit un jour massacrer trois mille, enfants et vieillards. En 1569, des gentilshommes catholiques furent massacrés au milieu d'un repas, et on montre encore aujourd'hui une fontaine où deux cents prêtres furent précipités. Un chef des Huguenots, Briquemaut, portait un collier formé d'oreilles coupées à des prêtres catholiques. Les Huguenots envahirent un jour un couvent très peuplé dont ils égorgèrent les habitants, à l'exception d'un seul qui parvint à s'échapper,

---

latin : « Le prince de Condé donnera aux Allemands la ville à piller. » En 1563 les Huguenots mettent le feu à l'arsenal de Paris et cinquante maisons s'écroulent. Que serait-ce si nous faisions le relevé des ruines qui couvrirent le midi de la France?

encore fut-il ramené et brûlé vif. Ils profanaient les tombeaux, les reliques, les corps des saints. Partout où ils l'emportaient, ils effaçaient jusqu'aux derniers vestiges du Catholicisme. » Ce trop court tableau nous fera juger de l'exaspération du peuple et des horreurs de ces funestes guerres.

Quant aux détails même de la lutte, trois mots la circonscrivent : efforts puissants de la France catholique pour défendre sa foi : fréquentes défaites des Huguenots sur les champs de bataille où ils amènent des armées étrangères contre ce que la France compte de plus français : victoires de ces mêmes Huguenots grâce aux faiblesses d'une diplomatie aussi maladroite qu'anti-française.

Aidé des protestants d'Allemagne, puis des Anglais, Condé livra la bataille de *Dreux* aux catholiques, la perdit et fut fait prisonnier (19 déc. 1562). Catherine de Médicis, qui crut d'abord la bataille gagnée par les Huguenots, se contenta de répondre tranquillement : « Eh bien! nous prierons Dieu en français. » Quand elle connut le succès des Guise, elle s'en effraya plus que de la défaite qu'eussent essuyée les catholiques. Si le duc de Guise l'eût écoutée on eût de suite apaisé les Huguenots par des concessions : Catherine le fit dès qu'elle fut libre et elle fut libre par le lâche assassinat (1) de Guise qu'un gentilhomme

---

(1) La préméditation de cet odieux assassinat est établie par les documents les plus sérieux.

Castelnau affirme qu'il fut résolu dans un conciliabule d'Allemagne (*Mém.*, liv. I, ch. 7).

Plusieurs mois avant son accomplissement ce forfait était annoncé à Londres (Let. d'Ant. de Guaras.) — Il fut résolu à Heidelberg (Chantonay, let. 22 avril 1863, arch. nat. à Paris). — Très souvent Condé demandait dans le château de Loche où il était gardé : « Le duc de Guise n'est-il point tué ? » (Chantonay, let. du 27 février 1563, Arch. de Brux.) — Quand Poltrot au moment du crime fut saisi d'horreur et hésita Coligny le rassura et le raffermit puis l'envoya à Théodore de Bèze qui le remit tout à fait

nommé Poltrot tua d'un coup de pistolet durant le siège d'Orléans (1563). Guise mort, Condé et Montmorency captifs, Catherine était maîtresse, et elle signa la :

Paix d'Amboise (12 mars 1563) ;

paix insensée qui assurait l'exercice du culte protestant partout où il se trouvait établi. Pour juger de la folie de cet acte politique de la reine-mère, songeons que les Huguenots se montraient au moins aussi hostiles au pouvoir royal qu'à la foi catholique. Quand on leur parlait du roi : « Quel roi? répondaient-ils, c'est nous qui sommes les rois. Celui que vous dites est un petit royot de rien. Nous lui donnerons des verges, et lui baillerons un métier pour lui faire apprendre à gagner sa vie comme les autres (1). » Les paysans disaient à leur tour aux gentilshommes : « Qu'on nous montre dans la Bible si nous devons payer ou non des redevances. Nos prédécesseurs ont été des niais, nous ne voulons point l'être. » Le *libre examen* descendait des hauteurs du dogme dans le corps social, la royauté perdait le même terrain que l'orthodoxie, elle eût dû fermement maintenir ses droits en face de la révolte, ses défaillances perdirent tout.

La paix d'Amboise était signée à peine que le parti calviniste reprenait le cours de ses envahissements et de ses coups de main. Catherine, qui avait essayé d'énerver catholiques et protestants dans les fêtes et les royales orgies de la cour, ne fit que perdre les mœurs sans éteindre les fureurs des partis. En 1567 une tentative audacieuse de Condé pour s'emparer du roi au château de Monceau ouvrit une nouvelle guerre civile qu'ont rendue tristement célèbre un siège de

---

dans la volonté et l'assurance du crime. Voir la lettre de Cather. de Médicis, 25 févr. 1563; la lettre de Randolphe à Cécil; la lettre de Smith, 26 fév. 1863; la lettre de Trockmorton, mars 1863. Forbes, t. II, p. 342. Kervyn de Lettenhore, t. I, p. 124.

(1) Montluc, *Mémoires*.

Paris, les atrocités commises à Nîmes (1) et dans le Midi par les protestants, puis aussi les implacables représailles des catholiques. Une nouvelle paix, celle de *Longjumeau*, continua de donner la force et la victoire aux Huguenots.

Une troisième guerre civile éclata bientôt dans laquelle le parti huguenot subit la nouvelle défaite de Jarnac (1569), où périt le prince de Condé, puis celle de Montcontour (octobre 1569). Comme toujours la cour rendit aux révoltés la vie et l'espérance par la *paix de Saint-Germain* (1570). Plus favorable que les précédents traités, celui-ci accordait aux Huguenots, outre l'amnistie générale, le libre exercice de leur hérésie, la restitution des biens confisqués, l'approbation de tout ce qui s'était fait dans la dernière guerre, le privilège de récuser six juges dans les parlements, quatre villes de sûreté à leur choix, avec pouvoir d'y placer leurs gouverneurs et leurs garnisons. Ainsi la cour cédait. Catherine de Médicis répondit à l'indignation que la paix de Saint-Germain causait dans toute la France, par une politique de plus en plus entraînée vers le Calvinisme. Coligny obtint d'elle que les troupes françaises iraient dans les Pays-Bas soutenir la révolte religieuse et sociale. Charles IX fut entraîné comme le reste de la cour, et prêta la main au mariage de sa sœur Marguerite avec Henri de Navarre (Henri IV). La reine de Navarre, Coligny, une foule de chefs Huguenots accouru-

---

(1) Rien d'horrible comme le massacre exécuté à Nîmes le jour de la Saint-Michel 1567 et que les gens du pays ont pour cela appelé la *Michelad*, et dont le protestant Cobbett nous a conservé le récit. Enfermés dans l'Hôtel-de-Ville, les catholiques furent massacrés en masse. Un puits profond de 42 pieds et large de 4 fut littéralement comblé de leurs cadavres. Pendant ce temps on fouillait les maisons des catholiques pour découvrir de nouvelles victimes et fournir à l'affreuse besogne des égorgeurs. Cette tuerie ne dura pas moins de sept heures. Combien d'autres scènes il nous serait aisé d'accumuler ! Qu'il nous suffise de dire qu'on a compté jusqu'à 20,000 églises ruinées par les Huguenots durant une période de quarante ans. Dans une seule province les hérétiques tuèrent 256 prêtres, 112 religieuses, brûlèrent 200 villes et villages.

rent à Paris prendre la première place dans les fêtes et surtout dans les faveurs du roi.

Mais voici reparaître Catherine de Médicis sous sa vraie physionomie. Elle s'effraie de la puissance des Huguenots qu'elle a elle-même si persévéramment favorisée, elle s'irrite surtout de voir Charles IX se livrer tout entier à eux et lui échapper. Elle médite de ressaisir son fils et l'influence. Comment? En assassinant Coligny et ses Huguenots (1). Nous arrivons à la sombre nuit de :

La Saint-Barthélemy (1572).

Il fallait avant tout opérer dans l'esprit de Charles IX un revirement et changer en haine et en terreur la confiance et l'affection qu'il semblait vouer aux Hugnenots. Un premier crime y pourvut. Un coup de mousqueton fut tiré sur Coligny, puis la reine, le duc d'Anjou, le duc d'Angoulême, Tavannes, etc., allèrent trouver Charles et mirent tout en œuvre pour

---

(1) Assurément nous n'avons plus à venger l'Église des accusations que le rebut des écrivains peut seul formuler aujourd'hui.

Mais ce crime politique de l'indigne Catherine de Médicis nous le pouvons scruter complètement d'après les documents officiels. — Ce massacre est prémédité chez Catherine, il est spontané chez le peuple et ne s'explique que par la fureur où les excès des huguenots ont dès longtemps jeté la masse de la nation.

La cour a grandement sujet d'être inquiète. En septembre 1567 les Huguenots tentent de s'emparer du roi et de la couronne (Castelnau, I, c. 5. — Mém. du duc de Bouillon. — Petrucci, lett. — Rapports du 24 sept., Arch. Brux.). En décembre 1567 une invasion des reitres allemands est lâchée sur la France. — De 1567 à 1572 le parti ne cesse de trahir le pays, de négocier avec l'étranger, d'exaspérer le peuple. En 1572 armement général, levées d'armes dans tout le royaume, Coligny fait appel aux Huguenots de toutes les provinces de France. Paris plus que le reste de la France est plein d'étrangers sans aveu, prêts à tous les coups de main. 800 gentilshommes, 8,000 hommes armés, 4,000 appelés et qui occupent le faubourg Saint-Germain, d'autres en plus grand nombre qui arrivent de toutes parts et se massent autour de la capitale, constituent un danger imminent pour Charles IX. Le 26 et le 27 août 1572 l'insurrection commence.

Consulter, Jager, t. XV, p. 522. — Gandy, dans la *Rev. des quest. hist.*, juillet et octobre 1866. — Collect. Petitot, t. XLIV, p. 496. — De Falloux, *Vie de saint Pie V*, note à la fin du t. I.

exciter avec la peur la haine du parti huguenot. Le danger était imminent, il allait perdre sa couronne, la France entière était en feu, c'en était fait du trône si l'on ne se défaisait des Calvinistes. Charles IX, immobile et sombre d'abord, jeta bientôt le cri terrible du signal et le massacre commença.

Il commença à Paris et se poursuivit dans la province comme un incendie qui s'étend de proche en proche. A qui étudie ce grand forfait de la cour de France, il est visible qu'il est dû à une résolution subite, qu'il est exécuté tumultueusement et presque sans ordre; c'est un de ces coups terribles frappé par une perversité, sans doute toujours prête aux crimes, mais qui n'a pas eu le loisir de combiner froidement et savamment celui-ci. Les haines étaient en éveil partout, les 20,000 ruines fumantes, les multitudes de prêtres et de catholiques massacrés par les Calvinistes, les excès de tout genre commis par ces malheureux sectaires, avaient amoncelé contre eux dans l'âme de la France d'immenses désirs de vengeance. La Saint-Barthélemy est l'explosion de cette passion formidable.

La Saint-Barthélemy est un crime exclusivement politique : il appartient au détestable tissu de cette époque, où les crimes sont incessants, et dont Catherine de Médicis est la plus triste héroïne (1). La plume haineuse des écrivains protestants et universitaires a fait intervenir le clergé dans cette

---

(1) Charles IX lié d'amitié avec les huguenots se refusait au crime, Catherine de Médicis l'assiégea pour l'y faire consentir. Les insolences, les menaces, les agitations armées des huguenots à l'heure suprême, firent subitement tourner Charles IX, le jetèrent dans une exaspération terrible et lui firent commander le massacre avec une exaltation furieuse. Les documents qui marquent cette marche du sinistre drame sont aussi nombreux qu'irrécusables. (Relat. des Arch. de Simancas. — Lettre de Cuniga, 24 août 1572, Arch. nat. de Paris. — Dupleix, p. 744. — Brantôme, t. IV, p. 301; VI, 363; V, 434; IV, 260. — Lettre de Petrucci, 25 août 1572. — *Mém.* de Tavannes.

tuerie; le théâtre et le roman y ont mêlé des prêtres et des moines. Ces fantaisies sinistres ne s'appuient sur aucun document sérieux, et il les faut couvrir, comme tant d'autres vilenies historiques, du plus transcendant mépris. On essaya d'élever un bruit odieux autour d'un *Te Deum* chanté à Rome par le pape Grégoire XIII. Grégoire XIII fit ce que firent toutes les cours de l'Europe. Charles IX, pour donner le change, avait annoncé au Pape comme aux autres souverains qu'une horrible conjuration avait été tramée contre sa personne, et qu'il y avait heureusement échappé. De là, et de là seulement, les félicitations, les *Te Deum* et les messes d'actions de grâce. La vérité entière ne fut connue que plus tard (1).

Quel fut le nombre des victimes? Sous certaines plumes, ce nombre a pris des proportions fantastiques, laissons un protestant donner ici une leçon de sagesse et d'impartialité à nos écrivains. « Quoique les écrivains, dit William Cobbett, aient fait monter jusqu'à cent mille le nombre des individus qui périrent dans cette occasion, un document officiel, publié en 1582, d'après les états recueillis dans les différentes villes du royaume, ne s'évalue en tout qu'à *sept cent quatre-vingt-six*. Lingard veut que l'on ait la latitude de doubler ce chiffre pour que la vérité ne coure aucun risque d'être atténuée. Dans son *Tableau de Paris*, Monsieur de Saint-Victor, d'après le Martyrologe protestant, affirme qu'en tout cas il est impossible de porter le nombre des victimes à plus de deux mille pour la France entière, y compris Paris. C'est autour de ces chiffres, les seuls sages et raisonnés, que se groupent les exagérations : 15,000 pour les évaluations calvinistes, 12,000 pour Papire Masson,

---

(1) Brantôme affirme que le pape réprouva énergiquement cette « façon de punir par trop illicite et deffendue de Dieu (t. IV, p. 306). — Cuniga affirme que le pape « fut frappé d'horreur, » *se espantavo*.

20,000 pour la Popelinière, 30,000 pour de Thou, 70,000 pour Sully, 100,000 pour Péréfixe!

L'étude des documents conduit à une découverte étrange : un assez grand nombre de catholiques périrent au milieu des protestants. Les haines et les vengeances personnelles compliquèrent étrangement le crime politique commandé par Charles IX et sa mère. Le philosophe Ramus fut tué par un rival, à Angers le duc d'Anjou fit mettre les scellés sur les biens des victimes, et la Saint-Barthélemy lui fut un moyen d'apurer ses comptes, et de remplir sa caisse. « Pour être calviniste, dit Mézerai, il suffisait d'avoir un ennemi, un héritier, un concurrent, une partie adverse, un rival en ambition. »

Il est indubitable d'autre part que le nombre des victimes fut considérablement diminué par le dévouement du clergé catholique. A Lyon, à Troyes, à Bourges, à Nîmes, à Bordeaux, à Toulouse, les couvents et les évêchés furent ouverts aux victimes. A Lisieux, l'évêque Hennuyer s'opposa au massacre; à Romans, les catholiques sauvèrent 40 calvinistes sur 60 qu'on allait massacrer. Concluons par ces mots d'une plume protestante : « Le fait de la Saint-Barthélemy est horrible, mais ce serait un abus révoltant de raisonnement de l'attribuer à la religion catholique. »

La situation de la France devint pire après le coup machiavélique de la Saint-Barthélemy. Le premier fruit de cette cruauté fut d'exaspérer le parti calviniste et de porter jusqu'aux dernières extrémités son audace et ses exigences. Montbrun s'était écrié : « Quoi! le roi écrit en maître! Mais quand on a le fer au poing et le pistolet à l'arçon, tout le monde est égal! » Le parti entier, et il était formidable, n'avait ni d'autres sentiments ni d'autre langage que le huguenot Montbrun. Les protestants d'Allemagne, d'Angleterre, de

Suisse, faisaient une véritable invasion et quadruplaient les forces du Calvinisme, leurs émissaires étaient partout, soufflant partout la guerre religieuse. Trois princes du sang étaient à la tête du parti révolté, Henri roi de Navarre, Louis prince de Condé, François duc d'Alençon ; ils avaient réuni toutes leurs forces et constitué une nouvelle ligue. En l'année 1573 ils préparaient pour la France un changement de gouvernement (1). La France était donc bien près de sa ruine comme France catholique. Une minorité factieuse s'apprêtait à la confisquer; en face de ce danger immense, une cour plus dissolue, plus incapable, plus méprisée que jamais. En 1575 Henri III succédait à Charles IX et passait sa vie avec ses mignons et ses petits chiens. La politique était ce qu'elle pouvait être sous un semblable prince, elle était la trahison de plus en plus révoltante de la France catholique; ce n'était plus en l'an 1573, qu'un immense et désespéré *sauve qui peut*. La vieille France de Clovis, de Charlemagne et de saint Louis, la France qui ne voulait ni de Luther ni de Calvin, qui tenait à sa foi, à sa forme de gouvernement, à sa paix et à sa force, cette France abandonnée de la cour, trahie par trois de ses princes, prit l'héroïque résolution de se sauver elle-même : cette résolution, que nul n'aura jamais le droit d'accuser et de proscrire, donna en 1576 naissance à la :

Ligue (2).

La première idée d'une puissante association catholique vint de la province de Picardie, où le gouverneur Jacques d'Humières se réunit pour la défense locale à quelques-uns

---

(1) Dans les papiers de Coligny se trouvait l'esquisse d'une république fédérative que les huguenots avaient dessein d'imposer à la France.
(2) Ouvrages à consulter : Kervyn de Lettenhove, *Les Huguenots et les Gueux*, les IVe, V^e, et VIe vol. — H. de l'Epinois, *La Ligue et les Papes*. — Les ouvrages de Segretain. — Chalembert, *La Ligue*.
Les premiers essais de ligue étaient néanmoins antérieurs. Dès 1562 le

de ses amis. A Paris les citoyens de toutes les classes faisaient de même : « Les hérétiques se liguent, disait aux catholiques Louis d'Orléans, liguez-vous comme eux : ils se soutiennent, soutenez-vous ; ils s'assemblent, assemblez-vous ; ils se cotisent, cotisez-vous. Êtes-vous donc de pire condition que les déserteurs devenus traîtres à leur Dieu, à leur patrie et à leur roi ? Quoi ! il sera loisible aux calvinistes de se liguer, et aux catholiques toute ligue sera interdite ! » C'est le bon sens et le cœur qui se font entendre dans ces paroles, et ces paroles sont à elles seules la plus claire explication et la plus solide défense de cette *ligue* catholique attaquée si perfidement ou avec tant d'ignorance. On a donné la ligue comme un *parti*, comme la tentative insurrectionnelle d'une faction. Rien n'est davantage démenti par l'histoire. La *ligue* c'était la France catholique et nationale toute entière se défendant, elle, ses institutions séculaires, tout son passé glorieux et fécond, contre es révolutionnaires qui, jaillis d'Allemagne, d'Angleterre et de Suisse, se ruaient sur sa foi religieuse et sur ses convictions politiques, sur son trône et sur ses autels. Dans cette question comme en tant d'autres, on a embrouillé pour accuser, on a compliqué pour pouvoir dénaturer. On a mêlé les Guise à la ligue, en en faisant ses créateurs et ses fauteurs. Les Guise ont suivi et dirigé un immense ébranlement catholique qui était né en dehors d'eux et sans eux. On a montré la ligue combattant Henri le Béarnais à outrance. Entendons-nous. Le Béarnais n'était point Henri IV. Henri IV devint le roi catholique d'une nation catholique, Henri de Béarn n'était encore qu'un prince huguenot en révolte

---

Parlement de Paris avait permis à « tous manants et habitants des villes et villages de s'assembler et équiper en arme pour résister. » — Montluc, en Languedoc, forme une association « pour défendre l'honneur de Dieu et de son Église. » — Le peuple du Béarn se ligue pour repousser l'ennemi.

comme tout son parti contre une France, dont la constitution défendait l'accès au trône à tout hérétique. Quand Henri abjura, il fut roi de France, et la ligue n'exista plus. On a fait un crime à la ligue des secours étrangers qui lui furent prêtés. C'est le plus étrange reproche et le plus déraisonnable, alors que le parti calviniste n'avait pas cessé un instant d'appeler à lui les troupes allemandes et anglaises (1).

Henri III n'avait pas plus le courage de prêter son appui à la ligue catholique dont les Guise s'étaient faits les chefs, que de favoriser franchement la ligue calviniste qui rêvait la suppression de sa couronne : il flottait hésitant entre deux, et ses concessions continuelles exaspéraient de plus en plus les catholiques. Après le traité de Beaulieu, on vit la paix de Bergerac (1577), puis celle de Fleix : toutes accroissaient la puissance du parti calviniste. Un événement imprévu allait lui livrer le pays sans espoir de le lui arracher désormais. En 1584 la mort du duc d'Alençon ouvrit à Henri de Navarre (Henri IV) l'accès au trône. La *ligue* sentit son courage se ranimer avec le danger, ce courage se changea en fureur quand Henri III eut lâchement fait assassiner le duc et le cardinal de Guise, le duc dans une audience particulière, le cardinal le lendemain dans un nouveau guet-apens. Ce crime excita l'horreur universelle; la Sorbonne jugea par ses docteurs Henri indigne du trône, Sixte-Quint le frappa d'excommunication. Exécré dans Paris, il se réfugia auprès des huguenots et de Henri de Navarre leur chef qui vint mettre le siège devant la capitale. Un crime punit un crime : un fanatique atrabilaire du nom

---

(1) Deux souverains pontifes, Grégoire XIII et Sixte-Quint, donnèrent prétend-on de la ligue deux appréciations différentes. Grégoire XIII ne vit pas avec déplaisir ce mouvement catholique du peuple français. Sixte V en craignit surtout l'effervescence et en blâma certains actes. Rien en cela que de très conciliable.

470   LA RÉVOLTE RELIGIEUSE DU XVIᵉ SIÈCLE.

de Jacques Clément assassina Henri III dans lequel s'éteignit, au sein des bouleversements et des hontes, la branche des Valois (1589).

Jamais la situation de la France n'avait été plus désastreuse. La division la déchirait, son roi légitime venait de périr, Henri de Navarre, inapte comme huguenot à régner sur elle, était répudié d'elle (1), rien n'apparaissait qui la pût sauver de l'anarchie. Qui la sauva? — Assurément nous ne voulons ni ignorer ni taire les excès contre lesquels la ligue, dans l'effervescence de cette heure terrible et les violences de ses adversaires, ne sut pas toujours se mettre en garde, mais nous n'en dirons pas moins hardiment que c'est à elle en grande partie que la France doit d'être restée catholique et d'avoir conservé son unité. Voici les paroles d'un homme très compétent (2) : « La France demeura catholique grâce à elle, et, grâce aux efforts de la Papauté qui ne cessa de rappeler Henri IV aux devoirs d'un prince catholique. La France en gardant sa foi conservait son autonomie. »

En 1594, Henri IV est sur le trône de France. Rome a accepté son abjuration (3), Paris lui a ouvert ses portes, la ligue est dissoute, le parti huguenot est dans l'anxiété, la nation, l'Europe, l'Église sont dans l'attente. C'est l'heure où une énergie, devenue plus facile, peut cicatriser les longues blessures faites à la religion et à l'ordre social par l'hérésie, et rendre pour de longs siècles la France une et

---

(1) Le droit public du Moyen-âge n'était pas abrogé, et d'après ce droit, un hérétique ne pouvait prétendre au trône d'une nation catholique.

(2) M. Ségretain. — Dans son beau travail sur la ligue, M. de Chalembert conclut « que la ligue catholique fut à la fois légitime dans son principe, énergique et sage dans ses actes, désintéressée dans sa fin, précieuse dans ses résultats. »

(3) La conversion d'Henri IV fut-elle sincère? 1° Il était peu affermi dans le calvinisme. 2° Nous pouvons supposer, au premier moment, que les vues terrestres ne demeurèrent pas étrangères à son abjuration; quoi-

invincible dans son unité. Il suffirait de la conserver catholique et pour cela d'enlever au parti de la révolte ses forces et son crédit. Un Charlemagne et un Louis IX l'eussent compris : Henri IV était fils d'une société déjà déchristianisée. Sans doute il est impossible de suspecter sérieusement la sincérité de sa conversion, il serait injuste de lui contester ses gloires et de rejeter les sympathies légendaires que l'histoire lui a vouées : mais Henri IV inaugure la nouvelle royauté catholique, royauté peu sûre d'elle-même et de ses principes, royauté qui glissera rapidement dans les écarts d'absolutisme de Louis XIV, dans la décadence de Louis XV, dans les désastres de l'infortuné Louis XVI. Henri IV continua trop l'imprudente et inhabile politique des règnes précédents, politique de bascule, jeu assez misérable d'équilibriste que clôt une chute terrible un jour ou l'autre. Henri IV soutint dans les différents pays de l'Europe les Protestants, qu'il favorisa en France par ses concessions. Nous heurtons de nouveau un problème difficile, l' :

Édit de Nantes (1598).

Nous convenons bien que si dans le Moyen-âge, âge de foi, de vigueur religieuse, d'unanimité de croyance, on put et on dut pour le bien de la société se montrer intolérant à l'hérésie, dans l'époque moderne, toute remplie des crises religieuses, des innovations hérétiques, des agissements furieux de la révolte luthérienne, il fallut aux gouvernements une prudence et des concessions inconnues

---

que le fameux mot : « Paris vaut bien une messe » ne soit pas de lui.
3º Plus tard, malgré une immoralité flagrante, tout nous le montre très fermement attaché à la foi catholique. Lui-même s'en expliqua. « Il confessa à la Reine qu'au commencement qu'il fit profession d'être catholique il n'embrassa qu'en apparence la vérité de la religion, mais que depuis il détestait autant par raison de conscience la créance des huguenots comme leur parti par raison d'état (*Mémoires de Richelieu*, collec. Petitot, t. X. p. 157).

auparavant; nous avons certainement dans la mémoire ces paroles de l'illustre Fénelon à Jacques III d'Angleterre : « Accordez à tous la tolérance civile, non en approuvant tout comme indifférent, mais en souffrant avec patience ce que Dieu souffre, et en tâchant de ramener les hommes par une douce persuasion. » Mais la France de Henri IV était-elle dans la situation où se trouvait l'Angleterre de Jacques III? Voilà qui est fort contestable. En France la masse de la nation était ardemment catholique, le Calvinisme était un intrus insolent, un étranger sans droits, un révolutionnaire sans crédit. Le tolérer simplement, sans lui accorder le sol de la patrie comme son sol à lui et sa patrie propre, eût été l'affaiblir assez comme parti politique pour faire naître l'espérance d'une prochaine conversion. L'*édit de Nantes* en agit tout autrement avec l'erreur. Par cet édit fameux, un État protestant fut définitivement fondé dans l'État catholique, l'indifférentisme avec ses funestes suites fut définitivement inauguré, le pouvoir se déclara *neutre*, et ce fut là une préparation directe à la loi *athée* dont nous jouissons. L'édit de Nantes, dans ses 91 articles, mit, à d'insignifiantes différences près, Calvinistes et Catholiques sur le même pied. Liberté, droits civils, privilèges, emplois, faveurs, appointements, tout fut commun et égal. Les Catholiques, fils de la vieille France catholique, n'eurent de leur propre patrie, qu'une part égale avec les sectaires nouveaux-venus. L'édit de Nantes a constitué les deux Frances ennemies qui sont encore sous nos yeux. Les noms ont changé, la lutte fondamentale reste. Le Protestantisme est devenu successivement, par des évolutions naturelles et logiques, le Socinianisme, le Déisme, l'Athéisme, la Philosophie du XVIIIe siècle, la Révolution de 93 et enfin le *Radicalisme* actuel armé contre l'ordre social et l'autorité légitime, comme Luther et les Calvinistes l'étaient il y a trois cents ans. Inconcevable aberration chez

Henri IV, et qui continue d'être celle de nos catholiques libéraux : prétendre fonder sur l'antagonisme armé, sur deux partis opposés et acharnés l'un contre l'autre, l'unité nationale! Henri IV ne chercha sans doute que l'apaisement du moment et ne s'aperçut pas, que pour cette paix fictive et menteuse il léguait à la France des siècles de lutte intestine et de perturbation sociale. L'éminent auteur de l'*Histoire de la Ligue* apprécie ainsi l'édit de Nantes : « A partir de l'édit de Nantes, l'erreur eut un caractère public, elle reçut droit de cité, elle marcha le front levé sur le même rang que la vérité. A côté ou plutôt au sein même de la société générale, il y eut une société particulière, qui, en vertu de privilèges spéciaux, eut la liberté de protester publiquement contre la foi sociale, et à l'instar de cette société privilégiée, il s'en éleva bientôt une autre qui fit profession de nier toute vérité et revendiqua à son tour le droit et la liberté de l'Athéisme, » le droit de nier et de chasser Dieu, de troubler l'ordre public, de renverser jusqu'aux principes les plus fondamentaux des sociétés, de protester contre la propriété elle-même, et de se rire du mot et de l'idée de patrie. Nous en sommes là. Comme ces populations victimes d'un tremblement de terre ou d'un incendie, nous campons sur des ruines sans sécurité ni lendemain.

APPENDICE.

Quelques notions nous restent à donner ou plutôt à résumer pour le complément de cette leçon.

1. *Les sectes protestantes.* — Bâti sur le sable, le Protestantisme devint lui-même rapidement une imperceptible poussière, tant les sectes différentes le fractionnèrent de toutes parts et de tous les sens. Nous ne résumerons que les principales. La secte *luthérienne* se conserva presqu'exclusivement en Allemagne et dans les pays du Nord. — La secte *calviniste* envahit la Suisse, la Hollande, et plusieurs provinces de France. — La secte *anglicane* que nous avons vû naître avec le schisme de Henri VIII, puis devenir absolument hérétique sous Elisabeth, resta essentiellement bornée à l'Angleterre. — Viennent enfin certaines sectes qui n'ont pas eu de patrie propre, mais ont porté le trouble dans toutes les contrées protestantes et y ont recueilli comme adhérents tout ce que recueille maintenant le parti extrême de nos *Radicaux*.

Nous avons pu dans le cours du récit, juger de la confusion épouvantable qui ne cessa de régner sur les mille fractions du Protestantisme et de faire d'elles toutes la plus parfaite image du chaos. — Résumons rapidement ici ces luttes et cette confusion.

Les modérés comme Mélanchthon voulaient enrayer la marche protestante et empêcher l'effrayante démoralisation que produisait la doctrine luthérienne : aussitôt une secte, celle des *antinomistes* se dressa contre lui et rejeta toute loi, tout commandement de Dieu — Pendant que Luther écartait résolûment les bonnes œuvres, Mélanchthon en reconnut la nécessité; Armsdorf combattit ce dernier en poussant l'extravagance jusqu'à prétendre que les bonnes œuvres étaient nuisibles au salut. Une conférence à Altenbourg (1560), tenue pour apaiser cette querelle, la rendit plus violente et l'interminable controverse *synergistique* acheva de tout brouiller. Luther modifia sa première manière de voir, Mélanchthon voulut adoucir le fatalisme du maître, mais Armsdorf et la cour de Weimar soutinrent absolument que toute œuvre de l'homme, même excellente, est un péché. Strigel, pour avoir combattu cette infamie, subit quarante années de prison. Par une réaction assez ordinaire dans ces oscillations folles de l'erreur, Flaccius, l'adversaire de Strigel, fut chassé et mourut misérablement. — A Kœnigsberg, les *Ossiandrites* soulevaient des tempêtes, et trouvaient dans Mœrlin un adversaire victorieux. La Prusse entière fut longtemps le théâtre de sauvages combats entre les protestants. — En plein parti luthérien se forma sourdement un autre parti favorable à la négation calviniste touchant l'Eucharistie, et qu'on a nommé le *crypto-calvinisme*. Un instant ces calvinistes cachés se crurent les plus forts et réussirent à chasser leurs adversaires luthériens, Wigand et Hesshusius; mais une réaction s'opéra en Saxe, le Luthéranisme reprit le dessus, un grand nombre de théologiens cryptocalvinistes moururent en prison, d'autres avec Pencer, le gendre de Mélanchthon, y languirent de longues années. Mélanchthon joua ici encore son rôle double et finit par pencher assez ouvertement vers le Calvinisme dans la question de la Cène. — Ces divisions et ces querelles, où les autorités civiles avaient constamment la prépondérance finirent par tellement menacer la vitalité de la Réforme que les protestants comprirent qu'il fallait s'entendre à tout prix; de là leurs tentatives d'union. Auguste de Saxe convoqua les théologiens de différentes sectes, entre autres Andræae, Martin Chemnitz et Chytræus, qui édictèrent sous le nom de *Livre de Torgau* un premier plan de réunion, puis un second sous le nom de *Formula concordiæ* (1577). Ces formules soutenaient trop le Luthéranisme pour ne pas exciter les réclamations furieuses des Calvinistes, qui continuèrent à faire des recrues et gagnèrent même en 1586 l'électeur de Saxe Christian I et Crell son chancelier. Néanmoins le Luthéranisme resta le plus fort dans ces pays. — Georges Calixt, professeur à Helmstadt, fit voir dans la « formule de concorde » l'erreur d'Eutychès; mais le grand sujet de trouble était que Calixt ne damnait pas d'emblée un catholique de bonne foi, et paraissait trop indulgent aux « chiens de papistes. » Mosheim combattit cette concession, et le *Synchrétisme* du malheureux Calixt fut attaqué furieusement à la conférence de Thorn. On allait formuler un nouveau Symbole (*Consensus repetitus eccl. Lutheranæ*), quand la cour de Dresde imposa silence et rappela que sans le pouvoir civil aucune croyance ne pouvait plus être imposée.

Comme nous l'avons vu, la politique fut presque tout dans la propagation du Protestantisme; elle fut aussi une active cause de divisions. Ainsi, par exemple, avec le palatin Frédéric III le Calvinisme fut triomphant (1563), avec Louis VII il fut momentanément vaincu, et reprit vie à la mort de ce dernier prince. Il eut même de plus grands triomphes par Maurice de Hesse et Sigismond de Brandebourg (1604-1614). Détrôné un instant par la communauté *arminienne*, il fut fortifié par Maurice d'Orange qui, pour arriver au pouvoir, avait besoin des calvinistes, et pour gagner les calvinistes à sa cause, écrasa le parti de l'évêque Arminius. C'est à cette époque (1618-1619) que fut convoqué le célèbre synode de Dordrecht tout favorable aux doctrines de Calvin et persécuteur acharné des *Remontrants*. Les « remontrants » se scindaient d'ailleurs eux-mêmes en des opinions différentes et ne protestaient contre les dissidences de leurs adversaires que pour les multiplier eux aussi sans règle ni frein. Les *Collégiants* dans leurs assemblées ou « collèges, » poussaient l'extravagance jusqu'à refuser au fidèle tout emploi public et la faculté de prêter serment. Ils rejetaient toute foi positive. — Les *Latitudinaires* élargirent les doctrines de Calvin et prêchèrent la fusion des sectes dissidentes.

Bossuet avait fait cette prophétie : « Que la lassitude des intelligences poussées à tant d'excès et égarées dans tant de sectes les amèneraient fatalement au scepticisme. » Lelio Socin se chargea de réaliser cette prophétie. Italien d'origine, mais le plus souvent en Suisse, Socin puisa d'abord tout le poison de la Réforme, s'affilia aux anti-trinitaires, se fatigua de tant d'erreurs insensées, et tomba dans un rationalisme absolu. L'homme de Luther ne pouvait rien : l'homme de Socin fut capable de tout. Son erreur fut un naturalisme universel, le surnaturel tomba pièce à pièce, les mystères furent anéantis, la grâce niée, les sacrements inutiles et non avenus.

Ainsi tombait dans la négation et le néant cette orgueilleuse erreur protestante, qui voulait rectifier la foi et régénérer l'Eglise.

2. *Le clergé protestant. — Le culte. — La discipline.* — La manière dont les fauteurs du Protestantisme traitèrent la question du sacerdoce influa grandement sur les désastres dont le Protestantisme fut suivi. Il resta toujours dans Luther deux haines inextinguibles : celle de l'Eglise, celle de la hiérarchie. Cette dernière haine lui fit littéralement détruire le clergé. Et si la révolte luthérienne produisit de si désastreux effets en Allemagne, il faut, pour une bonne part, l'attribuer à la désorganisation du clergé. Luther, pour exalter les masses, leur avait attribué le caractère et les pouvoirs du sacerdoce; pour flatter les princes, il leur avait livré l'Eglise pieds et poings liés. Les princes et les nobles prirent au sérieux leur puissance sacerdotale ; et voici dans un curieux document comment ces pasteurs d'un nouveau genre pourvoyaient aux cures de leur juridiction. « Les nobles et autres seigneurs féodaux raccolent partout des ouvriers et des aventuriers sans ressources, ils prennent leurs palefreniers, leurs valets, leurs scribes, les revêtent d'habits ecclésiastiques et les jettent dans les différentes cures afin d'avoir des serviteurs complaisants et de piller à leur aise le bien des églises. » On juge ! — Autre désorganisation désastreuse. Les droits épiscopaux furent attribués aux simples curés. L'Angleterre seule conserva dans son anglicanisme l'épiscopat, mais brisé aux pieds de la puissance séculière, et mort de sa rupture avec Rome. Tout se trouva bientôt soumis aux princes laïcs, les seuls et derniers maîtres de la hiérarchie ecclésiastique. Mélanchthon n'eut pas honte d'élever cette suprématie des princes laïcs au rang des dogmes de la nouvelle Eglise, et de consacrer son honteux servilisme par l'Ecriture sainte et les Docteurs.

L'introduction de la langue vulgaire dans le culte donnait une part considérable au peuple dans les cérémonies du culte luthérien. Luther altéra pour lui l'ancien Antiphonaire catholique et y ajouta des cantiques formulant l'hérésie. — Le Baptême et la Cène furent conservés avec les cérémonies de l'exorcisme. — A la discipline large, clémente, noble de l'Eglise catholique, le Protestantisme dut bien vite substituer une implacable jurisprudence toute hérissée d'amendes, de cachots, d'excommunications, de supplices. Rien ne peut rendre la rigueur avec laquelle Calvin traitait Genève; Luther était impitoyable dans ses vengeances; à certains moments les prisons contenaient plus de théologiens dissidents que de bandits. Les supplices de Crell, de Henning, de Servet, d'une quantité d'autres, resteront comme des monuments à peine concevables de la cruelle intolérance dont les hérétiques usèrent entre eux.

TRENTIÈME LEÇON.

L'ÉGLISE CATHOLIQUE EN REGARD DU PROTESTANTISME. — LA PAPAUTÉ.

Si nous nous en tenions aux temps parcourus nous ne rapporterions de l'étude de ce seizième siècle que tristesse et désolation. L'Eglise a semblé pâlir. Le sceptre a paru lui échapper. L'Europe catholique, comme un grand arbre subitement frappé de la foudre a jonché de ses débris un sol horriblement secoué par la tempête. En un mot, le mal a paru triompher du bien, et la vérité divine succomber sous les coups redoublés de l'erreur.

En a-t-il été ainsi?

Oui, pour qui n'étudie le seizième siècle que superficiellement; Non, pour qui sait pénétrer jusqu'aux sources de la vitalité catholique, comprendre ses inépuisables moyens de Réformation et de Renaissance. L'arbre semble mort en hiver à qui ne voit que l'écorce et l'extérieur ; celui qui pourrait suivre le travail de la sève et le bouillonnement de la vie, celui-là serait émerveillé de tant de force cachée sous une apparence de stérilité. Ainsi en était-il de l'Eglise au seizième siècle.

Elle vivait puissamment dans sa *Papauté*. La Chaire de Saint Pierre était constamment occupée par des Pontifes capables et saints, qui, au milieu du débordement de maux qui accompagna la prétendue Réforme, ne cessèrent de procurer à l'Eglise sa réforme véritable, de sauvegarder partout les droits menacés de la justice et de la vérité, et de sauver malgré elle des horreurs de l'invasion Musulmane une Europe qui ne songeait plus même à se défendre contre cet immense danger. — Un célèbre Concile, le Concile de *Trente*, assurait à la chrétienté tous les bienfaits à la fois : croyance, morale, discipline, réformation des mœurs, extinction des abus, renaissance puissante et universelle de l'esprit chrétien dans les chefs et dans les membres. — En même temps Dieu donnait à son Eglise au plus fort de la tempête luthérienne, de puissants *Ordres religieux*. Un seul devenait comme une invincible armée de défenseurs : la Compagnie de Jésus. — Avec la rénovation de la ferveur et l'épuration par la lutte, la *science ecclésiastique* ne pouvait manquer de refleurir : le seizième siècle nous en fournira les plus sérieux monuments. — En même temps que Dieu, aux sophismes et aux extravagances de l'hérésie opposait la science vaste et sûre des écrivains catholiques ; aux iniquités et aux vices dont le système luthérien et calviniste était l'inépuisable source, il opposait les héroïsmes les plus éclatants de la *sainteté*. Le seizième siècle, témoin de tant de scandales et de tant de crimes, fut aussi par contre le témoin des merveilleuses œuvres d'une phalange de saints. — Cette sève divine qui, au plus fort de l'erreur protestante, fit épanouir tant de fleurs splendides, poussait au dehors les plus vigoureux rameaux. Les *Missions Catholiques* commençaient à s'organiser avec une puissance inconnue jusqu'alors, et s'apprêtaient à rendre à l'Eglise plus d'enfants que ne lui en enlevait le Protestantisme.

Dans la leçon présente nous nous bornerons à étudier la

vie de la papauté, les œuvres grandes et fécondes des papes au xvi° siècle et au début du xvii° (1).

1. Au moment où nous avons interrompu la suite de l'histoire des Papes, Jules II mourait, le 21 février 1513, et le 11 mars de la même année *Léon X* (Jean de Médicis) s'asseyait sur le trône pontifical. Sa famille était l'une des plus illustres de l'Italie, lui-même était admiré pour ses qualités brillantes et la maturité que cachaient ses trente-cinq ans. Son avènement fut salué avec joie et espérance par le monde catholique. — Passionné pour la concorde et la paix, ses premiers actes furent des actes de clémence, ses seconds des efforts pour la conciliation. Un *concordat* négocié avec François I (1515) lui fit rendre Parme et Plaisance, conquêtes de Jules II, recouvrer Bologne et obtenir la pleine confirmation de l'indépendance du domaine pontifical. Ce traité abolissait la trop fameuse Pragmatique d'où étaient nés tant de querelles et d'abus simoniaques, il donnait au roi la présentation aux bénéfices, réservant au Pape le droit d'approbation et l'institution canonique.

Cette paix précieuse ne précéda que de bien peu pour Léon X, les troubles douloureux de la révolte luthérienne. Nous avons vu la longanimité presque excessive du Pape, les ruses et les fourberies de Luther, puis enfin sa révolte ouverte et ses grossières diatribes contre la Papauté. Léon X frappa l'hérésiarque, ou plutôt sa doctrine, car pour lui-même il lui offrait le plus paternel pardon. Luther répondit à la magnifique bulle de Léon X par ces paroles de goujat : « Dis-moi donc, ignorantissime Ante-Christ, tu es

---

(1) Outre l'ouvrage d'Artaud de Montor, *Hist. des Papes*, consulter L. Ranke, *Hist. de la Papauté pendant les xvi° et xvii° siècles*, 3 vol. Paris, Bray et Retaux.

donc bien bête pour croire que l'humanité va se laisser effrayer ? Quoi ! ton front de prostituée n'a pas rougi ?..... » Tout est dans ce ton. La bulle du Pape fut brûlée à Wittemberg et la révolte envahit toute l'Allemagne. — Léon X ne vit que le début de ce grand désastre, il mourut le 1er décembre 1521. La magnificence de son pontificat a laissé dans la Ville Éternelle la plus profonde empreinte. Sur son ordre et par d'intrépides efforts, Raphaël d'Urbain continua l'érection de la basilique de Saint-Pierre, en même temps qu'il couvrait le Vatican de ses immortels chefs-d'œuvre, et méritait la jalousie sublime de Michel-Ange. — Les lettres florissaient à l'égal des arts, mais revêtaient cette physionomie toute païenne que nous avons eu précédemment occasion d'apprécier. La cour de Léon X était le rendez-vous toujours magnifique des littérateurs et des savants. Tous les genres s'épanouissent à la fois : l'Arioste écrit en même temps que Sannazar et Vida; les deux secrétaires de Léon X, Bembo et Sadolet, sont deux littérateurs de renom, l'entourage entier du Pape se distingue dans les lettres, Favorinus, Alde Manuce, Frascator, Nicolas de Cuse, Laurent Valla, Cranz, Jean de Trittenheim. Au besoin, Léon X faisait franchir à ses libéralités de vastes distances, et il attirait à lui et aux lettres les savants de tous les pays. Il ne refusa pas même ses faveurs aux talents hostiles et aux plumes méchantes, et Guichardin comme Machiavel, tira de la protection du Pape les ressources qu'ils tournèrent contre la Papauté, la vérité et la vertu. — Souvent on a représenté Léon X comme un savant et un littérateur assez peu au fait des choses religieuses, et plus admirateur de Virgile que de saint Paul. En ce qui touche ce Pape, rien n'est plus faux. L'impulsion qu'il donna à l'étude de l'Écriture sainte, suffirait à illustrer un règne. Ambrogio et Pignini s'illustrèrent par leurs versions de la Bible, les traductions polyglottes surgirent bientôt de toutes parts, puis les grammaires orientales, les commentaires, les travaux exégétiques de toute espèce. Chaque savant recevait du pape Léon X des encouragements et des secours. N'ayons garde de taire dans Léon X la pureté de la vie, la touchante ferveur de la foi et l'inépuisable charité pour les pauvres.

2. A Léon X, succéda, le 9 janvier 1522, le cardinal Adrien d'Utrecht, sous le nom d'*Adrien VI*. Il ne devait qu'à sa science profonde sa suprême élévation. Actif, pieux magnanime, il absorba son pontificat dans de grandes pensées. Il n'eut d'autre objectif que l'extinction du Protestantisme, la défaite des Turcs, la réformation de l'Église. Comme il avait été le précepteur de Charles-Quint, et qu'il récompensa les bons vouloirs de ce prince par des faveurs méritées, la malignité n'a pas manqué de le présenter comme une créature vendue à l'Empire. Mais sa haute vertu l'a complètement vengé de ces accusations sans valeur. Dans un court pontificat il eut à pleurer sur deux grandes ruines : celle de la foi en Allemagne, celles que le Turc Soliman II amoncelait tout autour de la chrétienté.

Adrien VI mourut le 24 septembre 1523, et de nouveau un Médicis monta sur le trône pontifical sous le nom de *Clément VII*. Si Léon X n'avait connu que les splendeurs, Clément VII ne connut guère que les douleurs et les détresses. Les infidèles, les hérétiques, les princes chrétiens, Charles-Quint lui-même, semblèrent un moment avoir juré de concert la perte de la Papauté. — Après ses victoires et l'écrasement des derniers héros chrétiens, Soliman donne à l'Europe chrétienne des assauts terribles. De l'Egypte, d'Alger, de Tripoli, de Rhodes, il organise une piraterie formidable, enfin il médite l'invasion des États de l'Église. Il eût fallu à l'Europe l'unité de croyance et la chevaleresque ardeur d'autrefois : à l'heure présente, l'Europe est paralysée par le Protestantisme et ses derniers mouvements ne sont plus que les commotions de la guerre. La réforme qui envahit tout met tout en feu. Luther bouleverse la Haute-Allemagne, Gustave Vasa asservit la Suède à l'hérésie, le Danemarck se révolte à son tour, la Suisse est bouleversée par les prédications de Zwingle et perd sur le champ de bataille de Cappel son meilleur sang. Paris entend les premiers bruits du Calvinisme qui met bientôt en feu ses plus belles provinces. Socin infecte la Pologne, Henri VIII a déjà jeté la Grande-Bretagne dans la révolte et de la révolte dans la tyrannie. — Un seul prince pouvait être alors le défenseur puissant de la Papauté et de l'Église. Charles-Quint avait reçu de la Providence, avec cette mission glorieuse, les ressources pour la remplir : Charles-Quint ne songea qu'à ses ambitions personnelles, et menaça à tel point l'indépendance italienne, que Clément VII dut chercher dans l'alliance Française un contre-poids à la prépondérance de l'Empire. Nous avons dit l'atroce issue de cette affaire, comment Charles V irrité laissa les bandes luthériennes se ruer sur Rome et y causer des dévastations dont aucune horde barbare n'avait laissé le souvenir. Frondeberg avait juré de pendre le Pape ; Philibert, le prince d'Orange, l'humilia sous un traité désastreux. Après sept mois de captivité, Clément VII réussit à s'échapper, séjourna quelque temps à Orvieto, et quand, après le providentiel désastre des troupes allemandes et le départ de leurs débris exécrés il put rentrer à Rome, il ne rentra plus que dans des ruines. Aux immenses calamités du dehors se joignaient pour le Pape les discordes intestines de l'Italie : tout lui était douleur et détresse ; il mourut de chagrin le 25 septembre 1534. Quelque consolation venait à l'Église de ses ordres religieux qui naissaient ou se renouvelaient, Théatins, Somasques, Barnabites, Capucins et Récollets, et des chrétientés nouvelles et admirablement florissantes du Nouveau Monde.

Néanmoins Clément VII ne laissait à son successeur, pour tiare, qu'une couronne d'épines.

3. Ce successeur fut Alexandre Farnèse, doyen du Sacré Collège, *Paul III* (13 octobre 1534), à qui fut réservée la gloire d'ouvrir le *Concile œcuménique de Trente*. — Le Concile universel était alors, au milieu des désolations et des angoisses où se trouvait l'Église, l'attente et l'espérance universelles. Commencé sous Paul III en 1545, le saint Concile, plusieurs fois interrompu, ne fut terminé que sous Pie IV, en 1563. Devant en faire plus loin l'objet d'une étude spéciale, nous ne ferons ici que le mentionner. Au moment où les protestants déclamaient contre l'ignorance et la barbarie de la Papauté, Paul III s'entourait d'une pléiade d'hommes illustres, les Contarini, les Caraffa, les Polus, les Sadolet, les Frigose. Pendant qu'on dénonçait Rome comme la sentine de tous les vices, Paul III se mettait intrépidement à l'œuvre, corrigeait les abus, épurait les congrégations religieuses, et voyait naître et grandir dans les Jésuites les plus fermes soutiens de la Papauté. Pourtant les douleurs ne manquèrent pas à ce règne. Autant il importait d'établir la paix entre les princes chrétiens, autant Charles-Quint et François Ier mettaient d'acharnement à la rompre. Il fallait l'union des armes chrétiennes pour sauver l'Europe de l'invasion musulmane, et arrêter l'autre invasion aussi redoutable, celle de l'hérésie; or, c'est aux Turcs et aux protestants d'Allemagne que François Ier demandait des secours pour triompher de son rival (1536)! Quand Charles envahit la Provence, Paul III le supplia de se désister; quand il y fut vaincu, Paul III offrit sa médiation et réussit à faire conclure aux deux adversaires une trêve de dix ans (Nice, 1538), puis, à Aigues-Mortes, à les rapprocher encore plus complètement.

Cette réconciliation était précieuse à cause du Concile à

réunir. Plusieurs villes furent d'abord désignées pour sa convocation, Mantoue, Vicence, enfin après de longues et difficiles négociations avec l'Allemagne, la ville *de Trente* fut choisie, et l'ouverture du saint Concile fixée au 22 mai 1542. De nouvelles guerres entre la France et l'Empire reculèrent cette date jusqu'au 15 mars 1545, puis jusque au 1er décembre de la même année. — Durant ce temps, les nouvelles d'Angleterre navraient l'âme de Paul III, le schisme séparait de Rome cette chrétienté naguère si brillante, et Henri VIII chargé de crimes et couvert de sang allait léguer à Édouard VI une Angleterre déjà toute faite à la révolte et à l'apostasie. — En Allemagne Charles-Quint, vainqueur des protestants à la bataille de Muhlberg (1547), faisait trop peser son autorité pour ne pas éveiller les craintes du Pape et du Concile qui en était à sa septième session. Paul III voulut pour le rapprocher de lui transférer le Concile à Bologne, Charles-Quint entrava ce projet et la sainte assemblée fut suspendue — D'autres chagrins furent pour Paul III le résultat d'une faute. Marié avant d'être Pape, il favorisa trop sa famille après son élévation. Son fils, Louis Farnèse, reçut en domaine Parme et Plaisance; Octave son petit-fils, Camérino et Népi. Les divisions et les guerres suivirent de près ce népotisme : Louis fut assassiné, Octave se révolta contre son aïeul, et Paul III mourut dans les larmes en répétant ces mots du Psalmiste : *Si mei non fuerint dominati tunc immaculatus ero* (novembre 1549).

Le cardinal Del Monte, l'un des présidents du Concile, lui succéda sous le nom de *Jules III* (8 février 1550). Le grand jubilé, ouvert dès l'avènement du nouveau Pape, versa sur le monde chrétien si bouleversé des bénédictions abondantes, et Jules III se mit énergiquement à l'œuvre. Il travailla à réconcilier Charles V à Henri II; il accueillit le retour, hélas! trop éphémère, de la Grande-Bretagne à l'unité sous la catholique Marie Tudor; mais sa grande œuvre fut la réouverture du Concile de Trente, qui reprit ses sessions depuis la onzième jusqu'à la seizième (1551-1552). Bientôt de nouveaux bruits de guerre vinrent inquiéter sa tranquillité. Jules III était resté fidèle à l'alliance de Charles-Quint, Henri II, qui venait de montrer envers le Concile le plus complet mauvais vouloir, qui s'alliait aux Turcs et cherchait parmi les protestants les plus puissants renforts, ne pouvait mériter du Pape aucune ouverture : il s'en vengea. Maurice de Saxe, traître à Charles V et allié de Henri II, faillit faire prisonnier l'empereur, après l'avoir surpris et vaincu. Ces deux ennemis du Pape et du Concile devenaient menaçants; force fut à Jules III de suspendre une fois encore les sessions (1552). — Au dehors, dans le Nouveau Monde, Dieu faisait éclater sa force magnifiquement. Un seul homme, François Xavier, conquérait plus de peuples que les plus fameux capitaines n'en avaient abattus par les armes. Le patriarche Simon Salassa offrait à Jules III la soumission des Églises entre les Indes et l'Euphrate et recevait lui-même le *pallium*. Le patriarche grec d'Antioche rendait hommage à l'unité catholique, presque reconquise grâce aux efforts de douze Jésuites. L'Ethiopie et l'Abyssinie étaient à la veille de quitter l'hérésie eutychienne (1). L'Espagne admirait ses *Frères de saint Jean de Dieu*. — Jules III mourut le 23 mars 1555. Un reproche légitime pèse sur ce Pape qui déploya d'ailleurs des qualités excellentes : il céda comme Paul III à la tentation du népotisme en enrichissant sa famille des possessions de l'Église.

Marcel II (Marcel Corvin, 9 avril 1555) n'eut pas le temps de réaliser les belles espérances que sa vertu et ses capacités faisaient concevoir. Il rompit tout d'abord avec le né-

---

(1) Un peu après, une cruelle persécution renversa ces espérances et ces premiers succès.

potisme des règnes précédents, tint ses proches à l'écart; austère pour lui-même, il exigea de la cour pontificale un reflet de cette austérité. Au dehors, il appliqua son activité à réconcilier les princes et à éteindre leurs dissensions fatales, et fit de la reprise du Concile sa grande affaire. Quelque court qu'il fut ce pontificat fraya au moins une route digne et puissante à la Papauté au sein des difficultés multiples qu'elle traversait.

A Marcel II, mort en mai 1555, succéda Jean Pierre Caraffa, général des Théatins, qui prit le nom de *Paul IV* (23 mai 1555). Ses quatre-vingts ans n'avaient ni refroidi son ardeur ni ralenti son activité. Il voulait sincèrement la réformation et il y travailla, mais l'époque continuait à être désastreuse, et pour le Saint-Siège la position éminemment difficile. Paul IV rêvait pour l'Italie et surtout pour le Saint-Siège l'indépendance pour laquelle Jules II avait supporté tant de travaux et livré des combats si rudes, mais il se heurta aux inextricables difficultés du temps. Il n'aimait pas l'Espagne où régnait Philippe II et redoutait l'Empire dont Ferdinand Ier venait de revêtir la pourpre. Ferdinand avait inauguré un nouvel Empire tout séculier et en divorce avec l'Église; Philippe II quoique défenseur de l'orthodoxie contre les protestants ne semblait pas au Pape un protecteur assez désintéressé : Paul IV se tourna vers la France. Est-ce une faute? Plusieurs l'ont dit, mais la difficulté de l'époque rend tout jugement bien risqué. Une faute trop réelle fut l'élévation de sa famille, où il pensait trouver des appuis dans sa guerre avec l'Espagne, et où il ne rencontra qu'oppressions et douleurs. L'appui des Français fut précaire. Guise, rappelé en France par le désastre de Saint-Quentin, le laissa livré aux Espagnols du duc d'Albe qui envahirent les États de l'Église et bloquèrent Rome. Mais il fut bientôt délivré de ce danger par une diversion puissante qu'opéra le maréchal de Brissac avec ses Français. A mesure que, par plusieurs engagements favorables et surtout la prise de Calais (1558), la fortune de la France se rétablit, à mesure aussi la Papauté sortit de ses dangers et de sa détresse. Le traité de Cateau-Cambrésis fut favorable au Saint-Siège, et surtout éclaira le Pape sur la seule politique digne et sûre qu'il importait de tenir. Trois grandes nations étaient devant lui : la partie devenait trop forte pour qu'il pût délivrer la Péninsule de l'influence et des incursions étrangères : il fallait se borner, au moyen d'une neutralité habile, à sauvegarder l'indépendance du royaume pontifical. — Nous avons parlé plus haut d'une grande faute de Paul IV, l'élévation des Caraffa, ses neveux. Il se montra magnanimement inflexible à la réparer. Dès qu'il connut leurs méfaits, il se porta lui-même leur accusateur, les livra à la justice et veilla à l'exécution des sentences qui les condamnaient à quitter Rome et à se confiner dans leurs terres. Débarrassé de sa malencontreuse famille, Paul IV s'écria : « De notre pontificat l'an premier ! » Cet an fut merveilleusement fécond : foi, mœurs, discipline, administration, tout fut l'objet de sa sollicitude et de ses réformes. Une seule œuvre, celle qui lui tenait le plus à cœur, lui resta impossible : la reprise du saint Concile. Au moins y travailla-t-il si assidûment et avec tant de succès, que ses règlements sur les ordres religieux, la prédication, le service divin, la discipline des aumônes et du jeûne, etc., furent produits par les Pères presque mot pour mot. Paul IV mourut au début de sa quatre-vingt-quatrième année en exhortant les cardinaux à donner à l'Église un chef à la hauteur des difficultés du temps (18 août 1559).

4. Le règne de *Pie IV* (26 décembre 1559) s'ouvrit par un procès formidable. Les crimes des Caraffa se multipliaient et la haine du peuple était montée avec ces crimes. Déférés à la justice, ils payèrent de leur tête leur longue série de dilapidations, de brigandages et de meurtres. Ils furent les derniers de ces trop célèbres neveux des Papes qu'on peut appeler le fléau du seizième siècle. — L'œuvre capitale du pontificat de Pie IV est la reprise et la fin du saint Concile de Trente. Plusieurs fois interrompu, souvent assailli par les orages politiques, le Concile était plus que jamais difficile à reprendre, tant les divisions ardentes des princes en empêchaient l'accès et en désunissaient les membres. Pie IV se mit courageusement à l'œuvre. Le général Morone gagna l'empereur Ferdinand, le cardinal de Guise agit puissamment sur les évêques, bientôt les obstacles furent écartés et le Concile de Trente, rouvert le 15 janvier 1562, put clore solennellement le 14 décembre 1563 sa vingt-cinquième et dernière session.

Quant à Pie IV, trois œuvres absorbèrent les trois dernières années de son pontificat : les réformes intérieures, l'application courageuse des décrets du Concile de Trente ; les travaux matériels, assainissement et embellissement de la ville de Rome. Un grand saint qu'il trouvait dans sa propre famille, saint Charles Borromée, le secondait de tous ses efforts. Le Pape avait créé ce neveu cardinal, archevêque de Milan et l'avait mis à la tête des plus hautes charges et des plus importantes affaires. Dès l'âge de vingt-trois ans, Charles Borromée se montrait supérieur à toutes.

Durant ce temps les Huguenots exerçaient en France leurs plus implacables fureurs et préparaient les sombres représailles de la Saint-Barthélemy, en faisant assassiner le duc de Guise (1563), en commettant toutes sortes de crimes et en mettant à feu et à sang les provinces du Midi. En Angleterre, Élisabeth étouffait le Catholicisme dans le sang, les Puritains d'Ecosse chassaient Marie Stuart, et, en la faisant fuir dans les bras de sa *bonne cousine*, la poussaient à l'échafaud. — Pie IV mourut pieusement entre les bras de saint Charles Borromée, laissant de beaux exemples de vertu et ayant préparé les glorieux pontificats qui vont suivre. La hiérarchie ecclésiastique fonctionnait plus régulièrement sous une législation plus précise; les séminaires commençaient à s'ouvrir suivant le décret et l'idée du saint Concile de Trente; le ministère paroissial était retrempé et vivifié, le pouvoir temporel recevait une consécration solennelle dans cette session XXII (chap. 11) qui renouvelait la Constitution des Papes Léon X, Jules III, Paul III, Paul IV, et frappait de censures tout usurpateur des domaines de l'Église. Pie IV confirma ce décret dans la bulle *Benedictus Deus* (26 janv. 1564) (1).

Mort le 9 décembre 1565, Pie IV eut pour successeur un grand pape et un grand saint, Michel Ghisliéri, qui devint saint Pie V (1566). Il y avait beaucoup de fait par la promulgation du Concile de Trente; beaucoup néanmoins restait à faire. Il fallait maintenant inculquer au monde catholique si travaillé par la révolte et l'erreur, d'une part la doctrine véritable, de l'autre la pureté et la vertu. Il fallait que cette double perfection se reflétât dans un saint : ce saint fut Pie V. Homme admirable, si prudent qu'il opérera sans froissement une vraie transformation dans l'Église, si intrépide et si énergique qu'il ne cédera devant aucun des formidables obstacles qui lui seront suscités. Ses débuts firent présager son pontificat tout entier. Saisi par les honneurs ecclésiastiques au moment où il ne songe qu'à

---

(1) C'est à partir de cette époque que fut lue dans toute l'Église, le jeudi-saint, la bulle *In Cœna Domini* qui excommunie et anathématise avec les hérétiques et les schismatiques tous ceux qui, par eux-mêmes ou par d'autres, directement ou indirectement, sous quelque prétexte que ce soit, auraient la témérité d'envahir, de dévaster, d'occuper et de retenir en tout et en partie la ville de Rome, et les autres villes, lieux et droits qui appartiennent à l'Église Romaine. — Cette bulle, qui continua d'être publiée jusqu'à Grégoire XIII, conserve toute sa vigueur. Pie IX, dans ses récents anathèmes, la rappelle et s'y appuie. Léon XIII en a rappelé la substance à son tour. — Voy. H. de l'Epinois, *Le gouvernement des Papes*.

s'ensevelir sous la bure religieuse, nous le trouvons successivement inquisiteur en Lombardie, siégeant au Concile de Trente, puis évêque, puis cardinal. En Lombardie il avait arrêté à lui seul les progrès du Protestantisme, qui de la Suisse où il était victorieux voulait envahir la Péninsule et tuer l'Église sous les yeux même de la Papauté. Élu pape en 1566, il résuma toute son âme et tout son génie en trois grandes œuvres : la protection de la foi contre les envahissements de l'hérésie, des mœurs contre les excès de l'indiscipline et des vices, de la chrétienté contre les formidables armements des Turcs.

Avant tout, il fallait tirer du Concile de Trente les résultats les plus solides et les plus féconds. Pie V en répandit et en inculqua partout la partie dogmatique, surtout au moyen du *Catéchisme du Concile de Trente*, la partie disciplinaire grâce à une surveillance active, aux monitions secrètes, parfois aux sévérités publiques, grâce surtout à l'établissement des séminaires. Les évêques furent énergiquement rappelés au devoir de la résidence, la pluralité des bénéfices fut, d'après le Concile, flétrie et interdite. La prière publique fut régularisée par les réformes du Missel et du Bréviaire que Rome s'efforça de faire adopter dans toutes les Eglises.

La réformation des mœurs attira autant sa sollicitude et exigea de lui plus d'énergie. Sa vie à lui-même était la vie austère du vrai religieux, et des règlements qu'il imposait il commençait par en dépasser lui-même la rigueur. Rome fut purifiée de ses dernières scories, un quartier spécial fut assigné aux Juifs et le reste de la population fut ainsi délivrée de leurs vexations et de leurs impiétés scandaleuses; toutes les institutions de piété et de charité refleurirent. Les honneurs ecclésiastiques n'étaient plus qu'aux plus dignes. Cinquante années d'expérience avaient éclairé la Papauté sur la nullité des avantages et le nombre des désastres qu'entraînait le népotisme, et comment les Borgia, les Caraffa, les Farnèse, étaient devenus à l'Eglise au lieu de soutiens et de défenseurs des embarras toujours et de désastreux adversaires souvent. Saint Pie V jeta sur ce mal son regard profond et y appliqua l'irrésistible énergie de son bras. La bulle *admonet nos* donnée le 29 mars 1567 et que signèrent tous les cardinaux, interdit sous les plus rigoureuses censures toute aliénation et inféodation des domaines ecclésiastiques. Sortant ensuite de son intérieur, le saint Pape étendit au monde entier sa sollicitude, et nous voyons un instant reparaître les grandes figures des Grégoire VII et des Innocent III. Il envoyait à Charles IX et à Catherine de Médicis des conseils qui suivis eussent sauvé cette cour dissolue et machiavélique du crime et du déshonneur; il soutenait l'infortunée Marie Stuart et envoyait à Elisabeth de magnanimes sommations, il se faisait le modérateur et le conseiller de Philippe II d'Espagne; il s'efforçait d'arracher aux cupidités inhumaines des conquérants les peuplades sauvages de l'Amérique. Ses légats sillonnaient le monde et se faisaient partout en son nom les défenseurs des causes saintes et du droit violé.

Après le combat de l'hérésie et celui des abus et des vices, un troisième plus retentissant et non moins urgent réclama l'intrépidité de saint Pie V. Cette troisième partie de son pontificat s'ouvre par un trait magnanime. Quand Lavalette avec sa poignée de chevaliers, se voyant dans l'île de Rhodes menacé de toutes les forces musulmanes à la fois, veut céder à l'orage, Pie V lui écrit : « Restez à votre poste, cher fils. Pour nous nous sommes prêts à répandre tout notre sang pour l'honneur de Dieu et le salut de la société. » L'orage cependant était effroyable. Sélin II, fils et successeur de Soliman II, était maître de trois immenses armées et s'apprêtait à inonder toute l'Europe chrétienne. 60,000 hommes commandés par Achmet envahissaient l'Albanie; Hali-Pacha avec 40 galères commandait la mer et s'emparait de Chio, une autre flotte sous les ordres de Mustapha forçait Chypre, faisait 15,000 prisonniers, jonchait le sol de 20,000 cadavres. Des atrocités commises partout répandaient partout la terreur ; la terreur, hélas! mais pas le courage : la vieille Europe des croisés semblait agonir, et aux cris de détresse de la Papauté elle ne répondit que par un ignominieux silence. La France se débattait sous l'étreinte du Calvinisme, l'Empire jouait lâchement le Pape avec des promesses, la Pologne dégénérée n'avait plus l'intuition d'une grande cause, l'Angleterre était morte pour la foi et le dévouement; le Portugal arborait encore l'étendard de la foi mais il se disposait à l'aller planter au Maroc ; Venise et l'Espagne donnèrent seules, l'une des galères, l'autre un grand capitaine et de vaillants soldats. A ces braves se joignirent les volontaires pontificaux, et une armée sous le commandement de l'illustre don Juan d'Autriche commença à se former. Saint Pie V était l'âme de cette magnanime entreprise ou plutôt c'est Dieu et la Très-Sainte Vierge qu'il chargeait uniquement du succès. Il avait ordonné partout des prières publiques, et le héros de Lépante, don Juan, avait reçu de lui un étendard où était l'image de Jésus-Christ. L'armée chrétienne se rencontra avec les Turcs plus aguerris et plus nombreux dans le golfe de *Lépante*. Le combat fut terrible, les Turcs se battirent en désespérés, mais Dieu avait pris cette heure pour son heure et la puissance ottomane brisée dans sa défaite de Lépante ne se releva plus (1571). Pie V connut miraculeusement l'issue du combat et perpétua dans nos litanies et dans nos fêtes chrétiennes le souvenir de cet incomparable triomphe. Depuis Lépante nous invoquons la Vierge sous le titre de *secours des chrétiens*, et nous célébrons la fête de *Notre-Dame de la Victoire* qui, deux ans plus tard, sous Grégoire XIII, fut appelée la fête de *Notre-Dame du Rosaire* (1er dimanche d'octobre). — Des jalousies mesquines empêchèrent seules Venise et l'Espagne d'aller à Constantinople écraser l'Islamisme d'un dernier coup : néanmoins la décadence va suivre rapidement cet immense revers, les Turcs vont fuir sous les murs de Vienne, ils succomberont aux champs de bataille de Peterwardein et de Crimée, et ils achèveront de se perdre dans les eaux de Navarin. Bientôt la Grèce leur échappera, Alger plus tard ; actuellement la puissance musulmane agonise, et n'étaient les susceptibilités de la politique, son cadavre serait déjà partagé.

D'autres gloires et d'autres consolations furent accordées au glorieux pontificat de Pie V et contrebalancèrent les douleurs et les périls. Si le Protestantisme fortifiait dans un tiers de l'Europe son désastreux empire, si Baïus cherchait à corrompre les âmes que la Réforme n'avait pas gâtées, d'illustres personnages et de grandes œuvres jetaient dans l'Église un immortel éclat. Sainte Thérèse vivifiait l'Espagne, saint Philippe de Néri secondait en Italie saint Charles Borromée et fondait l'Oratoire.

5. Saint Pie V mourut l'année qui suivit le triomphe de Lépante (1ᵉʳ mai 1572), et laissa le trône à un successeur digne de lui et des difficultés où était de plus en plus engagée l'Église, *Grégoire XIII*, élu pape le 13 mai 1572. Grégoire XIII continue saint Pie V et prépare Sixte-Quint. En lui nous apparaît à la fois l'administrateur et le savant, et les œuvres de son pontificat se rangent sous ce double titre. — Il affronta dans son administration la plus nécessaire mais aussi la plus difficile des œuvres : faire rentrer dans le domaine ecclésiastique les biens qui lui revenaient de droit dans les cas prévus par la bulle *admonet nos* de saint Pie V. Ces biens restaient aliénés par l'imprévoyance ou une tolérance excessive. Pour les revendiquer il fallait subir de gros orages ; ils éclatèrent avec une violence inouïe. La noblesse italienne menacée dans les fruits de ses rapacités sacrilèges se révolta, entraîna le peuple, et jeta les campagnes dans la plus affreuse confusion, convertissant la guerre en brigandage et ses plus illustres représentants en chefs de bandits et d'assassins. Les puissances voisines, Naples, Ferrare, la Toscane, etc.., ravies de voir le Pape dans ces embarras lui refusèrent tout secours et protégèrent les révoltés. Telle était la confusion de toutes choses que le métier de brigand, sûr et lucratif, était adopté même par les seigneurs. Le vieux Pape mourut de douleur en poussant un cri que Dieu exaucera sous son successeur Sixte V : « Tu t'éveilleras, Seigneur, et tu auras pitié de Sion ! » (1585.)

Grégoire XIII est resté célèbre par le soin et les faveurs qu'il accorda à la science, et plus encore par la *réforme du calendrier*. Il fonda ou restaura six collèges dans la Ville Sainte, s'entoura de savants, donna aux sciences et aux arts une magnifique impulsion et Rome lui doit de nombreux chefs-d'œuvre. Arrêtons-nous un instant à son travail par excellence : la réforme du calendrier. Une erreur dans l'année solaire courait depuis le travail de l'astronome Sosigène sous Jules César. Sosigène, dans ses calculs sur la marche du soleil, avait fait par erreur l'année solaire trop longue de 11 minutes, ce qui, en 134 ans, donnait à l'année 1 jour de trop, et à l'année 1582 donnait 10 jours plus qu'il n'en fallait. Cet écart devait de plus avoir pour effet de perturber la fixation des équinoxes et par suite l'époque des saisons. Quant à la liturgie, elle eût subi des différences ridicules, puisqu'on aurait récité des prières et célébré des fêtes primitivement instituées en autres saisons. On aurait prié pour les récoltes au moment des semailles, et parlé à Dieu des frimas au plus fort de l'été. Une réforme était réclamée depuis longtemps : Grégoire XIII l'entreprit, aidé de la science profonde de Lilio et du jésuite Calvius. Deux choses étaient à faire : réparer le désordre passé puis en prévenir le retour. Grégoire XIII supprima 10 jours à l'année 1582 et passa immédiatement du 4 au 15 (1). Arrivé ainsi au pair et voulant empêcher le retour de la même perturbation, Grégoire XIII s'y prit ainsi. Les 11 minutes que chaque année avaient de trop, faisaient, au bout de 402 ans, un excédent de trois jours; ces trois jours il fut décidé qu'on les ferait disparaître dans un intervalle de 400 ans. Restait deux ans à effacer on n'en tint pas compte, attendu que ce surplus ne peut amener un nouveau jour d'erreur qu'au bout de 26,800 ans, erreur insignifiante que notre calendrier grégorien peut conserver sans grand dommage. Quant aux trois jours à supprimer tous les 400 ans, il fut décidé qu'on affecterait cette suppression aux trois premières années séculaires de chaque période de 400 ans. A chacune de ces trois années qui régulièrement devraient être *bissextiles* et avoir 366 jours, on enlève un jour. Cette réduction a eu lieu pour la première fois en 1700, pour la seconde en 1800; 1900 la subira à son tour, tandis que l'an 2000 sera bissextile. — Cette réforme qui prit le nom de *nouveau style*, venant d'un Pape fut d'abord rejetée par les nations protestantes : peu à peu tous revinrent; aujourd'hui les Russes seuls ont persisté dans le *vieux style* et sont en désaccord avec le reste du monde civilisé.

Savant de premier ordre, doux et bon autant que savant, nous avons vu Grégoire XIII mourir le 5 avril 1585, au milieu de la confusion de l'Italie et de Rome et des brigandages qu'il avait été impuissant à réprimer. Un Pape comparable aux plus grands et aux plus héroïques pontifes du Moyen-âge lui succéda, *Sixte-Quint* (2) (24 avril 1585). Sorti d'en bas

---

(1) Les funérailles de sainte Thérèse éprouvèrent cette brusque saillie. Morte le 4 et enterrée le lendemain de sa mort, elle se trouva avoir été enterrée le 15.

(2) Voy. sur ce grand Pape l'ouvrage de grande valeur de Monsieur

498   L'ÉGLISE CATHOLIQUE EN REGARD DU PROTESTANTISME.

et parvenu à l'âge de 64 ans au faîte des dignités de ce monde, l'honneur de la tiare sembla le rajeunir et retremper sa vigueur; de là sans doute ce conte aussi indécent qu'absurde qu'il aurait, en plein consistoire, se voyant pape, jeté de joie ses béquilles en l'air (1). Le vrai, c'est qu'il fut l'un des pontifes les plus énergiques et les plus habiles qu'ait eu l'Église. Tous les genres de mérite semblaient se réunir en lui. Religieux franciscain, professeur de théologie, admiré pour sa science, choisi comme inquisiteur, bientôt nommé général de son ordre, puis évêque de Sainte-Agathe, puis cardinal, Sixte V apporta au trône pontifical, la sainteté, la science, la force. — Son règne s'ouvrit par un grand acte d'énergie : la poursuite à outrance les bandits qui désolaient tout l'État pontifical. Aux ordonnances les plus rigoureuses succédèrent une justice et des sentences sans merci. Les bandits furent partout traqués, découverts, mis à mort. En moins d'un an les dévastations dont le peuple était victime depuis si longtemps avaient presque entièrement cessé, et le royaume de l'Église avait, aux applaudissements de l'Europe, reconquis la sécurité. Sixte V s'était montré dans cette sévérité inflexible le père de son peuple, il le fut encore dans les soins qu'il donna au travail, à l'agriculture, à l'industrie. Financier aussi habile que puissant administrateur, il fit bénéficier les pauvres, les œuvres, les monuments, des sages économies qu'il sut réaliser en mettant un ordre parfait dans le maniement des revenus et des dépenses, et surtout en abolissant une foule de stériles sinécures. Dans sa ville il poursuivait la transformation de Rome païenne en Rome chrétienne, il eût voulu, ce semble, convertir les monuments comme les âmes à la foi du Christ, et sans les dégra-

---

de Hubner, *Sixte-Quint*, 3 vol., 1870. — Voy. aussi Ranke. — La Revue de Louvain (1871, t. V et VI) renferme une très bonne étude sur ce Pape.
(1) Voy. sur ce conte absurde l'article de la Revue de Louvain.

der jamais, il ajoutait à leur splendeur première en leur donnant un reflet de la nouvelle et divine foi. La prospérité matérielle de Rome croissait avec cette splendeur. Tombée en 1530 à 35,000 habitants, elle en comptait 100,000 à la mort de Sixte-Quint. Le triomphe littéraire couronna toute cette gloire, et ce triomphe lui-même atteignit avec *le Tasse* son plus haut sommet. « Politique, administration, poésie, beaux-arts, tout se régénère, s'élève et fleurit, grâce à la dignité d'une cour où saint Philippe de Néri le dispute d'influence à Bellarmin, où tous les grands noms se réunissent, et où toutes les vertus et les talents travaillent de concert. »

Au dehors le ciel restait bien sombre. Les peuples protestants continuaient leurs luttes et déchiraient de plus en plus leur unité nationale. L'imprudente Pologne s'ouvrait aux funestes envahissements des Luthériens et des Unitaires devenus rapidement Sociniens. Les Protestants incapables de s'entendre entre eux faisaient une folle et imprudente tentative pour s'entendre avec les Grecs schismatiques (1574). La confession d'Augsbourg traduite en Grec était portée par des Luthériens au patriarche de Constantinople Jérémie, et n'en obtenait que le plus mortifiant dédain. Le Calvinisme triomphait en Écosse, et allait en France, recevoir un coup mortel. L'Angleterre vivait dans le sang que répandait à flots l'immorale et cruelle Élisabeth. Saint Pie V avait excommunié ce tyran féminin, Sixte-Quint avait renouvelé l'excommunication en 1588 : l'Anglicanisme répondit par un atroce redoublement de tortures dans la malheureuse Irlande.
— On a fait un crime à Sixte-Quint de l'excommunication de Henri IV. Henri IV était retombé dans l'hérésie et l'hérésie privait du trône d'après un droit public encore en vigueur. Lorsque Henri IV se convertit sincèrement en 1593, Clément VIII lui donna en 1595 l'absolution solennelle de ses censures. Rien en tout cela que de naturel et de parfaitement régulier.

Après Sixte-Quint qui mourut à 70 ans, le 27 août 1590, trois papes, *Urbain VII, Grégoire XIV, Innocent IX* ne firent que passer (1) (1590-1591) et laissèrent le trône à un pontife qui l'occupa treize ans, le cardinal Aldobrandini qui prit le nom de :

Clément VIII (20 janv. 1592). Ce pape recueillit dans la joie ce que ses prédécesseurs avaient semé dans les larmes. Rome et l'État pontifical étaient prospères, la paix de Vervins dont Clément VIII fut le médiateur avait terminé la longue querelle entre la France et l'Espagne, la conversion de Henri IV conservait la France à l'Église; le Jubilé séculaire faisait affluer à Rome des hérétiques et des mahométans, qui abjuraient leurs erreurs en face de la pacifique et irrésistible majesté du pontife-roi. — Clément VIII eut, à la mort d'Alphonse II duc de Ferrare, à revendiquer énergiquement les domaines de ce prince qui devaient faire retour au Saint-Siège (1597). C'est presque la seule victoire qui lui coûta. Sa cour sainte et savante réunissait les premières illustrations : Baronius, Mafféi, Clavius, Muret, Sirlet, Santorio, Salviati, Tolet, d'Ossat, Du Perron. Philippe de Néri continuait à embaumer Rome du parfum de sa sainteté.

Après Clément VIII, puis *Léon XI* qui ne fit que passer, le 1er avril 1605 *Paul V* monta sur le trône de Pierre et eut un règne mêlé de traverses et de consolations. Nous le voyons d'abord engagé avec Venise dans un démêlé des plus graves, suite de mesures vexatoires et illégales de cette arrogante république. Défense avait été faite de bâtir des églises, de léguer des immeubles aux ecclésiastiques sans la permission du pouvoir civil; des prêtres avaient été traînés devant des tribunaux séculiers, etc. : Paul V pro-

---

(1) Urbain VII régna dix jours, Grégoire XIV dix mois, Innocent IX deux mois.

testa sans que le doge voulût revenir sur les décisions prises, puis il lança l'excommunication (1606). Le Sénat ayant accentué encore la résistance, l'office divin fut interdit et le clergé se retira des terres de la république. Le moine Servite *Fra-Paolo-Sarpi*, calviniste sous le froc et qui avait dénigré déjà dans son histoire le saint Concile de Trente, prit la défense de Venise en établissant la théorie protestante de la séparation de l'État d'avec l'Église et de l'indépendance du pouvoir civil vis-à-vis la puissance ecclésiastique. Henri IV intervint et Venise céda. Des consolations tempérèrent ces épreuves pour Paul V. L'ordre de la Visitation, la Congrégation du cardinal de Bérulle, celle des Prêtres de la Mission prenaient naissance, une foule de saints, de savants, de personnages illustres honoraient l'Église. Les Nestoriens de Perse, les rois du Japon et de Congo envoyaient leurs ambassadeurs au Pape, et recevaient avec sa bénédiction la lumière de la foi et la force d'un prochain martyre. — Suivant les traces de ses prédécesseurs, Paul V acheva la basilique de Saint-Pierre et embellit Rome de monuments nouveaux. L'enseignement des langues étrangères trouva en lui un soutien et un guide, les missions lointaines un infatigable protecteur. La Chine redevenue presque entièrement païenne reçut d'illustres apôtres, à la tête desquels se plaça le jésuite Ricci. Le Japon comptait dix-huit cent mille chrétiens, mais un affreux orage allait désoler cette magnifique Église (1605). L'Amérique se couvrait, malgré le mauvais vouloir des conquérants, de chrétientés florissantes, et les Jésuites au Paraguay sont restés célèbres entre tous les ouvriers de la divine parole (1610). Les missions orientales, elles aussi, recevaient une impulsion nouvelle. La Grèce, la Perse, l'Arménie, le cœur même du sol asiatique se couvraient de Dominicains, de Carmes, de Jésuites (1609). Elie, patriarche de Babylone, envoyait au Pape sa soumission. La Perse

502 L'ÉGLISE CATHOLIQUE EN REGARD DU PROTESTANTISME.

ne se montrait pas moins favorable. Il était visible que Dieu, par des conquêtes lointaines, consolait son Église de l'apostasie des grands peuples Européens.

6. Le pontificat de *Grégoire XV* (9 février 1621), ne dura que deux ans, mais fut fécond en œuvres importantes. A peine monté sur le trône, ce Pape donna une bulle relative à la tenue des conclaves. Jusque-là on votait publiquement, il substitua le scrutin secret qui laissait plus intacte la liberté des votants. Il établit la congrégation de la *Propagande*, chargée de tout ce qui touchait aux missions. Son rôle politique ne fut pas médiocre, car c'est à lui que l'Autriche et l'Espagne déférèrent l'affaire de la Valteline; d'autres graves affaires internationales l'eurent comme arbitre. Usant d'une plus auguste puissance, il canonisa des noms chers et vénérés : saint Ignace, saint François Xavier, sainte Thérèse, saint Philippe de Néri.

Urbain VIII (1) lui succéda le 6 août 1623. Littérateur distingué, « abeille attique » comme on l'appelait, Urbain apporta à la royauté pontificale des titres plus sérieux et plus utiles : il fonda le collège de la Propagande et ajouta le duché d'Urbain aux Etats de l'Eglise. Une tache lui reste, celle d'avoir enrichi ses parents, mais ce népotisme n'était plus le népotisme politique du siècle précédent. Les Papes du XVIIe siècle enrichirent parfois leurs proches, c'est une faute, mais qui n'eut plus aucun contre-coup dans l'administration de l'Eglise et les affaires de la Péninsule.

C'est sous ce pontificat qu'eut lieu un fait assez insignifiant en lui-même, mais dont les protestants et les philosophes ont fait grand bruit, l'intitulant pompeusement le *procès de Galilée*, et y voulant voir l'ignorance et la sauvage barbarie de l'Eglise envers la science. Galilée,

---

(1) Maffeo Barberini.

né à Pise en 1564, devenu un mathématicien et un astronome de haute valeur, avait vers 1597 inventé le thermomètre et perfectionné le télescope. Il soutenait le système de Copernic de la rotation de la terre. Est-ce bien pour ce dernier motif que Rome le condamna? Les protestants l'ont crié : rien n'est plus faux. Au XVe siècle, Nicolas de Cuse enseignait cette rotation de la terre, et mourut cardinal; c'est un cardinal qui avait exhorté Copernic à publier son livre où ce même système était développé, et Copernic l'avait dédié à Paul III; au moment où Galilée était condamné, Rome attirait à elle le fameux Képler qui soutenait la même opinion, et Galilée avait reçu du Saint-Office toute permission pour développer son système que Gassendi ne cessa pas d'enseigner. Ainsi impossible de voir dans cette opinion toute nue le motif de la fameuse condamnation. Ce motif où fut-il? Galilée fit intervenir l'Ecriture, et basa sur elle son hypothèse scientifique, dont il prétendait dès lors, de par l'Ecriture, faire une vérité absolue. On s'émut, et le système de Galilée fut déféré à une commission de théologiens. La commission s'égara dans des considérations peu claires et plus encore s'entêta dans un esprit de corps que la raideur de Galilée ne fit que fortifier. Quoi qu'il en soit des erreurs et des fautes de détail, ce qu'on demandait à Galilée : de ne plus enseigner le mouvement de la terre *comme vérité d'Ecriture*, n'était que juste et prudent. Galilée piqué, revint, dans son *Dialogue*, sur les preuves d'Ecriture, et se donna le tort grave de bafouer le pape Urbain VIII. L'inquisition le condamna, et le tort d'enseigner son système comme vérité de révélation fut reconnu par les contemporains. Bellarmin écrivait à Galilée : « Qu'il n'était ni puni, ni même obligé de se rétracter. La seule chose qu'on voulait de lui était qu'il enseignât son sentiment comme simple système scientifique et non comme dogme. » Mallet-Dupan a fait, pièces en main, justice des calomnies protestantes; l'astronome

Lalande, Arago parlent comme Mallet-Dupan. Quant au cachot, aux tortures, etc., à tout ce luxe de cruauté à la charge de Rome, aucune plume honnête ne se condamne plus à les retracer. Durant les débats, Galilée habitait le délicieux palais de la Trinité-du-Mont, puis le palais de son ami le cardinal Piccolomini. Que reste-t-il de cette fameuse affaire? 1° Que Galilée eut le grand tort d'enseigner son système *comme vérité de foi*. 2° Que l'inquisition se trompa probablement sur son système. 3° Que jamais Urbain VIII ne signa de condamnation. 4° Que jamais Galilée n'eut le moindre sévice à subir (1). — Urbain VIII n'eut pas le temps de combattre les premières tentatives du *Jansénisme*, il mourut en 1644 après un pontificat de plus de vingt ans.

Avec son successeur *Innocent X* (le cardinal Jean-Baptiste Pamphile, élu le 15 septembre 1644) nous touchons à une nouvelle époque de la vie de l'Eglise. Le traité de *Westphalie* va consacrer la sécularisation de la politique européenne, le Protestantisme porte ses fruits; l'Europe est malade, elle subira des convulsions, des malaises, qui, à travers un état de transition, nous mèneront jusqu'à la grande Révolution. — « La Papauté n'avait plus une influence politique dominante sur les états de l'Europe moderne. Mais elle demeurait avec autant d'éclat que jamais et avec plus de liberté, dans une pleine indépendance, le tribunal suprême des consciences, la plus grande autorité morale du monde. »

---

(1) Ouvrages à consulter : H. de l'Epinois, *La question de Galilée*, Paris, Palmé. — *Revue des questions historiques*, juillet 1867. — *Id.*, octobre 1868.

FIN DU TOME TROISIÈME.

TABLE DES MATIÈRES.

VINGT-ET-UNIÈME LEÇON.
L'ŒUVRE DE SAINT GRÉGOIRE VII.

Pages.

Le sort de la civilisation chrétienne dépendait d'une vaste et formidable question : L'Église, la grande civilisatrice des Barbares, allait-elle être asservie ou indépendante ? L'œuvre entière de saint Grégoire VII tranche cette question. — Saint Grégoire VII vit à la fois dans ses prédécesseurs, en lui-même, dans ses successeurs.. 1

I. Les prédécesseurs de saint Grégoire VII.

Avec les pontificats de Léon IX, Victor II, Étienne IX, Nicolas II, Alexandre II, l'affranchissement de l'Église commence, et avec lui la réforme des vices et la répression des abus............................ 8

II. Saint Grégoire VII.

1° Les trois caractères du règne de saint Grégoire VII. — Force invincible. — Loi sur l'incontinence des clercs. — Décret défendant aux laïcs de communiquer avec les mauvais prêtres. — Luttes de saint Grégoire VII avec les princes. — Philippe I de France. — Lutte des *investitures* avec Henri IV d'Allemagne. Crimes et perfidies de l'empereur. Ses campagnes en Italie. La princesse Mathilde : les Normands défenseurs du Saint-Siège. — Saint Grégoire VII meurt exilé mais triomphant. — Universalité de la domination de saint Grégoire VII..... 16

2° Question de la déposition des rois et des empereurs au Moyen-âge par les Papes...................... 28

III. Les successeurs de saint Grégoire VII.

1° Sous les premiers successeurs achèvement de l'œuvre d'affranchissement et du triomphe de l'Église. —

Calixte II et le concordat de Worms qui termine la fameuse lutte des *investitures*.

2º Principaux événements survenus dans la chrétienté durant la lutte des investitures.................. 33

Appendice.

1º *Choses religieuses.* — De la vie, des mœurs, des devoirs du clergé. — La féodalité et le clergé du Moyen-âge. — *Culte et dévotions.* — Commencement des corporations religieuses d'ouvriers. — Fêtes nouvelles. — Dévotions en l'honneur de la Très Sainte Vierge. — *Des Sacrements :* Sainte Eucharistie. Baptême. — Mariage. — Pénitence. Pénitences publiques : œuvres expiatoires.

2º *Choses monastiques.* — Réforme de saint Benoît d'Aniane. — Saint Chrodegand. Gloire et services de Cluny. — Saint Odon et les Congrégations. — Nouveaux ordres.

3º *Choses séculières.* — Travail de civilisation opéré parmi les Barbares avant et pendant Charlemagne. — Troubles et décadence après lui. — Reprises puissantes de l'œuvre au XIᵉ siècle. — Les arts. — Les littératures. — Les idiomes.................. 42

VINGT-DEUXIÈME LEÇON.

PUISSANCE ET ŒUVRES DE L'ÉGLISE AU XIIᵉ SIÈCLE.

Portée de ce mot : « Apogée. » — Idée générale du règne de l'Église au milieu du Moyen-âge. — De Calixte II et du concordat de Worms à Innocent III l'Église affranchie et fortifiée s'achemine vers cet apogée de son règne temporel dans l'Europe chrétienne. — Sous Innocent III, elle l'exerce avec une incomparable puissance......... 48

I. Suite de l'histoire, de Calixte II à Innocent III. — Saint Bernard et son siècle.

1º *Suite de l'histoire de Calixte II aux pontificats d'Adrien IV et Alexandre III.* — Dernier événement important du règne de Calixte II : le *neuvième Concile œcuménique,* le premier de *Latran.* Continuation de la réforme du clergé vicieux. — Troubles à Rome : anti-pape : mission de saint Bernard. — *Dizième Concile œcuménique*, deuxième de *Latran*. — Condamnation de sectaires, Arnold de Brescia, etc. — Mouvement communal. — Troubles continuels à Rome. — Autres agitateurs dans les autres parties de la chrétienté. — Eugène III en France. — Prédication de la deuxième croisade. — Influence universelle de *saint Bernard.*— Les erreurs du douzième siècle. — Rapide esquisse de la vie et des œuvres de saint Bernard............ 50

2° *Triomphe définitif de la Papauté sur le Césarisme Allemand.* — Lutte de la Papauté contre Frédéric Barberousse. — Lutte de la Papauté contre la tyrannie d'Henri II d'Angleterre. — Saint Thomas Becket. *Onzième Concile œcuménique*, troisième de *Latran.* — Dévastations des sectes Vaudoises et Albigeoises.. 65

II. Des ordres religieux durant cette période.

Trois besoins de la société enfantent trois sortes d'ordres religieux.

1° Ordres que la piété fait surgir. — Grammont. — Fontevrault. — Cisterciens. — Prémontrés. — Carmes. — Associations pieuses au milieu du monde : Humiliés : Servites de Marie : Olivétains : Jésuates : Béguinages.

2° Ordres que la défense de la chrétienté fait surgir. — Hospitaliers. — Templiers. — Chevaliers Teutoniques. — Ordres Espagnols.

3° Ordre du Saint-Esprit. — Ordre de la Sainte-Trinité ou de la Rédemption des captifs. — Associations ouvrières : les Pontistes : les Frères constructeurs, etc.. 75

VINGT-TROISIÈME LEÇON.
INNOCENT III ET SON SIÈCLE.

Esquisse générale du XII° siècle...................... 89

I. Innocent III et son siècle.

Les Papes depuis Alexandre III jusqu'à Innocent III... 95

1° *Pontificat d'Innocent III.* — Administration d'Innocent dans l'intérieur de la Cour Romaine et des États de l'Église. — Administration d'Innocent III dans le monde catholique. France. Espagne, Angleterre. Allemagne. Pays du Nord. Bulgarie. — Sollicitude d'Innocent III pour l'Église Orientale. — Dernier acte de ce grand Pontificat : la tenue du *douzième Concile œcuménique*, le quatrième de Latran... 97

2° *Nouvelle lutte de la Papauté contre le Césarisme allemand.* — Frédéric II. Portrait de ce prince. — Ses félonies continuelles. — Sa théorie césarienne. — Énergique défense de la Papauté, tenue du *treizième Concile œcuménique*, le premier de *Lyon*. 108

3° *La France sous saint Louis.* — Administration intérieure de Louis IX. — Gloire extérieure de ce règne. — Question de la *Pragmatique* dite de saint Louis. 116

4° *La Papauté jusqu'à Boniface VIII.* — Suite des Papes et résumé de leur pontificat............... 123

II. Les grandes œuvres de l'Église durant cette période.

1° La plus belle des œuvres de l'Église est la création même de la *société chrétienne*.................. 133

2° *Les Croisades contre l'Islamisme.* — Appréciation générale des Croisades. — Récit détaillé des Croisades.. 143

3° Les Juifs durant le Moyen-âge. — Leurs méfaits politiques. — Leurs méfaits contre les populations chrétiennes...................................... 158

4° *Croisades à l'intérieur de la chrétienté.* — Les erreurs au milieu du Moyen-âge. Erreurs plutôt spéculatives. Erreurs agissantes et dévastatrices. Abailard : les Albigeois. — Énergique défense de la société chrétienne. — Guerre des Albigeois : l'*Inquisition*. 160

5° *Les ordres mendiants.* — Raison d'être et apparition providentielle des ordres mendiants. — L'ordre *Dominicain*. — L'ordre *Franciscain*............ 186

6° *Histoire intellectuelle.* — *Théologie.* — Quatre périodes à distinguer dans l'histoire intellectuelle de cette époque. — Première : les premiers essais

scholastiques. — Deuxième : l'épanouissement splendide de la scholastique : royauté de saint Thomas d'Aquin : autres grands docteurs. — Troisième : rivalité et controverses entre les deux écoles Dominicaine et Franciscaine. — Quatrième : subtilités et erreurs.
La mystique. — Réaction contre l'esprit de subtilité et de rationalisme. — Principaux mystiques.
La prédication. — Prédicateurs fameux. — Traités de prédication.
Branches diverses du savoir. — Histoire. — Chroniques. — Science naturelle. — Poésie.
Les *Universités.* — Organisation des Universités. — Nombre des Universités en Europe. — Les *collèges*, — les *bourses*... 191

7° *L'Église et le peuple.* — Œuvre triple de l'Église pour le peuple durant le cours du Moyen-âge. — Œuvre d'affranchissement. Les Communes. — Œuvre de protection. — Œuvre d'éducation et d'instruction.. 214

Appendice.

Hiérarchie ecclésiastique. — Choses religieuses. — Vie et mœurs des fidèles.................................... 223

VINGT-QUATRIÈME LEÇON.

DE BONIFACE VIII A LA RÉVOLTE RELIGIEUSE DU XVIe SIÈCLE.

Causes diverses sous l'influence desquelles l'Europe se déchristianise et s'achemine vers la révolution religieuse du seizième siècle...................... 229

I. Boniface VIII.
1° Efforts de Boniface VIII pour pacifier l'Italie et se débarrasser des factions.
2° Boniface VIII et Philippe le Bel.................... 233

II. L'exil d'Avignon.
1° Les Papes à Avignon. — Clément V et les Templiers.

    — Concile de Vienne. — Jean XXII : Louis de Bavière. — Révolutions Italiennes. Albornoz et Anglicus. — Retour de la Papauté à Rome.
   2° Résumé des événements divers accomplis durant l'exil d'Avignon 242

III. Le grand schisme d'Occident.
   1° Les Papes des deux obédiences. — Concile de Pise. — Ses doctrines. — Concile de Constance. — Election de Martin V et fin du schisme. — Les sessions IV et V du Concile de Constance..................... 264
   2° Physionomie sombre et tourmentée qu'offrent les royaumes Européens. — Situation plus terrible de la France. — Mission providentielle de Jeanne d'Arc.. 275

VINGT-CINQUIÈME LEÇON.

LES TEMPS PRÉCURSEURS DU PROTESTANTISME.

I. Les précurseurs de Luther.
   Wiclef en Angleterre. Ses erreurs. — Condamnations au Concile de Constance. — Jean Hus. — Jérôme de Prague. — Zisca. — Thomas de Vaud......... 280

II. Les derniers temps avant le Protestantisme.
   1° Les affaires religieuses : — Les mauvaises doctrines s'accentuent de plus en plus. — Concile et schisme de Bâle. — Concile de Ferrare, — transféré à Florence. — Décret aux Arméniens.
   Après les préoccupations de la doctrine, la Papauté a celle de la défense de l'Europe contre l'Islamisme. — Héroïsme des Papes dans cette lutte.
   Efforts de la Papauté pour la pacification et l'affranchissement de l'Italie. Alexandre VI. Jules II........ 283
   2° De la société civile à la même époque : tout y mène à la révolution religieuse : tout y fait pressentir Luther. — Les idées régnantes. — Découvertes et inventions. — Préoccupations désormais toute matérielles des esprits. — Retour aux idées du Paganisme. — Prétendue Renaissance.

TABLE DES MATIÈRES. 511

Pages.

Au milieu de la licence et de la confusion des doctrines, l'Espagne fait, par son unité religieuse, une glorieuse exception. — L'Inquisition Espagnole...... 300

Appendice.

Études et Savants. — Ordres religieux. — Saints illustres. — Art chrétien................................... 304

VINGT-SIXIÈME LEÇON.
LA RÉVOLTE RELIGIEUSE DU XVIᵉ SIÈCLE.

Idée générale de cette révolte et des siècles nouveaux qu'elle enfante................................... 315

I. Les révoltés du XVIᵉ siècle.

Deux études décisives sont à faire pour quiconque veut se rendre compte de la valeur du Protestantisme comme religion : celle des hérésiarques qui l'introduisent : celle des doctrines qu'ils prêchent.
1° *Les hérésiarques d'Allemagne. Luther.* Précis de son histoire. Ses débuts. Ses premières erreurs. Sa première révolte. — Sa duplicité avec Rome, ses rétractations, ses indécisions incessantes. Luther est l'homme perpétuellement *entraîné :* comment son *Credo* était à la merci des circonstances.
Contradiction de la doctrine de Luther avec l'Évangile. Luther est impie. — Luther pousse le peuple à la révolte, puis, révolté, le fait écraser par les seigneurs. — La corruption des mœurs dans Luther. — La grossièreté de Luther.................... 320
Les auxiliaires de Luther. —*Mélanchthon.* — Les seigneurs allemands, *Hutten, Sickengen,* etc. — Autres hérésiarques : *Zwingle, Carlostadt, Œcolampade,* etc.
Calvin. Histoire de Calvin. Ses traits distinctifs. Témoignages irrécusables....................... 341
Henri VIII d'Angleterre. — Ses crimes. — Sa lubricité. — Son despotisme........................ 343

II. Les erreurs protestantes.

Quatre traits distinctifs des erreurs protestantes. — Elles

sont la *redite* des anciennes erreurs. — Elles *contredisent* en tout l'enseignement de Jésus-Christ. — Elles sont perpétuellement incertaines et *variables*. — Elles aboutissent de toutes parts à l'extravagant et à l'*absurde*. 345

VINGT-SEPTIÈME LEÇON.
PREMIÈRE INTRODUCTION DU PROTESTANTISME.

1° *Étude de la Société européenne du* xvie *siècle.* — Impossible de se rendre compte de l'introduction et de l'extension du Protestantisme en Europe sans cette étude préalable. — Question des *abus* dans l'Église catholique au xvie siècle. — La vraie solution est dans l'état de l'Europe au double point de vue politique et religieux. La société *politique* en Europe au xvie siècle : la société *religieuse* en Europe au xvie siècle........................... 356

2° *Récit historique.* — Agissements de Luther. — Entrevue de Leipsig. Violences, écrits incendiaires de Luther. La bulle d'excommunication de Léon X. — Charles-Quint à la diète de Worms. — Luther à la Wartbourg.

C'est jusqu'ici l'histoire *privée* du Luthéranisme : son histoire devient après toute politique. Ses trois phases successives. — Première phase : les guerres sociales ensanglantent l'Allemagne. Guerre des paysans. Indigne conduite de Luther. Diète de Nuremberg. — Deuxième phase : celle des déchirements intérieurs du Protestantisme. Luther est attaqué vigoureusement par Rome, les docteurs catholiques, par Henri VIII. Érasme. Luther est attaqué furieusement par les siens : Bucer, Capito, Carlostadt, Zwingle. Les Sacramentaires. Les Mémonites. Les Antinomistes. Le Synergisme. Sociniens. — Troisième phase partagée entre les audacieux empiétements du Protestantisme et les faiblesses désastreuses de l'Empire. Diète de Spire. d'Augsbourg. Smalckade. Paix de Nuremberg. Conférence de Ratisbonne. Intérim. Paix d'Augsbourg. — A chaque capitulation et à chaque défaillance du

TABLE DES MATIÈRES. 513

Pages.

Pouvoir correspond un envahissement nouveau du parti protestant. Conséquences de la paix d'Augsbourg. — Mort de Luther. — Mort de Charles-Quint.. 365

VINGT-HUITIÈME LEÇON.
PROPAGATION DU PROTESTANTISME EN EUROPE.

1º Le *Protestantisme en Suisse*. — Double invasion. — La première avec *Zwingle*. Conduite de Zwingle. Introduction violente de l'erreur. Guerres civiles qui en sont la suite. La seconde, à Genève, avec *Calvin*. Dictature de Calvin. Propagation du Calvinisme... 401

2º Le *Protestantisme dans les Pays-Bas*. — Vains efforts de Charles-Quint pour pacifier les Pays-Bas révolutionnés par le Protestantisme. Granvelle et les seigneurs protestants. Administration de Marguerite de Parme. — Guillaume d'Orange triomphe et avec lui l'hérésie.................................... 406

3º. Le *Protestantisme dans les pays du Nord*. — Dans la *Prusse*. Albert de Brandebourg traître et apostat. — Dans la *Silésie*. Violence de l'hérésie : lâcheté du clergé. — Dans la *Pologne*. Le meurtrier véritable de la Pologne est le Protestantisme. Causes diverses de décadence. Historique de l'invasion protestante en Pologne. — Dans la *Livonie*, la *Courlande*, la *Hongrie*, la *Transylvanie* : traits à peu près identiques de toutes ces apostasies. — Dans la *Suède* : Gustave Vasa, sa tyrannie. Sous les autres princes faiblesse et impuissance. Apostasie consommée. — Dans la *Norwège*, le *Danemark*, l'*Islande*. 409

4º Le *Protestantisme dans l'Angleterre*. — État de l'Angleterre au début du XVIe siècle. — Henri VIII. Affaire de son divorce. Il rompt avec Rome et fonde une religion nationale. Persécutions et victimes. — L'hérésie protestante introduite sous Édouard VI. Cranmer. Attitude du clergé anglais. — Restauration catholique sous Marie Tudor. Appréciation du règne de Marie Tudor. — Elisabeth.

29*

TABLE DES MATIÈRES.

Pages.

Épouvantable persécution. Établissement sanglant du Protestantisme dans toute l'Angleterre. Maux que le Protestantisme a causés au peuple. — Le Protestantisme en *Écosse*. Knox. Règne douloureux de Marie Stuart. Son supplice. — Le Protestantisme en *Irlande*. Longue et affreuse persécution de l'Irlande catholique, sous Henri VIII, Elisabeth, Jacques Ier, Cromwell, la Restauration. Les révolutions d'Angleterre, fruit du Protestantisme.. 420

VINGT-NEUVIÈME LEÇON.

LE PROTESTANTISME EN FRANCE.

L'état de la France explique le règne partiel mais profond du Calvinisme. — Deux périodes à distinguer dans l'histoire du Protestantisme en France.
1º *Première phase.* — L'erreur cherche à s'insinuer et à s'établir. — Le Calvinisme durant le règne de François Ier et d'Henri II.................... 450
2º *Deuxième phase.* — L'erreur devient un *parti politique.* Les Coligny, les Guise : conjuration d'Amboise. — Tristes règnes de François II, Charles IX, Henri III. Catherine de Médicis. — Colloque de Poissy. Prétendu massacre de Vassy. — Guerres atroces provoquées par les audaces du parti Calviniste. Paix d'Amboise. Les Calvinistes la rompent. — Troisième guerre civile. Paix de Saint-Germain. — La Saint-Barthélemy : appréciation. — La Ligue : appréciation. La guerre des trois Henri. Désastreuse situation de la France. Henri IV. Édit de Nantes : appréciation.................. 454

Appendice.

Les sectes protestantes, — Le clergé protestant, — Discipline. — Culte... 474

TRENTIÈME LEÇON.
L'ÉGLISE CATHOLIQUE EN REGARD DU PROTESTANTISME. — LA PAPAUTÉ.

Pages.

Plus l'Église perd de son ancien territoire, plus la vie qui reflue en elle est puissante pour déborder ensuite au dehors et au loin. Manifestations diverses de cette vie. Comment l'Église répare les désastres causés par l'hérésie.. 480

La Papauté durant le XVIᵉ siècle.
Pontificat de Léon X. — Pontificat d'Adrien VI. — Clément VII. — Paul III et l'ouverture du Concile de Trente. Troubles du Népotisme. — Jules III : continuation des guerres religieuses. — Marcel II. Paul IV : les Caraffa. — Pie IV : saint Charles Borromée. Fin du Concile de Trente. Fureur des guerres de religion. — Saint Pie V. Gloires fécondes de ce pontificat. Victoire de Lépante. — Grégoire XIII : administration, réforme du Calendrier. — Vigoureux pontificat de Sixte-Quint. — Pontificats de Urbain VII, Grégoire XIV, Innocent IX. — Brillant pontificat de Clément VIII. — Léon XI. Paul V : démêlés avec Venise. — Congrégations religieuses. Saints en grand nombre. Élan vers les missions étrangères. — Grégoire XV. — Urbain VIII; Galilée : appréciation. 482

FIN DE LA TABLE DES MATIÈRES.

TABLE

DE LA SUCCESSION DES PAPES

DE

SAINT GREGOIRE VII A LA RÉVOLTE RELIGIEUSE DU XVI⁰ SIÈCLE.

	Voir à la page
Victor II (1055-1057)	12
Étienne IX (1057-1059)	12
Nicolas II (1059-1061)	12
Alexandre II (1061-1073)	14
Saint Grégoire VII (1073-1085)	16
Victor III (1086-1087)	33
B. Urbain II (1088-1099)	34
Pascal II (1099-1118)	35
Gélase II (1118-1119)	36
Callixte II (1119-1124)	37
Honorius II (1124-1130)	51
Innocent II (1130-1143)	51
Célestin II (1143-1144)	53
Lucius II (1144-1145)	53
Eugène III (1145-1152)	54
Anastase IV (1153-1154)	66
Adrien IV (1154-1159)	66
Alexandre III (1159-1181)	68
Lucius III (1181-1185)	95
Urbain III (1185-1187)	96
Grégoire VIII (1187)	96
Clément III (1187-1191)	96
Célestin III (1191-1198)	96
Innocent III (1198-1216)	97
Honorius III (1216-1227)	109
Grégoire IX (1227-1241)	111
Célestin IV (1241-1243)	113
Innocent IV (1243-1254)	113
Alexandre IV (1254-1261)	123
Urbain IV (1261-1264)	124
Clément IV (1264-1268)	124

Vacance de trois ans.

TABLE DE LA SUCCESSION DES PAPES.

Voir à la page

Grégoire X (1271-1276)............................. 126
Innocent V (1276)................................. 128
Adrien V (1276)................................... 128
Jean XXI (1) (1277)............................... 128
Nicolas III (1277-1281)............................ 128
Martin IV (1281-1285)............................. 129
Honorius IV (1285-1287)........................... 130
Nicolas IV (1288-1292)............................ 130
Saint Célestin V (1292-1294)...................... 130
Boniface VIII (1294-1303)......................... 233
Saint Benoît XI (1303-1394)....................... 241
Clément V (1305-1314)............................. 242
Jean XXII (1316-1334)............................. 249
Benoît XII (1334-1342)............................ 254
Clément VI (1342-1352)............................ 256
Innocent VI (1352-1362)........................... 257
Urbain V (1362-1370).............................. 258
Grégoire XI (1370-1378)........................... 259
Urbain VI (1378-1389)............................. 265
Boniface IX (1389-1404)........................... 267
Innocent VII (1404-1406).......................... 268
Grégoire XII (1406-1417).......................... 268
Martin V fin du schisme (2) (1417-1431)........... 272
Eugène IV (1431-1447)............................. 283
Nicolas V (1447-1455)............................. 287
Calixte III (1455-1458)........................... 288
Pie II (1458-1464)................................ 288
Paul II (1464-1471)............................... 289
Sixte IV (1471-1484).............................. 289
Innocent VIII (1484-1492)......................... 291
Alexandre VI (1492-1503........................... 291

---

(1) D'autres historiens comptent XX.
(2) Les papes d'Avignon créés pendant le schisme sont les suivants :
  Clément VII (1378-1394).
  Benoît XIII (1394).
  Alexandre V créé par le Concile de Pise (1409-1410).
  Jean XXIII déposé par le Concile de Constance, en même temps que les deux autres Benoît XIII et Grégoire XII abiquent (1417).

	Voir à la page
Pie III (1503)	297
Jules II (1503-1513)	297
Léon X (1513-1522)	300, 325, 482
Adrien VI (1522-1523)	484
Clément VII (1523-1534)	484
Paul III (1534-1549)	486
Jules III (1550-1555)	487
Marcel II (1555)	488
Paul IV (1555-1559)	489
Pie IV (1559-1565)	490
Saint Pie V (1566-1572)	492
Grégoire XIII (1572-1585)	496
Sixte V (1585-1590)	498
Urbain VII (1590)	501
Grégoire XIV (1590)	501
Innocent IX (1591)	501
Clément VIII (1592-1605)	501
Léon XI (1605)	501
Paul V (1605-1621)	501
Grégoire XV (1621-1623)	503
Urbain VIII (1623-1644)	503

CONCILES OECUMÉNIQUES

TENUS DURANT LA PÉRIODE DU MOYEN-AGE.

	Voir à la page
9º **Concile de Latran** (1er de)	51
10º **Concile de Latran** (2e de)	52
11º **Concile de Latran** (3e de)	72
12º **Concile de Latran** (4e de)	105
13º **Concile de Lyon** (1er de)	114
14º **Concile de Lyon** (2e de)	126
15º **Concile de Vienne**	246
16º **Concile de Constance**	271
17º **Concile de Ferrare-Florence**	285, 286
18º **Concile de Latran** (5e de)	299

TABLE SYNOPTIQUE.

Onzième Siècle.

Victor II, 1055-1057.	La Papauté commence l'œuvre de son affranchissement. — L'hérésiarque Béranger est condamné.	Consommation dernière du schisme de l'Eglise Grecque. — Michel Cérulaire.
Etienne IX, 1057-1059.	Saint Pierre Damien. — Conciles et légations pour la réformation du clergé. — Lutte déjà terrible.	
Nicolas II, 1059-1061.	Décret qui enlève les élections pontificales à toute tyrannie.	
Alexandre II, 1061-1073.	Commencement de la scholastique. — Lanfranc. Lutte d'Alexandre contre le despotisme allemand.	
Saint Grégoire VII, 1073-1085.	Saint Grégoire VII libérateur de la Papauté, réformateur du clergé, sauveur de la discipline. — Henri IV d'Allemagne. — Henri IV à Canossa. — La princesse Mathilde fait cession de ses biens au Saint-Siège. — Les antipapes de Henri IV. — Henri IV assiège Grégoire VII que les Normands délivrent. — Grégoire VII meurt à Salerne. — Saint Bruno fonde la Chartreuse.	Les Sarrazins chassés de Sicile. Les Turcs Seldjoucides conquièrent la Syrie et la Palestine. Alexis Comnène à Constantinople.
Victor III, 1086-1087.	Première armée italienne contre les Sarrazins.	
B. Urbain II, 1088-1099.	Fondation de nouveaux ordres religieux. — Philosophie catholique. Mouvement intellectuel, déjà téméraire. — Reformation du clergé. — *Première croisade.* Concile de Clermont. — Bataille en Orient. Prise de Jérusalem. — Fondation du royaume de Portugal. — Mort du Cid. — Concile de Barri.	
Pascal II, 1099-1118.	Pascal II et le despotisme Allemand. — Encore les Investitures. — Philippe Ier et Bertrade.	Mort de Godefroy de Bouillon. Baudoin I. — Bataille d'Ascalon.

Douzième Siècle.

Gélase II, 1118-1119.	Rationalisme dans l'esprit public : Abailard. — Saint Bernard à Clairvaux. — Fondation de l'ordre des Templiers. — Influence grandissante de saint Bernard. — — Mouvement communal.	
Calixte II, 1119-1124.	Concordat de Worms. — Neuvième Concile œcuménique, 1er de Latran. — Condamnation d'Abailard. — Troubles à Cluny.	
Honorius II, 1124-1130.	Extinction de la maison impériale de Franconie.	
Innocent II, 1130-1143.	Influence de saint Bernard. — Troubles à Rome : Arnauld de Brescia. Interdit jeté sur le royaume de France. — Dixième Concile œcuménique, 2e de Latran. — Saint Éric en Suède.	Désastres des Chrétiens en Palestine.
Célestin II, 1143-1144.	L'abbé Suger en France. — L'interdit sur la France est levé. Révolution à Rome, soulevée par Arnauld de Brescia. — Sectes Manichéennes. — Pierre Lombard et les premières Sommes théologiques.	
Lucius II, 1144-1145.		
Eugène III, 1145-1152.	Deuxième croisade prêchée par saint Bernard. Continuation des troubles à Rome. — Eugène III en France. — Saint Bernard âme et vie de toute cette époque. — En Allemagne, avènement de Frédéric Barberousse. — Mort de saint Bernard. — Eléonore de Guienne épouse Henri Plantagenet : Henri sur le trône d'Angleterre.	Les Bogomiles en Orient.
Anastase IV, 1153-1154.		*Deuxième croisade.* — Revers des Croisés. Décadence du royaume de Jérusalem.
Adrien IV, 1154-1159.	Commencement des prétentions césariennes de Frédéric Barberousse. Fondation de l'ordre des Carmes. — Continuation des troubles révolutionnaires à Rome.	
Alexandre III, 1159-1181.	Frédéric Barberousse déclare une guerre à mort au Saint-Siège. — Ses quatre anti-papes. — Henri II d'Angleterre fait la guerre à l'Eglise. Assassinat de saint Thomas Becket. — Onzième Concile œcuménique, 3e de Latran.	Les Almoades en Espagne.

Lucius III, 1181-1185.	Applique le décret du 3ᵉ Concile de Latran qui attribue exclusivement aux cardinaux l'élection du Pape.	
Urbain III, 1185-1187.	— Philippe-Auguste en France. Constitution qui livre au bras séculier les hérétiques obstinés. — Grand nombre d'écrivains ecclésiastiques.	Funeste bataille de Thibériade. *Troisième croisade.* — Philippe-Auguste et Richard Cœur-de-Lion. Mort de Frédéric Barberousse en Asie. — Prise de Saint-Jean-d'Acre. Guy de Lusignan.
Grégoire VIII, 1187.	Prédication de la troisième croisade.	
Clément III, 1187-1191.		
Célestin III, 1191-1198.	Célestin se prononce contre le divorce de Philippe-Auguste.	

Treizième Siècle.

Innocent III, 1198-1216.	Affaires d'Allemagne. — Affaires d'Angleterre. — Affaires de France, interdit jeté. — *Quatrième croisade* en Asie. — Crimes et répression des sectes Albigeoises. — En Espagne, lutte héroïque contre les musulmans. Bataille de Navas-Tolosa. — Mouvement intellectuel. Universités. Hommes illustres. — Les ordres mendiants. — Sectes fanatiques et révolutionnaires. — Douzième Concile œcuménique, 4ᵉ de Latran.	Conquête de Gengis-Khan en Asie. Empire Latin à Constantinople.
Honorius III, 1216-1227.	Cinquième et sixième croisade. — Indigne conduite de Frédéric II. — Fondation de nouvelles universités. — Saint Louis.	Détresse des Chrétiens en Palestine.
Grégoire IX, 1227-1241.	Excommunication de Frédéric II. Encore la guerre des Albigeois. — En Italie, factions des Guelfes et des Gibelins. — Continuation de la guerre contre les Albigeois.	Les Mongols en Russie.
Célestin IV, 1241-1243.		Progrès de l'Évangile dans les pays du Nord.
Innocent IV, 1243-1254.	Divisions dans l'ordre des Franciscains. — Les Manichéens. — Treizième Concile œcuménique, 1ᵉʳ de Lyon. — Excommunication et déposition de Frédéric II.	

TABLE SYNOPTIQUE.   523

ALEXANDRE IV, 1254-1261.	— Les flagellants. — Grand interrègne en Allemagne à la mort de Frédéric II. — Mort de la reine Blanche.	Invasion des Mongols.
URBAIN IV, 1261-1264.	Institution de la fête du Saint-Sacrement.	Septième croisade : Saint Louis, Michel Paléologue met fin au royaume latin de Constantinople.
CLÉMENT IV, 1264-1268. Interrègne de 3 ans.	Les Français à Naples. Exécution de Conradin. — Huitième croisade. — Guerre aux ordres mendiants. Troubles dans l'université.	Saint Louis meurt en Afrique. Perte de la Terre-Sainte.
GRÉGOIRE X, 1271-1276.	Edouard I roi d'Angleterre. — Rodolphe de Habsbourg élevé à l'Empire. — Quatorzième Concile œcuménique, le deuxième de Lyon. Réunion des Grecs. — Mort de saint Thomas et de saint Bonaventure.	Réunion éphémère de l'Eglise Grecque.
INNOCENT V, 1276.	Pacification de l'Italie par la Papauté. — Guelfes et Gibelins.	
ADRIEN V, 1276.		
JEAN XXI, 1277.	Le Saint-Siège s'efforce de maintenir la réunion de l'Église Grecque. — Hommes illustres. Conciles. Sectes fanatiques.	Mauvais vouloir de l'Orient envers Rome et l'orthodoxie.
NICOLAS III, 1277-1281.		
MARTIN IV, 1281-1285.	Mort d'Albert le Grand. — Vêpres Siciliennes. Excommunication des coupables, la ville de Palerme et Pierre d'Aragon. — Soumission de la Prusse à l'ordre Teutonique. — La Navarre réunie à la France.	Excommunication de l'empereur Paléologue, comme fauteur du schisme. — Andronic I consomme le nouveau schisme.
HONORIUS IV, 1285-1287.		
NICOLAS IV, 1288-1292.	Philippe le Bel roi de France.	
CÉLESTIN V, 1292-1294.	Célestins. — Guerre de la France et de l'Angleterre.	Les Chrétiens sont chassés de la Palestine. — Les ordres militaires se retirent. — Turcs Ottomans.

Quatorzième Siècle.

Boniface VIII, 1294-1303.	Troubles en Italie. — Lutte de Philippe le Bel contre la Papauté. Concile de Rome. — Bulles de Boniface VIII. — Attentat d'Anagni.	
Saint Benoît XI, 1303-1304.	Guerre des Flandres.	
Les Papes d'Avignon		
Clément V, 1305-1314.	Procès des Templiers. — Concile de Vienne en Dauphiné, quinzième œcuménique. — Condamnation des sectes révolutionnaires.	Triste état de l'Église Grecque. — Troubles et divisions. — Les Palamites.
Jean XXII, 1316-1334.	Lutte de Louis de Bavière contre la Papauté. — Mauvaises doctrines partout répandues. — Créations nombreuses d'évêchés. — *Angelus*.	Croisades avortées.
Benoît XII, 1334-1342.	Edouard II d'Angleterre. Edouard III.	
Clément VI, 1342-1352.	Révolution à Rome, Nicolas Rienzi. Déposition de Louis de Bavière. — Confirmation de Charles IV. — Bataille de Crécy.	
Innocent VI, 1352-1362.	Le grand Albornoz en Italie. — En France désastre sur désastre. — Traité de Brétigny. — Commencements de Wiclef en Angleterre.	Tamerlan.
Urbain V, 1362-1370.	Les sectes révolutionnaires. Commencements de Wiclef en Angleterre.	
Grégoire XI, 1370-1378.	Retour de la Papauté à Rome.	
Fin de l'exil d'Avignon.		
Grand schisme d'Occident.		
Urbain VI, 1378-1389.	Le pape d'Avignon *Clément VII* opposé à Urbain VI. — Vains efforts pour mettre fin au schisme. — Après Clément VII, *Benoît XIII* (Pierre de Lune). — Confusion en Occident.	
Boniface IX, 1389-1404.		Bajazet est défait par Tamerlan.

TABLE SYNOPTIQUE.   525

Quinzième Siècle.

Innocent VII, 1404-1406.	Les Hussites. — *Benoît XIII.* — Concile de Pise qui dépose Benoît XIII et Grégoire XII et élit Alexandre V. — Schisme entre les trois Papes. — Universelle confusion.	Les chevaliers Français défaits par Bajazet à Nicopolis. Démembrement de l'empire de Tamerlan.
Grégoire XII, 1406-1417.		
(1).	Concile de Constance. — Condamnation de Jean Huss.	
Martin V, 1417-1431. Fin du grand schisme d'Occident.	Election de Martin V; fin du schisme. Dangereuses doctrines à Pise et à Constance.	
	Désastreuse situation de la France. Jeanne d'Arc.	Effrayants progrès des Ottomans. — Siège de Belgrade.
Eugène IV, 1431-1447.	Le Concile schismatique de Bâle. — Pragmatique de Bourges. — Conciles de Ferrare et de Florence, dix-septième œcuménique. — Obstination des Grecs à refuser la réunion.	
Nicolas V, 1447-1455.		Prise de Constantinople.
Calixte III, 1455-1458.	Invasion des savants Grecs en Occident. — Mouvement intellectuel dans le sens opposé à la scholastique. — Commencement de la prétendue Renaissance.	
Pie II, 1458-1464.	Commencement de la guerre des deux Roses en Angleterre.	
Paul II, 1464-1471.	Lutte désespérée de la Papauté contre l'invasion ottomane.	
Sixte IV, 1471-1484.	Recrudescence des mauvaises doctrines, Pierre d'Osma. Les grandes découvertes. — Prospérité de l'Espagne. Ximenès. Inquisition Espagnole. — Le jubilé est fixé aux 25 ans.	

---

(1) Papes d'Avignon :
 Clément VII (1378-1393);
 Benoit XIII (1394);
 Alexandre V (1409-1410).
 Jean XXIII.

Innocent VIII, 1484-1492.	Découverte du Nouveau-Monde. — Savonarole à Florence. Fin de la domination des Maures en Espagne.	
Alexandre VI, 1492-1503.	Guerre à la féodalité italienne. — Partage du Nouveau-Monde. Les Annonciades. — Les Français en Italie.	

Seizième Siècle.

Pie III, 1503.		
Jules II, 1503-1513.	Lutte héroïque de Jules II pour la liberté nationale. — Ligue de Cambrai. — Lutte de Louis XII contre la Papauté. — La sainte Ligue. — Cinquième Concile de Latran, dix-huitième œcuménique — Changement profond opéré dans l'esprit public en Europe. On y pressent Luther.	
Léon X, 1513-1522.	Concordat de Léon X avec François I. — Premières prédications de Luther. — Premières prédications de Zwingle. — La Bulle d'excommunication.	Revers de la France. François I. Charles-Quint roi d'Espagne. — Prise du Caire par les Turcs.
Adrien VI, 1522-1523.	Suite de Conférences. — Diète de Worms. — Luther à la Wartbourg. — Henri VIII réfute Luther.	Charles-Quint empereur. Fernand Cortez au Mexique. — Prise de Rhodes par les Turcs. — Conquête du Mexique.
	Déclaration d'Adrien VI à la diète de Nuremberg. — Dispute de Zurich. — Bucer et Capito à Strasbourg. — Albert de Brandebourg livre la Prusse au Protestantisme. Gustave Vasa la Suède.	Guerres de François I et Charles-Quint.
Clément VII, 1523-1534.	Divisions intestines de l'hérésie. — Guerre des Paysans. — Mariage de Luther. — Ligue de Torgan. — Pillage de Rome par les troupes impériales. — Extension de l'hérésie dans la Suisse. — Diète et confession d'Augsbourg. — La Smalckade. — La Hongrie livrée à l'erreur. — Paix de Nuremberg. — Henri VIII : schisme d'Angleterre. — Farel, Viret, Calvin à Genève.	Pizarre au Pérou. Soliman assiège Vienne. Alliance de Soliman et de François I. Les Français au Canada. — Expédition de Charles-Quint contre Tunis. — La Norwège réunie au Danemark.
Paul III, 1534-1549.	Approbation de la Société de Jésus	

	Ouverture du Concile de Trente.	Saint François Xavier dans les Indes.
	Mort de Luther, — de Henri VIII, — de François I. Le protestantisme en Angleterre sous Édouard VI. — Les Jésuites en Allemagne.	Soliman vainqueur des Perses.
Jules III, 1550-1555.	Trahison de Maurice de Saxe.	
	Cruautés de Calvin à Genève. — Paix d'Augsbourg.	Mariage de Marie Tudor avec Philippe d'Espagne.
Marcel II, 1555.	Restauration du Catholicisme en Angleterre.	Abdication de Charles-Quint. — Philippe II.
Paul IV, 1555-1559.	Mort de saint Ignace. — Les Jésuites à Cologne.	
	Elisabeth reine et persécutrice.	
Pie IV, 1559-1565.	Triomphe du Protestantisme en Angleterre. En Écosse. Souffrance de Marie Stuart. — En France troubles calvinistes; conspiration d'Amboise. — Troubles dans les Pays-Bas.	Charles IX roi de France. Guerre entre la Russie et la Pologne.
	Deuxième réouverture du Concile de Trente. — Les Jésuites en Allemagne. — Edit de janvier tout favorable aux Calvinistes : prétendu massacre de Vassy. Pacification d'Amboise. — Sociniens.	En France commencement des guerres de religion. — Troubles de Mérindoles.
Saint Pie V, 1566-1572.	Clôture du Concile de Trente. — Erreurs de Baïus. — Foule d'hommes illustres. — Institution des Séminaires. — Catéchisme romain : Bréviaire romain. — Condamnation de Baïus. — Saints illustres. — Continuation des troubles et des guerres religieuses. — Saint Pie V sauve la chrétienté des Turcs à Lépante. — Audaces des Calvinistes en France.	Formation des Provinces-Unies. Maximilien II empereur. Révolte dans les Pays-Bas. Guerres religieuses en France.
Grégoire XIII, 1572-1585.	La Saint-Barthélemy : appréciation. — Révolte de la Hollande. — Défaites des Espagnols dans les Pays-Bas.	
	Formation de la Ligue en France. — Nouvelle condamnation de Baïus. — Réforme du Calendrier. — Atroce persécution en Angleterre et en Irlande sous Elisabeth.	Découverte de la Sibérie. Tentatives des Anglais dans l'Amérique du Nord — Les Provinces-Unies se séparent de l'Espagne.

SIXTE V, 1585-1590.	La guerre, en France, des trois Henri. — Controverses Thomistes et Molinistes. — Assassinat de Henri III. — Henri IV. — Edition de la Vulgate.	Découverte du détroit de Davis. — Les Anglais dans la Virginie. Victoires de Henri IV.
URBAIN VII, 1590.		
GRÉGOIRE XIV, 1590.		
INNOCENT IX, 1591.		
CLÉMENT VIII, 1592-1605.	Clément VIII absout Henri IV. — Dissolution de la Ligue. — Edit de Nantes. — Arminiens et Gomaristes.	Guerre civile en Suède. — En France administration de Sully. Mort d'Elisabeth d'Angleterre.
LÉON XI, 1605.	Le Pape interdit aux catholiques Anglais le serment d'allégeance. — Solution de la question du Molinisme. — Médiation d'Henri IV entre le Pape et Venise. — Ligue catholique en Allemagne. — Fondation en approbation de plusieurs instituts : Visitation, Oratoire de France, Saint-Maur, Ursulines, etc.	Ambassade du roi de Congo. Les Jésuites au Paraguay. Les Jésuites en Chine. — Horrible persécution au Japon.
PAUL V, 1605-1621.		
	Synode de Dordrecht. — Débuts de la guerre de Trente-Ans. — Tentative d'union entre les Protestants et l'Église Grecque.	Les Danois dans les Indes Orientales.
GRÉGOIRE XV, 1621-1623.	Fondation de la *Propagande*. — Canonisation des saints. — Erection du siège de Paris en métropole.	Hollandais au Brésil; à Formose. Guerre de Trente-Ans.
URBAIN VIII, 1623-1644.	Bréviaire romain. — Séminaire des Missions à Rome. — Les Lazaristes. — Les filles de la Charité. Apparition du Jansénisme. — Richelieu. Soulèvement de la noblesse en France.	Guerre de Trente-Ans. Défaite du parti protestant à la Rochelle.

FIN DE LA TABLE SYNOPTIQUE

BAR-LE-DUC, IMPRIMERIE CONTANT-LAGUERRE.

BERCHE ET TRALIN, Éditeurs, 69, rue de Rennes, Paris.

MÉDITATIONS SUR LES MYSTÈRES DE LA FOI

Composées en Espagnol par le R. P. Louis DU PONT, de la Compagnie de Jésus

TRADUCTION FRANÇAISE AVEC NOTES

PAR UNE SOCIÉTÉ D'ECCLÉSIASTIQUES

6ᵉ édition revue avec soin sur l'édition princeps

4 vol. in-12. Prix, franco............ 12 fr.

Tout le bien qu'on peut dire du P. Du Pont serait au-dessous de la vérité. Ses écrits sont l'image de sa vie et sa plume n'a jamais exprimé que les sentiments de son cœur. Il avait reçu du ciel un don extraordinaire d'oraison et cette grande connaissance qu'il a eue des choses spirituelles n'était que l'effet de ses continuelles communications avec Dieu. On le consultait de toutes parts et ses décisions étaient reçues comme des oracles. Il passe pour l'un des meilleurs interprètes de l'Évangile, non-seulement pour le sens mystique, mais même pour le sens littéral. Il est exact et savant et de plus divinement pieux. Rien de meilleur que ces *Méditations* qui ont été traduites dans toutes les langues et qui ne sont que le développement et l'explication des *Exercices* de saint Ignace : même matière, même ordre et même but.

CATÉCHISME DOGMATIQUE ET MORAL

OUVRAGE UTILE AUX PEUPLES, AUX ENFANTS ET A CEUX QUI SONT CHARGÉS DE LES INSTRUIRE

Par M. l'abbé COUTURIER, ancien Jésuite, curé de Léry

NEUVIÈME ÉDITION, augmentée d'un *Catéchisme des Fêtes et Dimanches* et d'une *Notice sur la Vie de l'auteur*

3 beaux vol. in-12, franco............ 8 fr.

Le même. — 2 gros vol. in-8°, franco............ 8 fr.

Ce catéchisme n'a pas même été remplacé. Il n'y en a pas, de l'aveu de tous les hommes d'expérience, qui le vaille par la netteté et la précision des réponses, l'exactitude de la doctrine, l'à-propos des réflexions et la justesse des explications. Il est fait tout à la fois pour les enfants et les personnes mûres. Un curé, un catéchiste y trouvera tout ce qu'il faut pour préparer des enfants à la Première Communion et faire un Catéchisme de persévérance. L'abbé Couturier, ancien jésuite, professeur des hautes classes dans les collèges si renommés de Langres, de Verdun, de Pont-à-Mousson, de Metz, de Nancy, était un homme qui s'était mûri dans l'enseignement. Les circonstances l'ayant appelé à la tête d'une paroisse, il a employé tous ses soins à l'instruction de ses paroissiens. Ce livre est le fruit d'une longue expérience, et c'est ce qui en fait le mérite; c'est un livre pratique, méthodique, parfaitement adapté à son but.

TRAITÉ DES INDULGENCES

ET RECUEIL DE DÉVOTIONS INDULGENCIÉES

Par M. l'abbé CASTELBOU, premier vicaire de Sainte-Élisabeth, à Paris

2 vol. in-12. Prix................ 7 fr.

Ces deux volumes contiennent le résumé le plus exact et le plus complet de tous les traités d'indulgences parus jusqu'à ce jour. Les pasteurs des âmes et même les simples fidèles qui recherchent une instruction sûre et solide y trouveront rangées et classées dans le meilleur ordre, clairement exposées et résolues, toutes les questions dogmatiques et pratiques relatives aux indulgences, tant en général qu'en particulier, ainsi qu'au Jubilé, aux Confréries et Associations pieuses ou charitables de toute sorte.

BAR-LE-DUC, IMPRIMERIE CONTANT-LAGUERRE.

www.ingramcontent.com/pod-product-compliance
Lightning Source LLC
Chambersburg PA
CBHW051354230426
43669CB00011B/1636